教育部　财政部职业院校教师素质提高计划成果系列丛书
教育部　财政部院校教师素质提高计划职教师资开发项目
《物流管理》专业职教师资培养资源开发（VTNE077）（负责人：白世贞）

运 输 管 理

主　编　霍　红

副主编　任宗伟　牟维哲

科 学 出 版 社

北　京

内 容 简 介

运输管理是物流管理专业的专业核心课程之一。面向物流行业运输服务领域，培养物流一线运输管理高实战型人才。运输合理化是物流组织的重要内容，是降低供应链成本，提高服务质量和效益的主要手段。全书共分为 10 个章节，重点讲述运输内涵、运输决策、运输成本和价格、运输合同和保险、公路运输、铁路运输、水路运输、航空运输、集装箱多式联运、运输管理技术等内容。本书的创新之处在于充分体现理实一体化人才培养内涵，在引入先进运输管理理论和先进应用技术的前提下，将理论实践和教学实践融入教材建设中。

本书可作为高等院校物流管理、物流工程类专业人才培养教材，也可作为企业物流管理人员的参考资料。

图书在版编目（CIP）数据

运输管理/霍红主编. —北京：科学出版社，2017

（教育部 财政部职业院校教师素质提高计划职教师资开发项目）

ISBN 978-7-03-054283-0

Ⅰ. ①运⋯ Ⅱ. ①霍⋯ Ⅲ. ①物流–货物运输–管理–高等职业教育–教材 Ⅳ. ①F252

中国版本图书馆 CIP 数据核字（2017）第 212714 号

责任编辑：张 宁 王京苏 / 责任校对：贾伟娟
责任印制：吴兆东 / 封面设计：蓝正设计

科 学 出 版 社出版
北京东黄城根北街 16 号
邮政编码：100717
http://www.sciencep.com

北京东华虎彩印刷有限公司 印刷
科学出版社发行 各地新华书店经销
*
2017 年 10 月第 一 版 开本：787×1092 1/16
2018 年 1 月第二次印刷 印张：24 1/4
字数：566 000
定价：72.00 元
（如有印装质量问题，我社负责调换）

教育部　财政部职业院校教师素质提高计划
职教师资培养资源开发项目专家指导委员会

主　任：刘来泉

副主任：王宪成　郭春鸣

成　员：（按姓氏笔画排列）

刁哲军　王乐夫　王继平　邓泽民　石伟平　卢双盈　汤生玲

米　靖　刘正安　刘君义　孟庆国　沈　希　李仲阳　李栋学

李梦卿　吴全全　张元利　张建荣　周泽扬　姜大源　郭杰忠

夏金星　徐　流　徐　朔　曹　晔　崔世钢　韩亚兰

出 版 说 明

《国家中长期教育改革和发展规划纲要（2010—2020 年）》颁布实施以来，我国职业教育进入到加快构建现代职业教育体系、全面提高技能型人才培养质量的新阶段。加快发展现代职业教育，实现职业教育改革发展新跨越，对职业学校"双师型"教师队伍建设提出了更高的要求。为此，教育部明确提出，要以推动教师专业化为引领，以加强"双师型"教师队伍建设为重点，以创新制度和机制为动力，以完善培养培训体系为保障，以实施素质提高计划为抓手，统筹规划，突出重点，改革创新，狠抓落实，切实提升职业院校教师队伍整体素质和建设水平，加快建成一支师德高尚、素质优良、技艺精湛、结构合理、专兼结合的高素质专业化的"双师型"教师队伍，为建设具有中国特色、世界水平的现代职业教育体系提供强有力的师资保障。

目前，我国共有 60 余所高校正在开展职教师资培养，但由于教师培养标准的缺失和培养课程资源的匮乏，制约了"双师型"教师培养质量的提高。为完善教师培养标准和课程体系，教育部、财政部在"职业院校教师素质提高计划"框架内专门设置了职教师资培养资源开发项目，中央财政划拨 1.5 亿元，系统开发用于本科专业职教师资培养标准、培养方案、核心课程和特色教材等系列资源。其中，包括 88 个专业项目，12 个资格考试制度开发等公共项目。该项目由 42 家开设职业技术师范专业的高等学校牵头，组织近千家科研院所、职业学校、行业企业共同研发，一大批专家学者、优秀校长、一线教师、企业工程技术人员参与其中。

经过三年的努力，培养资源开发项目取得了丰硕成果。一是开发了中等职业学校 88 个专业（类）职教师资本科培养资源项目，内容包括专业教师标准、专业教师培养标准、评价方案，以及一系列专业课程大纲、主干课程教材及数字化资源；二是取得了 6 项公共基础研究成果，内容包括职教师资培养模式、国际职教师资培养、教育理论课程、质量保障体系、教学资源中心建设和学习平台开发等；三是完成了 18 个专业大类职教师资格标准及认证考试标准开发。上述成果，共计 800 多本正式出版物。总体来说，培养资源开发项目实现了高效益：形成了一大批资源，填补了相关标准和资源的空白；凝聚了一支研发队伍，强化了教师培养的"校—企—校"协同；引领了一批高校的教学改革，带动了"双师型"教师的专业化培养。职教师资培养资源开发项目是支撑专业化培养的一项系统化、基础性工程，是加强职教教师培养培训一体化建设的关键环节，也是对职教师资培养培训基地教师专业化培养实践、教师教育研究能力的系统检阅。

　　自 2013 年项目立项开题以来，各项目承担单位、项目负责人及全体开发人员做了大量深入细致的工作，结合职教教师培养实践，研发出很多填补空白、体现科学性和前瞻性的成果，有力推进了"双师型"教师专门化培养向更深层次发展。同时，专家指导委员会的各位专家以及项目管理办公室的各位同志，克服了许多困难，按照两部对项目开发工作的总体要求，为实施项目管理、研发、检查等投入了大量时间和心血，也为各个项目提供了专业的咨询和指导，有力地保障了项目实施和成果质量。在此，我们一并表示衷心的感谢。

　　　　　　　　　　　　　　　　　　　　教育部　财政部职业院校教师素质
　　　　　　　　　　　　　　　　　　　　提高计划成果系列丛书编写委员会
　　　　　　　　　　　　　　　　　　　　2016 年 3 月

前　言

随着国家对现代物流的不断重视及扶持政策的逐步颁布,现代物流在我国得到了快速发展,作为现代物流业的重要组成部分,运输越来越被物流企业和社会所重视,合理高效的运输管理成为影响物流企业核心竞争力的重要因素。

运输管理是物流管理相关专业的核心课,是一门综合性学科,融合了运输工程、机械工程、管理学等诸多学科的知识和内容,具有很强的实践性和应用性。通过本课程的学习,学生不仅能够掌握运输管理的基础理论知识,还能够培养学生的创新意识和实践能力,学会运用运输管理相关理论去发现问题、分析问题和解决问题。

本书具有如下特点。

(1)充分体现应用型物流人才的培养目标和要求。本书结合中职、高等教育人才培养目标,以理实一体化作为教材编写的理念设计教材内容,能够充分满足对物流人才的培养需求。

(2)注重结构合理务实。根据中职、高等教育理论研究的最新成果,加强教材的"纵向体系结构"和"横向体系结构"一体化建设。依照"案例导入,理论跟进,实践补充"的原则,循序渐进地组织内容。

(3)依据应用性、适用性和实用性选取本书内容。依据编写组多年的教学和实践经验,结合企业的实际需求,选取了具有应用性、适用性和实用性的知识点作为本书的内容。

全书由十章组成。第一章讲述运输的概念、功能、分类及运输与物流的关系。第二章讲述不同运输方式的技术经济特征及选择运输方式的方法。第三章讲述运输成本和运输价格的相关理论和方法。第四章讲述运输合同概念、签订和运输保险等相关知识。第五章~第九章分别讲述公路、铁路、水路、航空和多式联运等运输方式所需的设施设备、组织过程、各种单证及其填写注意事项以及相应的实践操作案例。第十章介绍运输管理技术,包括物联网、移动通信、移动互联网等技术在运输管理中的应用。

本书由霍红、任宗伟担任主编,由华蕊、牟维哲担任副主编。主编负责全书的整体策划和结构设计,副主编担任内容组织撰写及最后的统稿工作。具体分工为:第一章由霍红编写,第七章和第十章由任宗伟编写,第二章和第五章由华蕊编写,第四章和第六章由牟维哲编写,第八章由刘刊编写,第九章由张静编写。第三章由华蕊和牟维哲共同编写。

技能导向、知识依托、实践强化、三性融合

学科体系 ← → 专业知识体系 ← → □ 能力体系 ← 职业岗位

学科体系
❖ 交通运输工程
❖ 管理科学与工程
❖ 应用经济学
❖ 计算机科学与技术
❖ 机械工程
❖ 信息与通信工程
❖ 教育学

专业知识体系 — 业务操作层

专业知识与技能：
- 运输方式选择的方法
- 运输成本管理方法
- 运输价格管理方法
- 运输合同签订
- 运输保险投保
- 运输设施设备相关知识
- 运输单据填写
- 运输业务流程组织

实践应用：
- 运输方式选择实践
- 公路运输组织实践
- 铁路运输组织实践
- 水路运输组织实践
- 航空运输组织实践
- 多式联运组织实践
- 企业实习
- 专业技能大赛

能力体系（业务操作层）
□ 对不同运输方式的认知能力
□ 运输业务能力
　■ 基本业务能力　增值业务能力
　■ 运输方式选择　报关
　■ 运输工具选择　多式联运组织
　■ 运输路线选择　能力数据挖掘
　　　　　　　　　与利用
□ 运输单据填写能力

职业岗位 — 业务操作层
- 运输调度员
- 核算员
- 驾驶员
- 货物管理员
- 物流信息管理员
- 发货员
- 理货员
- 装卸人员
- 操作员

专业知识体系 — 运营管理层

专业知识与技能：
- 运输管理知识
- 运输路线优化技能
- 运输方式优化技能
- 信息管理知识
- 模拟仿真技能
- 设施设备应用能力
- 运输计划能力
- 运输调度能力

实践应用：
- 运输方式选择实践
- 运输管理信息系统实践模拟
- 运输管理计算机仿真实验
- 运输调度模拟实践
- 成本管理方法实训
- 价格管理方法实训
- 企业实习
- 专业技能大赛

能力体系（运营管理层）
□ 运输业务运营管理能力
　■ 运输方式选择能力
　■ 运输调度能力
　■ 运输成本核算能力
　■ 运输路线优化能力
　■ 多式联运组织协调能力
□ 现代技术综合应用能力
　■ 优化技术
　■ 控制技术
　■ 信息技术
　■ 计算机技术

职业岗位 — 运营管理层
- 运输线路制定
- 车辆调度
- 运输流程组织优化
- 运输信息技术应用
- 运输管理信息系统操作

■ 教学知识　　　■ 教育法律法规　　　■ 教学设计能力
■ 教育学　　　　■ 教育管理学　　　　■ 教学评价能力
■ 教育心理学　　■ 教育技术　　　　　■ 课程开发能力
■ 教学法　　　　■ 教育实习

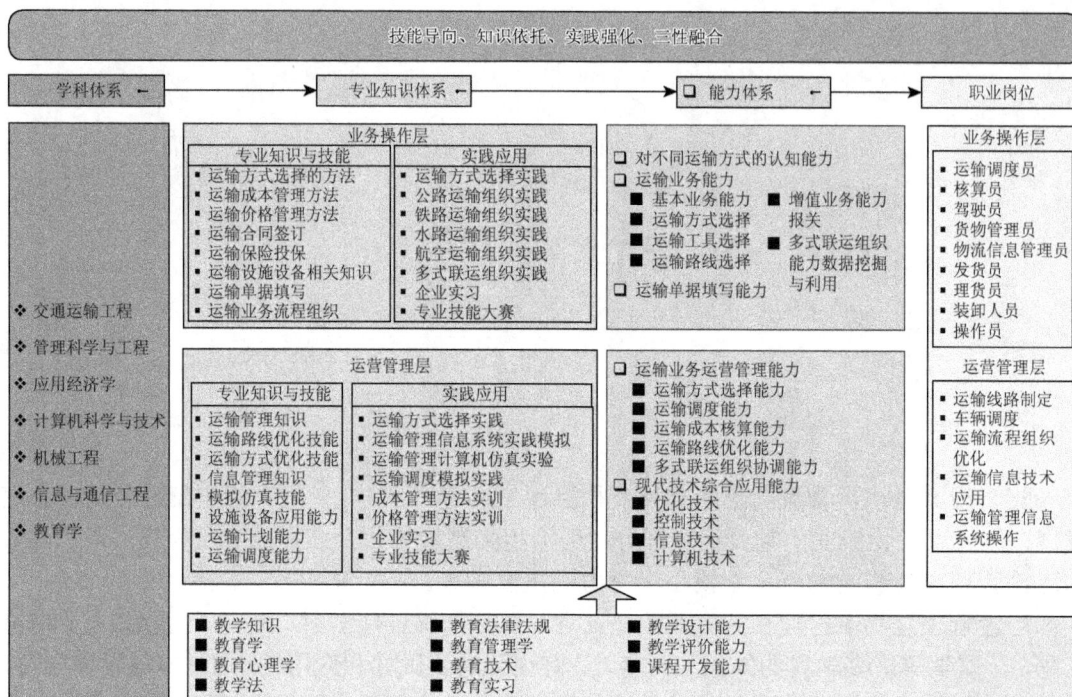

　　本书在编写过程中，参考了大量的相关文献资料，在此对于资料的作者表示由衷的感谢。

　　由于编者水平有限，书中难免存在不足之处，希望广大读者提出宝贵意见，以便进一步完善。

编　者

2017 年 4 月

目　　录

第一章

运 输 内 涵

➢项目实施体系结构图

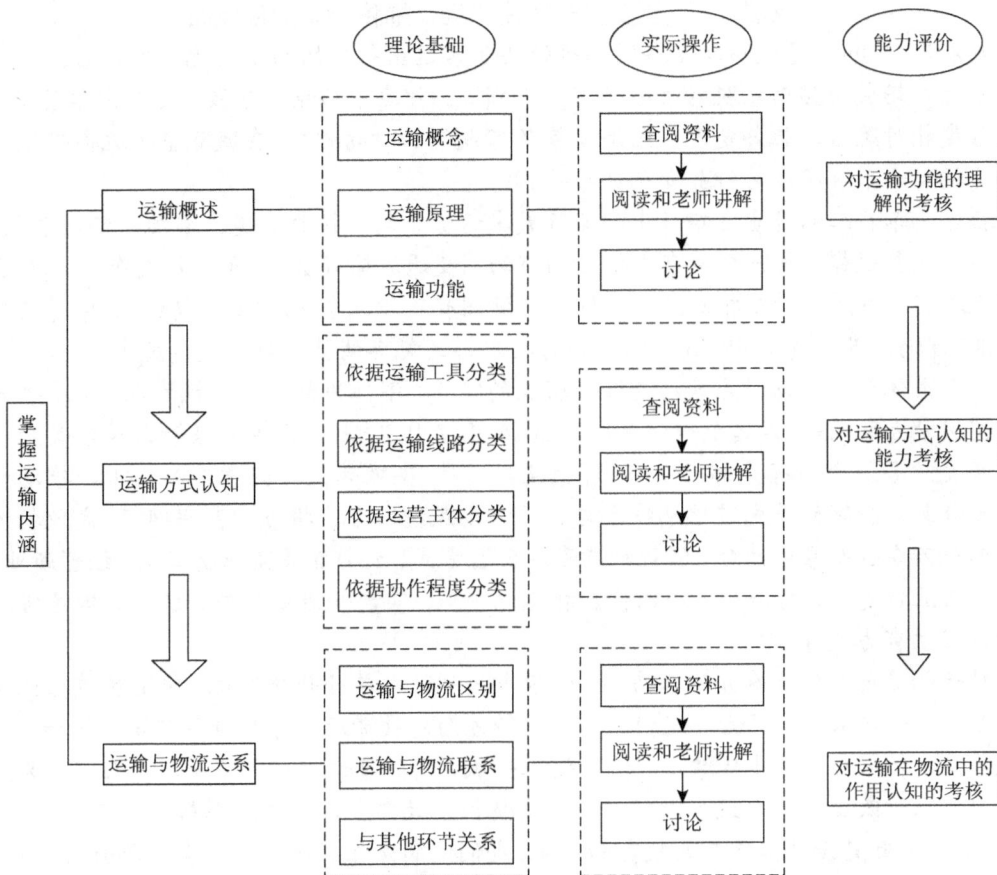

```
        理论基础          实际操作         能力评价

                        ┌──────────┐
                        │ 查阅资料 │
                        ├──────────┤     对运输功能的理
              运输概念    │阅读和老师讲解│   解的考核
              运输原理    ├──────────┤
    运输概述              │ 讨论     │
              运输功能    └──────────┘

                        ┌──────────┐
          依据运输工具分类 │ 查阅资料 │
          依据运输线路分类 ├──────────┤     对运输方式认知的
掌握运输   运输方式认知              │阅读和老师讲解│   能力考核
内涵      依据运营主体分类 ├──────────┤
          依据协作程度分类 │ 讨论     │
                        └──────────┘

                        ┌──────────┐
          运输与物流区别   │ 查阅资料 │
          运输与物流联系   ├──────────┤     对运输在物流中的
    运输与物流关系          │阅读和老师讲解│   作用认知的考核
          与其他环节关系   ├──────────┤
                        │ 讨论     │
                        └──────────┘
```

➢学习目标

1. 知识目标

（1）理解运输的含义。

（2）了解运输方式的类别。

（3）掌握运输与物流之间的关系。

2. 能力目标

（1）掌握多式联运的内涵。

（2）掌握运输划分的标准。

3. 素质目标

认识运输在整个物流过程中的重要性。

➤案例导引

"互联网+"改变整车运输市场：福佑卡车的创业路

在滴滴、Uber 通过移动互联网手段解决了客运出行市场的信息化问题之后，物流行业的货运市场成为移动互联网改造的下一个领域。货运市场相对分散，标准化程度低，信息化程度相对落后，但却是现代经济发展不可或缺的"动脉"。在城际整车运输领域，创业公司福佑卡车或将成为行业变局的推手。

福佑卡车耕耘的是货运市场中的城际整车运输市场。按照快递、零担、整车来区分，整车市场更具规模，是一个具有大体量的市场。交通运输部 2016 年 5 月发布的《2015 年交通运输行业发展统计公报》显示，货运市场拥有载货汽车 1389.19 万辆，其中普通货车 1011.87 万辆，专用货车 48.40 万辆，而与之配套的货车驾驶员数量更是庞大。

这个大体量的市场因为劳动与资金密集的特点，不但为创业者和投资人关注，也是国家力图用"互联网+"改造的传统领域。2016 年 7 月 29 日，国家发展和改革委员会（简称国家发改委）会同有关部门发布的《"互联网+"高效物流实施意见》指出，推动大数据、云计算、物联网等先进信息技术与物流活动深度融合，推进"互联网+"高效物流与大众创业万众创新紧密结合，创新物流资源配置方式，大力发展商业新模式、经营新业态，提升物流业信息化、标准化、组织化、智能化水平，实现物流业转型升级，为国民经济提质增效提供有力支撑。

对于物流行业的改造并不容易。福佑卡车的创始人单丹丹介绍说，传统物流行业属于服务业，由于技术手段、运行规模、标准化等方面发展滞后，存在诸多弊端。例如，行业分散凌乱，货车与货物非标准化，信息化水平低，驾驶员诚信水平不一，熟人交易为主的交易习惯很难改变等。导致中间环节多，车货匹配效率差，物流成本居高不下。

"我们没有直接对接货车驾驶员和货主，我们做的是互联网交易平台。"单丹丹介绍说，作为货运中介的经纪人，其经验、服务意识、风险承担能力等远强于驾驶员，且经纪人与驾驶员之间存在熟关系，利用他们的价值调动运力，比直接做车货匹配效率更高。同时，货运涉及难以标准化的服务，交由经纪人来灵活处理，也省去了平台的烦琐投入和补贴。

基于以上认识，福佑卡车利用互联网技术创造了"物流经纪人竞价"模式，即货主在福佑卡车交易平台上发布询价，物流经纪人根据线路、货源性质等因素提供报价，经纪人彼此之间并不知道对方所报价格，货主择优选择下单，然后由经纪人调配驾驶员和车辆进行货物运输。

福佑卡车平台并不是单纯做车货匹配的物流信息平台，而是做互联网交易的平台，平台不仅提供货源、车源信息，还提供在线竞价交易，同时还建立了经纪人信用机制与驾驶员黑名单机制。"我们的主要盈利点来自因降本增效而获得的交易佣金"，单丹丹并不讳言，"其次还会提供保险等增值服务"。福佑卡车在系统完成交易闭环的过程中为客户提供必要的账期、保险、发票等需求，降低了风险，节约了物流成本，提高了运输效率。

除了创新的业务模式，福佑卡车的运营管理也颇有特色。单丹丹介绍说，平台的整个运营管理机制以互联网为基础，以定位系统为核心，可以实现产品运输全过程中"运行轨迹可视、节点影像可视"，再辅助 400 客户呼叫系统，实现了整个运输过程的可视、可听、可通话。一旦发生货物异常,可以及时启动应急响应机制,客服 3～6 小时抵达现场处理,让全国任何一个地区做到货物安全按时到达。

福佑卡车提供的数据显示,通过和德邦的合作,为德邦平均节约成本 11%,请车效率低至 15～30 分钟,异常发生率也由初始的 1.09% 下降到目前的 0.68%。由于成效显著,德邦、天地华宇、安能、招商物流、远成物流等多家公司与福佑卡车开展了合作。

作为产业互联网领域的创业公司,福佑卡车并不太广为人知。福佑卡车的品牌总监刘敏介绍说,公司成立于 2014 年底,公司交易平台 2015 年 3 月 18 日正式上线,平台已有经纪人 20000 余人,有社会闲散车辆 80000 余辆。公司主要是为大型 3PL(第三方物流)客户提供服务,不提供面向个人的服务,业务已覆盖全国 31 个省市,在全国有八大分支机构,拥有 440 余名员工,2016 年营业收入达到 30 亿元。

中国物流与采购联合会研究室主任周志成告诉记者,2016 年 9 月 1 日发布的《交通运输部办公厅关于推进改革试点加快无车承运物流创新发展的意见》决定在全国开展道路货运无车承运人试点工作。这对于福佑卡车等移动互联网创业创新企业来说是一大利好,"这相当于为创新开了一个口子",有利于福佑卡车、卡行天下、货车帮等平台的发展。

周志成认为,物流货运行业的互联网化改造最难的还是"交易习惯",而行业的标准化和产品化也是创业者不得不面对的难题。但他同时指出,物流行业积弊较多,行业的转型升级需要多方面共同努力,单独依靠移动互联网平台的改造并不现实。对福佑卡车来说,前面的探索道路还很长。

思考题:试分析"互联网+"环境下货物运输的发展趋势。

案例来源:新华网.http://news.xinhuanet.com/info/ttgg/2016-09/02/c-135652065.htm

第一节 运 输 概 述

一、定义

运输是物流作业中最直观的要素之一。运输就是通过运输手段使货物在物流据点流动。运输具有扩大市场、稳定价格、促进社会分工、扩大流通范围等社会经济功能。运输对发展经济、提高国民生活水平有着十分巨大的影响,现代的生产和消费,就是靠运输事业发展来实现的。

二、运输机理

(1)规模经济:特点是随装运规模的增长,单位重量的运输成本降低。例如,整车

（truck load，TL）的每单位成本低于零担运输（less truck load，LTL）。即如铁路和水路等运输能力较大的运输工具，它每单位的费用要低于汽车和飞机等运输能力较小的运输工具。运输规模经济的存在是因为与转移一批货物有关的固定费用可以按整批货物的重量分摊，所以一批货物越重就越能分摊费用。

（2）距离经济：指每单位距离的运输成本随距离的增加而减少。如 800km 的一次装运成本要低于 400km 的二次装运成本。运输的距离经济也指递减原理，因为费率或费用随距离的增加而减少。运输工具装卸所发生的固定费用必须分摊到每单位距离的变动费用。距离越长每单位支付的费用越低。

三、功能分类

运输提供两大功能：产品转移和产品储存。

（1）产品转移：无论物品处于什么形式，是材料、零部件、装配件、在制品，还是制成品；不管是在制造过程中将被移到下一阶段，还是实际上更接近最终的顾客，运输都是必不可少的。运输的主要功能就是产品在价值链中的来回移动。运输利用的是时间资源、财务资源和环境资源。只有当运输确实提高产品价值时，该产品的移动才是重要的。

（2）产品储存：对产品进行临时存放是一个特殊的运输功能，这个功能在以往并没有被人们关注。将运输车辆临时作为相当昂贵的储存设施。这是因为转移中的产品需要储存但在短时间内（1～3 天）又将重新转移，那么该产品在仓库卸下来和再装上去的成本可能高于存放在运输工具中支付的费用。

第二节　运输方式分类

一、以运输工具不同为标准

（1）公路运输。这是主要使用汽车，也使用其他车辆（如人、畜力车）在公路上进行货客运输的一种方式。公路运输主要承担近距离、小批量的货运和水运、铁路运输难以到达地区的长途、大批量货运及铁路、水运优势难以发挥的短途运输。由于公路运输有很强的灵活性，近年来，在有铁路、水运的地区，较长途的大批量运输也开始使用公路运输。公路运输主要优点是灵活性强，公路建设期短，投资较低，易于因地制宜，对收到站设施要求不高。可以采取"门到门"运输形式，即从发货者门口直接到收货者门口，而不需转运或反复装卸搬运。公路运输也可作为其他运输方式的衔接手段。公路运输的经济半径，一般在 200km 以内。

（2）铁路运输。这是使用铁路列车运送客货的一种运输方式。铁路运输主要承担长距离、大批量的货运，在没有水运条件的地区，几乎所有大批量货物都是依靠铁路，是在干线运输中起主力作用的运输形式。

（3）水路运输。这是使用船舶运送客货的一种运输方式。水路运输主要承担大数量、长距离的运输，是在干线运输中起主力作用的运输形式。在内河及沿海，水运也常作为小型运输工具使用，担任补充及衔接大批量干线运输的任务。水路运输的主要优点是成本低，能进行低成本、大批量、远距离的运输。但是水路运输也有显而易见的缺点，主要是运输速度慢，受港口、水位、季节、气候影响较大，因而一年中中断运输的时间较长。

（4）航空运输。这是使用飞机或其他航空器进行运输的一种形式。航空运输的单位成本很高，因此，主要适合运载的货物有两类，一类是价值高、运费承担能力很强的货物，如贵重设备的零部件、高档产品等；另一类是紧急需要的物资，如救灾抢险物资等。航空运输的主要优点是速度快，不受地形的限制。在火车、汽车都达不到的地区也可依靠航空运输，因而有其重要意义。

（5）管道运输。这是利用管道输送气体、液体和粉状固体的一种运输方式。其运输形式是靠物体在管道内顺着压力方向循序移动实现的，和其他运输方式的重要区别在于，管道设备是静止不动的。管道运输的主要优点是由于采用密封设备，在运输过程中可避免散失、丢失等损失，也不存在其他运输设备本身在运输过程中消耗动力所形成的无效运输问题。另外，运输量大，适合于大且连续不断运送的物资。

二、以运输线路不同为标准

（1）干线运输。干线运输是利用铁路、公路的干线以及大型船舶的固定航线进行的长距离、大批量的运输，是进行远距离空间位置转移的重要运输形式。

（2）支线运输。支线运输是在与干线相接的分支线路上的运输。

（3）城市内运输。城市内运输是一种补充性的运输形式，路程较短。

（4）厂内运输。厂内运输是在工业企业范围内，直接为生产过程服务的运输。小企业中的这种运输以及大企业车间内部、仓库内部则不称"运输"，而称"搬运"。

➤知识拓展

运用先进技术，实现运输路线透明管理

如果传统的好的物流运输评价需要保证及时率、准时率和货物破损率，那么经过不断的发展，现代的物流运输则不可避免地需要更加重视运输线路的管理和优化、在途运输的监控等保证运输品质的手段和因素。其中好的运输线路管理手段就成为一个重要的方面。

"运输线路管理"的概念大家都清楚，可是什么是运输路线"透明管理"？显然，"透明"这两个字体现了对于"路线管理"的方式和要达到的效果。"透明"化，就是指能够清楚而准确地知道整个物流运输过程中，"运输线路"上的所有重要的情况和信息，

并且加以合理的控制和管理，就好像把整个运输线路和运输过程都在眼前透明、实时地展现出来。或许有人会很奇怪，为什么要强调运输线路的"透明"管理呢？先来大致了解一下目前我国物流行业在运输线路控制上的现状。

首先，运输线路的选择影响物流运输的成本，虽然理论上线路越短，所要付出的成本和时间越少，但是由于路桥费、路况以及安全问题等因素，最短的路线不一定就是最佳路线。同时运输过程中发生的突发状况也很可能迫使既定线路的临时改变或者偏移。这些问题，包括路线的改变是否必须，偏移的路线是不是在规定的范围内，改变后的路线是否合理等，都需要一个可靠的监督手段来进行判断和管理。

其次，工厂的客户遍布全国各地，而实际运作公路运输的是一家只能走几条专线的物流服务商（即专线）。国内的专线，一般使用回程车辆资源，这些回程车又多数是个体驾驶员。这样一来，驾驶员的行为很大程度上直接影响运输过程的质量。如果货主规定了运输的线路，但是驾驶员并不是很熟悉这条线路的路况，行驶过程中又发现客户要求的时间在正常驾驶的情况下根本不能完成，那么驾驶员又会怎样应对？是正常驾驶，延误了送货时间，结果造成的损失由自己来买单，还是只好违规驾驶在限行的线路上来按时完成运输任务？同时，驾驶员这个特殊而又普通的群体，永远都在与管理者进行一种管理博弈，即所谓"上有政策、下有对策"。目前，运输线路上的复杂状况，使得驾驶员拥有了很大的自由度。相反，管理者对于运输的实际情况了解不足，获得的信息处于不利地位，在与驾驶员的博弈游戏里总是被动的。有不良行为的驾驶员，完全可能通过绕路，虚报路桥费，虚假的路途维修等各种手段来在运输线路上做文章，瞒过管理者，为自己牟取利益。

要解决这些问题，就需要采用合理并且有效的运输线路管理方式。只有整个运输线路过程对于管理者、客户透明化，让管理者和客户能够准确、及时地了解运输线路的状态，才能够实施更加合理的运输管理，给客户提供优质的物流服务。那么，怎样才能做到"运输线路透明管理"？

积极但谨慎地引进先进的技术和新的管理手段是目前加强运输过程管理可以采取的措施。易流全球定位系统是专注于物流运输而开发的全球定位系统货运车辆运输过程监控管理平台，可以在物流运输过程管理中的很多方面提供先进的监控技术以及管理服务。安装了全球定位系统设备之后，通过互联网登录易流的管理平台，就可以对物流运输中的各个环节进行有效、便捷的监控。应用到"运输路线管理方面"，可以进行路线设定、管理、监控以及进行对于车速的监控等操作，既可以尽量避免不必要的路线偏移，又能够便于灵活地调整和优化物流运输的路线，做到运输线路的"透明管理"。

三、以运输作用不同为标准

（1）集货运输。所谓集货运输，指将分散的货物集聚起来集中运输的一种方式。因为货物集中后才能利用干线进行大批量、长距离的运输，所以集货运输是干线运输的一种补充性运输，多是短距离、小批量的运输。

（2）配送运输。配送运输通常是一种短距离、小批量、高频率的运输形式，它以服务为目标，以尽可能满足客户要求为优先。如果单从运输的角度看，它是对干线运输的一种补充和完善，属于末端运输、支线运输，主要由汽车进行运输，具有城市轨道货运条件的可以采用轨道运输，对于跨城市的地区配送可以采用铁路运输，或者在河道水域通过船舶进行运输。配送运输过程中，货物可能是从工厂等生产地仓库直接送至客户手中，也可能通过批发商、经销商或由配送中心、物流中心转送至客户手中。

四、以协同程度不同为标准

（1）一般运输：孤立地采用不同运输工具或同类运输工具而没有形成有机协作关系的运输。

（2）联合运输：简称联运，是使用同一运送凭证，由不同运输方式或不同运输企业进行有机衔接接运货物。

（3）多式联运：规模较大，反复地使用多种运输手段进行运输，进行复杂的运输方式衔接，并且具有联合运输的优势。

五、以运输主体不同为标准

1. 自营运输

1）定义

自营运输是指货主自己承担货物的运输，即自备车辆，自行承担运输责任、自行从事货物的运输活动，自营运输决策是一个典型的"制造"与"购买"的决策，就是一个公司必须决定制造（从事自营运输）与购买（使用受雇承运人）哪一个更便宜。

2）自营运输优点

自营承运人不为公众提供服务，而是通过运输自己的原材料的产成品为自己服务，采用自营运输主要是出于以下两个原因：提升服务和降低成本。

3）自营运输的不足之处

（1）空车回程。若在货物起运地和目的地之间只有一个方向有货物，则运输车辆会空车返回。空车返回的成本也会计算在满载出货（进货）的成本中，这样，货物运输的成本实际上是单程运输的两倍。这是自有运输成本较高的原因之一。

（2）自有运输还可能遇到缺乏专业货运管理技术的障碍。因为企业内部缺乏专业的管理者，企业出于管理好车队的目的必须从外部雇用管理者，这样就增加了管理成本。

（3）资金可用性也成为使用自营运输的企业的严重问题。那些投入到卡车、拖车以及维护设施上的费用对于公司的主要业务来说就是不可用的。

（4）作为自营承运人，企业要承担货物丢失和损坏的风险，为了防止可能的损失，自营承运人要购买货物保险。自营运输车队也存在着车辆事故导致的公共责任风险，随着自营运输运作范围的扩大,需要紧急服务的可能性也在增加。道路事故可能会降低服务水平,甚至对销售量和利润都产生影响。

2. 经营性运输

经营性运输是以运输服务作为经营对象、为他人提供货物运输服务并收取运输费用的一种运输运营方式,是运输业的发展方向。经营性运输可以在公路、铁路、水路、航空等运输业务中广泛开展,但是常见的是以汽车为工具的营业运输系统。

除了实际承运人,还有大量运输中间商在参与实际运输业务。运输中间商是指介于货主与实际承运人之间、为他们提供中介服务、促进运输交易行为实际的中介组织,运输中间商具有双重性,既有运输供给者的特点,又具有运输需求者的特点,它是实现运输市场交换的中介组织,是运输供给主体实现市场营销活动的有效渠道之一。常见的运输中间商主要包括以下五类。

(1)货运代理人。货运代理人通常指代理货主代办货物运输及相关业务并收取报酬的人。

(2)船务代理人。船务代理人是指代表承运人为其提货或为其在港船舶办理各种业务和手续并收取报酬的人。在其他运输方式中,这类代理通常称为销售代理。

(3)运输经纪人。运输经纪人是指以中间人的身份代办洽谈业务、促使交易成功并收取报酬的人。

(4)契约承运人。契约承运人是指以承运人身份接收托运人的货物、签发自己的运输单证、向托运人收取运费、通过拥有或控制运输工具的实际承运人,完成货物运输、承担承运人责任的人。在海上运输中,契约承运人被称为无船承运人。

(5)多式联运经营人。多式联运经营人是指本人或者委托他人以本人名义与托运人订立一项多式联运合同并以承运人的身份承担这项合同的责任人。

在实际业务中,运输中间商的身份往往具有多重性:有些处于代理人的地位;有些处于中间人的地位;有些则已拥有一定的场站设施的运载工具,发展成为运输组织者。

3. 公共运输

公共运输是指由政府投资或主导经营的各种运输工具(如飞机、火车等)以及相关的基础设施(如公路、铁路、港口、机场和相关信息系统等)组成的统一体系。由于涉及的因素多,又称为综合运输体系。这种体系的投资相当大,回收期长,与国民经济发展息息相关,是一种基础性系统。

六、以是否换装为标准

(1)直达运输:是指把商品从产地直接运达要货单位的运输,中间不需要经过各级批发企业的仓库的运输,直线运输是指减少商品流通环节,采用最短运距的运输。直达运输与直线运输的合理性是一致的,通常合称为直达运输。

（2）中转运输：是指商品销售部门把商品送到某一适销地点，再进行转运、换装或分运的工作，如发货地用地方管辖的船舶发运，路途中换装交通部所管辖的船舶运输；或火车整车到达后再用火车零担转运到目的地，都称为中转运输。

第三节 运输在物流活动中的作用

运输工具的进步，使得经济空间不断扩大。在很多情况下，地理位置随物改变，但运输工具却有效地缩短了供应者和消费者之间的经济距离，使得经济活动的范围越来越大，运输支持了社会分工和社会交换的不断扩大。物流系统要实现自己增加物质产品空间效用和时间效用的功能，必须依靠运输、包装、装卸、储存和信息等要素，其中运输是最重要的物流构成要素之一，或者说是物流的主干。运输是把物流系统连接在一起的纽带，它为物质产品在空间进行移动，以便实现或增加其价值和使用价值提供了基础。要使物流快速而有效的完成，必须具备良好的运输条件。运输是物流中不可缺少的组成部分，没有运输就没有物流，而且物流管理的出现也要在运输体系的完善达到相当的水平之后。

一、运输与物流的不同之处

（1）概念不同。运输是指运用适当的工具使人和货物产生位置移动。而物流是指为满足用户需要而进行的原材料、中间库存、最终产品及相关信息从起点到终点间的有效流动，以及实现这一流动而进行的计划、管理、控制过程。物流包括七个方面的内容：包装、装卸、运输、储存、流通加工、回收复用和信息系统。从概念中可以看出，运输只是物流中的一个组成部分。但现在许多运输公司也时髦地把自己的公司称为"××物流公司"，将运输与物流混为一谈，这是对二者关系的混淆。

（2）时间上的约束不同。物流管理与运输的另一区别在于全过程是否用精确的时间进行控制和组织。物流在时间上是刚性约束，物流的仓储、运输、配送是以生产企业的生产、销售计划为前提的，生产的精益化组织要求物流服务时间上的精确化，因此产品的实物流动快和慢、接取送达的早和晚都是不合理的，而运输只实现产品转移过程，不需要实现服务时间上的精确化。

（3）服务的范畴不同。货运一般是指流通领域内的货物位移，而物流过程中物资在工厂内不同场所之间的移动通常称为"厂内运输"，是与一般运输可能形式相似，也可能发生衔接，但不包括在运输以内的一个范畴。因此一般货运实际上对应着物的流通，即流通领域中的供应物流和销售物流，并不包括生产领域中物的流动，只负责在社会的流通过程中，实现商品的空间位移。物流是远超出运输范畴的系统化管理，这种管理系统的建立和运转，是以服务于生产过程的全部过程为出发点的。物流系统应根据生产企业的供应渠道和生产过程以及销售渠道，从生产企业中取得价值远大于运输的收益。另外运输包括实现人的位移，而物流的对象一般不包括人。

（4）地位不同。物流的出发点是以被服务企业的利益为中心，而运输只是物流管理控制的必要环节，永远处于从属地位。从这一意义上说：有物流必然有运输，而再完善的运输也远不是物流。运输企业要开展物流，必须主动地服务于工商企业产品的生产和销售，服务于产品的市场竞争和利益；主动开展物流市场调查、市场预测，到工商企业中做好推销、宣传等业务；根据工商企业的需要，为其提供全方位的物流服务，从上游企业的利益增长中，取得附加值远大于运输的回报。从社会利益上讲，也可以促进专业分工的发展。

二、运输的地位

（1）运输是物流的重要构成要素。运输业是物流的基本载体。第二次技术革命之后，在世界范围内生产过程和生产服务都在逐步走向专业化，从产品的生产到商品的使用，从原材料的供应、加工、储存、组装、销售到产品送到用户手中，整个过程都要靠运输来完成，在产品中深刻地凝结了运输价值。不论是制造业、冶炼业还是加工业等生产型企业，都离不开运输。离开运输，产品难以投放市场，不能成为商品，企业不能取得合理的经济效益。

运输费用在物流费用中占有很大的比重。组织合理运输，以最小的费用，较快的时间，及时、准确、安全地将货物从其产地运到销地，是降低物流费用和提高经济效益的途径之一。

（2）运输影响物流的其他构成因素。选择的运输方式决定装运货物的包装要求；使用不同类型的运输工具决定其配套使用的装卸搬运设备以及接收和发运站台的设计；企业库存储备量的大小，直接受运输状况的影响，发达的运输系统能比较适量、快速和可靠地补充库存，以降低必要的储备水平。

企业的工厂、仓库与其供货厂商和用户之间的地理分布直接影响物流的运输费用。因此，运输条件是企业选择工厂、仓库、配送中心等物流设施配置地点所要考虑的主要因素之一。

（3）运输基础建设的发展为物流的发展提供了条件。就我国而言，运输基础设施有了很大发展，集装箱运输业发展迅速，铁路、公路、水运国际集装箱多式联运系统正在不断发展和完善，为我国进一步开展物流服务奠定了必要的基础。在我国未来的发展规划中，强调了运输在国民经济发展中的重要作用，并将要进一步开放运输市场，加大对运输基础设施的投资力度，加速运输基础设施的建设，如修建高速公路、高速铁路、扩建港口和集装箱码头，以及发展集装箱专用车、船等，这些措施都为我国物流的发展创造了有利的条件。

（4）物流的发展促进运输的增长。物流业的发展促进了企业和工厂"内部生产"程度的降低。20世纪90年代以来，德国工业的"企业内部生产"所占比重平均下降到45%，日本等许多发达国家的工业搬到国外使其国内工业空洞化。外协购买部件、组件的任务及整个供应链的形成，导致了货物操作次数的增长，从而使运输量也相应的增长。

（5）物流理论的发展，将极大地促进运输向管理和技术的高层次发展。为适应物流发展的趋势，要注重开展综合运输，将各种不同运输方式的优势充分发挥出来，相互取长补短，提高运输效率，为用户提供及时、高效、可靠、机动、省时、省钱、优质的物流全过程服务，推动运输业积极更新技术和改进管理方式。经济发展一体化的物流过程，要求运输企业提供门到门的运输服务，因此，为降低整个物流过程的费用，并使货物及时送达，运输行业管理部门及运输企业应组织不同运输方式之间的有效衔接和相互协作，提高运输效率，缩短运输方式之间的换装时间，减少用户费用。

（6）发展物流，将积极推动运输行业管理逐步完善和规范。物流是一种区别于过去单一运输方式独立经营的新的运输概念，我国现有的运输管理法律法规大多数是专项法规，还不能适应综合运输方式管理的需要。多式联运业务的不断扩大和深入开展，将使我们认真考虑完善各种运输方式联合运输的法律体系，推动运输行业管理上一个新的台阶。

三、物流其他环节对运输的影响

（1）包装环节。物资的包装材料、包装规格、包装方法等都不同程度地影响运输。因为包装的外廓尺寸与承运车辆的内部尺寸构成可约倍数时，车辆的容积才可以得到最充分的利用。

（2）装卸环节。装卸是运输的影子，有运输活动发生就必然有装卸活动。一般一次运输伴随两次装卸活动，装卸质量将影响运输的质量，如果装卸不好，在途中进行二次装卸将影响运输时间。装卸是各种运输方式的衔接手段。

（3）仓储环节。运输活动组织不利会延长物资在生产者仓库中的存放时间，同时也会使消费者的库存增加，因为运输组织不利会使消费者的安全库存数量增大。

第四节　运输内涵教学实践

➤项目简介

针对运输内涵各相关知识的特点，进行相关教学设计。

这门课程的要求和教学对象的特点（设定教学对象为师资本科生），确定本模块的教学设计，包括教学目标、教学重难点、教学方法、教学环节的时间分配等。

一、教学目标

本模块的教学目标是使学生了解运输的相关基础知识，包括运输定义、运输方式以及运输与物流的关系。

二、教学重难点

1. 教学重点

本模块的教学重点是让学生了解不同的运输方式分类标准及其运输方式的特点。

（1）运输概述，主要介绍运输的概念、功能及运输原理。

（2）运输方式分类，主要介绍运输方式的不同划分标准。

（3）运输与物流的关系，主要介绍物流与运输的区别、联系，运输与物流其他环节的关系。

2. 教学难点

运输与物流的关系：了解运输在物流中的地位，明确运输与物流的区别和联系。

三、教学方法

本模块作为整个教材基础模块，内容相对简单。因此本模块的教学主要以课堂教学为主，在课堂教学过程中，通常是以讲授法为主，同时辅以学生围绕案例思考及分析的方法。本模块教学中会大量使用图表、案例进行辅助教学，帮助学生快速感性认知并掌握运输的相关基础知识。

四、教学环节的时间分配

第一章　运输内涵

第一节　运输概述（25min）

第二节　运输方式分类（25min）

第三节　运输在物流活动中的作用（40min）

共 2 学时，课堂讲授 2 学时。

五、教学评价

章节名称：运输内涵

评价类别	评价项目	评价标准	评价依据	评价方式			权重
				学生自评	同学互评	教师评价	
				0.1	0.1	0.8	
过程评价	学习能力	学习态度是否良好，学习兴趣是否浓厚，学习习惯是否良好，沟通表达能力是否很强，团队合作精神	学生考勤，课后作业完成情况，课堂表现，收集和使用资料情况，合作学习情况				0.2
	专业能力	正确认识运输的功能、运输方式的分类标准及每种运输方式的特征，最后能够充分理解运输与物流的关系	课堂上回答问题的积极性和准确性，以及课后布置作业的完成情况，整理、总结案例的能力				0.3
	其他方面	探究、创新、实践的能力	积极参与研究性学习，有独到的见解，能提出多种解决问题的方法，参与企业、社会实践的积极性及对其的评价				0.1
结果评价	理论考核						0.2
	实操考核						0.2

➤ 复习思考题

一、单项选择题

1. 物资的（　　）就构成货物运输实务的重要因素。

A. 时间位移　　　B. 空间位移　　　C. 时间和空间的位移　　　D. 流动

2. 物流是供应链的一部分，（　　）是实物流动的最主要载体。

A. 仓储　　　　　B. 运输　　　　　C. 信息　　　　　　　　　D. 流通加工

3. 除了垄断行业和寡头垄断行业，各个行业中的现代企业管理基本都是围绕着（　　）进行。

A. 物流　　　　　B. 人才　　　　　C. 客户的需求　　　　　　D. 新技术

4.（　　）是连接重要政治经济文化中心部分立交的公路。

A. 高速公路　　　B. 一级公路　　　C. 二级公路　　　　　　　D. 三级公路

5. 一般来说，（　　）是物流成本的最大组成部分。

A. 保管成本　　　B. 运输成本　　　C. 包装成本　　　　　　　D. 装卸成本

6. 就以下几种运输方式来说，（　　　）运输灵活机动，迅速方便，可以提供"门到门"的物流服务。

A. 公路　　　　　　B. 航空　　　　　　C. 水路　　　　　　　　D. 铁路

7. 运输在物流中的作用不包括（　　　）。

A. 是物流系统功能要素的核心

B. 是实现合理化的关键

C. 是实现时间效用的主要方式

D. 是"第三利润源泉"的主要源泉

8. 铁路运输主要承担的货运是（　　　）。

A. 远距离、大批量　　　　　　　B. 近距离、大批量

C. 近距离、小批量　　　　　　　D. 远距离、小批量

二、多项选择题

1. 物流系统中包括了（　　　），人才流也是该系统的关键。

A. 实物流　　　　　B. 资金流　　　　　C. 信息流　　　　　D. 商流

2. 运输当事人包括（　　　）。

A. 托运人　　　　　B. 承运人　　　　　C. 代理人　　　　　D. 收货人

3. 在接货的时候，无论是托运人还是承运人都要关注（　　　）方面的操作。

A. 包装　　　　　　B. 验货　　　　　　C. 装货　　　　　　D. 单证

4. 运输价格的确定取决于（　　　）。

A. 运输市场结构　　B. 运输企业规模　　C. 托运人需求　　　D. 承运人成本

5. 运输市场的参与者包括（　　　）。

A. 需求方　　　　　B. 运送工具提供方　C. 供给方

D. 中介方　　　　　E. 政府方

6. 运输需求通常包含的要素有（　　　）

A. 流量　　　　　　B. 流向　　　　　　C. 运输价格

D. 运输需求结构　　E. 流程

7. 现代运输手段的要素有（　　　）

A. 运输工具　　　　B. 运输动力　　　　C. 运输通道　　　　D. 电信设备

8. 运输有五种形式，无论哪种运输形式，其操作过程都涉及（　　　）方面。

A. 接货　　　　　　B. 运送　　　　　　C. 交付　　　　　　D. 付费

三、简答题

1. 简述货物运输的内涵。

2. 简述货物运输的分类标准。

3. 如何确定运输方式？

4. 简述货物物流其他环节与运输的关系。

➤参考答案

一、单项选择题

1. C　2. B　3. C　4. B　5. B　6. A　7. C　8. A

二、多项选择题

1. ABC　2. ABCD　3. ABCD　4. ACD　5. ACDE　6. ABCDE　7. ABCD　8. ABC

三、简答题

答案：略

第二章

运 输 决 策

➢项目实施体系结构图

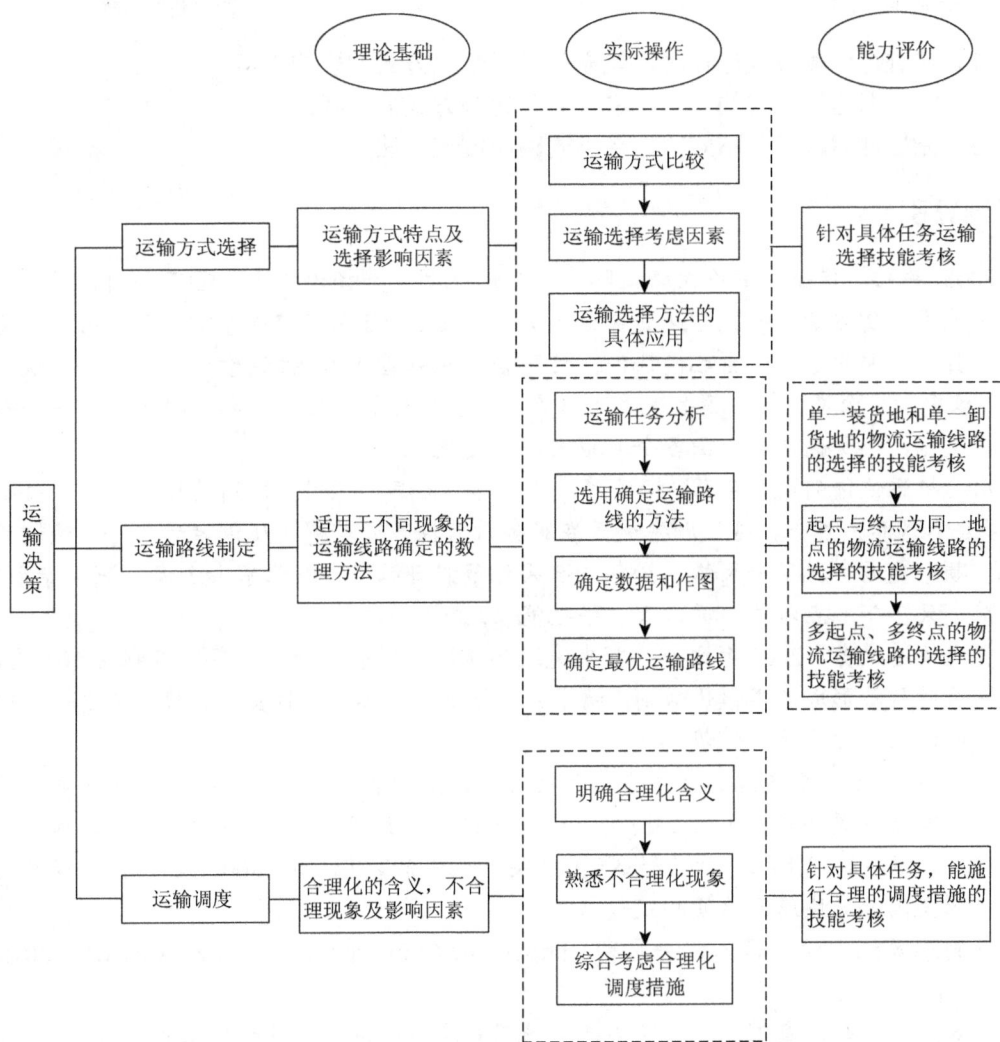

```
            理论基础          实际操作          能力评价

                          ┌─────────────┐
                          │  运输方式比较  │
          运输方式  运输方式特点及    ↓         针对具体任务运输
          选择     选择影响因素 →  运输选择考虑因素  →  选择技能考核
                          │    ↓        │
                          │  运输选择方法的 │
                          │   具体应用    │
                          └─────────────┘

                          ┌─────────────┐   单一装货地和单一卸
                          │  运输任务分析  │   货地的物流运输线路
                          │    ↓        │   的选择的技能考核
  运输                    │  选用确定运输  │
  决策    运输路线  适用于不同现象的 │  线的方法    │   起点与终点为同一地
          制定     运输线路确定的数 →  ↓         →  点的物流运输线路的
                   理方法        │  确定数据和作图 │   选择的技能考核
                          │    ↓        │
                          │  确定最优运输线路│   多起点、多终点的物
                          └─────────────┘   流运输线路的选择的
                                         技能考核

                          ┌─────────────┐
                          │  明确合理化含义 │
          运输调度  合理化的含义,不合 │    ↓        │   针对具体任务,能施
                   理现象及影响因素 →  熟悉不合理化现象 →  行合理的调度措施的
                          │    ↓        │   技能考核
                          │  综合考虑合理化 │
                          │   调度措施    │
                          └─────────────┘
```

➢学习目标

1. 知识目标

（1）理解运输决策的主要内容。

（2）了解选择运输方式的影响因素。

（3）了解运输路线制定的依据和方法。

2. 能力目标

（1）掌握运输方式选择的方法。

（2）掌握运输路线制定的方法。

（3）掌握运输调度合理化的方法。

3. 素质目标

（1）在进行运输方式选择时，能充分考虑运输方式的影响因素。

（2）能根据运输方式的特点，进行合理运输方式的选择。

（3）能根据运输任务不同，选择不同路线制定方法。

➤案例导引

2003 年初，借航空运价大跌之际，顺丰速运顺势与扬子江快运签下合同，成为国内第一家使用全货运专机的民营速递企业。扬子江快运的 5 架 737 全货机，全部由顺丰速运租下，其中 3 架用于承运自己的快件。这种全货机载重 15t，往返于广州、上海、杭州的 3 个集散中心。除了专机，顺丰速运还与多家航空公司签订协议，利用国内 230 多条航线的专用腹舱，负责快件在全国各个城市之间的运送。

用飞机运快件的成本不菲。据了解，其广州—上海—杭州—广州的租机价格为每小时 2 万多元人民币。然而，这让顺丰速运在服务时效性方面获得了压倒性的优势。通过租用飞机，顺丰速运实现了全天候、全年 365 天无节假日派送。在北京、上海、深圳等干线，即使前一天下午 6 点取件，第二天一早也能收到。

凭借快速服务，2003 年之后，顺丰速运的货运量增长迅速，每年增速都在 50%左右。迅速增长的货量形成的规模优势，抵销了包机增加的成本。这种良性循环，又进一步巩固了顺丰速运在速度方面的优势。

到 2009 年底，顺丰速运买下了自己的飞机，成为我国第一家，也是唯一一家自己拥有货机的民营快递公司。截至 2014 年底，顺丰速运已经拥有了 17 架自有飞机，加上航空租赁飞机，顺丰航空飞机总数已经达到 37 架，日发货量可达到 1800t。在飞机日夜的飞行中，一张全国性的快递网络便构筑起来了。

案例来源：中国物通网，央广网. http://news.Chinawutong.com/wlzx/wlzx/wlkx/201510/44350.htm

思考题：结合本案例，谈谈顺丰速运采用自有飞机运送快件的优劣势。

第一节　运输方式的选择

一、运输方式选择概述

1. 运输方式的比较

公路运输是指以公路为运输线，利用汽车等陆路运输工具，做跨地区或跨国的移动，以完成货物位移的运输方式。它是对外贸易运输和国内货物流程的主要方式之一，既是独立的运输体系，也是车站、港口和机场物资集散的重要手段。

铁路运输是利用铁路进行货物运输的方式，是利用铁路设施、设备运送旅客和货物的一种运输方式，在国际货运中的地位仅次于海洋运输。

水路运输是最古老的运输方式。它使用两种类型的船舶：一种是海船，主要用于远洋运输和长江大河中运输，限于进出深水港口；另一种是驳船，主要在河道上和江河中营运，具有相当大的灵活性。

航空运输是最新的但也是利用程度最低的运输方式。它的主要优点在于托运货物的运输速度上。通过航空运输大洋两岸间的货物仅需几小时，而用其他运输方式承运则需要几天的时间。对航空货运具有抑制作用的就是高成本。

管道运输是运输体系中的一个重要组成部分。除了石油，通过管道运输的其他产品主要是天然气。此外，管道还被用来运输化学制品、粉末化的水泥类干散材料和通过液压悬浮的面粉，以及在城市内用作市政的下水道和供水道。

以上五种运输方式拥有其自身的技术经济特点，因而有着适合自身的运输服务对象，表 2-1 列出了五种运输方式的技术经济特点及其运输对象。

表 2-1 各种运输方式的技术经济特征

技术经济特征	详述
运输速度	物流运输的产品是货物的空间位移，以什么样的速度实现它们的位移是物流运输的一个重要技术经济指标。决定各种运输方式运输速度的一个主要因素是各种运输方式载体能达到的最高技术速度
运输工具的容量及线路的运输能力	由于技术及经济的原因，各种运输方式的运载工具都有其适当的容量范围，从而决定了运输线路的运输能力
运输成本	物流运输成本主要由四项内容构成：基础设施成本、转运设备成本、营运成本和作业成本
经济里程	运输的经济性与运输距离有紧密的关系。不同的运输方式的运输距离与成本之间的关系有一定的差异
环境保护	运输业是污染环境的主要产业部门，运输业产生环境污染的直接原因有空间位置的移动、交通设施的建设和载运的客体等

2. 运输方式的技术经济特点

各种运输方式拥有其自身的技术经济特点，因而有着适合自身的运输服务对象，表 2-2 列出了各种运输方式的技术经济特点及其运输对象。

表 2-2　　五种运输方式的技术经济特点及其运输对象

运输方式	技术经济特点	运输对象
铁路	初始投资大，运输容量大，成本低廉，占用的土地多，连续性强，可靠性好	适合于大宗货物、散件杂货等的中长途运输
公路	机动灵活，适应性强，短途运输速度快，能源消耗大，成本高，空气污染严重，占用的土地多	适合于短途、零担运输，门到门的运输
水路	运输能力大，成本低廉，速度慢，连续性差，能源消耗及土地占用都较少	适合于中长途大宗货物运输，海运，国际货物运输
航空	速度快，成本高，空气和噪声污染重	适合于中长途及贵重货物运输，保鲜货物运输
管道	运输能力大，占用土地少，成本低廉，连续输送	适合于长期稳定的流体、气体及浆化固体物运输

3. 影响运输方式抉择的因素

（1）货物的种类。货物的价值、单件重量体积、形状、危险性、变质性等都是影响运输方式选择的重要因素。一般来说，价格低、体积大的货物，尤其是散装货物，比较适合于铁路运输或水路运输；重量轻、体积小、价值高以及对时间要求较高的鲜活易腐货物适合于航空运输；石油、天然气、碎煤浆等适宜选择管道运输方式。

（2）运输距离。运输距离的远近决定了各种运输工具运送货物的时间，运输时间对能否及时满足顾客需要，减少资金占用有重要影响。因此，运输距离是选择运输工具时应考虑的一个重要因素。一般情况下，运距在 300km 以内，宜采用公路运输；300～500km 可采用铁路运输；500km 以上的可采用船舶运输。

（3）运输量。运输量对运输工具的选择也有重大影响。一般来说，15～20t 以下的货物宜采用公路运输；15～20t 以上的货物宜采用铁路运输；数百吨以上的粗大笨重货物，可选择船舶运输。

（4）运输时间。运输时间与客户要求的交货日期相联系，与运输企业的服务水平相联系。客户要求的运输期限不同，或运输企业为客户承诺的运输期限不同，就需要考虑选择不同的运输方式。例如，对于市场急需的商品，承运人必须选择速度快的运输工具，如航空或汽车直达运输，以免延误时机；反之则可选择成本较低而速度较慢的运输工具。

（5）运输成本。运输成本会因货物的种类、重量、容积、运距不同而不同，而且运输工具也会影响运输成本。运输成本将直接受到不同经济实力的运输企业承受能力的制约，并直接影响企业的经济效益。因此，企业进行运输决策时，企业经济实力以及运输成本是运输方式选择的重要制约因素。在考虑运输成本时，必须注意运输费用与其他物流子系统之间存在的互为利弊的关系，不能只通过运输费用来决定运输方式，而要从运输总成本的角度选择适当的运输方式。

（6）运输工具的可得性。由于时间、地点条件的限制，不是所有承运人都能很容易地获得所需要的运输工具。例如，将木材从大兴安岭运到北京，采用水路运输是最经济的，因为木材是散装的，不需要专门的保护，而且能经受较长时间的运输，但大兴安岭没有水路，因而，只能通过汽车运输到火车站，然后通过铁路运到北京。这个例子说明，在选择运输方式时，往往只能在现有的实际运输工具中进行选择。

（7）运输的安全性。运输的安全性包括所运输货物的安全、运输人员的安全以及公共安全。货物的特性以及对安全性的要求直接影响运输工具的选择。同其他运输方式相比，载货卡车由于不需要中途装卸和搬运，所以它能够更好地保护货物的安全。对运输人员和公共安全的考虑也会影响货物的安全措施，进而影响运输方式的选择。例如，对于危险品运输要采取更加安全的措施，而在地面运输中采取的安全措施又远没有在空运中那样严格，这是因为航空运输安全事故造成的后果远比其他运输方式严重。

（8）其他影响因素。运输方式的选择除了受上述列举的因素影响，还受法律环境、经济环境、社会环境的变化等因素的影响。例如，随着物流量的增大，噪声、振动、大气污染、海洋污染、交通事故等问题日益严重，政府为解决这些问题而制定的法律、法规相继出台，并日益严格；对于公路运输超载货物、超速运行的现象，对于航空、水路、铁路、公路运输中特种货物的运输，分别作出相应的规定等，这些都会影响托运人对运输方式的选择。

对于托运人与承运人来说，上述各种因素的影响是不同的，因此在具体的运输业务中，承运人对运输方式的选择，可根据货主或托运人的要求，参考比较不同运输方式的不同运输特性进行最优选择。由于上述因素是相互关联、相互作用的，所以在选择运输方式时应综合考虑和协调各种影响因素的关系。

➤知识拓展

广西加快建设国际道路运输大通道

我国唯一一个沿海自治区——广西壮族自治区正抓住国家"一带一路"战略契机，建设联通内外、安全畅通的国际道路运输大通道。广西具有连接东盟的区位优势以及21世纪海上丝绸之路的通道和门户地位，按照自治区"十三五"综合运输体系发展规划总体目标，沿边重点口岸国际道路运输、公路水路基础设施、与东盟互联互通建设等都在加快推进。

国家提出"一带一路"战略构想后，广西也提出了实施"双核"（打造北部湾经济区、西江经济带两大核心增长极）战略，海陆并举推动"一带一路"建设的想法。

"十三五"期间，广西将按照强化通道，做强枢纽，提升智能化，畅通多式联运的要求，着力建设北部湾国际航运中心，打造南宁区域性国际综合运输枢纽，强化六大运输通道，统筹五张基础网络，促进运输服务水平不断提高。

铁路辐射带动作用凸显，基本实现市市通高铁。以南宁为中心的"12310"高铁经济圈基本形成，铁路营业里程近6500km，其中高铁里程突破2000km，全区铁路复线率、电气化率高于全国平均水平。

公路网络规模显著提升，逐步形成县县通高速的局面。公路总里程达到12.5万km，其中高速公路里程近7000km，二级以上高等级公路突破18000km，其中普通国省干线二级公路以上达75%，100%建制村通沥青（水泥）路。

西江黄金水道高效畅通,基本实现所有规划河段通航。实现西江全线通航,千吨级以上高等级航道近1500km,内河港口综合吞吐能力达到1.5亿t。

北部湾区域性国际航运中心加快建设,打造海上丝绸之路的重要中心。沿海港口综合吞吐能力达到4.5亿t,万吨级以上泊位130个,集装箱吞吐能力接近1000万标箱。

民用航空网络基本实现县区民航全覆盖。民用机场达到9个,旅客吞吐能力达到3500万人次,通用航空加快发展。

综合交通枢纽功能进一步加强,促进综合交通一体化发展。分层次建设综合交通枢纽,强化各种运输方式、城市交通与城际交通之间的衔接,重点打造南宁区域性国际综合交通枢纽。

案例来源:第一财经网站

二、运输方式选择的方法

在各种运输方式中,如何选择适当的运输方式是物流合理化的重要问题。可以选择一种运输方式也可以选择联运的方式。

运输方式的选择,需要根据运输环境、运输服务的目标要求,采取定性分析与定量分析的方法进行考虑。

1. 运输方式选择的定性分析法

定性分析法主要是依据完成运输任务可用的各种运输方式的运营特点及主要功能、货物的特性以及货主的要求等因素对运输方式进行直观选择的方法。

(1)单一运输方式的选择。单一运输方式的选择,就是选择一种运输方式提供运输服务。公路、铁路、水路、航空和管道五种基本运输方式各有自身的优点与不足,可以根据五种基本运输方式的优势、特点,结合运输需求进行恰当的选择。

(2)多式联运的选择。多式联运的选择,就是选择两种以上的运输方式联合起来提供运输服务。在实际运输中,一般只有铁路与公路联运(驮背运输)、公路或铁路与水路联运(鱼背运输)、航空与公路联运得到较为广泛的应用。

2. 运输方式选择的定量方法

运输方式选择的定量方法有综合评价法、成本比较法、考虑竞争因素的方法等,应用时可根据实际情况选择其中的一种进行定量分析。但由于运输问题影响因素复杂,很难用一种计算结果来决定一切,计算结果可以作为决策的重要参考依据。

1)综合评价法

运输方式的选择应满足运输的基本要求,即经济性、迅速性、安全性和便利性。由于运输对象、运输距离和货主对运输时限要求不一样,对经济性、迅速性、安全性和便利性的要求程度也不同,因此可采取综合评价的方法来进行运输方式的确定。

设评价运输方式的重要度如下。

经济性（F_1）：主要表现为费用（运输费、装卸费、包装费、管理费等）的节省；在运输过程中，总费用支出越少，则经济性越好。其重要度，即权重系数为 b_1。

迅速性（F_2）：指货物从发货地到收货地所需要的时间，即货物在途时间，其时间越少，迅速性越好。其权重系数为 b_2。

安全性（F_3）：通常指货物的完整程度，以货物的破损率表示；破损率越小，安全性越好。其权重系数为 b_3。

便利性（F_4）：各种运输方式的便利性的定量计算比较困难，实际因素很多，如换装次数、办理手续的方便与时间等。为简便计算，在一般情况下，可以近似利用发货人所在地至装车（船、飞机）地之间的距离来表示。距离越近，便利性越好。其权重系数为 b_4。

则各运输方式的综合重要度为

$$F = b_1F_1 + b_2F_2 + b_3F_3 + b_4F_4$$

设铁路以 T 表示，公路以 G 表示，水路以 S 表示，航空以 H 表示，则

$$F(T) = b_1F_1(T) + b_2F_2(T) + b_3F_3(T) + b_4F_4(T)$$
$$F(G) = b_1F_1(G) + b_2F_2(G) + b_3F_3(G) + b_4F_4(G)$$
$$F(S) = b_1F_1(S) + b_2F_2(S) + b_3F_3(S) + b_4F_4(S)$$
$$F(H) = b_1F_1(H) + b_2F_2(H) + b_3F_3(H) + b_4F_4(H)$$

比较其值，数值最大者为应选运输方式。由于 F_1，F_2，F_3，F_4 的数值难以确定，所以在实践中较少应用。

2）成本比较法

成本比较法也是运输方式选择的一种定量分析方法，它主要是根据不同运输方式在一定的运输环境条件下所花费的成本来进行评价与选择运输方式。在选择运输方式时，运输费用、运输速度以及与之相关的库存费用等方面会相互影响、相互作用，如图 2-1 所示。因此，应该综合考虑运输速度、运输费用、库存费用等方面形成的总成本以及其他等多种因素的影响，寻求总的运输成本最低的运输方式或运输工具。

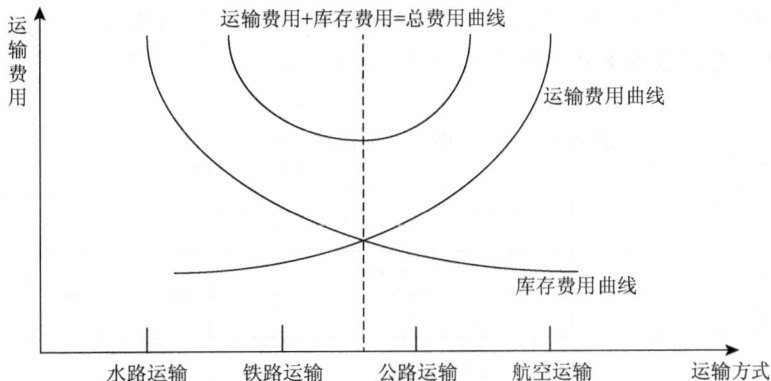

图 2-1 运输方式与运输费用的关系

下面通过一个例子说明如何根据成本选择运输方式。

【例 2-1】　某造纸厂从工厂向距客户较近的地区仓库运货，铁路平均运输时间为 10 天，公路运输时间为 7 天（节省 3 天），每节省 1 天可降低 2%的库存。铁路每包纸运价为 0.2 元，公路为 0.3 元。为满足需求必须保持库存 10000 包，年需求量为 100000 包，每年每包纸库存费用为 6 元。若用铁路运输，为满足需求一年需运 10 次，而公路要运 20 次。确定采用何种运输方式才能使总运费最低？

解：铁路和公路运输各项费用如表 2-3。

表 2-3　铁路和公路运输各项费用

费用	铁路	公路
运输费用	0.2×100000=20000	0.3×100000=30000
仓库存储费用	6×10000=60000	6×5000×0.94=28200
运输过程中的存储费用	6×100000×10/365≈16438	6×100000×7/365≈11507
总费用	96438	69707

从表 2-3 可以看出，选择公路运输更节省费用。

3）考虑竞争因素的方法

运输方式的选择若直接涉及竞争优势，则应考虑采用竞争因素的方法。

买方的行为是将更大的购买份额转向能提供较好运输服务的供应商，从而鼓励供应商去寻求更适合买方需要的运输服务方式，而不是单纯追求低成本。

因此下面的例子说明的是在不计及供应商的竞争对手反应的情况下，买方向能提供特佳运输服务的供应商转移更多交易份额的程度。

【例 2-2】　某制造商分别从两个供应商手中购买了共 3000 个配件，每个配件单价 100 元。目前这 3000 个配件由两个供应商平均提供，若供应商缩短运达时间，则可以多得交易份额，每缩短一天，可从总交易量中多得 5%的份额，即 150 个配件。供应商从每个配件中可赚得占配件价格（不包括运输费用）20%的利润。

于是供应商 A 考虑，如将运输方式从铁路运输转到卡车运输或航空运输是否有利可图。各种运输方式的运费率和运达时间如表 2-4 所示。

表 2-4　各种运输方式的运费率和运达时间

运输方式	运费率/（元/件）	运达时间/天
铁路	2.50	7
卡车	6.00	4
航空	10.35	2

显然，供应商 A 只是根据其可能获得的潜在利润对运输方式进行选择决策。表 2-5 所示是供应商 A 使用不同的运输方式可能获得的预期利润。

表 2-5　供应商 A 使用不同运输方式的利润比较表

运输方式	配件销售量/件	毛利/元	运输成本核算/元	净利润/元
铁路	1500	30000.00	3750.00	26250.00
卡车	1950	39000.00	11700.00	27300.00
航空	2520	45000.00	23287.50	21712.50

如果制造商对能提供更好运输服务的供应商给予更多份额的交易的承诺实现，则供应商 A 应当选择卡车运输。当然，与此同时供应商 A 要密切注意供应商 B 可能做出的竞争反应行为，如果出现这种情况，则可能削弱供应商 A 可能获得的利益，甚至化为泡影。

通过上述关于运输服务选择问题的讨论，应该认识到，在考虑运输服务直接成本的同时，有必要考虑运输方式对库存成本和运输绩效对物流渠道成员购买选择的影响。除此之外，还有其他一些因素需要考虑，其中有些是决策者不能控制的（表 2-6）。

表 2-6　其他考虑因素

考虑因素	详述
对彼此成本的了解	供应商和买方对彼此的成本有一定了解将会促进双方的有效合作
分拨渠道中有相互竞争的供应商	分拨渠道中有相互竞争的供应商，买方和供应商都应该采取合理的行动来平衡运输成本和运输服务，以获得最佳收益。当然，无法保证各方都合理智行事
对价格的影响	还没有考虑对价格的影响。假如供应商提供的运输服务优于竞争对手，他很可能会提高产品的价格来补偿（至少是部分补偿）增加的成本。因此，买方在决定是否购买时应同时考虑产品价格和运输绩效
动态因素	运输费率、产品种类、库存成本的变化和竞争对手可能采取的反击措施都增加了问题的动态因素，在此并没有直接涉及
运输方式选择的间接作用	没有考虑运输方式的选择对供应商存货的间接作用。供应商也会和买方一样由于运输方式变化改变运输批量，进而导致库存水平的变化。供应商可以调整价格来反映这一变化，反过来又影响运输服务的选择

第二节　运输线路优化

一、最短路径法

如图 2-2 是路路通运输公司签订的一项运输合同，要把 A 城的一批化肥运送到 J 城，路路通公司根据这两个城市之间可选择的行车线路绘制的公路网络。其中 A 点表示装货地，J 点是卸货地。此类运输线路的特点是 A 点和 J 点是两个点，不重合。这是运输活动中的一种情况。

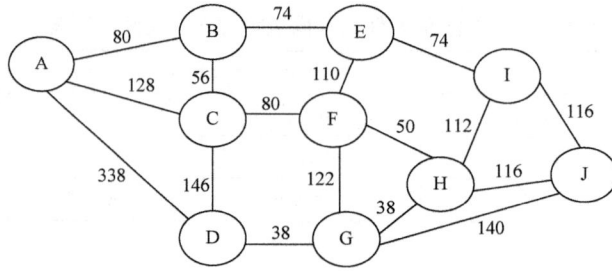

图 2-2　公路网络示意图

在图 2-2 中，路路通运输公司要在装货地 A 点，满载货物到 J 点卸货。B、C、D、E、F、G、H 和 I 是网络中的站点，站点之间以线路连接，线路上标明了两个站点之间的距离。

从图 2-2 可以看出，从 A 点到 J 点，有很多条线路可以选择，然而，运输线路选择优化的任务就是要找出使总路程的长度最短的线路。就是运输规划中的最短线路问题，通常称为最短路径法，或者称最短路线方法。即列出最短运输线路计算表（表 2-7），分步骤地计算。通过比较，选择走近路。

表 2-7　最短运输线路计算表

步骤	直接连接到未解节点的已解节点	与其直接连接的未解节点	相关总成本/km	第 n 个最近节点	最小成本/km	最新连接
1	A A A	B C D	80 128 338	B	80	AB*
2	A A B B	C D E C	128 338 80+74=154 80+56=136	C	128	AC
3	A B C	D E F	338 80+74=154 128+80=208	E	154	BE*
4	A C C E	D F D I	338 128+80=208 128+146=274 154+74=228	F	208	CF
5	A C E F	D D I H	338 128+146=274 154+74=228 208+50=258	I	228	EI*
6	A C F I	D D H J	338 128+146=274 208+50=258 228+116=344	H	258	FH

续表

步骤	直接连接到未解节点的已解节点	与其直接连接的未解节点	相关总成本/km	第 n 个最近节点	最小成本/km	最新连接
7	A	D	338	D	274	CD
	C	D	128+146=274			
	F	G	208+122=330			
	H	G	258+38=296			
	H	J	258+116=374			
	I	J	228+116=344			
8	D	G	274+38=312	G	312	DG
	F	G	208+122=330			
	H	J	258+116=374			
	I	J	228+116=344			
9	G	J	322+140=462	J	344	IJ*
	H	J	258+116=374			
	I	J	228+116=344			

在图 2-2 可以看出，装货地 A 即是起点，是第一个已解的节点。与 A 点直接连接的未解的节点有 B、C 和 D 点。B 到 A 的距离最短，所以是唯一的选择，成为已解的节点。

其次是找出距离已解 A 点和 B 点最近的未解节点。只要列出距各个已解节点最近的连接点，则有 AC，BC。注意从起点通过已解节点到某一节点所需的路程应该等于到达这个已解节点的最短路程加上已解节点与未解节点之间的路程。即从 A 经过 B 到达 C 的距离为 80+56=136(km)，而从 A 直达 C 的距离为 128km。现在 C 点也成为已解节点。

然后要找出与各已解节点直接连接的最近的未解节点。在图 2-2 上可见，在与已解节点 A、B、C 直接连接的有 D、E、F 三个点，自起点到三个候选点的路程分别是 338km、154km、208km，其中连接 BE 的路程最短，为 154km。因此，E 点为所选。

重复上述过程，直至到达终点 J。由此得到最优线路为 A-B-E-I-J，最短的路程 344km。

最短路径法可以利用计算机进行求解。把运输网络中的线路（有的称为链）和节点的资料都存入数据库中，选好起点和终点后，计算机可以很快就算出最短路径。

此计算的结果，称为单纯的最短距离路径，并未考虑各条线路的运行质量。不能说明穿越网络的最短时间。因此，对运行时间和距离都设定权数就可以得出比较具有实际意义的线路。

二、起点与终点为同一地点的物流运输线路的选择

在运输生产实践中，自有车辆运输时，车辆往往要回到起点。或者是某物流中心送货到配送中心然后返回物流中心的线路；或某配送中心送货上门后返回，这就是属于起点与终点为同一地点的情况。如图 2-3（a）中，从 V_1 经过 V_2、V_3、V_4、V_5 和 V_6 回到 V_1，V_1 既是起点，也是终点。起点和终点相重合的线路选择问题通常称为"旅行推销员"问题、货郎担问题或者中国邮递员邮路问题。

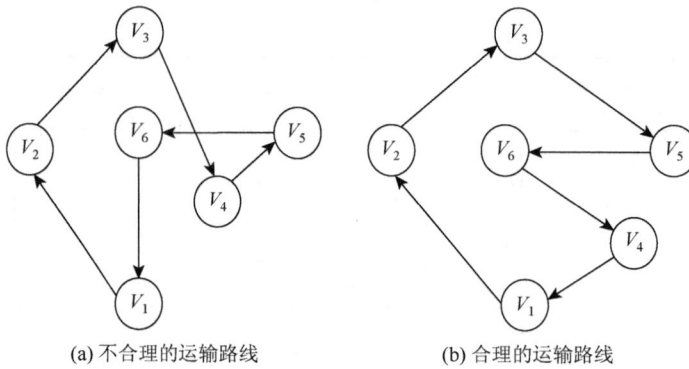

(a) 不合理的运输路线　　　　　　(b) 合理的运输路线

图 2-3　运输线路示意图

起点与终点为同一地点（起讫点重合）的物流运输线路的选择，目标是找到一个可以走遍所有地点的最佳顺序，使运输车辆必须经过所有站点并且总距离或运输时间最短。这一类问题没有固定的解题思路，在实践中通常是根据实际情况的不同，结合经验寻找适用的方法。可以分为两种情况。

1. 规模很大

规模很大，即包含站点很多。某次运输在很多个站点的规模中找到最优路径，是不切合实际的。此情况不是讨论的范围。

2. 规模比较小

对于规模相对比较小的情况，可以应用经验试探法加以解决。其步骤如下。

1）掌握来自实践的经验

经验是：合理的经停线路中各条线路之间是不交叉的，并且只要有可能路径就会呈凸形或水滴状。

2）根据经验作出判断

按照"线路不交叉"和"凸形或水滴状"的两条原则，画出线路规划图，如图 2-3 所示。图 2-3 所示的是通过各点的运行线路示意图，都是经过所有站点，但是先后次序不同，即线路不同。其中图 2-3（a）是不合理的运行线路，图 2-3（b）是合理的运行线路。

当然，如果各停车点之间的空间关系不能代表实际的运行时间或距离，或者有关卡、单行线或交通拥堵等复杂的情况，则经验试探法略显逊色，利用计算机模型方法比较好。

3）案例

采购商 A、B 和 C 三个单位需要购买物资一批，数量见采购单（表 2-8）。由供应商 G 公司在公司内如数供应（完成任务后的车辆即返回原位）。货物供需方的交通线路见图 2-4（D 和 E 为相关物流节点）。试根据交通线路图和采购单的相关信息制定优化的运输方案，并按照优化方案对采购商 A、B 和 C 三个单位送货上门。

表 2-8 采购单（单位：吨）

货物名称	包装	规格/型号	A 公司	B 公司	C 公司
白砂糖	袋装		8	2	
龙眼干	纸箱		3		2
荔枝干	纸箱		5		
数量合计			16	2	2

分析 这是起点与终点为同一地点（起讫点重合）的物流运输线路。其选择优化的目标是找到一个可以走遍所有地点的最佳顺序，使运输车辆必须经过所有站点并且总距离或运输时间最短。

从点 G 出发，有三条路可走，GE 最短，但是 E 不是目标，因此没有意义。第二条路是 GB，即顺时针方向，那么 GB 的运力消耗是 20×590。在 B 点又有两条路可走，可到达 A 点，显然选择途经 D 点是捷径。在 A 点又面临两条路的选择才可到达 C，经 E 为近路是所选。在 C 点卸完货物可以返回 G 点。此时，顺时针方向的运力消耗：20×590+18×(570+580)+2×(570+540)+620=35340。

第三条路是 GC。即逆时针方向，其运力消耗是：20×620+18×(570+540)+2×(570+580)+590=35270。

计算结果表明，逆时针方向的运力消耗比顺时针方向小，因此自 G 出发，线路 G-C-E-A-D-B-G 为最优的运输线路（图 2-5）。

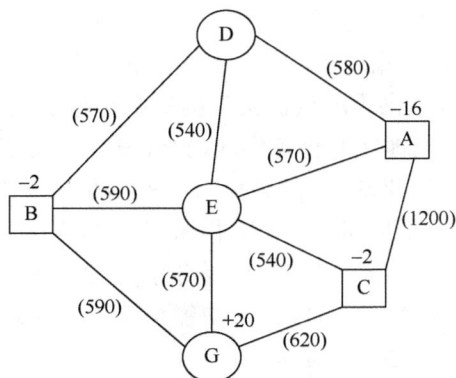

图 2-4 运输线路示意图   图 2-5 运输线路选择示意图

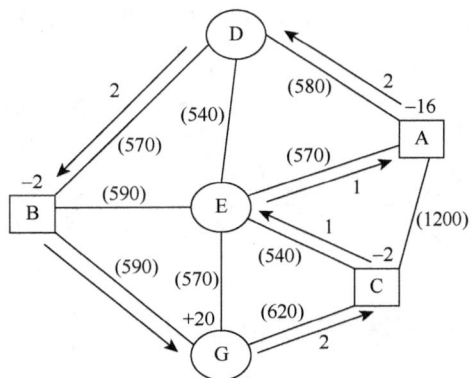

三、多起点、多终点的物流运输线路的选择

多起点、多终点问题的物流运输线路，在物流运输实践中，经常存在。例如，多个供应商供应给多个工厂的情况，或者把不同工厂生产的同一产品分配到不同用户的问题。在这些问题中，起点和终点都不是单一的。在这类问题中，各供应点的供应量往往也有限制。

在多个货源地服务于多个目的地时，物流运输线路存在两种情况：运输线路成圈的和不成圈的。

有多个货源地服务于多个目的地时，物流运输线路选择优化的任务是，要指定为各目的地服务的供货地，同时要找到供货地、目的地之间的最佳路径。解决这类问题常可以运用一类特殊的线性规划方法即物资调运问题图上作业法进行求解。

图上作业法是我国物资部门从实际工作中创造出来的一种物资调运的方法，是一种行之有效的方法。利用图上作业法，可以避免物资调运工作中的对流和迂回现象，提高运输过程中的里程利用率、减少空驶、增加运量、充分利用现有运输设备等，是一个有效的工具。这种方法使用图解的形式，直观易操作，计算简单，效果显著，应用相当广泛。

图上作业法是在运输图上求解线性规划运输模型的方法。运输以及类似的线性规划问题，都可以首先画出流向图，然后根据有关规则进行必要调整，直至求出最小运输费用或最大运输效率的解。这种求解方法，就是图上作业法。

图上作业法适用于交通线路呈树状、圈状，而且对产销地点的数量没有严格限制的情况。图上作业法的求解规则可以归纳为：流向划右方，对流不应当；里圈、外圈分别算，要求不能过半圈长；若超过半圈长，应去运量最小段；反复运算可得最优方案。

图上作业法包括运输线路不成圈的图上作业法和运输线路成圈的图上作业法。

1. 运输线路不成圈的图上作业法

对于线路不成圈的货物运输，即不构成回路的运输线路，包括直线、丁字线、交叉线和分支线等。只要不出现对流和迂回现象，就是最优调运方案。

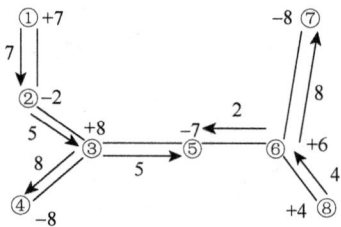

图 2-6　运输线路不成圈的调运方案

运输线路不成圈的图上作业法较简单。就是从各端点开始，按"各站供需就近调拨"的原则进行调配。

如图 2-6 是某地区的物资供应网络，有 4 个起运站①、③、⑥、⑧，供应量分别为+7、+8、+6、+4 单位（为了便于识别，供应量记"+"，需求量记"−"）；另有 4 个目的地②、④、⑤、⑦，需求量分别为−2、−8、−7、−8。为了便于检查对流现象，把流向箭头统一画在右侧。箭头旁标注的数字表示调运量。

具体调运方案是：从站点①开始，把 7 个单位的物资供应给②，②剩余 5 个单位，供应给③；站点④的 8 个单位由③供应；③剩余的 5 个单位供应给⑤，⑤尚缺少 2 个单位由⑥提供。⑧的 4 个单位经过⑥，连⑥原有的 4 个单位合计 8 个单位供给⑦。这样就得出一个最优调运方案。

2. 运输线路成圈的图上作业法

运输线路成圈，就是形成闭合回路的环形线路，可以是一个圈或者多个圈。在图 2-7 中，包含有两个圈，一是由①、②、③、⑤、⑥、⑦组成的圈；二是由③、④、⑧、⑥、

⑤组成的圈。圈可以是三角形、四边形和多边形。图 2-7 中的两个圈都是多边形。起运站（目的地）之间线路旁括号内标注的数字表示两点之间的距离。

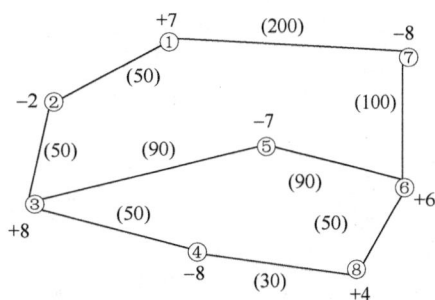

图 2-7 运输线路成圈的调运方案

对于成圈运输线路的图上作业法，可以按照如下三个步骤求解，直到寻求到最优方案。成圈的线路流向图要同时达到既无对流现象，又无迂回现象的要求才是最优流向图，所对应的方案为最优运输方案。

首先，去段破圈，确定初始运输方案。在成圈的线路中，先假设某两点间的线路"不通"，去掉这段线路，把成圈线路转化为不成圈的线路，即破圈；然后按照运输线路不成圈的图上作业法，即可得到初始运输方案。

其次，检查有无迂回现象。因为流向箭头都统一画在线路右边，所以圈内圈外都画有一些流向。分别检查每个小圈，如果内圈和外圈流向的总长度都不超过全圈总长度的 1/2，那么，全圈就没有迂回现象，这个线路流向图就是最优的，对应的方案就是最优运输方案。否则，转向第三步。

最后，重新去段破圈，调整流向。在超过全圈总长 1/2 的里（外）圈各段流向线上减去最小运量，然后在相反方向的外（里）圈流向线上和原来没有流向线的各段上，加上所减去的最小运量，这样可以得到一个新的线路流向图，然后重新检查有无迂回现象。如此反复，直至得到最优线路流向图。

如果线路图存在两个及两个以上的圈，则需分别对各圈进行是否存在迂回线路的检查，如果各圈的里、外圈都不超过全圈总线长的 1/2，则不存在迂回现象，此方案为最优运输方案。

3. 案例

某药业集团公司有 4 个药品生产厂：A_1（南宁）、A_2（巴马）、A_3（南丹）和 A_4（柳州），2008 年第二季度生产供应高科技产品——"护肝片"特效药（针剂）分别为 +20 万、+60 万、+100 万、+20 万盒（供应量记"+"）；有 5 个批发配送中心 B_1（平果）、B_2（合山）、B_3（宜州）、B_4（河池）、B_5（贵州黔南县），负责推销配送"护肝片"分别是 -30 万、-30 万、-50 万、-70 万、-20 万盒（需求量或销售量记"-"）。"护肝片"配送的交通线路见图 2-8。图中○表示生产供应点，□表示配送点，站点旁边的数字表示生产（正数）或配送（负数）"护肝片"数量。线路旁括号内标注的数字表示相邻两点间的距离（为了计算方便，未取实际准确数）。

物流运输合理化要求以最佳的运输线路、最快的运输速度和最低的运输费用等将物品从原产地运送到目的地，案例中的 4 个生产供应点，5 个批发配送点，线路图中有成圈的，有不成圈的，属于相对复杂的情况。应该如何安排，才能达到路程最近和时间及费用最省？

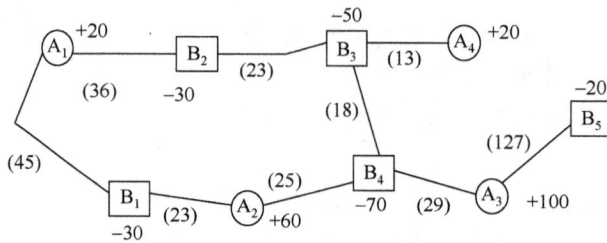

图 2-8　广西康鑫全药业集团公司特效药品交通线路图

1）去段破圈，确定初始运输方案

在图 2-8 中，A_1（南宁）$-B_2$（合山）$-B_3$（宜州）$-B_4$（河池）$-A_2$（巴马）$-B_1$（平果）组成的圈，去掉 A_1 至 B_2 的线路，然后根据"各站供需就近调拨"的原则进行调运，即可得到初始运输流向线路图，如图 2-9 所示。

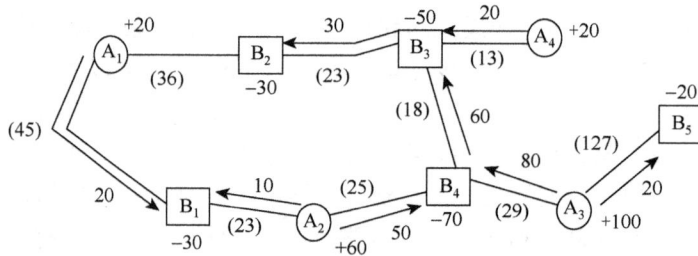

图 2-9　某药业集团公司药品"护肝片"交通线路初始运输流向线路图

2）检查有无迂回现象

由图 2-9 看出，不存在对流现象，但是要检查里、外圈流向线长，看是否超过全圈总长的 1/2，即是否存在迂回。

全圈总长=(45+23+25+18+23+36)km=170km

半圈总长=170/2km=85km

外圈流向线长=(45+25+18+23)km=111km

里圈流向线长=23km

从计算结果看出，里圈流向线长=23km，小于全圈总长的 1/2（85km），没有迂回现象。而外圈流向线长 111km，超过了全圈总长 1/2 的 85km。可以断定，初始运输流向线路存在迂回现象，所对应的运输方案不是最优方案，必须进行优化调整。

3）重新去段破圈，调整流向

初始运输中，外圈流向线路中运量最小的是 A_1 至 B_1 的"20"，所以，去掉 A_1 到 B_1 的线路，并在外圈各段流向线路上减去最小运量"20"，同时在里圈各段流向线上和原来没有流向线的 A_1 到 B_2 上，各加上最小运量"20"，可以得到一个新的线路流向图，如图 2-10 所示。

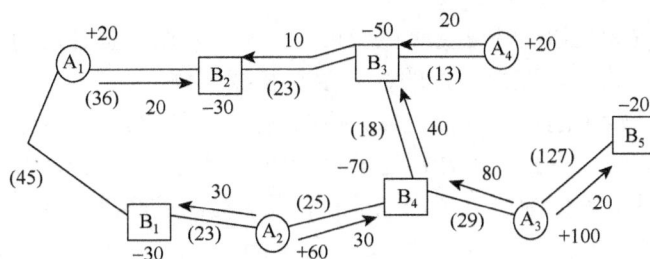

图 2-10 调整后的广西康鑫全药业集团公司特效药品运输流向线路图

检查新运输线路图的里、外圈流向线长,看是否超过全圈(封闭回路线)总长的1/2。新的流向线路图相关情况是

外圈流向总长=(25+18+23)km=66km

里圈流向总长=(23+36)km=59km

两者均没有超过全圈总长的1/2,即85km,所以调整后的新线路流向图所对应的方案为最优运输方案。

之所以说调整后的新线路流向图所对应的方案为最优运输方案,可以将它与初始运输方案进行对比:

按调整后的新方案组织运输,运力消耗为

(20×36+10×23+20×13+40×18+20×127+80×29+30×25+30×23)t•km=8230t•km

按初始方案组织运输的运力消耗为

(20×45+10×23+50×25+80×29+20×127+60×18+20×13+30×23)t•km=9270t•km

可见,调整后的运输方案比初始运输方案节约运力1040t•km,当然是最优运输方案。

第三节 运输组织合理化

一、运输调度合理化的意义

运输调度合理化就是在保证物资流向合理的前提下,在整个运输过程中,确保运输质量,以适宜的运输工具、最少的运输环节、最佳的运输线路、最低的运输费用将物资运至目的地。其意义体现在以下几方面。

(1)可以充分利用运输能力,提高运输效率,促进各种运输方式的合理分工,以最小的社会运输劳动耗费,及时满足国民经济的运输需要。

(2)可以使货物走最合理的路线,经最少的环节,以最快的时间,取最短的里程到达目的地,从而加速货物流通,既可及时供应市场,又可降低物资部门的流通费用,加速资金周转,减少货损、货差,取得良好的社会效益和经济效益。

(3)可以消除运输中的种种浪费现象,提高商品的运输质量、充分发挥运输工具的效能,节约运力和劳动力。否则,不合理运输将造成大量人力、物力、财力浪费,并相应地转移和追加到产品中,人为地加大了产品的价值量,提高了产品价格,从而加重需求方的负担。

二、不合理运输现象

所谓不合理运输,是指在组织货物运输过程中,违反货物流通规律,不按经济区域和货物自然流向组织货物运输,忽视运输工具的充分利用和合理分工,装载量少,流转环节多,运输时间长,从而浪费运力、增加运输成本的运输现象。在实际运输活动中,不合理运输表现为以下几种形式。

1. 过远运输

过远运输是一种舍近求远的商品运输。即销地完全有可能由距离较近的供应地购进所需要的相同质量的物美价廉的货物,却超出货物合理流向的范围,从远距离的地区运进来;或两个生产地生产同一种货物,不是就近供应给邻近的消费地,却调给较远的其他消费地。

2. 重复运输

不合理的重复运输是指同一批货物由产地运抵目的地,没经任何加工和必要的作业,也不是为联运及中转需要,又重新装运到别处的现象。它是物资流通过程中多余的中转、倒装,虚耗装卸费用,造成车船非生产性停留,增加了车船、货物作业量,延缓了流通速度,增大了货损,增加了费用。

3. 对流运输

对流运输是指同类的或可以互相代替的货物,在同一线路或不同运输方式的平行线路上的相向运输,因此又称为相向运输或交错运输。对流运输是不合理运输中最突出、最普遍的一种,它有两种表现形式:明显对流,指同类的(或可以互相代替的)货物沿着同一线路相向运输;隐蔽对流,指同类的(或可以互相代替的)货物以不同运输方式在平行路线上或不同时间内进行相反方向的运输。

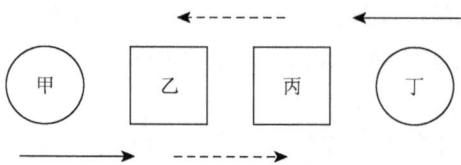

如图 2-11 所示,一批货物从甲地经过乙地运至丙地,同时另一批同类货物从丁地经过丙地运至乙地,这样在乙地与丙地之间便产生了对流运输,且属于明显对流的情况。

图 2-11 货物对流运输(明显对流)示意图

如图 2-12 所示,从丁地发货 2t 给丙地;从甲地发货 2t 给乙地，这种运输路线是不合理的，属于隐蔽对流的情况。正确的运输路线应该是丁地发给乙地，甲地发给丙地，其货物周转量为 $2×10+2×30=80(t·km)$；而图中运输路线的货物周转量为 $2×40+2×20=120(t·km)$，这样就节省了 40t·km 的运力。

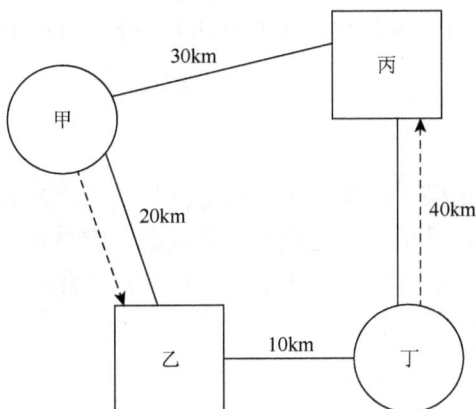

图 2-12 货物对流运输（隐蔽对流）示意图

4. 倒流运输

倒流运输是对流运输的一种派生形式，指同一批货物或同批货物中的一部分货物，由发运站至目的站后，又从目的站向发运站方向倒运。在实际运输工作中，倒流有两种情况：一种是同一种货物从甲地（供应地）运达乙地（销地）后，又从乙地（销地）运回甲地（供应地），或者中途的丁地（销地）；另一种情况是货物从丙地（销地）运往甲地（供应地）（图 2-13）。

5. 迂回运输

迂回运输是指货物绕道而行的运输现象，也就是平常所说的"近路不走，走远路"。如图 2-14 所示，货物由甲地发运经过乙地、丙地至丁地。那么在甲、乙、丙、丁各地之间便发生了迂回运输。正确的运输路线应该是甲地经过戊地至丁地。

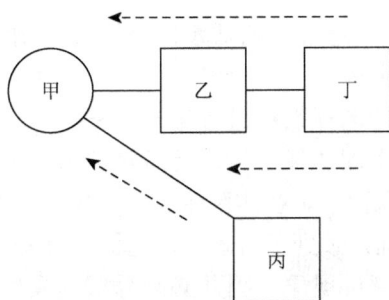

图 2-13 货物倒流运输示意图

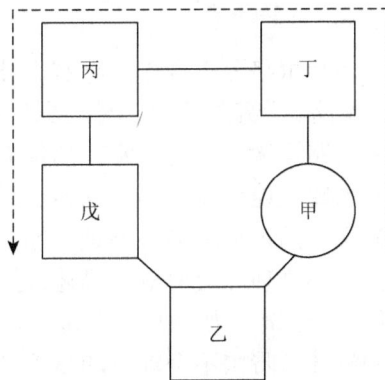

图 2-14 货物迂回运输示意图

6. 过远运输

过远运输是一种舍近求远的商品运输。即销地完全有可能由距离较近的供应地购进所需要的相同质量的物美价廉的货物，却超出货物合理流向的范围，从远距离的地区运进来；或两个生产地生产同一种货物，不是就近供应给邻近的消费地，却调给较远的其他消费地。

7. 重复运输

不合理的重复运输是指同一批货物由产地运抵目的地，没经任何加工和必要的作业，也不是为联运及中转需要，又重新装运到别处的现象。它是物资流通过程中多余的中转、倒装，虚耗装卸费用，造成车船非生产性停留，增加了车船、货物作业量，延缓了流通速度，增大了货损，增加了费用。

8. 无效运输

无效运输是指被运输的货物杂质较多（如煤炭中的矸石、原油中的水分等）使运输能力浪费于不必要的物资运输。我国每年有大批圆木进行远距离的调运，但圆木木材的使用率一般不足100%，只有70%左右，因此有30%的边角废料的运输基本上是无效的。

9. 返程或起程空驶

空车或无货载行驶，可以说是不合理运输最严重的形式。在实际运输组织中，有时候必须调运空车，从管理上不能将其看成不合理运输。但是，因调运不当，货源计划不周密而形成的空驶，是不合理运输的主要表现。其主要原因如下。

（1）依靠自备车送货提货，往往出现单程重车、单程空驶的不合理运输。

（2）由于工作失误或计划不周，造成货源不实，车辆空去空回，形成双程空驶。

（3）由于车辆过分专用，无法搭运回程货，只能单程回空周转。

10. 运力选择不当

（1）违反水路分工合作，弃水走陆的运输。弃水走陆是指从甲地到乙地的货物运输，有铁路、水路、公路等几种运输方式可供选择，但是把适合水路或水陆联运的货物改为用铁路或用公路运输，从而使水运的优势得不到充分发挥。

（2）铁路短途运输。不足铁路的经济运行里程却选择铁路进行运输。

（3）水运的过近运输。不足船舶的经济运行里程却选择水运进行运输。

以上对不合理物流运输的描述，主要就形式本身而言，在实际中，必须将其放在物流系统中做综合判断。如从单一角度看，避免了不合理，做到了合理，但它的合理却可能会给其他物流环节带来不合理，即物流各环节的效益背反现象，因此必须分析其具体情况，从系统角度出发，进行综合判断。

第四节 运输决策教学实践

➤项目简介

该部分主要介绍运输决策的教学设计。

根据"运输管理"这门课程的要求和教学对象的特点（设定教学对象为师资本科生），确定本部分的教学实践内容，包括教学目标、教学重难点、教学方法、教学环节的时间分配等。

一、教学目标

教学目标是运输方式不同形式特点及运输方式选择的影响因素、定性、定量选择方法；运输线路制定的方法；运输调度合理化的依据及策略；使学生达到了解、认知及能够针对实际情况使用的水平。

二、教学重难点

1. 教学重点

本模块的教学重点是让学生了解不同运输方式的特点及合理选择运输方式；运输线路制定的方法；运输调度合理化的依据及策略；以了解认知为主，实操为辅。

（1）运输方式比较项目、运输路线选择项目，主要介绍不同的运输方式及影响因素。

（2）运输路线选择项目，主要介绍不同的运输路线选择方法及影响因素。

（3）运输方式选择的方法项目，主要介绍运输方式的选择方法。

2. 教学难点

（1）运输方式选择的方法方式比较项目，难点在于让学生理解不同运输方式的特点。

（2）运输方式选择的方法项目，难点在于让学生掌握定量运输方式选择方法。

（3）运输线路制定的方法项目，难点在于让学生掌握定量运输线路选择方法。

三、教学方法

针对本模块运输决策多样，运输决策选择有一定难度以及学生数学能力不深等特点，可以遵从了解认知为主的定位，在课堂教学过程中，通常是以讲授法为主，同时辅以学生围绕实际案例，进行自主体会的方法。

本模块教学中会使用图片进行辅助，帮助学生快速感性认知不同运输方式的设施及设备，在实践内容部分，辅助课内案例实际操作，以达到学生掌握教学难点：量化选择方法的教学目标。

四、教学环节的时间分配

第二章　运输决策
第一节　运输方式的选择（30min）
第二节　运输线路优化（30min）
第三节　运输组织合理化（30min）
共 2 学时

五、教学评价

章节名称：运输决策

评价类别	评价项目	评价标准	评价依据	评价方式			权重
				学生自评	同学互评	教师评价	
				0.1	0.1	0.8	
过程评价	学习能力	学习态度，学习兴趣，学习习惯，沟通表达能力	学生考勤，课后作业完成情况，课堂表现，收集和使用资料情况				0.2
	专业能力	能从定性角度全方面考虑运输方式选择的影响因素，能从定量角度进行合理的运输方式比较，并最终做出正确的运输方式选择。单一装货地和单一卸货地的物流运输线路的选择—最短路径法；起点与终点为同一地点的物流运输线路的选择	定性影响因素的全面性。定量方法运用的得当性与结果的合理性。针对同一问题，不同运输方式解决的区别性，能够利用最短路径法解决实际问题				0.3
	其他方面	探究、创新能力、分析能力	积极参与研究性学习，有独到的见解，善于分析，能提出多种解决问题的方法				0.1
结果评价		理论考核					0.2
		实操考核					0.2

➤复习思考题

一、单项选择题

1. 下列运输方式中常用于大宗货物、散件杂货等中长途运输的是（　　）。
A. 铁路运输　　　　　B. 公路运输　　　　　C. 航空运输　　　　D.水路运输
2. 下列运输方式中常用于短途、零担运输，门到门的运输的是（　　）。
A. 铁路运输　　　　　B. 公路运输　　　　　C. 航空运输　　　　D. 水路运输
3. 下列运输方式中常用于中长途大宗货物运输，尤其是国际货物运输的是（　　）。
A. 铁路运输　　　　　B. 公路运输　　　　　C. 航空运输　　　　D. 水路运输
4. 下列运输方式中常用于中长途及贵重货物运输，保鲜货物运输的是（　　）。
A. 铁路运输　　　　　B. 公路运输　　　　　C. 航空运输　　　　D. 水路运输
5. 下列运输方式中常用于长期稳定的流体、气体及浆化固体物运输的是（　　）。
A. 铁路运输　　　　　B. 公路运输　　　　　C. 航空运输　　　　D. 管道运输
6. 一般来说，运输距离在 300km 以内时，最宜采取的运输方式是（　　）。
A. 铁路运输　　　　　B. 公路运输　　　　　C. 航空运输　　　　D. 水路运输
7. 一般来说，运输距离在 500km 以上时，最宜采取的运输方式是（　　）。
A. 铁路运输　　　　　B. 公路运输　　　　　C. 航空运输　　　　D. 水路运输
8. 利用成本比较法进行运输方式选择时，需要与运输成本同时考虑的因素是（　　）。
A. 包装费用　　　　　B. 装卸费用　　　　　C. 库存费用　　　　D. 搬运费用
9. 对分离的、单个始发点和终点的网络运输路线选择问题，最简单和直观的方法是（　　）。
A. 最短路线法　　　B. 最小费用法　　　C. 线性规划法　　　D. 最小 tkm 法
10. 公路运输的经济里程是（　　）
A. 300～500km　　　B. 300km 以下　　　C. 500～1000km　　　D. 1000km 以上
11. A 点至 B 点，某种普通货物为 4kg，M 级运费为人民币 37.5 元，而 45kg 以下货物运价即等级运价为人民币 8 元/kg，应收运费为（　　）元。
A. 32　　　　　　B. 37.5　　　　　　C. 32 或 37.5　　　　D. 35

二、多项选择题

1. 物流运输成本主要的构成内容有（　　）。
A. 基础设施成本　　B. 转运设备成本　　C. 营运成本　　D. 作业成本
2. 运输的安全性包括（　　）。
A. 运输货物的安全　　B. 运输人员的安全　　C. 公共安全　　D. 运输公司的安全
3. 可称为鱼背运输的联运方式是指（　　）。
A. 公路与铁路联运　　　　　　　　B. 公路与水路联运
C. 航空与公路联运　　　　　　　　D. 铁路与水路联运

4. 采用综合评价法进行运输方式评价时，主要采用的评价指标包括（　　）。

A. 经济性　　　　　　B. 迅速性　　　　　C. 安全性　　　　　D. 便利性

5. 各种运输方式的经济技术特征包括（　　）。

A. 运输速度　　　　　B. 运输成本　　　　　C. 环境保护　　　　　D. 经济里程

三、简答题

1. 简述公路运输的特点。

2. 简述铁路运输的特点。

3. 简述航空运输的特点。

4. 简述水路运输的特点。

5. 简述运输方式选择的影响因素。

6. 简述运输方式选择的综合评价法的评价指标内涵。

➢参考答案

一、单项选择题

1. A　2. B　3. D　4. C　5. D　6. B　7. D　8. C　9. A　10. B　11. B

二、多项选择题

1. ABCD　2. ABC　3. BD　4. ABCD　5. ABCD

三、简答题

答案：略

第三章

运输成本和价格

➤项目实施体系结构图

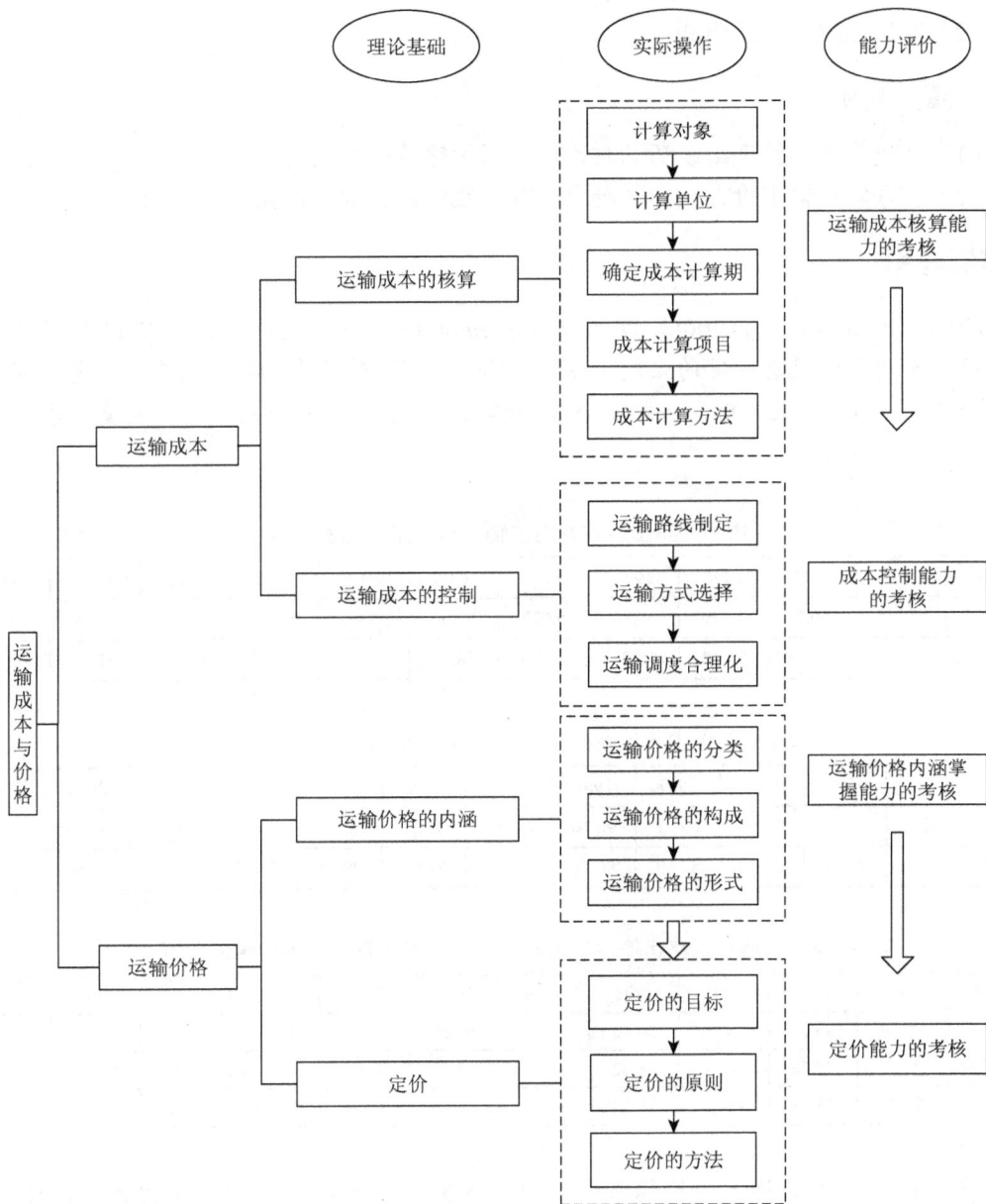

➤学习目标

1. 知识目标

了解运输成本的构成及其特征。

2. 能力目标

（1）掌握运输成本的核算及控制方法。
（2）掌握运输价格的内涵。

3. 素质目标

（1）在进行运输管理组织活动时，能分析运输价格构成。
（2）在理解运输定价方法的基础上，在实践中能合理地优化运输行为。

➤案例导引

根据《中国物流年鉴 2006》和 *17th Annual State of Logistics Report*，可以看到中国和美国运输费用占物流总费用的比例（%）情况；中国运输业占物流业固定资产总投资额、增加值比例（%）情况；中国铁路、公路和水路运输占运输总费用、总货运量、总周转量的比例（%）情况。

中国和美国运输费用占物流总费用的比例（%）

年份	1995	1996	1997	1998	1999	2000	2001	2002	2003	2004	2005
中国	50.0	50.7	49.29	50.99	53.27	52.06	52.66	52.91	55.03	56.38	54.84
美国	57.05	58.30	59.18	59.84	60.09	58.99	63.04	63.47	64.10	63.49	62.89

中国运输业占物流业固定资产总投资额、增加值比例（%）

年份	1995	1996	1997	1998	1999	2000	2001	2002	2003	2004	2005
固定资产投资	85.28	87.90	89.27	90.60	89.56	89.87	90.27	91.24	86.89	83.48	83.39
增加值	79.62	80.32	80.10	80.78	81.13	79.83	79.46	78.15	78.16	78.56	78.01

中国铁路、公路和水路运输占运输总费用、总货运量、总周转量的比例（%）

年份	1995	1996	1997	1998	1999	2000	2001	2002	2003	2004	2005
费用	85.96	86.24	86.40	86.46	86.55	86.65	86.88	86.83	86.95	87.03	87.20
货运量	98.75	98.76	98.74	98.62	98.42	98.61	98.60	96.63	98.58	98.54	98.51
周转量	98.29	98.33	98.52	98.33	98.34	98.45	98.54	98.55	98.52	98.67	98.76

在中国和美国的物流费用构成中，中国运输费用占物流总费用的比例平均达到了50%以上；美国运输费用占物流总费用的比例平均达到了 60%以上。由此可见，运输费用占了物流总费用非常大的比重。实际上，运输业还影响了其他物流行业的营运，在很多国家和地区均是物流业发展的瓶颈，运输费用高的企业往往导致了保管费用和管理费用的增加。因此运输业的发展在一定程度上代表了物流业的发展，可以作为评价物流业水平的重要参考指标。

　　同时针对中国的实际情况来说,运输业的固定资产投资总额占物流业固定资产投资额的比例平均达到了 80%以上, 运输业增加值占物流业增加值比例平均达到了 78%以上。这更加充分证明了运输业在物流业中具有举足轻重的地位。

　　在没有考虑装卸搬运和其他运输费用的情形下,铁路、公路和水路运输费用占运输费用的比例平均达到了 85%以上（如果考虑装卸搬运和其他运输费用, 所占比例更高）, 铁路、公路和水路货运量占货运量的比例达 98%以上, 周转量达 97%以上。可见这三种运输方式在中国交通运输业中占据了绝对的主导地位。

　　综合以上数据和分析可知,对于国内物流业而言,铁路、公路和水路货物运输在中国交通运输业、物流业中占据了非常重要的地位,铁路、公路和水路货物运输业发展水平完全可以代表物流业发展水平,因此可以用铁路、公路和水路货物运输业的评价指标来衡量中国物流业发展水平。

　　案例来源: 谈贵军, 史峰, 秦进. 2008. 宏观物流成本评价指标分析. 系统工程, (09): 38-40

　　思考题: 从成本角度分析运输业在中国物流业中的地位?

第一节　运输成本

一、运输成本含义及其组成

1. 运输成本的含义

　　运输成本是运输生产中耗费的物化劳动和活劳动的货币表现,也就是运输生产中耗费的原材料、燃料、动力、固定资产等生产资料的价值,支付劳动者的劳动报酬以及管理费用的货币表现。

　　运输成本是物流成本的一大要素,占物流成本的大部分,尤其是近几年以来,随着油价的上涨以及繁多的过桥过路费,运输成本成为企业,特别是物流运输企业的成本包袱。运输成本是物流成本计算的重要组成部分。

2. 成本性质角度的运输成本组成

　　从运输成本性质角度,运输成本主要包括变动成本、固定成本、联合成本和公共成本四个部分。

　　（1）变动成本。变动成本是指与每一次运输直接相关的费用,包括劳动成本、燃料费用、维修保养费用等。只有在进行运输、产生运输服务时,变动费用才存在。运输数量越多，运输路线越长，费用就越高。费用一般与运输里程和运输量成正比。承运人在确定运价时，不能让其低于变动成本，一般按运价确定的运费至少等于变动成本。

（2）固定成本。固定成本是指短期内不随运输水平的变化而变化的成本。这主要包括运输基础设施，如铁路、站台、通道、机器设备等的建造及设立的成本和管理系统费用。这些成本不受运输里程和运量的直接影响，但必须通过营运而得到补偿，通过变动成本的贡献率来弥补。

（3）联合成本。联合成本是指决定提供某种特定的运输服务而产生的不可避免的费用。例如，当承运人决定用汽车运输货物从地点 A 运往地点 B 时，意味着这项决定中已产生了从地点 B 至地点 A 的回程运输的联合成本。于是，这种联合成本要么必须由最初从地点 A 至地点 B 的运输补偿，要么必须找一位有回程货的托运人以得到补偿。联合成本对运输费用有很大的影响，因为承运人收取的运费中必须包括隐含的联合成本。承运人要考虑托运人有无适当的回程货，或者这种回程运输由原先的托运人来弥补。

（4）公共成本。公共成本是承运人代表所有的托运人或某个分市场的托运人支付的费用，如港站、路桥费或管理部门收取的费用，通常是按照装运数量分摊给托运人。

3. 经济内容角度的运输成本构成

从经济内容角度，运输成本主要包括营运成本、管理费用和财务费用三个部分。

（1）营运成本。营运成本是指与运输营运生产直接有关的各项支出。包括实际消耗的各种燃料、物料、润料、用具等；运输工具固定资产折旧费、修理费、租赁费、保险费、港口/站场费、货物费、代理费、员工工资福利费，以及事故净损失等。

（2）管理费用。管理费用是指运输企业行政管理部门为管理和组织营运生产活动的各项费用。包括公司经费、工会经费、劳动保险费、财产和土地使用税、技术转让费、技术开发费等。

（3）财务费用。账务费用是指运输企业为筹集资金而发生的各项费用。包括企业营运期间发生的利息支出、汇兑净损失、调剂外汇手续费、金融机构手续费以及筹资发生的其他财务费用等。

二、运输成本的特征

1. 公路运输成本的特征

公路运输的固定成本是所有运输方式中最低的，与铁路运输的成本特征形成鲜明对比。因为道路运输的承运人不拥有用于营运的道路基础设施。道路运输的变动成本很高，它既包括用于车辆营运的燃料、轮胎、车辆折旧、维修费用等，又包括为了道路建设和道路维护而向车辆征收的燃油税、过路（桥）费、养路费等。变动成本随车辆行驶里程或完成的周转量呈正比例变化。在道路货运站进行运输时，固定成本包括车站取货和送货费用、站台装卸费用、制单和收费等发到作业费。道路运输也存在规模经济,当运输批量较大时,固定成本费用分摊到较大的运量上,所以单位运输成本会随运量和运距的增加而降低,但是不如铁路运输下降得那么明显。

2. 铁路运输成本的特征

铁路运输的固定成本费用高,变动成本费用相对较低。这是因为铁路线路、车站、机车车辆、通信等基础设施设备投资大,使铁路、车站等的维护和折旧及管理费提高了固定成本,同时铁路运输的发到作业费用,如装卸搬运、制单和收费、多类多批货物货车的调度换车费用,导致铁路运输的固定成本提高。铁路运输变动成本(工资、燃油、维护成本等)随运距的长短和运输量的大小而呈比例变化,传统认为它占总成本的 1/2 或 1/3。这样,当一个系统有很高的固定成本费用时,适合进行规模经济和距离经济。规模经济的特点是随着运量的增长每单位运量的运输成本呈下降趋势。这是因为有关的固定费用分摊在大批量的运量中,单位运量运输成本中分摊的有关固定费用就少,从而使运输成本降低。规模经济使得货物的批量运输显得更加合理。距离经济的特点是每单位距离的运输成本随运输距离的增加而减少。距离经济的合理性类似于规模经济,尤其体现在运输装卸费用的分摊上。距离越长,可使固定费用分摊后的值越小,每单位距离支付的总费用越小。这样,将固定成本均摊到更大的运量和更长的运输距离中,运输成本就会下降。我国铁路运输平均运距有逐年增加的趋势。

3. 水路运输成本的特征

水路运输成本构成具有高变动成本和低固定成本特征。大自然提供了航道,水运企业不必自己投资建设运营线路,而且航道的维护、改善和管理一般由政府负责,水运企业在使用政府提供的基础设施时支付相应的使用费,如船闸费、港口费等,这些费用与运量直接相关。但是,水路运输的变动成本较高。

运距的长短对水路运输成本影响较大,运距越长,则平均成本越能大幅下降。我国水路运输平均运距同铁路一样,也呈现出逐年增加的趋势,1980 年、1990 年、2000 年水路运输的平均运距分别为 1184km、1447km、1939km,这意味着水路运输平均成本也具有逐年下降的可能。此外货物种类、船舶类型、运营工作质量、通航期的长短、保证通航的深度、运输方向(顺流或逆流)、水流速度都不同程度地影响水路运输成本。一般来说,由于海运平均运距较长,所以海运平均成本大大低于其他运输方式。

4. 航空运输成本的特征

航空运输成本构成具有低变动成本和高固定成本的特征。一般来说,航空运输成本中40%是变动成本,60%是固定成本。固定成本之所以比较高,主要是因为航空公司使用的飞机价值非常昂贵。航空运输的固定成本包括保险费、飞机大修费、员工基本工资、高价周转件摊销等。变动成本包括煤油消耗费用、飞机维修费、飞机津贴补助费、飞机起降服务费、进出指挥费和航路费等。因此,规模经济对航空运输成本的影响非常大。航空运输成本主要取决于飞机类型、载重量及其利用率。机型先进、载重量大、利用率高,则航空公司运输成本就低,反之成本就高。

5. 管道运输成本的特征

管道运输是依靠物体在管道内顺着压力方向顺序移动实现的。管道运输系统的基本设施包括管道、储存库、泵站和管道运输控制中心。与铁路运输的成本特征一样,管道公司拥有这些基础设施或拥有它们的使用权。管道的投资和折旧及其他成本使管道运输的固定成本在总成本中是较高的。为提高竞争力,管道运输的运量必须非常大,以摊销这么高的固定成本。变动成本主要包括运送原油、成品油或天然气等的动力和与泵站经营相关的成本。对动力的需求取决于线路的运量和管道的直径。在运输中,摩擦损耗和气泵动力随管道周长变大而增加,运量则随截面积的增大而提高。由于大管道与小管道周长之比不像横截面面积之比那么大,所以,只要有足够大的运量,大管道的每吨千米成本会迅速下降。在一定的管道规格条件下,如果运送的产品过多,管道运输的规模收益会递减。

三、运输成本影响因素

1. 运送距离

由于运送距离直接对劳动、燃料和维修保养等变动成本发生作用,所以它是影响运输成本的主要因素。图 3-1 显示了距离和成本的一般关系。从图中可以看出:第一,成本曲线不是从原点开始的。这是因为运输成本中的固定成本以及与货物提取和交付活动相关的费用与距离无关,即使没有发生运输活动,这些费用也已经发生了。第二,成本曲线是随距离的增大而渐缓增长的一个函数。也就是说,运输距离越长,单位距离的运输成本越低,这又称作运输成本的递远递减性质。

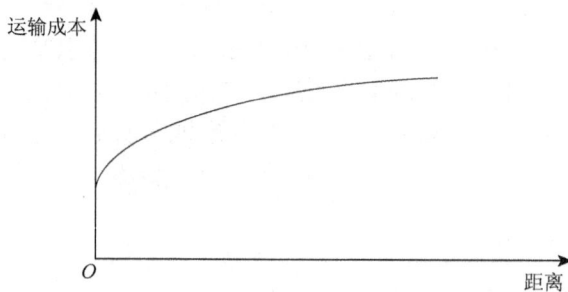

图 3-1 运输成本和距离的关系

2. 载货量

与其他许多物流活动一样,大多数运输活动都存在着规模经济。装载量的大小会影响运输成本，也是运输规模经济的一个重要表现。图 3-2 说明了每单位距离的运输成本随载货量的增加而减少，这是因为提取和交付活动的固定费用以及行政管理费用可以随载货量的增加而被分摊。当然，载货量要受运输工具最大尺寸的限制。所以，企业为了提高运输效益，就可以将小批量的载货整合成更大的载货量，以获得规模经济效应。

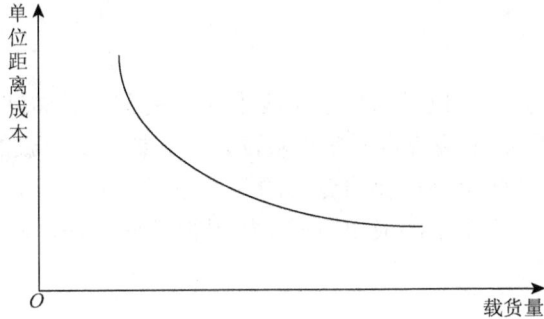

图 3-2　单位距离成本与载货量的关系

3. 货物的疏密度

货物的疏密度是综合考虑货物重量以及占据空间的一个指标，也是影响运输成本的重要因素。该因素之所以重要，是因为运输成本通常表示为每单位重量所花费的数额，而在重量和空间方面，运输工具更多的是受到空间限制，而不是重量限制。即使该产品的重量很轻，运输工具一旦满载，也就不可能再增加装运数量。既然运输工具实际消耗的劳动成本和燃料成本基本不受重量的影响，那么货物的疏密度越高，单位重量的运输成本相对降低。图 3-3 说明了每单位重量的运输成本随货物疏密度的增加而下降的关系。

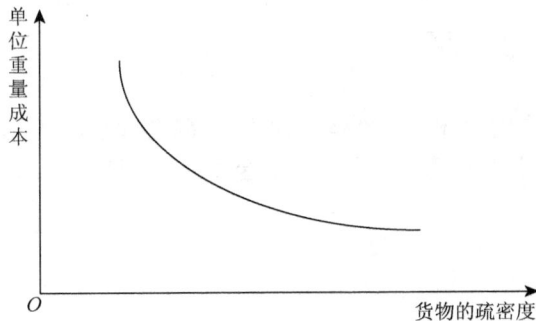

图 3-3　单位重量成本与货物疏密度的关系

4. 装载性能

装载性能，又称空间利用率，是指货物利用运输工具（铁路车厢、拖车或集装箱）空间的程度。大规则货物的装载性能由其大小、形状和弹性等物理特性所决定。具有相同密度的产品，其装载差异可能很大。一般来说，具有标准矩形的产品要比形状不规则的产品更容易装载。例如，钢块与钢条具有相同的密度，但由于钢条的长度和形状，使其装载起来就更困难。装载能力还受到装运规模的影响，大批量的产品往往能够相互嵌套、便利装载，而小批量的产品则有可能难以装载。

5. 装卸搬运的难易程度

货物装卸搬运的难易程度也是影响运输成本的因素之一。装卸搬运难度较高的货物，其装卸搬运费用较高，因而运输成本通常也较高。大小或形状一致的货物（如纸箱、罐头、筒等）搬运费用较低；有些货物需要用专门的装卸搬运设备处理，搬运费用较高。此外，产品在运输和储存时实际所采用的成组方式（如用带子捆起来、装箱或装在托盘上等）也会影响搬运成本。

6. 货物的易损性

有些货物具有易损、易腐、易自燃、易自爆、易偷窃等特性，容易带来损坏风险和导致索赔事故，运输这些货物时除需要特殊的运输工具和运输方式，承运人还必须通过货物保险来预防可能发生的索赔，从而增加运输成本。

7. 市场因素

除了货物特性，市场因素同样也会对运输成本产生较大的影响。其中，较显著的因素有：同种运输方式间的竞争以及不同运输方式间的竞争，政府对运输活动的管理、限制和法律的规定，市场的位置（如产品运输距离等），运输通道的均衡性等。其中，运输通道的均衡性是指运输起点与终点之间运输通道的流量是否均衡，如果不均衡，就会出现车辆返空现象并造成运力的浪费，从而影响运输成本。

四、运输成本的计算

由于各种运输方式的成本构成差异较大，所以在进行成本核算时，有不同的做法。下面对公路和铁路的运输成本核算做相关介绍，至于水运和航空这里就不做论述，读者可参考其他资料。

1. 汽车运输成本的核算

1）汽车运输成本计算对象

汽车运输企业的营运车辆车型较为复杂，为了反映不同车型货车的运输经济效益，应以不同燃料和不同品牌的营运车辆作为成本核算对象。

2）汽车运输成本计算单位

汽车运输成本计算单位是以汽车运输工作量的计量单位为依据的。货物运输工作量，通常称为货物周转量，其计量单位为"吨千米"，即实际运送的货物吨数与运距的乘积。为计量方便起见，通常以"千吨千米"作为成本计算单位。

3）汽车运输完全成本核算程序

汽车运输完全成本的核算程序，主要是指成本的会计核算程序。根据企业的营运管理的要求，确定成本计算对象、成本计算单位、成本项目和成本计算方法。

由车队根据费用支出和生产消耗的原始凭证，按照成本计算对象、费用类别和部门对营运费用进行归集、分配并编制各种费用汇总表。

根据各种费用汇总表或原始凭证登记各种明细分类账，并将其辅助营运费用、营运间接费用，按成本计算对象分配和结转计入"运输支出""其他业务支出"账户，确定各项业务应负担的费用，计算各种业务成本。

企业根据车队、车站等所属单位上报的成本核算资料，汇总分配企业各项费用，编制企业成本计算表。

另外，需要特别提醒的是汽车运输公司的成本核算一般是以车辆行驶里程来进行的，因此必须登记、统计车辆的实际行驶里程。

4）汽车运输企业的成本计算期

汽车运输企业的运输成本，应按月、季、年计算从年初至各月末止的累计成本。一般不计算"在产品"成本。营运车辆在经营跨月运输业务时，一般以行车路单签发日期所归属的月份计算其运输成本。

5）汽车运输成本项目的设置与内容

根据运输企业会计制度的规定，汽车运输成本项目分为车辆直接费用和营运间接费用两部分，其设置与内容如表 3-1 所示。

表 3-1 汽车运输成本项目设置与内容

序号	项目设置	内容
1	工资	指按规定支付给营运车辆驾驶员的基本工资、工资性津贴和生产性奖励金
2	职工福利费	指按规定的工资总额和比例计提的职工福利费
3	燃料	指营运车辆运行中所消耗的各种燃料，如汽油、柴油等
4	轮胎	指营运车辆运行中所耗用的外胎、内胎、垫带的费用支出以及轮胎翻新费和零星修补费
5	修理费	指营运车辆进行各级维护和小修所发生的工料费、修复旧件费用和行车耗用的机油费用以及车辆大修费用
6	车辆折旧	指营运车辆按规定方法计提的折旧费
7	养路费	指按规定向公路管理部门缴纳的养路费
8	公路运输管理费	指按规定向公路运输管理部门缴纳的运输管理费
9	车辆保险费	向保险公司缴纳的营运车辆的保险费用
10	事故费	指营运车辆在运行过程中，因行车肇事所发生的事故损失，扣除保险公司赔偿后的事故费用
11	税金	指按规定缴纳的车船使用费
12	其他费用	指不属于以上各项的车辆运输营运费用

6）汽车运输成本计算单位

企业运输成本的计算。汽车运输企业的运输成本是通过运输支出、辅助营运费用、营运间接费用等会计账务处理进行归集和分配的，从而计算出运输总成本、单位成本、其他单项指标。这些按费用项目设置多栏式明细账。

总成本的计算：总成本是成本计算期内，各运输成本计算对象的成本总额之和。

单位成本的计算：单位成本是指成本计算期内，按成本计算对象完成单位运输周转量（千吨千米）的成本额。其计算公式如下：

某运输成本计算对象的单位成本（元/千吨千米）=该成本计算对象当月运输成本总额/该成本计算对象的当月运输周转量

对于不按吨千米计算其生产成果的大型平板车、集装箱专用车等，应按照各自计算生产成果的"千吨位小时""千标准箱千米"计算其运输单位成本。

其他单项指标包括百千米油耗、百千米维修费、百千米过路费、百千米综合费用等。

2. 铁路运输成本的核算

铁路运输成本计算的相关内容如表 3-2 所示。

表 3-2　铁路运输成本的计算

成本项目	核算方法
成本计算对象	铁路运输成本计算以客、货运输业务为铁路运输成本计算对象
成本计算单位	客、货运成本的计算单位是千换算吨千米。客运成本的计算单位是千人千米。货运成本的计算单位是千计费吨千米
成本计算期	铁路运输成本一般按年或按季进行。这是因为铁路运输作业是由许多基层单位分工协作、共同完成的，按月计算成本有一定的困难
成本范围和成本项目	铁路运输成本范围，主要包括工资、材料、燃料、电力、其他
铁路运输成本计算方法	1. 换算吨千米成本的计算方法 换算吨千米是客货运输量的综合指标，即将旅客人千米数按一定的换算比率折合成吨千米，再和货物计费吨千米数相加而得。我国铁路目前采用的换算比率为 1：1，即 换算吨千米数=旅客人千米数+货物计费吨千米费 以换算吨千米数除运输支出总额，即得换算吨千米成本。即 换算吨千米成本=运输支出总额/换算吨千米总数 　　　　　　　　=运输支出总额/旅客人千米+货物计费吨千米 2. 旅客及货物运输成本的计算方法 客运和货运是铁路运输的两种不同性质的业务。将运输支出划分为客运支出和货运支出两部分后，分别除以旅客人千米和货物计费吨千米，即得客货成本。其计算公式为 旅客人千米成本=客运支出总额/旅客人千米 货物计费吨千米成本=货物支出总额/货物计费吨千米

五、运输成本的控制

控制运输成本的目的是使总的运输成本降低，但又符合运输的可靠性、安全性与快捷性要求。运输成本的控制可以采用定量方法，如线性规划法、表上作业法、网络分析法等。

运输合理化可以充分利用现有的时间、财务等资源，组织合理运输，使得运输距离最短、运输环节最少、运输时间最短和运输费用最省，因此它也是运输成本控制的主要手段。以下简要介绍几种运输成本控制的策略性方法。

1. 运输路线制定

合理的运输路线对物流运输公司的存亡起着非常重要的作用。运输路线优化是指从物流系统的总体目标出发，按照货物流通规律，运用系统理论以及系统工程原理和方法，合理利用各种运输方式，选择合理的运输路线和运输工具，以最短的路径、最少的环节、最快的速度和最少的劳动消耗，组织好货物的运输与配送。

运输路线优化的重要作用可归结如下。

（1）合理组织货物运输，有利于加速社会再生产的进程，促进国民经济持续、稳定、协调的发展。按照市场经济的基本要求，组织货物的合理运输，可以使物质产品迅速地从生产地向消费地转移，加速资金的周转，促进社会再生产过程的顺利进行，保持国民经济稳定、健康的发展。

（2）货物的合理运输，能节约运输费用，降低物流成本。运输费用是构成物流费用（成本）的主要部分。物流过程的合理运输，就是通过运输方式、运输工具和运输路线的选择，进行运输方案的优化，实现运输路线合理化。运输路线合理化必然会达到缩短运输里程、提高运输工具的运用效率，从而达到节约运输费用、降低物流成本的目的。

（3）合理的运输路线，缩短了运输时间，加快了物流速度。运输时间的长短决定着物流速度的快慢。所以，货物运输时间是决定物流速度的重要因素。合理组织运输活动，可使被运输的货物在途时间尽可能缩短，实现到货及时的目的，因而可以降低库存商品的数量，实现加快物流速度的目标。因此，从宏观角度讲，物流速度加快，减少了商品的库存量，节约了资金占用，相应地提高了社会物质产品的使用效率，同时也利于促进社会化再生产过程。

（4）运输路线合理化，可以节约运力，缓解运力紧张的状况，还能节约能源。运输路线合理化克服了许多不合理的运输现象，从而节约了运力，提高了货物的通过能力，起到合理利用运输能力的作用。同时，由于货物运输的合理性，降低了运输中的能源消耗，提高能源利用率，这些对于缓解我国目前的运输和能源的紧张情况具有重要作用。

2. 运输方式选择

使用不同的运输方式会给企业带来不同的运输成本，所以应根据实际需要合理选择运输方式。选择运输方式时，应根据不同货物的形状、价格、运输批量、交货日期、到达地点等情况，考虑运输工具的经济性和迅速性、安全性、便利性之间相互制约的关系，并进行综合评价。例如，可根据各种运输方式的成本与货物重量的关系来选择运输方式，以控制运输成本。图 3-4 表明了各种不同运输方式的成本比较。如果企业运送货物的重量平均少于 10kg 则用空运可以降低运输成本；如果平均重量在 10～35kg，则用卡车运送较为有利；当超过 35kg 时，由铁路运送将会降低运费。当然，在实际工作中，企业还要根据不同运送方式所带来的存货成本以及所需要的运送时间进行综合判断。

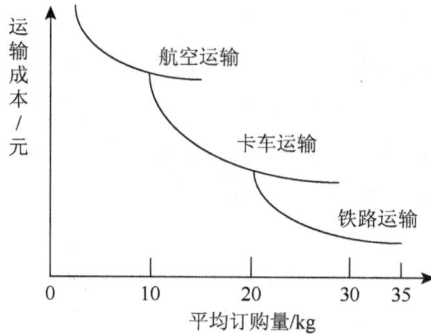

图 3-4　运输成本和距离的关系

3. 运输调度合理化

由于运输是物流中最重要的功能要素之一，物流合理化在很大程度上依赖于运输合理化。运输合理化主要包含 5 个要素，分别是运输距离、运输环节、运输工具、运输时间、运输费用。物流过程的合理运输，是指从物流系统的总体目标出发，选择合理的运输方式和运输路线，即运用系统理论和系统工程原理与方法，选择合理的运输工具和优化运输路线，以最短的路径、最少的环节、最快的速度和最少的劳动消耗，组织好运输活动，以获取最大的经济效益。

第二节　运输价格制定

一、运输价值与运输价格的对比

1. 运输价值

1）运输价值的含义

在运输业中，运输价值包含两部分，一是凝结在运输过程中人类的劳动，二是在运输过程中所耗费的物化劳动与活劳动的总和。运输价值是运输价格的基础，运输价格是运输价值的货币表现。在总体上运输价格应和运输价值保持一致。但是由于市场供求关系的变化，二者并不完全相等。

2）运输价值的三个组成部分

$$运输价值=C+V+m$$

其中，C 为已消耗的生产资料价值，即物化劳动的消耗，如燃料、设备、轮胎等运行材料的消耗。V 为劳动者的必要劳动（为自己）所创造的价值，表现为工资。m 为劳动者的剩余劳动（为社会）所创造的价值，表现为国家税收和企业利润。

2. 运输价格

1）运输价格的含义

所谓运输价格，是指运输企业对特定货物或者旅客所提供的运输劳务的价格。

运输价格能有效地促进运输产业结构的优化配置。运输产业结构主要包括运输工具与其他与之相关的基础设施，如港口、机场、码头、车站及航道、道路设施等。无论是国家对运输产业结构进行统一规划或者是运输企业对其自行调整，运输价格将会在其中起至关重要的作用。

2）运输价格的特点

（1）运输价格是一种劳务价格。运输企业为社会提供的效用不是实物形态的产品，而是通过运输工具实现货物或者旅客在空间位置的移动。在运输生产过程中，运输企业为货物或者旅客提供了运输劳务，运输价格就是运输劳务产品价格。

（2）货物运输价格是商品销售价格的组成部分。社会的生产过程不仅表现为劳动对象形态的改变，也包括劳动对象空间转移。这样才能使物质产品从生产领域最终进入消费领域。在很大程度上，商品的生产地在空间上是与消费者相隔离的，这就必须经过运输才能满足消费者对商品的实际需要。在此过程中，必须通过价格作为媒介来实现商品交换。这样，货物运价就成为商品销售价格的重要组成部分。

（3）运输价格具有按不同运输距离或者不同航线区别的特点。货物或者旅客按不同运输距离规定不同的价格，称为距离运价或者里程运价。这是由于运输产品，即运输对象的空间位置移动是以周转量来衡量的。货物周转量以吨千米为计算单位；而旅客周转量，则以人千米为计算单位。所以，运价不仅要反映所运货物或者旅客数量，还要体现运输距离的远近。这种按运输距离制定的价格货运表示为吨千米运价；客运则表示为人千米运价。距离运价是我国沿海、铁路、内河、公路运输中普遍采用的一种运价形式。

（4）运输价格具有比较复杂的比价关系。由于货物或者旅客运输，有时可采用不同运输方式或运输工具加以实现，所以最终达到的效果也各不相同。具体表现为所运货物的种类、运载数量、旅客舱位等级、方向、距离、时间、速度等都会有所差别。而这些差别均会影响运输成本和供求关系，在价格上必然会有相应的反映。例如，甲、乙两地之间的旅客运输。可供选择的运输方式为铁路与海运，而铁路硬席卧铺的舒适程度与海运三等舱位相仿，但是由于运输速度前者快于后者，所以，在通常情况下铁路票价会高于海运。若相反，结果会造成铁路运输紧张而海运空闲，而这时若海运因为运输成本高而无法降价以争取客源，最终只能退出该航线的运输，目前我国沿海众多客运航线被迫停航就是一个证明。

二、 运输价格的类别

（1）根据运输方式不同分类。按运输方式不同，运价可以分为铁路运价、水路运价、公路运价、航空运价和管道运价。公路运价由各省（市）行政区按不同货种、不同运输条件与不同运输距离分别确定；铁路运价除少数线路均实行全国统一运价，按不同货种及不同运距分别确定；水路运价包括内河运价、沿海运价及远洋运价，其中远洋运价包括班轮运价、油轮运价和航次租船运价等，而内河运价和沿海运价则根据不同货种、不同航区、不同运输距离确定；航空运价要先区分国际航线和国内航线，然后按不同航线，并考虑货物种类与批量等因素分别确定；管道运价主要按不同管道运输线输送不同货种而分别确定。

（2）根据运价适用范围分类。按运价适用的范围划分，运价可以分为特定运价、普通运价和优待运价等。普通运价是运价的基本形式，例如，铁路有适用于全国正式营业线路的全国各地统一运价，其他运输方式也有普通运价这种形式。特定运价是普通运价的补充形式，适用于一定车型、一定货物、一定地区、一定线路与航线等。优待运价属于优待减价性质，也有季节性优惠价。货运优待运价适用于某些部门或者有专门用途的货物，及适用于回空方向运输的货物等。

（3）根据承运货物批量分类。按承运货物的批量划分，运价一般分为整车与零担运价。整车运价适用于一批质量、体积或者形状需要以整辆货车装载，按整车托运的货物。通常有两种计费形式：一是按车计费，二是按吨计费。大多数国家采用按吨计费，也有些国家按车计费。零担运价适用于每批不够整车运输条件，而需零担托运的货物，它也是铁路及公路普遍采用的运价形式。通常来说，由于零担货物批量小，到站分散，货物种类繁多，在运输中需要比整车运输花费较多支出，所以零担运价要比整车运价高得多。

（4）根据运输货物种类分类。按运输货物的不同种类，运价可分为危险货物运价、普通货物运价、冷藏货物运价、集装箱货物运价等。其中，在普通货物运价中，通常又按其不同运输条件与货物本身值高低等因素划分若干等级。例如，我国沿海、长江等航区将货物划分为 10 个等级；铁路《货物运价分类表》中将货物分为 23 类 246 项，共规定 17 个运价号等。

（5）根据运价适用的地区分类。按运价适用的地区，可分为适用于航线的国际运价、国际运输线路，适用于国内运输的国内运价和适用于某一地区的地方运价等。

三、 运输价格结构

运价结构是指运价体系各部分构成和其相互间的比例关系。运价结构主要可以按距离别的差别运价结构、按线路别的差别运价结构与按货种别的差别运价结构。

（1）按距离别的差别运价结构。运输费用是随着运输距离的延长而增加的，按距离远近制定运价是最简单也是最基本的运价结构。按运输作业过程可把运输支出划分为始发到达作业费、中转作业费与运行作业费三个部分，随着运距的增加，运输总支出也在增加，然而随运距成比例增加的只是中转作业费与运行作业费，不管运距多长，始发到达作业费是不变的。由此，运距越长，分摊到单位运输里程的始发到达作业费就越少，运输成本也就越低。根据这种特点，运输企业可实行按距离别的递远递减差别运价结构。

（2）按线路别的差别运价结构。这是指按运输线路或者航线不同分别确定的货物运价体系。按线路别的差别运价也称为线路运价或者航线运价，它被广泛使用于国际海运与航空货物运输中，在部分公路运输中也有应用。

（3）按货物别的差别运价结构。采用这种运价结构，主要是不同种类货物由于本身性质的差异而决定了它们运输成本的差异。例如，不同类型的货物在性质、比重、体积、包装等方面不同，它们要求使用的车辆、运输服务条件不同，所以在运输成本上就存在较大差异。

四、运输价格的形式

根据以上的运价分类与运价结构的分析，在实际运用中，为了适用各种需求及各种特殊情况等，各种运输方式都有多种多样的运价形式来满足不同的需要。

1. 铁路的运价形式

（1）统一运价。这是铁路运价的主要形式，适用于全国各个地区。实行按距离别及货种别的差别运阶。

（2）特定运价。除了上述统一运价，根据运价政策，对按特定运输条件办理，或者在特定的地区、线路运输的货物，规定特定运价，对于提高服务水平和改善服务质量，如客运空调列车、货运快运等实行优质优价。特定运价通常按普通运价减成或者加成也可另定，它是统一运价的补充，可因时因地因货制宜。

（3）地方铁路运价。为了鼓励地方修路的积极性，允许地方铁路采用单独的运价。

（4）浮动运价。对于不同季节、忙闲不均的线路根据不同的情况实行不同的运价。

（5）新路新价。对于新建的铁路线路，进行复线或者电气化改造的铁路线路，实行新路新价，通常高于统一运价的水平。

（6）合同运价。也称协议运价，其运价水平由货主与承运者双方根据运输市场供求关系及各自的利益协商认定，国外运输企业采取这种运价的比较多。

2. 公路运价形式

（1）计程运价，又按整车运输与零担运输分别计算。整车运输以吨千米、零担运输以千克千米为单位计价。

（2）计时运价，以吨位小时为单位计价，适用于特大型汽车或挂车及计时包车运输的货物。

（3）短途运价，适用于短途运输的货物，按递近递增原则采取里程分段或基本运价加吨次费的办法计算。

（4）长途运价，适用于长途运输的货物，实行递远递减的运阶结构。

（5）加成运价，适用于一些专项物资、非营运线路单程货物运输、特殊条件下运输的货物、特种货物等。

3. 水运运价形式

（1）班轮运价，远洋运输的班轮运价采取级差运价与航线运价相结合的运价。班轮运输是按照轮船公司或者班轮公会制定并事先公布的运价和计费规则计收费用的。

（2）航次租船运价，按照船舶所有人及承租人之间在租船合同中约定的运价与装运货物数量计算运费的，有时也以一个运费总额包干。航次租船运价取决于租船市场上运力的供给需求关系，而其升降幅度则受货物对运费的运输成本和负担能力的限制。

（3）国际油船运价，油船航次合同中，运价一般都是船舶所有人和承租人同意的，由某一国际航运组织或者经纪人组织制定的油船费率表所规定的费率为基准，按租船市场行情确定增减的比例。

4. 航空运价形式

1）航空货物运价

（1）国际普通货物运价；

（2）国内货物运价；

（3）国际专门货物运价；

（4）国际特种货物运价；

（5）国际集装箱货物运价。

2）航空客运运价

（1）普通票价，按距离别制定的基本票价。

（2）包机票价，按满员计算的票价。

（3）浮动票价，根据不同季节、线路在普通票价的基础上加减成。

（4）其他票价，同一航线上，为了鼓励旅客乘坐飞机，规定各种不同类别的票价，如公务票价、头等票价、特种经济票价、预购旅游淡季往返票价、预购旅游旺季往返票价、优待折扣票价等。

五、制定运输价格的目的

（1）维持企业生存。对于运输企业来说，当行业竞争日趋激烈或者其提供的产品在市场上大量过剩时，运输企业的发展目标就应是保障本企业在激烈的竞争中不至于被淘汰，维持企业的生存发展。此时，运输企业在对其产品定价时不宜制定过高价格；否则，易使该企业运输服务在市场上失去竞争力而危及其生存与发展。

（2）追求最大利润。企业是以营利为目的的经济性组织，利润是一个企业生存及发展的前提条件，运输企业也不例外。追求利润并非意味着将运价定得越高越好。运输企业的利润来自于全部收入扣除全部成本后的余额。它通常更多地取决于合理价格及由此而推动的市场的需求量。当运输企业在市场上处于绝对有利地位时，可实行高价策略，以获得超额的利润。但是高价并不必然导致最大利润，在竞争激烈的市场上，任何企业想长期维持不合理高价，势必会遭遇各方面的对抗行动，如替代品的盛行，需求的减少，购买的延搁，竞争者的加入，甚至由于顾客的不满与抗议招致政府的干预等。因此，高价并非达到最大利润的良策。

（3）提高市场占有率。市场占有率是指运输企业的运量在市场总运量中所占比例。运输企业市场占有率的高低除了受企业服务质量的高低、竞争力的强弱、市场竞争状况等的影响，与运价有着极大的关系。通常而言，运价越低，越能吸引更多的货主。在中国的运输市场上，同质化竞争比较严重，运输企业提供的服务普遍差别较小，所以为了提高市场占用率，大多采用低价策略。

（4）应付与防止竞争。大多的运输企业，对于竞争者的价格均甚敏感。在定价之前，经常广泛收集资料，将本企业运输服务的质量和价格与竞争者运输服务的质量和价格作审慎的比较，然后对以下三种定价办法作出抉择：低于竞争者的价格；与竞争者同等的价格；高于竞争者价格。

六、运输价格制定的原则

（1）必须以运输价值为基础。因为运价是运输价值的货币反映，所以运输价值是运价的基础。运价的制定应以马克思的劳动价值论为基础，使运输生产过程中所消耗的物化劳动和活劳动都能够得到补偿，并保证运输业能够取得全社会平均利润率；否则，运输再生产过程将无法顺畅进行。我国运输业长期落后除了有投入不足的原因，运价过低，甚至低于运输的成本，使运输企业正常生产难以为继，以致运输生产不能得到很好的发展，这显然是违背价值规律的重要表现之一，也是我国运输业长期落后的一个重要原因。这一问题应该通过深化运输业的改革、深化运价改革与整个价格体系改革逐步解决。

（2）要充分考虑顾客对运输产品的感觉价值与接受程度。如果顾客对其所提供的运输服务不太满意或感觉其运输服务的价格过高或感觉其运输服务价格过低而怀疑运输质量，那么将不能接受该运输企业所提供的运输服务产品。所以，运输企业在对某项运输服务进行定价时要对市场的同类运输服务进行调查，或者对顾客需要服务的喜好接受程度等进行了解，才能制定出一个既让顾客满意而企业自身也认为合理的价格。

（3）反映供求关系的变化。过去在长期的计划经济体制下，我国运价的制定权限一直集中在中央政府的手里，地方与运输企业没有定价的自主权，所以政府的运价既不反映价值规律的客观要求，也不反映供求关系的变化。改革开放以来这种情况已经有所改变。要使运价能够反映供求关系的变化，必须给运输企业以相应的定价权限，单纯的行政定价不可能灵敏地反映供求关系变化。企业有了相应的定价自由就可根据供求关系的变化，对运价进行自动调整。当然，中央、地方以及企业的定价权限如何划分，还需要在改革实践中逐步探索，但是无论是中央，还是地方对运价的确定都必须面向运输市场，避免任何主观随意性，并善于根据市场上的供求变化，加以灵活调整。

（4）要考虑自身的运输服务经验与能力。根据具体所能提供的服务水平定价，一旦所定价格与所提供的物流服务的质量有所差距，很容易给客户带来损失，同样也给企业自己带来更大的损失。例如，如果某运输企业从事运输服务的时间不够长，经验不够多，也不具备为某超市提供海鲜食品的配送服务能力，从而导致海鲜食品在配送途中变质，超市由于没有及时得到海鲜食品而失去了很好的销售机会，而该运输企业也因没有能够保证海鲜食品的质量且配送延时等导致失去了客户对本企业的信誉，同时还必须赔偿超市相关的损失。

➤知识拓展

综合运输体系价格机制研究

现代运输业由铁路、公路、水路、航空和管道五种运输方式组成，由于每一种运输方式都有其技术、经济上的特点，以及由此形成各自的比较优势。所以每一种运输方式都不能离开其他运输方式而独立存在，它们共同构成了一个既相互联系又相互影响、既分工协作又相互竞争的有机体系——综合运输体系。对于快速发展的综合运输体系来说，运输市场中的价格机制越来越成为运输管制的重要手段。在综合运输体系中，完全市场经济的运价机制还没有完全形成，各种运输方式的市场化程度不同，价格机制的作用也不相同，这在很大程度上影响了综合运输体系中市场机制的有效发挥，也在很大程度上影响了综合运输体系的效率。

综合运输体系的运价机制问题既是运输经济学中复杂的理论问题，又是综合运输管理体制改革中难度很大的问题。综合运输体系的运价机制作为一种经济机制，至少应该包括三方面的内容：即运价形成机制、运价约束机制和运价调控机制，其中运价形成机制是整个运价机制的核心。

运价形成机制主要是指运价形成机制的主体，以及由此决定的运价形成方式、运价形式和运价体系。

运价约束机制主要是指市场竞争机制和企业预算约束机制。市场竞争机制通过市场竞争决定企业在市场中的行为。企业预算约束机制主要通过企业的收益和成本，即企业生存、发展的需要来约束综合运输体系运价的制定和调整。

运价调控机制是指国家对运价的形成、运行过程中进行干预的市场运行规范机制和宏观调控政策。市场规范机制是政府、主管部门颁布的以维护和促进公平竞争为主要内容的法律、法规及各项规章制度，以规范各市场主体的行为，保证综合运输体系运价的调整规范，保证公平竞争。宏观调控政策是使得综合运输体系的发展从全局出发，服从整个国民经济协调发展的宏观要求。

七、运输价格制定的方法

1. 平均成本定价法

平均成本定价法也称平均成本加成定价法。它是以部门正常营运时平均单位成本为基础，再加上一定比例的利润与税金而形成的运价。平均成本定价法包括两个步骤。

第一步，必须确定购买或生产产品或服务的成本。

$$AC = TC/Q = AFC + AVC$$

存在一个问题：计算价格时要用到产量，但产量又是由价格决定的。为了避免这一问题可以用一个假定的产量，一般情况下，这一产量可以根据企业生产能力的一定百分比来定。

例如，通用汽车公司使用成本加成定价法时，常根据销售额是生产能力的 80%的假设来计算平均成本。

第二步，确定成本加成。

公式如下：

$$P = AC + X/Q$$
$$P = AC(1 + r)$$

式中，X 为预期总利润；r 为利润率（成本利润率）；X/Q 表示：单位运量利润率=预期总利润/总运量=X/Q；r 表示：成本利润率=预期总利润/总成本=X/TC。

平均成本定价法中运输平均成本是运价最低界限。运输总收入在支付运输成本与税金后，一般还应提供足以吸引投资的必要利润，以保证运输业的扩大再生产。此法主要适合国家运价管理部门确定基准运价时使用，它可使企业不致因长期亏损而失去生存与发展能力，或长期依赖政府补贴，有利于政府对运价的控制，以维持物价与运价的稳定。

2. 边际成本定价法

边际成本定价法是指在运输供求发生变动时，运输企业必须增加或者减少运输数量，并以因增加或者减少运输数量而引起的总成本的变动为基础确定运输价格。

在生产规模不变即固定成本不变时，边际成本实际上就是所增加的变动成本。

从上述可知，边际运输成本与单位运输总成本之间的相对关系，可以反映运输工具的运输能力是否被充分利用，随之用运输价格来调整运输供求关系，这也是按边际成本论定价的实质。如图 3-5 所示。

在货物运输密度较低的地区或航线，由于现有的运输能力未能充分发挥作用，这时每增加单位运量的边际成本低于单位总成本（图 3-5 中运量 Q_3 以内时），这时若以边际成本为基础定价，就可低于原来按运输总成本为基础所定的价格，从而可促进运输需求。

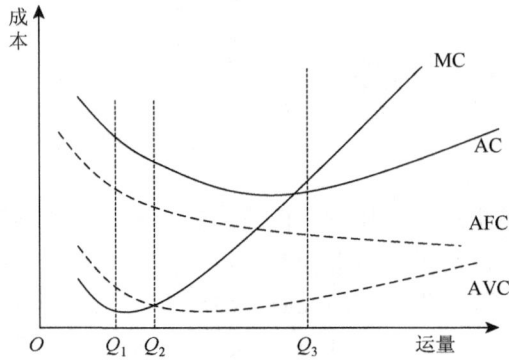

图 3-5 短期成本曲线

反之，在运输密度高、运输能力紧张的地区或航线，由于运量的增加将导致运输企业新的投入，每增加单位运量的边际成本，将会大于单位运输总成本（图 3-5 中运量超过 Q_3 时），这时若以边际成本为基础定价，就会使得运输价格相应变高，从而可起到抑制需求的作用。

例如，有关部门规定，在新开辟的铁路和水运线路上采用"新线新价"。由于新的运输线路资本投入较原运输线路多得多，其边际成本大大超过原运输线路的单位总成本；而且，一般都在运输需求量大于运输能力供给的情况下开辟新的运输线路，所以目前采用的"新线新价"均高于其他运输线路的价格。这也符合运输市场价格对运输需求进行反向调节的客观规律。

但运输需求是派生需求，影响因素较多，它在一定空间和时间内受运输价格的影响极其有限，所以不能过分高估这种定价理论的作用。另外在运输需求严重不足的地区或航线，由于其边际成本长期低于单位总成本，以边际成本论定价，会导致运输业长期大面积亏损。

3．差别定价

1）差别定价的原理

差别定价也可以称为价格歧视（discrimination pricing），指的是一家企业在出售一样的产品或者服务时，对不同的顾客索取不同的价格的现象，有时候差别定价是指对成本不同的产品制定统一价格，更多的差别价格是指成本基本相同而价格不同，其目的都是增加企业总利润。

2）实施差别定价需要满足三个条件

（1）企业对价格至少有一定的控制能力（垄断能力），而不是只能被动地接受既定的市场价格。

（2）企业能够根据价格弹性的不同把企业的产品市场划分为几个不同的市场，即企业必须能够分清该向谁索取高价，向谁只能索取低价。

（3）企业的市场必须是能分割的，即企业必须能够阻止可以支付高价的顾客以低价购买商品。

满足这三个条件，企业就能实施价格歧视，并从中谋取更大的利益。

3）差别定价的分类

差别定价可以采取许多形式，但通常分为三类，它们的共同点是允许企业攫取统一定价本来能给予消费者的部分消费者剩余。

一度差别价格指为每单位产品或服务索取最高可能的价格。一度差别价格是差别价格最极端的形式，也是企业最能赢利的一种定价方法。由于每个单位的产品或服务都被索取了最高价格，所以，所有的消费者剩余都被攫取了。一度差别价格并不常见，由于它要求卖者十分了解市场需求曲线。比较接近的可能是某些城市私车牌照拍卖制度，管理部门要求每一个可能的买者进行投标，凡超过最低标价的投标都被接受，投标人就有义务按投标的报价购买车牌。通过这一过程，就有可能向每个准车主索取他愿意支付的最高价格。

二度差别价格是一度差别价格不完全形式，它不是为每单位产品或者服务制定不同价格，而是根据单个消费者购买的数量来定价，每个购买相同数量的消费者支付的价格相同。二度差别价格主要用于产品与服务的消费量可进行测度的情况，例如，一些铁路旅客票价的单位里程运价随乘车总里程的不同而发生变化，乘车总里程越长，单位里程的旅客票价越便宜。某些城市公交采用月票制与季票制，通常季票比月票更"划算"，因为这样可鼓励消费者购买更多的产品。

三度差别价格最为常见，它要求按需求价格弹性的不同来划分顾客或者市场。这种划分可根据市场的不同地理位置来定，也可根据用户的特征来定。与拉姆齐定价法很相似，三度差别价格也是对需求弹性较小的顾客或者市场制定较高的价格，而对需求弹性较大的顾客或者市场制定较低的价格。例如，航空业通过对商务出行和旅游出行的乘客提供不同价格的机票来分割市场，这使得它们无需牺牲收入就可为航班吸引到足够的乘客。

4）差别定价的效率

差别定价或者价格歧视往往会提高经济福利。为理解这一点，回顾一下垄断者通过提高价格和降低销量来增加利润。这样做会赢得急需其产品或服务的顾客，同时也会失去那些犹豫不决的顾客。通过区分愿意支付高价的顾客（向他们收取高价）与只愿意支付低价的顾客（他们可能愿意以较低的价格获得低级的产品），分别制定不同的价格，垄断者就可同时提高利润和消费者的满意度。

4. 竞争导向定价法

该方法以供求关系及竞争对手的价格为基础，制定本企业的价格。如果市场运输供给大于运输需求，则制定相对较低的运价；如果运输供给小于运输需求，则制定相对较高的运价。如果运输企业能提供高于平均服务水平的运输服务，则可以采用高价策略。也可以本行业的主要竞争者的价格为企业定价的基础。这种方法定价可避免在同行内挑起价格战争，有助于防止恶性竞争，协调同行企业之间的关系。若企业要进入新兴市场，为了能成功进入市场，可以在初期制定较低价格。随着市场占有率的提高，可以逐渐提高运价。竞争导向定价法主要有随行就市定价法、低于竞争者产品价格定价法、高于竞争者产品价格定价法、投标定价法等。

（1）随行就市定价法。这是以同行业的平均现行价格水平或者"市场主导者"（指在相关产品市场上占有率较高的企业）的价格为标准来确定本企业价格的方法。这种定价方法以竞争对手的价格作为依据。

（2）低于竞争者产品价格定价法。此即指那些成本低于同行业平均成本的企业准备渗入其他企业已经建立牢固基础的市场，或者扩大市场占有率时所用的一种方法。

（3）高于竞争者产品价格定价法。所谓高于竞争者产品价格定价法，是指能提供高运输质量服务的企业，凭借服务本身独具的特点与很高的声誉及能为消费者提供较之别的企业有更高水平服务的保证而和同行竞争的一种定价方法。

（4）投标定价法。这种方法通常是由买方公开招标，密封递价，卖方竞争投标，买方按物美价廉的原则择优选取，到期当众开标，中标者和买方签约成交。这种方法通常是在买方市场（即产品供大于求的市场）中，由买方掌握主动权来运用。运用此种方法时，企业对运输服务的定价权实际上已在某种程度上转移到了买方。

5. 从价法定价

从价法定价即以货物的负担能力作为依据，对高价值货物制定高运价，对低价值货物制定低运价。其根据，主要是考虑高价值货物对运价的承受力较强。因为货物自身的价值较高，运费虽高，但是它在商品总价值中所占的比重通常比低价值商品中运价所占的比重要低，其承受能力也高，即使制定高运价，货物也可运输；而低价货物由于自身的价值较低，对运价的承受能力较弱，如果制定高运价，货物便不能运输，为使其也能够运输，只能制定低运价。另外，高运价的货物，托运人对运输条件的要求较高，而承运人所承担的责任较大也是一个原因。海运和铁路中实行的等级运价就是按照该方法定价的典型例子。而按货物价格计收运价主要适用于贵重物品，如精制的金属钻石、工艺品、黄金白银等。

第三节　运输成本和价格教学实践

➤项目简介

该项目主要介绍运输成本和价格的教学设计。

根据"运输管理"这门课程的要求和教学对象的特点（设定教学对象为师资本科生），确定本模块的教学设计，包括教学目标、教学重难点、教学方法、教学环节的时间分配等。

一、教学目标

本模块的教学目标是讲述运输成本、运输价格的构成与控制方法，使学生达到了解、认知及触及使用的水平。

二、教学重难点

1. 教学重点

本模块的教学重点是让学生了解运输成本的影响因素、运输成本控制以及运输价格的定价方法，以了解认知为主，实操为辅。

（1）运输成本项目，主要介绍运输成本的构成、特征、影响因素及核算与控制。

（2）运输价格项目，主要介绍运输价格的分类、形式及定价。

2. 教学难点

（1）运输成本项目，难点在于让学生理解运输成本不同的影响因素，以便在运输成本控制中进行分析运用。

（2）运输价格项目，难点在于让学生掌握定价方法，并能根据不同的环境选用不同的定价方法。

三、教学方法

针对本模块运输成本与运输价格的实操性不强，思考分析居多的特点，以及运输成本理论涉及不深、以了解认知为主的定位，在课堂教学过程中，通常是以讲授法为主，同时辅以学生围绕案例思考及分析的方法。

本模块教学中会大量使用图表、案例进行辅助教学，帮助学生快速感性认知并掌握运输成本的影响因素及控制方法，在市场上的定价选用方法。

四、教学环节的时间分配

第三章　运输成本和价格

第一节　运输成本（90min）

第二节　运输价格制定（90min）

共 4 学时

五、教学评价

章节名称：运输成本和价格

评价类别	评价项目	评价标准	评价依据	评价方式			权重
				学生自评	同学互评	教师评价	
				0.1	0.1	0.8	
过程评价	学习能力	学习态度，学习兴趣，学习习惯，沟通表达能力	学生考勤，课后作业完成情况，课堂表现，收集和使用资料情况				0.2
	专业能力	能正确分析运输事件的成本构成情况。能掌握运输的定价方法。能合理地优化运输行为	运输成本影响因素的全面性。运输成本构成的合理性。运输成本核算的准确性。运输定价设置的合理性				0.3
	其他方面	探究、创新能力、分析能力	积极参与研究性学习，有独到的见解，善于分析，能提出多种解决问题的方法				0.1
结果评价	理论考核						0.2
	实操考核						0.2

➤复习思考题

一、单项选择题

1. 在所有运输方式中，固定成本最低的是（　　）。

A. 公路运输　　　　B. 铁路运输　　　　C. 水路运输　　　　D. 管道运输

2. 在物流成本中占比重最大的成本是（　　）。

A. 管理成本　　　　B. 仓储成本　　　　C. 信息成本　　　　D. 运输成本

3. 决定提供某种特定的运输服务而产生的不可避免的费用指的是（　　）。

A. 公共成本　　　　B. 边际成本　　　　C. 联合成本　　　　D. 固定成本

4. 承运人代表所有的托运人或某个分市场的托运人支付的费用指的是（　　）。

A. 联合成本　　　　B. 边际成本　　　　C. 公共成本　　　　D. 固定成本

5. 货物或者旅客按不同运输距离规定不同的价格，称为（　　）。

A. 航线运价　　　　B. 线路运价　　　　C. 里程运价　　　　D. 差异运价

6. 运价的基本形式是（　　）。

A. 普通运价　　　　B. 特定运价　　　　C. 优待运价　　　　D. 平均运价

7. 平均成本定价法中运价的最低界限是（　　）。

A. 平均成本　　　　B. 边际成本　　　　C. 总成本　　　　D. 可变成本

8. 根据单个消费者购买的数量来定价，每个购买相同数量的消费者支付的价格相同，这种差别价格指的是（　　　）。

A. 一度差别价格　　　B. 二度差别价格　　　C. 三度差别价格　　　D. 四度差别价格

9. 县级以上各级政府物价部门、运输主管部门通过规定基准价、浮动幅度或最高、最低保护价等形式制定的运输价格指的是（　　　）。

A. 国家定价　　　　　B. 市场定价　　　　　C. 部门定价　　　　　D. 国家指导价

二、多项选择题

1. 影响运输成本的因素包括（　　　）。

A. 运送距离和载货量　　　　　B. 市场因素　　　　　C. 货物的疏密度和易损性

D. 装载性能　　　　　E. 装卸搬运的难易程度

2. 运输价值的组成部分包括（　　　）。

A. 已消耗的生产资料的价值

B. 劳动者的必要劳动（为自己）所创造的价值

C. 劳动者的剩余劳动（为社会）所创造的价值

D. 已消耗的生活资料的价值

E. 运输价格

3. 按运价的管理方式，运价可以分为（　　　）。

A. 国家定价　　　　　B. 国家指导价　　　　　C. 市场调节价

D. 特定运价　　　　　E. 普通运价

4. 公路运价形式包括（　　　）。

A. 计程运价　　　　　B. 计时运价　　　　　C. 短途运价

D. 长途运价　　　　　E. 加成运价

5. 按整车托运的货物通常的计费形式包括（　　　）。

A. 按线路计费　　　　　B. 按人员计费　　　　　C. 按车计费

D. 按距离计费　　　　　E. 按吨计费

6. 从成本性质角度看运输成本包括（　　　）。

A. 变动成本　　　　　B. 固定成本　　　　　C. 联合成本

D. 沉没成本　　　　　E. 公共成本

7. 运输合理化包含的要素有（　　　）。

A. 运输距离　　　　　B. 运输环节　　　　　C. 运输工具

D. 运输时间　　　　　E. 运输费用

8. 按运输作业过程可把运输支出划分为（　　　）。

A. 装车作业费　　　　　B. 始发到达作业费　　　　　C. 搬运作业费

D. 中转作业费　　　　　E. 运行作业费

9. 差别定价可以采取的形式包括（　　　）。

A. 一度差别价格　　　　　B. 二度差别价格　　　　　C. 三度差别价格

D. 四度差别价格　　　　　　E. 五度差别价格

10. 从经济内容角度看运输成本包括（　　）。

A. 变动成本　　　　　　B. 营运成本　　　　　　C. 管理费用

D. 财务费用　　　　　　E. 固定成本

三、简答题

1. 简述运输路线优化的重要作用。

2. 简述各种运输方式运输成本的特征。

3. 简述运输价值的特点。

4. 简述边际成本定价法的优缺点。

5. 简述实施差别定价需要满足的条件。

➤ 参考答案

一、单项选择题

1. A　2. D　3. C　4. C　5. C　6. A　7. A　8. B　9. D

二、多项选择题

1. ABCDE　2. ABC　3. ABC　4. ABCDE　5. CE　6. ABCE　7. ABCDE

8. BDE　　9. ABC　10. BCD

三、简答题

答案：略

第四章

运输合同和保险

➢项目实施体系结构图

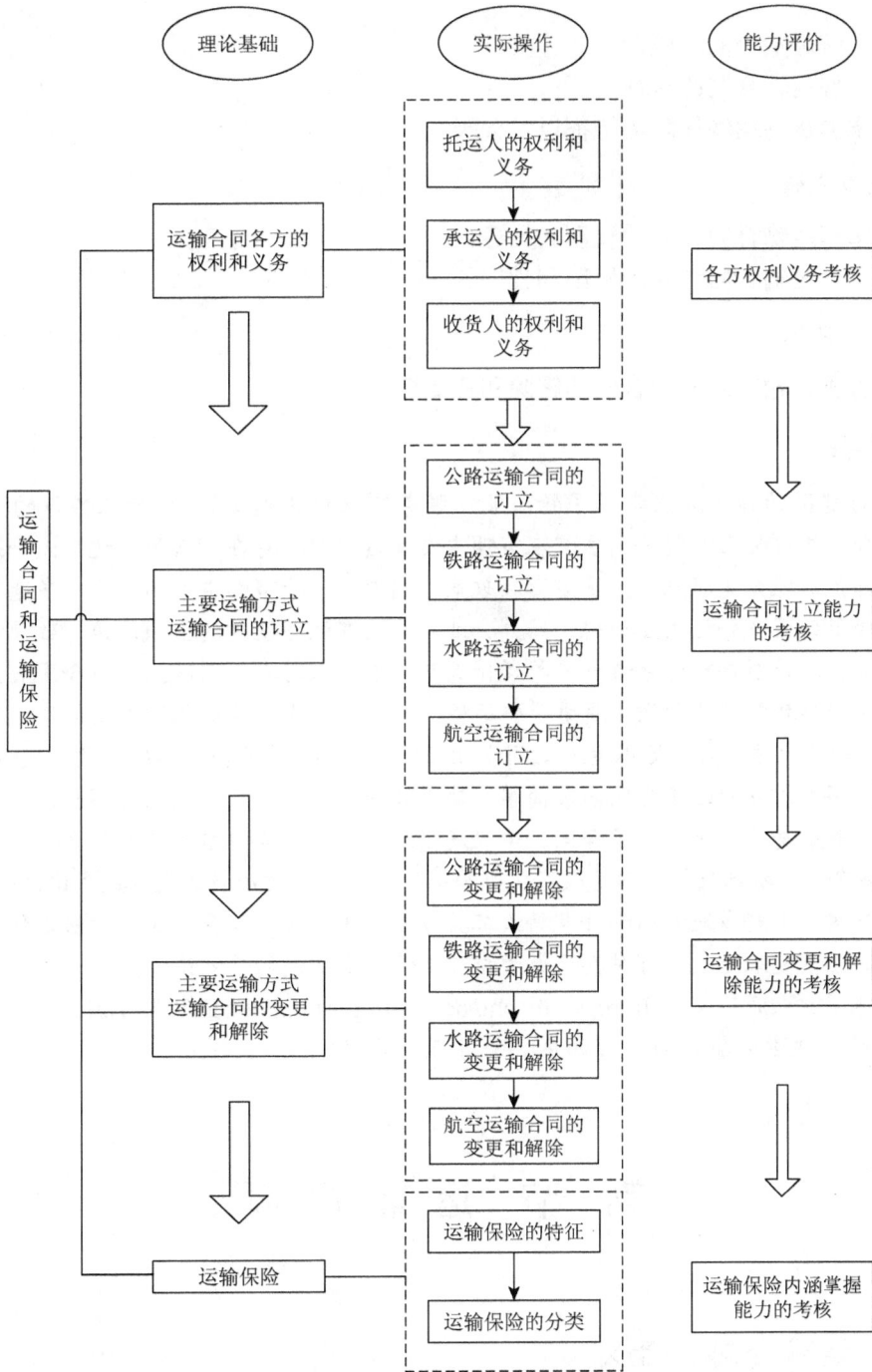

```
         理论基础          实际操作          能力评价

                        ┌─────────────┐
                        │  托运人的权利和  │
                        │     义务      │
                        ├─────────────┤
         ┌──────────┐   │  承运人的权利和  │
         │ 运输合同各方的 │───│     义务      │   ┌──────────┐
         │  权利和义务  │   ├─────────────┤   │ 各方权利义务考核 │
         └──────────┘   │  收货人的权利和  │   └──────────┘
              │         │     义务      │
              ▼         └─────────────┘
                        ┌─────────────┐         │
                        │  公路运输合同的  │         ▼
                        │     订立      │
                        ├─────────────┤
 ┌───┐   ┌──────────┐   │  铁路运输合同的  │
 │运输│   │         │   │     订立      │   ┌──────────┐
 │合同│   │ 主要运输方式 │───├─────────────┤   │ 运输合同订立能力 │
 │和运│   │ 运输合同的订立 │   │  水路运输合同的  │   │   的考核    │
 │输保│   │         │   │     订立      │   └──────────┘
 │险 │   └──────────┘   ├─────────────┤
 └───┘        │         │  航空运输合同的  │         │
              │         │     订立      │         │
              ▼         └─────────────┘         ▼
                        ┌─────────────┐
                        │  公路运输合同的  │
                        │   变更和解除   │
                        ├─────────────┤
         ┌──────────┐   │  铁路运输合同的  │
         │ 主要运输方式 │   │   变更和解除   │   ┌──────────┐
         │ 运输合同的变更 │───├─────────────┤   │ 运输合同变更和解 │
         │  和解除    │   │  水路运输合同的  │   │ 除能力的考核   │
         └──────────┘   │   变更和解除   │   └──────────┘
              │         ├─────────────┤
              │         │  航空运输合同的  │         │
              ▼         │   变更和解除   │         ▼
                        └─────────────┘
                        ┌─────────────┐
         ┌──────────┐   │  运输保险的特征  │   ┌──────────┐
         │  运输保险   │───├─────────────┤   │ 运输保险内涵掌握 │
         └──────────┘   │  运输保险的分类  │   │ 能力的考核   │
                        └─────────────┘   └──────────┘
```

➤学习目标

1. 知识目标

（1）了解运输合同的概念以及分类。
（2）掌握运输合同的特征。
（3）掌握货物运输保险的特征以及分类。

2. 能力目标

（1）掌握运输合同各方的权利和义务。
（2）掌握运输合同订立的原则和程序。

3. 素质目标

掌握各种运输方式运输合同的解除和变更情况。

➤案例导引

上海自贸区的挂牌成立带动了物流业等服务行业的蓬勃发展，但行业操作的不规范也造成运输合同纠纷呈上升趋势，法院在审理中发现这类纠纷存在"四多"现象：一是企业实际经营地与注册地分离现象多。承运商在政策范围内，出于节约成本的考虑，多选择在设立企业成本较低的区域登记成立公司，而办公地点则设在运营便捷的区域周边，致使经营地与注册地分离。二是层层转运导致责任推诿情况多。承运人与托运人建立运输合同关系后，往往又将业务转委托给其他承运人负责具体运输，造成托运人与实际承运人之间沟通不畅，货损发生后，缔约承运人与实际承运人之间常相互推诿责任。三是合同不规范致使反诉提起多。相当部分当事人订立的运输合同内容简单，缺乏合同基本条款，责任约定不明，甚至仅通过电话、短信等简易方式便订立了合同。争议发生后，双方对各自权利义务及责任分担争议颇大，被告多会选择提起反诉。四是数字化办公引发电子证据运用多。随着数字化办公的普及，运输合同双方越来越多地运用邮件及聊天工具等电子手段进行业务沟通，诉讼过程中，电子证据所占的比重越来越大，有时甚至成为该类案件事实认定的关键证据。

案例来源：上海法院网.http: //shfy.chinacourt.org/artical/detail/2013/12/id/1157745.shtml

思考题：规避运输合同纠纷的主要关注点在哪里？

第一节　运　输　合　同

一、运输合同的含义

运输合同是双方当事人根据自愿原则签订的具有法律约束力的文件。合同规定了双方当事人的义务、权利、责任与豁免，明确了双方当事人的经济和法律关系。任何一方违反合同的规定都要承担法律责任。本书所研究的运输合同，主要是货物运输合同。货物运输合同，是指承运方将货物运送至约定的地点，由托运方向承运方支付运费的合同。货运运输合同是由承运人开展运送业务的法律形式。运输的承运人，指的是直接承运人，即与货主直接承运货物的企业或部门。它可是某种运输方式的管理者，如铁路局各个货运站，也可是第三方，如货运企业、托运企业以及第三方物流企业。从企业营销的角度讲，运输是为贸易、商品销售服务的，所以，运输合同通常是为了履行贸易合同而签订的。在签订运输合同时，企业应以贸易合同为依据，使运输合同条件符合贸易条件，以保证贸易合同的顺利履行。在签订运输合同时，企业还应充分考虑各个方面的问题，使合同条款明确、完整、合理与切实可行，从而保证运输任务的顺利完成。

二、运输合同的种类

（1）根据承运方式不同分类。按承运方式的不同，运输合同可以分为道路运输合同、水路运输合同、铁路运输合同、管道运输合同、航空运输合同及多式联运合同。

（2）根据运输对象不同分类。按运输的对象不同，运输合同可以分为客运合同与货运合同。

（3）根据合同期限不同分类。按合同期限，运输合同可以分为长期合同与短期合同。长期合同是指合同期限在一年以上的合同；短期合同是指期限在一年以下的合同，如季度、年度、月度合同。

（4）根据货物数量不同分类。按货物数量，运输合同可分为批量合同与运次合同。批量合同，通常是一次托运货物数量较多的大宗货物的运输合同。所谓运次是指完成包括准备、运输、装载、卸载四个主要工作环节在内的一次运输过程。运次合同，通常是托运货物较少，一个运次即可完成的运输合同。

（5）根据合同形式不同分类。按合同形式，运输合同可以分为书面合同和契约合同。书面合同是指签订正式书面协议形式的合同；契约合同是指托运人按规定填写的货物托运单或者货单。这些单证具有契约性质，承运人要按托运单要求承担义务，履行责任。

三、运输合同的性质

货物运输合同除具有合同普遍的法律特征，还具有以下的自身性质。

（1）货运合同是当事人之间为实现一定经济目的，明确相互权利义务关系而订立的协议，签订合同的当事人，双方或者一方必须是法人。

（2）签订货运合同的承运方必须持有经营货运的营业执照，具有合法经营资格。

（3）货运合同的内容限于运输经济行为，主要是运输经济业务活动内容。

（4）货运合同是实践的合同，承托双方除了就合同必要条款达成协议，还要求托运人必须将托运的货物交付给承运人，合同才能够成立。

（5）货运合同的当事人往往涉及第三者，即除了托运人和承运人，通常还有收货人（也可能收货人就是托运人）。

（6）货运合同具有标准合同的性质，主要内容与条款由有关部门统一制定。

四、运输合同各主体的权利和义务

1. 托运人的权利和义务

1）托运人的权利

（1）有要求承运人将货物运至约定地点并交给收货人的权利。

（2）在有限制的前提下，有提出返还货物、终止运输、变更地点、变更收货人的权利。

2）托运人的义务

（1）有向承运人如实通告有关货物运输的必要情况的义务。特别在物流过程中会出现的货物，托运人必须如实申报与准确告知。

（2）有按照协议向承运人交付运费与运输杂费以及其他应由托运人交付的费用的义务。

（3）有拒绝违规、违法托运的义务。对于需要运输审批的货物，应由托运人办理审批手续或委托承运人代办审批手续。

（4）有对货物进行包装的义务，并且应当按照国家规定在包装上进行标识。

（5）有向承运人交付运输货物的义务。

2. 承运人的权利和义务

1）承运人的义务

（1）有按条款接收货物及在接收货物后出具有关凭证的义务。

（2）有按约定期间或合理期间完成货物运输的义务。

（3）有按照合同约定的路线进行运输或按通常的运输路线进行运输的义务。

（4）有文明承运的义务。在承运过程中应当杜绝野蛮装卸、放任管理的问题。

（5）有按照协议满足托运当事人变更的义务。

（6）有通知义务。按协议的约定，承运人对所承运货物的在途情况以及到货情况有通知托运当事人或者收货人的义务。

（7）有将货物交付收货人的义务。

2）承运人的权利

（1）有按实际付出收取运输杂费的权利。

（2）有收取运费的权利。

（3）在托运人或收货人不支付协议的费用的情况下，享有承运货物的留置权。

（4）有拒绝承运违规、违法货物的权利。

（5）在特殊情况下，可以提存货物并从中取得应得费用。

3. 收货人的权利和义务

无论收货人是托运人本身，还是第三方当事人，收货人的权利与义务是运输合同不可缺少的一个方面。收货人权利主要集中在：及时获得到货通知，按提单凭证或其他收货协议收货（提货或接受承运人的送货）。收货人义务主要集中在：收货人应当及时受领（取货或接受）货物，支付应由收货人承付的费用（运输杂费、运费、逾期保管费等），收货人有在约定期限内，进行检验并对运输质量进行认定义务。

五、运输合同的签订

1. 运输合同的订立原则

运输合同签订的基本原则如下。

（1）合法规范原则。合法规范指的是签订运输合同的内容和程序必须符合法律的要求。只有合法规范才具有法律效力，当事人的权益才能得到保护，达到签订运输合同的目的。

（2）平等互利原则。不论企业大小，所有制性质是否相同，在签订运输合同中承托双方当事人法律地位一律平等；在合同内容上，双方的权利与义务必须对等。

（3）协商一致原则。合同是双方的法律行为，双方意愿经过协商达到一致，彼此均不得把自己意志强加于对方。任何其他单位与个人不得非法干预。

（4）等价有偿原则。合同当事人都享有同等的权利与义务，每一方从对方得到利益时，都要付给对方相应的代价，不能只享受权利而不承担义务。

2. 运输合同订立的一般程序

1）要约

要约指的是货运合同当事人一方以订立货物运输合同为目的，就其主要条款向另一方提出建议意思表示。发出意思表示的一方为要约方，收到这一意思表示的一方为受约方。要约方所发出的要约内容包括：表示希望和对方订立货物运输合同的愿望；明确提出合同的主要条款；指明要求答复的期限。要约通常由托运人提出。

2）承诺

承诺指的是接受要约方发出的订立货运合同的提议，这是当事人一方对对方所提出的要约表示完全同意的行为。承诺的成立必须具备以下几个条件：承诺必须是受约方做出的意思表示，非受约方无权做出承诺；承诺必须向要约方做出，其目的在于订立货物运输合同；承诺须完全同意要约的全部条件，即任何变更都不能成为承诺；必须在要约规定的有效期限内答复要约方。在实际签订货物运输合同订立过程中，当事人双方经过反复协商，直至达成一致意见的过程，实质上就是要约—新要约—再要约—直至承诺的过程。

3）订立程序

货物运输合同通常由托运人提出运输货物的要约，承运人同意运输的承诺而成立。且

《合同法》中规定：从事公共运输的承运人不得拒绝托运人通常、合理的运输要求。

托运人托运货物时要办理托运手续，且填写托运单。托运单上应有以下内容：收货人的名称或姓名或凭指示的收货人，货物的名称、重量、性质、数量，收货地点等有关货物运输的必要情况。托运人办理托运手续后，承运人应托运人的请求应当向托运人交付提单或其他提货凭证。托运单、提单不是合同成立的必要条件，而是合同的一个组成部分。货物运输合同一般为诺成合同，办理托运手续只是合同履行的一个阶段，而不是合同成立的要件。因此从托运单的性质来看，托运单应为证明货物内容的一种文件。提单是一种有价证券，是提单持有人主张权利的证明。

3. 不同运输方式的运输合同订立

1) 公路运输合同

公路运输合同采用口头形式、书面形式和其他形式。书面形式合同种类分为一次性运输合同、定期运输合同、道路货物运单（以下简称运单）。定期运输合同适用于托运人、承运人、货运代办人之间商定的时期内的批量货物运输。一次性运输合同适用于每次货物运输。托运人、承运人和货运代办人签订定期运输合同、一次性运输合同时，运单视为货物运输合同成立的凭证。在每车次或者短途每日多次货物运输中，运单视为合同。

公路运输合同由承运人或托运人本着自愿、平等、公平、诚实、信用的原则签订。公路货物运输合同自双方当事人签字或者盖章时成立。当事人采用信件、数据电文等形式订立合同的，可要求签订确认书，签订确认书后合同成立。

未签订定期运输合同或者一次性运输合同的，托运人应填写运单，并按以下要求填写。

（1）准确表明托运人与收货人的名称、电话、地址、邮政编码。

（2）准确表明货物的名称、件数、性质、重量、体积以及包装方式。

（3）准确表明运单中的其他有关事项。

（4）一张运单托运的货物，必须是同一收货人、托运人。

（5）危险货物和普通货物以及性质相互抵触的货物不能用一张运单。

（6）托运人要求自行装卸的货物，经承运人确认后，在运单内注明。

（7）应使用钢笔或圆珠笔填写，内容准确，字迹清楚，需要更改时，必须在更改处签字盖章。

已签订定期运输合同或者一次性运输合同的，运单由承运人按上述规定填写，在运单托运人签字盖章处填写合同序号。托运的货物品种不能在一张运单内逐一填写的，应填写"货物清单"。

物流企业运输模式通常有两种。第一种模式是物流企业使用自己的铁路自备车辆进行运输，此时物流企业扮演承运人的角色。第二种模式是物流企业没有铁路自备车辆，而是和铁路承运人签订货物运输合同，来完成其物流服务。此时，物流企业扮演托运人或者托运人的代理人的角色。这种模式也是物流企业选择最多的方式。

2) 铁路运输合同

对于大宗物资的运输，有条件的可按年度、半年度或者季度签订货物运输合同，也可签订更长期限的运输合同；其他整车货物运输，应按月度签订运输合同。按月度签订的运输合同，可用月度要车计划表代替。集装箱货物和零担货物运输，以货物运单作为运输合同。

按年度、半年度、季度或者月度签订的货物运输合同，经双方在合同上签认后，合同即告成立。托运人在交运货物时，还应向承运人按批提出货物运单，作为运输合同组成部分。集装箱货物和零担货物的运输合同，以承运人在托运人提出的货物运单上加盖车站日期戳后，合同即告成立。

按年度、半年度、季度或者月度签订的货物运输合同，应载明下列基本内容。

（1）发站和到站日期。

（2）托运人和收货人名称。

（3）货物重量。

（4）货物名称。

（5）车种和车数。

（6）违约责任。

（7）双方约定的其他事项。

货物运单应载明下列内容。

（1）托运人、收货人名称及其详细地址。

（2）发站、到站及到站的主管铁路局。

（3）货物包装、标志。

（4）货物名称。

（5）件数和重量（包括货物包装重量）。

（6）承运日期。

（7）运输费用。

（8）运到期限。

（9）货车类型和车号。

（10）施封货车和集装箱的施封号码。

（11）双方商定的其他事项。

3）水路运输合同

水路运输合同应按以下的要求签订。

（1）水路货物运输合同，除了短途驳运、摆渡零星货物，双方当事人可即时清结，应当采用书面形式。大宗物资运输，可按月度签订货物运输的合同。对其他按规定必须提送月度托运计划的货物，经托运人与承运人协商同意，可按月度签订货物运输合同或者以货物运单作为运输合同。零星货物运输与计划外的整批货物运输，以货物运单作为运输的合同。

（2）按月度签订的货物运输合同，经双方在合同上签字后，合同即告成立。例如，承、托运双方当事人无须商定特约事项的，可用月度托运计划表代替运输合同，经双方在计划表上签字后，合同即告成立。在实际办理货物承托运手续时，托运人还应向承运人按批提出货物运单，作为运输合同组成部分。

以货物运单作为运输合同的，经承、托运双方商定货物的集中地点、时间，由双方认真验收与交接，并经承运人在托运人提出的货物运单上加盖承运日期的戳后，合同即告成立。货物运单的格式，江海河干线与跨省运输的由交通部统一规定；省内运输的由省交通主管部门统一规定。

4）航空运输合同

航空货物运输合同的签订和履行应遵守以下规定。

（1）托运人托运货物应向承运人填交货物的托运单，并根据国家主管部门规定随附必要有效证明文件。托运人应对托运单填写内容的真实性与正确性负责。托运人填交的货物托运单经承运人接收，并且由承运人填发货运单后，航空货物运输合同即告成立。

（2）托运人要求包用飞机运输货物，应填交包机申请书，经承运人同意接收并签订包机运输的协议书后，航空包机货物运输合同即告成立。签订协议书的当事人，均应遵守民航主管机关有关包机运输规定。

（3）托运人对托运的货物，应当按照国家主管部门规定标准包装；没有统一规定的包装标准的，应当根据保证运输安全的原则，按货物的性质与承载飞机等条件包装。凡不符合上述包装要求的，承运人有权拒绝承运。

（4）托运人必须在托运的货件上标明发站、收货人的单位、到站和托运人、姓名和地址，按照国家规定标明包装储运指示标志。

（5）国家规定必须保险的货物，托运人应在托运时投保货物运输险。对于每千克价值在 10 元以上的货物，实行保险与负责运输相结合的补偿制度，托运人可以在托运时投保货物运输险，具体办法另行规定。

（6）承运人承运货物时，应对托运人填交的托运单进行查核，并有权在必要时会同托运人开箱进行安全的检查。

（7）在运输过程中必须有专人监护、照料的货物，应由托运人指派押运员押运。押运员对货物安全负责，并遵守民航主管机关有关规定，承运人应协助押运员完成押运的任务。

（8）托运货物内不得夹带国家限制运输、禁止运输物品和危险物品。若发现托运人谎报品名，夹带上述物品，应按有关规定处理。

（9）托运人托运货物，应按照民航主管机关规定的费率缴付运费及其他费用。除托运人和承运人另有协议，运费以及其他费用一律于承运人开具货运单时一次付清。

（10）承运人应按照货运单上填明的地点，按约定的期限将货物运达到货地点。货物错运到货地点，应无偿运至货运单上规定的到货地点，若逾期运到，应承担逾期运到的责任。

（11）承运人应于货物运达到货地点后 24 小时内向收货人发出到货的通知。收货人应及时凭提货证明到指定的地点提取货物。货物从发出到货通知次日起，免费保管 3 日。收货人逾期提取，应按运输规则缴付保管费。

（12）货物从发出提货通知的次日起，经过 30 日无人提取时，承运人应及时和托运人联系征求处理意见；再经过 30 日，仍无人提取或者托运人未提出处理意见，承运人有权将该货物作为无法交付货物，按运输规则处理。对易腐或者不易保管的货物，承运人可视情况及时处理。

（13）承运人应按货运单交付货物。交付时，如发现货物灭失、变质、短少、污染、损坏的，应会同收货人查明情况，并填写货运事故记录。收货人在提取货物时，对货物状态或者重量无异议，并在货运单上签收，承运人即解除运输责任。

5）多式联运合同

多式联运合同是处于平等法律地位的多式联运人和发货人双方的民事法律行为，只有在双方表示一致时才能成立。与其他合同一样是双方的协议，其订立过程是双方协商的过程。

多式联运经营人为了揽取货物运输，要对自己企业（包括办事机构地点等），经营范围（包括联运线路、交接货物地域范围、双方责任、运价、权利、义务）等做广告宣传，并用运价本、提单条款等形式公开说明。发货人或者其代理人向经营多式联运的公司或其营业所或者代理机构申请货物运输时，一般要提出货物运输申请（或者填写订舱单），说明货物的品种、数量、目的地、起运地、运输期限要求等内容，多式联运经营人根据申请的内容，并结合自己的营运路线，所能使用的运输工具及其班期等情况，决定是否接受托运。若认为可以接受，则在双方商定运费及支付形式，货物交接形态、方式、时间，集装箱提取地点、时间等情况后，由多式联运经营人在交给发货人（或者代理）的场站收据的副本联上签章，以证明接受委托。这时多式联运合同即告成立，发货人和经营人的合同关系已确定并开始执行。

多式联运中使用的集装箱通常是由经营人提供的，在表示接受委托之后，经营人签发提单给发货人或其代理人，以保证其在商定的地点、时间提取空箱使用。发货人或者其代理人按双方商定的内容及托运货物的实际情况填写场站收据，并在经营人编号、办理货物报关以及货物装箱后，负责将重箱托运至双方商定的地点，将货物交给多式联运经营人或者指定的代理人（堆场或者货运站），取得正本场站收据后到经营人处换取多式联运提单。

多式联运提单是证明多式联运合同运输单据，具有法律效力，同时也是经营人和发货人之间达成协议的条款与实体内容的证明，是双方基本责任、义务和权利的说明。提单写的条款与内容是双方达成合同的内容（除事先另有协议）。多式联运经营人签发提单是履行合同的一个环节，证明其已按合同接受货物并开始对货物负责。对于发货人来讲，接受经营人签发的提单意味着已同意接受提单内容及条款，即已同意以这些条款和内容说明的合同。

因此，发货人（或者其代理人）在订立多式联运合同时，应认真了解多式联运经营人的提单条款（应事先印制且公开），如有不能接受之处，应和经营人达成书面协议解决，否则将认为是接受所有条款，接受其关于双方权利、责任与义务的说明。

六、运输合同的变更和解除

1. 公路运输合同的变更和解除

在承运人未将货物交付收货人之前，托运人可要求承运人中止运输、返还货物、变更到达地或将货物交付给其他收货人，但是应当赔偿承运人所受到的损失。

凡发生下列情况之一者，允许变更和解除。

（1）由于不可抗力使运输合同无法履行。

（2）由于合同当事人一方的原因，在合同约定的期限内确实无法履行运输合同。

（3）经合同当事人双方协商同意解除或变更，但承运人提出解除运输合同的，应退还已收的运费。

（4）合同当事人违约，使合同的履行成为不可能或不必要。

货物运输过程中，因为不可抗力造成道路阻塞导致运输阻滞，承运人应及时和托运人联系，协商处理，发生货物装卸、接运与保管费用按以下规定处理。

（1）接运时，货物装卸、接运费用由托运人负担，承运人收取已完成运输里程的运费，退回未完成运输里程运费。

（2）回运时，收取已完成运输里程的运费，回程运费免收。

（3）托运人要求绕道行驶或者改变到达地点时，收取实际运输里程的运费。

（4）货物在受阻处存放，保管费用由托运人来负担。

2. 铁路运输合同的变更和解除

1）铁路货运合同的变更

铁路货运合同经双方同意，并且在规定范围内可以办理变更。企业由于特殊原因，经承运人同意，对承运后的货物可按批在货物的中途站或者到站办理变更到站、变更收货人。但是在下列情况下，不得办理铁路变更合同。

（1）违反国家法律、物资流向、行政法规或者运输限制。

（2）变更后的货物运输期限大于货物容许运送的期限。

（3）对一批货物中的部分货物进行变更。

（4）第二次变更到站。

在承运人同意承运货物后至其发货前，经双方协商一致，可解除铁路货运合同。企业要求变更合同时，要提交领货证与货物运输变更要求书，不能提交领货凭证的时候，要提交其他的有效证明文件，并在货物运输变更要求书内注明，还应该按照规定支付费用。

2）铁路货运合同的解除

货运合同在货物发送前，经双方的同意，可解除。

3. 水路运输合同的变更和解除

水路货运合同的变更及解除应视不同情况按不同要求进行。

1）凡发生下列情况之一者，允许变更或者解除货物运输合同

（1）订立运输合同所依据的国家计划变更或者取消。

（2）由于不可抗力使运输合同无法履行。

（3）由于合同当事人一方违约，使合同履行成为不必要或不可能。

（4）合同当事人一方由于关闭、停产、转产而确实无法履行合同。

（5）在不损害国家利益与不影响国家计划的前提下，经当事人双方协商同意。

变更或者解除货物运输合同应当采用书面形式（包括文书、电报或者变更计划表等），并应在货物发送前，由要求变更或者解除的一方向对方提出。月度货物运输合同只能变更一次。

2）以货物运单作为运输合同的，允许按下列规定变更或解除运输合同

（1）货物发运前，承运人或者托运人征得对方同意，可解除运输合同。承运人提出解除合同的，应退还已收的运输费用，并付给托运人已发生的货物进港短途搬运费用；托运人提出解除合同的，应付给承运人已发生的港口费用以及船舶待时费用。

（2）货物发运后，承运人或者托运人征得对方同意，可以变更货物的到达港及收货人。同一运单的货物不得变更其中的一部分，并只能变更一次。

4. 航空货运合同的变更和解除

航空货运合同的变更及解除应按以下要求进行。

（1）货物承运后，托运人可按照有关规定要求变更到达站、变更收货人或者运回原发站，承运人应及时处理。但是如托运人的变更要求违反国家法规、法律和运输规定，承运人应予以拒绝。

（2）由于承运人执行国家交给的特殊任务或气象等原因，航空货物运输受到影响，需要变更运输时，承运人应及时与托运人或者收货人商定处理办法。

（3）货物发运前，经合同当事人双方协商同意，或者任何一方因不可抗力不能履行合同时，可解除运输合同，但是应及时通知对方。承运人提出解除合同的，应退还已收的运输费用；托运人提出解除合同的，应付给承运人已发生的费用。

第二节 货物运输保险

一、运输保险的概念

从世界范围来说，货物运输保险起源于海上保险，是最古老的险种之一。货物运输保险是指以各种运输工具运输过程中的货物作为保险标的，保险人承保因自然灾害或意外事故导致运输过程中的货物遭受损失的一种保险。无论是对外贸易还是国内贸易，商品从生产者到消费者手中，都要经过相应的运输过程。为货物投保货物运输保险已经成为贸易、尤其是国际贸易的一个重要环节。为货物在运输过程中可能遭受的各种自然灾害或意外事故造成的损失提供保险，不仅能够保障货主的经济利益，而且有利于商品交易和运输业的正常发展。

二、运输保险的特征

货物运输保险的特征主要体现在其保障对象、承保标的、承保风险、保险合同变更、保险期限和保险关系六个方面。

（1）货物运输保险的保障对象具有多变性。货物运输保险的保障对象的多变性主要指的是被保险人的多变性。贸易活动中货物买卖的目的不仅是实现其使用价值，更重要的是实现货物的价值或货物的增值，这就决定了货物在运输过程中频繁易手，不断变换其所有人，从而必然会引起货物运输保险被保险人的不断变化。

（2）货物运输保险的承保标的具有流动性。货物运输保险承保的是流动中或运动状态下的货物，它不受固定地点的限制。

（3）货物运输保险承保的风险具有综合性。与一般财产保险相比，货物运输保险承保的风险范围远超过一般财产保险承保的风险范围。从性质上看，既有财产和利益上的风险，又有责任上的风险；从范围上看，既有海上风险，又有陆上和空中风险；从风险种类上看，既有自然灾害和意外事故引起的客观风险，又有外来原因引起的主观风险；从形式上看，既有静止状态中的风险，又有流动状态中的风险。

（4）货物运输保险的保险合同变更具有自由性。由于运输中的货物面临的风险及出险概率主要取决于承运人而非被保险人，所以货物运输保险的保险合同可以随着货物所有权的转移而自由转移，而无须事先征得保险人的同意。因而，在实践中货物运输保险的保险合同往往被视同提货单的附属物，随着提货单的转移而转移。

（5）货物运输保险的保险期限具有空间性。由于采取不同运输工具的货物运输途程具有不固定性，所以货物运输保险的保险期限通常不是采取 1 年期的定期制，而是以约定的运输途程为准，即将从起运地仓库至到达目的地仓库的整个运输过程作为一个保险责任期限。这一特征使得货物运输保险的保险期限具有空间性特征，因而，"仓至仓条款"是确定货物运输保险的保险责任期限的主要依据。

（6）货物运输保险关系的国际性。货物运输保险关系的国际性主要表现在其所涉及的地理范围超越了国家和区域界限。国际运输货物保险所涉及的保险关系人，不仅是本国的公民，而且包括不同国家和地区的贸易商、承运人、金融机构与货主等，因此由保险可能产生的纠纷的预防和解决，必须依赖于国际性法规和国际惯例。

➤知识拓展

适时推出国内鲜活货物运输保险

本报讯（姚松松）　如今，我市大大小小交易生鲜产品的微商、APP 客户端层出不穷，百姓坐在家中轻点鼠标实现"足不出户，吃遍全国"也不再是什么难事，但生鲜物品的物流运输依旧是"阿喀琉斯之踵"，为此人保财险承德市分公司适时推出国内鲜活货物运输保险，生鲜货物运输可通过保险来"保鲜"。

笔者从人保财险承德市分公司了解到国内鲜活货物运输保险的保险期限为一年，凡在国内

（不包含港澳台地区）通过铁路、公路、水路等进行运输且符合专业运输要求的活家禽、活牲畜、活水产、新鲜水果蔬菜、新鲜肉蛋奶等以及上述物品的加工品都可作为保险标的进行投保。

该保险主要承保在保险期间保险标的因雷电、冰雹、暴风、暴雨、崖崩、突发性滑坡、泥石流、火灾、爆炸以及运输工具因发生碰撞、倾覆、坠落、搁浅、沉没或遇隧道、码头坍塌等造成死亡的直接损失。此外保险事故发生后，被保险人为防止或者减少保险标的的损失所支付的必要的、合理的费用保险公司也负责赔偿。但值得注意的是在运输过程中保险标的因盗窃、抢劫、哄抢、疾病、怀仔、防疫注射、接种以及行政行为、司法行为等造成的损失及费用，不在该保险的赔偿范围内。

案例来源：2015 年 08 月 31 日承德日报

第三节　运输合同与保险教学实践

➤项目简介

该项目主要介绍运输合同与运输保险的教学设计。

根据课程的要求和教学对象的特点（设定教学对象为师资本科生），确定本模块的教学设计，包括教学目标、教学重难点、教学方法、教学环节的时间分配等。

一、教学目标

本模块的教学目标是讲述运输合同各方的权利和义务、订立的原则和程序、各种运输方式运输合同的解除和变更情况，以及运输保险的特征和分类等内容，使学生达到了解、认知及使用的水平。

二、教学重难点

1. 教学重点

本模块的教学重点是让学生了解运输合同各方的权利和义务、订立的原则和程序、各种运输方式运输合同的解除和变更情况，以及运输保险的特征和分类等内容，以了解认知为主，实操为辅。

模块中各项目的教学重点不一，建议将每一节课的重点准确、清晰书写。

本模块的教学重点是掌握运输合同各方的权利和义务，掌握运输合同订立的原则和程序。

2. 教学难点

设置每一节课的教学难点要根据教学的环境、学生的认知能力、理解能力、接受能力精心设计。本节课的教学难点,应该是学生在本节课中的难以理解和接受的地方。不同模块应有不同的教学难点,教学难点不是与教学重点的类同。

本模块的教学难点是掌握各种运输方式运输合同的解除和变更情况。

三、教学方法

由于在实际操作中的运输合同内容多样,运输保险的要求也各不相同,所以在课堂教学过程中,通常是以讲授法为主,同时辅以学生体验的方法。

本模块教学中会大量使用实际运输合同、运输保险样本进行辅助介绍,帮助学生快速了解运输合同的内容。在实践内容部分,辅助课后资料收集、实地调研,了解各种运输方式运输合同的解除和变更情况。

四、教学环节的时间分配

第四章　运输合同和保险
第一节　运输合同(65min)
第二节　货物运输保险(25min)
共 2 学时

五、教学评价

章节名称:运输合同和保险

评价类别	评价项目	评价标准	评价依据	评价方式			权重
				学生自评	同学互评	教师评价	
				0.1	0.1	0.8	
过程评价	学习能力	学习态度,学习兴趣,学习习惯,表达能力	学生考勤,课后作业完成情况,课堂表现,收集和使用资料情况				0.2
	专业能力	掌握货物运输保险的特征以及分类,能根据实际情况订立运输合同,能根据实际情况对运输合同进行解除和变更	运输合同案例分析结果运输保险案例分析结果				0.3
	其他方面	探究、创新能力、分析能力	积极参与研究性学习,有独到的见解,善于分析,能提出多种解决问题的方法				0.1
结果评价		理论考核					0.2
		实操考核					0.2

➤复习思考题

一、单项选择题

1. 承运人的义务不包括（　　　）。

A. 有按条款接收货物及在接收货物后出具有关凭证的义务

B. 有按约定期间或合理期间完成货物运输的义务

C. 有对货物进行包装的义务，并且应当按照国家规定在包装上进行标识

D. 有按照合同约定的路线进行运输或按通常的运输路线进行运输的义务

2. 承运人的权利不包括（　　　）。

A. 有按实际付出收取运输杂费的权利

B. 在托运人或收货人不支付协议的费用的情况下，享有承运货物的留置权

C. 有拒绝承运违规、违法货物的权利

D. 在有限制的前提下，有提出返还货物、终止运输、变更地点、变更收货人的权利

3. 书面形式的合同不包括（　　　）。

A. 一次性运输合同　　　B. 长期运输合同　　　C. 定期运输合同　　　D. 道路货物运单

4. 货物运单应载明的内容不包括（　　　）。

A. 货物包装、标志　　　B. 货物名称　　　C. 件数和重量　　　D. 违约责任

5. 运输合同的一般程序不包括（　　　）。

A. 要约　　　　　　　B. 会面　　　　　　　C. 承诺　　　　　　　D. 订立程序

二、多项选择题

1. 按承运方式的不同，运输合同可以分为（　　　）。

A. 道路运输合同　　　　　　　　　　B. 水运合同与铁路运输合同

C. 管道运输合同　　　　　　　　　　D. 航空运输合同与多式联运合同

2. 在以下哪些情况下不得办理铁路变更合同（　　　）。

A. 违反国家法律、物资流向、行政法规或者运输限制

B. 变更后的货物运输期限大于货物容许运送的期限

C. 对一批货物中的部分货物进行变更

D. 第二次变更到站

3. 按照运输工具和运输方式不同，将货物运输保险分为（　　　）。

A. 水上运输险　　　　B. 陆上货运险　　　C. 航空运输险　　　D. 邮包险

4. 按照适用范围，将货物运输保险分为（　　　）。

A. 国内货物运输保险　　　　　　　　B. 国外货物运输保险

C. 陆路货物运输保险　　　　　　　　D. 海洋货物运输保险

5. 在下列哪些情况下允许变更或者解除公路货物运输合同（　　　）。

A. 订立运输合同所依据的国家计划变更或者被取消

B. 由于不可抗力使运输合同无法履行

C. 由于合同当事人一方的原因，在合同约定的期限内确实无法履行运输合同

D. 合同当事人违约，使合同的履行成为不可能或不必要

三、简答题

1. 合同的订立原则有哪些？

2. 在什么情况下允许变更运输合同？

3. 货物运输保险的特征有哪些？

➢参考答案

一、单项选择题

1. C　2. D　3. B　4. D　5. B

二、多项选择题

1. ABCD　2. ABCD　3. ABCD　4. AD　5. BCD

三、简答题

答案：略

第五章

公 路 运 输

➢项目实施体系结构图

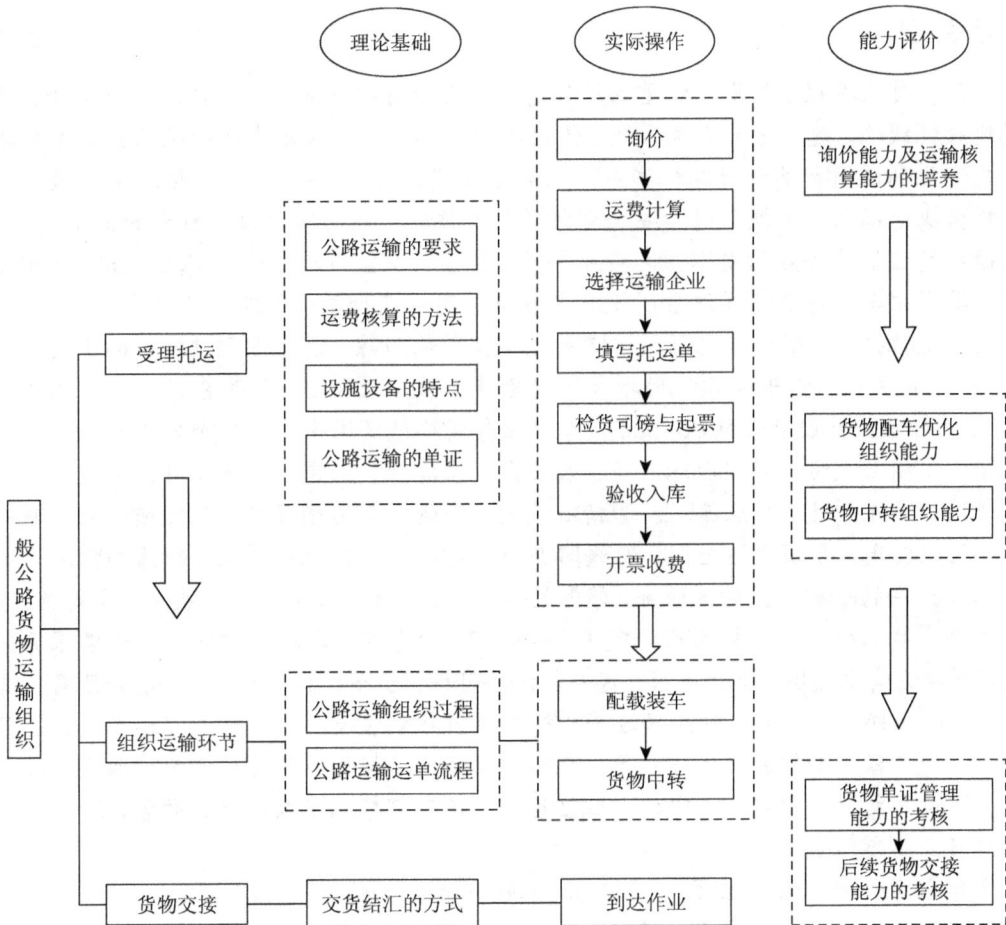

```
              理论基础          实际操作          能力评价

                            ┌─────────┐
                            │  询价   │       ┌─────────────┐
                            └────┬────┘       │ 询价能力及运输核 │
                            ┌────▼────┐       │ 算能力的培养   │
              ┌─────────┐   │ 运费计算 │       └──────┬──────┘
              │公路运输的要求│   └────┬────┘              │
              ├─────────┤   ┌────▼────┐              │
        受理   │运费核算的方法│   │选择运输企业│              ▼
        托运   ├─────────┤   └────┬────┘       ┌─────────────┐
              │设施设备的特点│   ┌────▼────┐       │ 货物配车优化   │
              ├─────────┤   │填写托运单│       │ 组织能力     │
              │公路运输的单证│   └────┬────┘       ├─────────────┤
              └─────────┘   ┌────▼────┐       │ 货物中转组织能力 │
                            │检货司磅与起票│       └─────────────┘
                            └────┬────┘
  一                         ┌────▼────┐
  般                         │ 验收入库 │
  公                         └────┬────┘
  路                         ┌────▼────┐
  货                         │ 开票收费 │
  物                         └─────────┘
  运
  输                            │
  组                            ▼
  织   组织   ┌─────────┐   ┌─────────┐       ┌─────────────┐
        运输   │公路运输组织过程│   │ 配载装车 │       │ 货物单证管理   │
        环节   ├─────────┤   └────┬────┘       │ 能力的考核    │
              │公路运输运单流程│   ┌────▼────┐       ├─────────────┤
              └─────────┘   │ 货物中转 │       │ 后续货物交接   │
                            └─────────┘       │ 能力的考核    │
                                              └─────────────┘
        货物   ┌─────────┐   ┌─────────┐
        交接   │交货结汇的方式│   │ 到达作业 │
              └─────────┘   └─────────┘
```

➢学习目标

1. 知识目标

（1）了解公路运输系统组成、设施及设备。

（2）了解公路货物运输种类。

2. 能力目标

（1）理解公路运输的特点。

（2）理解公路货物运输业务流程。

3. 素质目标

（1）掌握公路货物运输单证种类及其填写。

（2）能正确完成公路运费核算工作。

（3）能根据实际情况，正确组织公路运输实践。

➤ 案例导引

德邦一贯秉承锐意进取、注重品质的态度，坚持自建营业网点、自购进口车辆，并通过搭建最优线路，建立单号查询系统，优化运力成本，强化人才战略和技术创新等举措来打造更优化的运输网络和标准化体系，业务范围覆盖全国 90%以上的经济中心城市，为客户提供快速高效、便捷及时、安全可靠的服务体验，助力客户创造最大的价值。

德邦的主营业务是国内零担运输业务。其运输业务全部采用进口 VOLVO/SCANIA 等全封闭厢式快车，能迅速通达全国 138 个城市，同时选择最优线路，实现货物优先配载，利用全球定位系统、短信、电话、网络实现全程货物跟踪。真正做到"空运的速度，汽运的价格"。近年来，德邦以 60%的增长速度稳健发展，截至 2014 年 8 月，德邦已在全国 31 个省级行政区开设直营网点 5000 余家，服务网络遍及国内 550 多个城市和地区。其业务包括：①精准城运，即实现珠三角、长三角、京津唐、山东、辽宁、川渝区域城市之间快速送达，准点到达，准点派送。②精准汽运，即运输网络横贯东西、纵横南北、遍布全中国，天天发车，专线通达全国，新线路在持续增加中。③代收货款，即德邦物流公司为买卖双方提供的一种货款结算服务，雄厚的资金信用保证，使客户真正安心。④货物保价，即根据自身货物的价值，按国家规定 0.3%～0.7%的费率标准进行投保。⑤包装服务，即为提高货物运输安全性、防止丢损，德邦物流公司特推出多种材质和规格的有偿服务。⑥短信通知，即德邦首创，第一时间通过手机短信将货物到达与提货的信息发送给您。⑦签单返回，即如果客户发货需提供签收单，德邦可有偿为您提供签单签收与返回服务。⑧仓储配送，即对月发货量稳定、集中的企业型客户，德邦可根据货物种类、数量、距离为客户提供提货、送货服务。

案例来源：德邦物流主页.www.deppon.com/introduce/

思考题：促进德邦物流企业长足发展的成功因素有哪些？

第一节　公路运输概述

一、公路运输的概念

公路运输（highway transportation）是在公路上运送旅客和货物的运输方式（图 5-1），是运输系统的组成部分之一，主要承担中短途客货运输，现代所用运输工具主要是汽车。

因此，公路运输一般即指汽车运输。

图 5-1　公路运输全貌图

二、公路运输系统组成

从技术结构上看，公路运输系统主要由基础设施及运输工具两部分组成，其中公路运输基础设施主要包括公路及其附属设施，站、场及其附属设施，公路交通控制与管理设施等。在现代社会中，公路运输工具主要是汽车（图 5-2）。同时，装卸设施也是公路运输的重要组成部分。

图 5-2　公路货物运输

通常运输基本功能可以划分为通过和送达功能。其中通过功能是指在干线上完成大批量的客货运输。送达功能，又称为集散功能，是指为通过性运输承担客货集散任务的运输。

就一般情况而言，客货运输全过程的完成都需要有公路运输方式的参与。在高速公路投入使用以前，公路运输的主要功能是送达，也就是主要为其他运输方式承担集散客货的任务。在五种运输方式中，管道运输所占的比例很小，适应性也较差，目前只能算是一种辅助性的运输方式，而航空、水运和铁路运输都只有单一的通过功能，因此送达就只能依靠公路运输才能完成。在公路等级低的情况下，通过功能较差。随着高速公路建成使用，公路运输方式的通过功能大大加强。一条六车道的高速公路，每昼夜交通量可达 7 万～8 万车次，若客货车各占 50%，按货车平均吨位 5t，客车平均座位为 30 座计，每年可提供 6400 万～7300 万载货吨位和 3.8 亿～4.4 亿载客座位，其通过能力远超过一条双线铁路。

三、公路运输的特点

（1）机动灵活，适应性强。公路运输与铁路、水路、航空运输方式相比，所需固定设施简单，车辆购置费用一般也比较低，因此，投资兴办容易，投资回收期短。有关资料表明，在正常经营情况下，公路运输的投资每年可周转 1～3 次，而铁路运输则需要 3～4年才能周转 1 次。

公路运输对客、货运量的大小具有很强的适应性，汽车的载重吨位有小（0.25～1t）、有大（200～300t），既可以单个车辆独立运输，也可以由若干车辆组成车队同时运输，这一点对抢险、救灾工作和军事运输具有特别重要的意义。

（2）可实现"门到门"直达运输。由于汽车体积较小，中途一般也不需要换装，除了可沿分布较广的路网运行，还可离开路网深入到工厂、企业、农村田间、城市居民住宅等地，即可以把旅客和货物从始发地门口直接运送到目的地门口，实现"门到门"的直达运输。这是其他运输方式无法与公路运输比拟的特点之一。

（3）在中、短途运输中，运送速度较快。在中、短途运输中，由于公路运输可以实现"门到门"直达运输，中途不需要倒运、转乘就可以直接将客、货运达目的地，因此，与其他运输方式相比，其客、货在途时间较短，运送速度较快。

（4）掌握车辆驾驶技术较易。与火车驾驶员或飞机驾驶员的培训要求相比，汽车驾驶技术比较容易掌握，对驾驶员各方面的素质要求相对也比较低。

（5）运量较小，运输成本较高。目前，世界上最大的汽车是是由美国卡特彼勒公司生产的，型号 797F，其载重量已经达到 400 短吨（即 363t），载重量居世界之最，但仍比火车、轮船少得多；由于汽车载重量小，行驶阻力比铁路大 9～14 倍，所消耗的燃料又是价格较高的液体汽油或柴油，因此，除了航空运输，就是汽车运输成本最高了。

（6）运行持续性较差。据有关统计资料表明，在各种现代运输方式中，公路的平均运距是最短的，运行持续性较差。如我国 1998 年平均运距公路客运为 55km，公路货运为57km，铁路客运为 395km，铁路货运为 764km。

（7）安全性较低，污染环境较大。据历史记载，自汽车诞生以来，车祸已经吞食掉 3000多万人的生命，从 20 世纪 90 年代开始，死于汽车交通事故的人数更急剧增加，平均每年达 50 多万。这个数字超过了每年艾滋病、战争和结核病导致的死亡人数。汽车排出的尾气和发出的噪声也严重地威胁着人类的健康，是城市环境污染的最大污染源之一（图5-3）。

图5-3　公路运输的环境污染

➤知识拓展

公路"十三五"规划编制调研

2015年4月交通运输部召集部分省份在皖开展"十三五"公路发展规划编制调研座谈。交通运输部领导要求全力做好"十二五"规划收官，正确把握"十三五"发展形势，科学编制"十三五"规划。要确保"十二五"目标的完成，狠抓项目落实和资金保障。当前，公路建设任务繁重，建设资金短缺的问题可能会越来越突出。各级运输部门要主动适应、积极探索和创新投融资体制，努力破解资金难题，特别是要认真研究国家正在大力推进的 PPP 模式，想办法鼓励民间资本和社会资本加快进入交通建设领域。要远近结合，主动谋划综合运输改革，积极做好项目储备，为稳增长打下坚实基础。

要正确把握、深入研究"十三五"发展形势，科学编制"十三五"规划。一是统筹协同，合力完成规划编制。各省市要进一步提高认识，加强组织领导，细化实施方案，落实工作责任，建立配套机制，高质量完成"十三五"规划编制，并全力配合好有关工作。二是实事求是，科学规划"十三五"目标，把需求与可能结合起来，加强上下联动和规划衔接；三是要紧扣节点，按时保质完成任务。按照"十三五"规划编制的工作部署，倒排工期，完成专项规划的相关内容，确保对接工作顺利进行。

第二节　公路运输设施与设备

公路运输设施主要指的是道路及其附属设施，它是汽车运输的物质基础。道路（包括城乡道路）是指主要供车辆行驶的工程结构物，由路基、路面、桥梁、涵洞和隧道以及沿线附属设施等组成。路基、路面、桥梁、涵洞和隧道是道路工程的主体构造物，需通过设计、修筑和养护来保证其在设计使用期内安全而耐久地承受行车载荷的功能。沿线附属设施包括交通安全、服务、绿化、照明、道路等管理设施。

一、公路运输的相关设施

1. 等级公路

公路等级是根据公路的使用任务、功能和流量进行划分。根据我国现行的《公路工程技术标准》（JTG B01—2014），可以将公路划分为高速公路、一级公路、二级公路、三级公路和四级公路五个等级。在中国境内，二级以上的公路就称为高等级公路，也就是说，高等级公路包括高速公路、一级公路和二级公路。公路等级的选用应根据公路网的规划，按照公路的使用任务、功能和远景交通量综合确定。同一条公路，也可根据交通量等情况分段采用不同的公路等级。

1）高速公路

高速公路（图 5-4）具有特别重要的政治、经济意义，是专供汽车分向、分车道行驶并应全部控制出入口的多车道公路。

图 5-4　高速公路图

2）一级公路

一级公路（图 5-5）为连接重要政治、经济中心，通往重点工矿区、港口、机场，专供汽车分道行驶并部分控制出入口、部分立体交叉的公路。

3）二级公路

二级公路（图 5-6）是连接政治、经济中心或大型矿区等地的干线公路，或运输任务繁忙的城郊公路，为可供汽车行驶的双车道公路。

图 5-5 一级公路图

图 5-6 二级公路图

4）三级公路

三级公路（图 5-7）是沟通县及县以上城市的一般公路，为可供汽车行驶的双车道公路。

图 5-7 三级公路图

5) 四级公路

四级公路（图 5-8）为沟通县、乡、镇的支线公路，是供汽车行驶的双车道或单车道公路。

图 5-8　四级公路图

各级公路其所适应的交通量是不同的，具体可适交通量见表 5-1。

表 5-1　各级公路所适应的交通量

等级	高速	一级	二级	三级	四级
AADT/（辆/天）	>25000	15000～30000	3000～7500	1000～4000	1500（双车道）
标准车	小客车	中型货车	中型货车	中型货车	中型货车
出入口控制	完全控制	部分控制			
设计年限/年	20	20	15	10	10

2. 桥隧

桥隧是为车辆通过自然障碍（河流、山岭）或跨越其他立体交叉的交通线而修建的构造物，主要有以下两种形式。

1) 桥梁

桥梁（图 5-9）指的是为道路跨越天然或人工障碍物而修建的建筑物。

图 5-9　桥梁图

2）隧道

隧道（图 5-10）是埋置于地层内的工程建筑物，是人类利用地下空间的一种形式。隧道可分为交通隧道、水工隧道、市政隧道、矿山隧道。

图 5-10　隧道图

3. 公路运输站场

公路运输站场（图 5-11）是公路货物的集散点，也是公路货运网络的节点，是实现货物"门到门"运输和直接为车主和货主提供多种服务的场所。在公路货运市场中，货运站起着集散货物、停放车辆、运行指挥和综合服务等重要作用。

图 5-11　公路运输站场图

随着国民经济的发展，为了适应公路货运市场发展的新形势，汽车货运结构必须根据运输业务范围，进行合理分工和组织，向各自专业化方向发展，形成不同的货运网络，即形成不同的货运业务受理站点、运载工具以及运行线路组成的循回运输系统。当前，我国汽车运输企业的货运站，大致可分为整车货运站、零担货运站和集装箱货运站三类。

1）整车货运站

整车货运站（图 5-12）是以货运商务作业机构为代表的汽车货运站。这种机构在我国各地的名称不一，如营业所、运输站、运营办等。它是调查并组织货源，办理货运商务作业的场所。商务作业包括托运、承运、受理业务、结算运费等项工作。有的整车货运站也兼营零担货运。

图 5-12　整车货运站图

2）零担货运站

零担货运站（图 5-13）是专门经营零担货物运输的汽车场站，简称零担站。

图 5-13　零担货运站图

3）集装箱货运站

集装箱货运站（图 5-14）是以主要承担集装箱中转运输任务为主的货运站，又称为集装箱公路中转站。

图 5-14　集装箱货运站图

二、公路运输设备

1. 公路运输车辆

汽车是由自带动力装置驱动，具有 4 个或 4 个以上车轮，不依靠轨道和架线在陆地上行驶的运载工具。由于我国最早出现的这种车辆多采用汽油发动机，所以称为汽车。公路运输是伴随着汽车的出现和发展而发展起来的。

1）汽车组成

汽车是公路运输的基本工具。它由车身、动力装置、底盘和电器仪表等部分组成。

2）汽车分类（图 5-15）

根据 GB/T 15089—2001《机动车辆及挂车分类》将机动车辆和挂车分为 L 类、M 类、N 类、O 类和 G 类。L 类是指两轮或三轮机动车辆，M 类是指至少有 4 个车轮并且用于载客的机动车辆，N 类是指至少有 4 个车轮并且用于载货的机动车辆，O 类是指挂车（包括半挂车），G 类是指越野车。其中 M 类和 N 类的分类见表 5-2。

表 5-2　汽车分类（GB/T 15089—2001）

M 类（客车）		N 类（汽车）	
M1	座位数（包括驾驶员座位在内）≤9	N1	最大设计总质量≤3.5t
M2	座位数（包括驾驶员座位在内）>9 厂定最大总质量≤5t	N2	3.5t≤最大设计总质量≤12t
M3	座位数（包括驾驶员座位在内）>9 厂定最大总质量>5t	N3	最大设计总质量>12t

载客车辆中包括轿车、微型客车、轻型客车、中型客车、大型客车以及特大型客车（如铰接客车、双层客车等）。

载货车辆中包括厢式汽车、罐式汽车、仓栅式汽车等专用汽车，还包括全挂车和半挂车。

　　全挂车是指普通汽车后加挂一个全挂车厢，二者之间用挂钩连接。半挂车是由一辆牵引车后面连接一辆半挂车厢组成的，它们之间通过半挂车的牵引座支承于牵引车上。

(a) 自卸车　　　　　　　　(b) 自卸式集装箱卡车　　　　　　　(c) 罐式汽车

(d) 仓栅式汽车　　　　　　　　(e) 全挂车

图 5-15　汽车车辆图

3）汽车型号表示

我国汽车产品型号表示如图 5-16 所示。

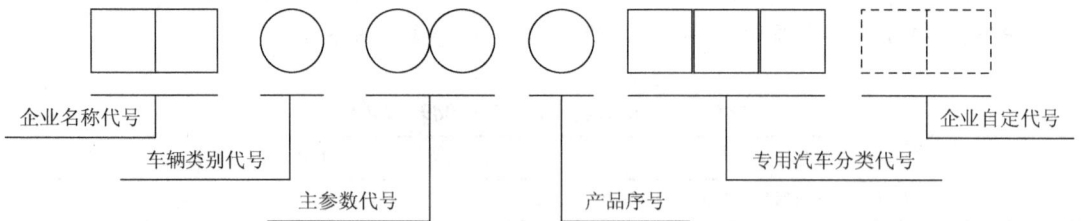

图 5-16　汽车产品型号表示示意图

注：□用汉语拼音字母表示；○用阿拉伯数字表示

　　企业名称代号一般由企业名称头两个汉字的第一个拼音字母表示。车辆类别代号：1—货车；2—越野汽车；3—自卸汽车；4—牵引汽车；5—专用汽车；6—客车；7—轿车；8—（暂空）；9—半挂车及专用半挂车。

　　主参数代号：货车、越野汽车、自卸汽车、牵引汽车及半挂车均用车辆总质量（t）表示；客车为车辆长度（m），小于 10t 时，应精确到小数点后一位，并以其值的 10 倍数表示；轿车为发动机排量（L），精确到小数点后一位，并以其值的 10 倍数表示。

专用汽车分类代号：X—箱式汽车；G—罐式汽车；T—特种结构汽车等。第二、三格为表示其用途的两个汉字的第一个拼音字母。

例如，CA1091 表示中国第一汽车集团公司所产 9.31t 货车（第二代）；JS6820 表示江苏亚星集团公司所产长度 8.2m 中型客车；TJ7100 表示天津微型汽车厂生产的排量 0.993L 的轿车。

2. 交通控制设备

交通控制设备主要有交通标志、路面标线和路标、交通信号三类，其功能主要是对车辆、驾驶员和行人起限制、警告和诱导作用。

1）交通标志

交通标志是指把交通指示、交通警告、交通禁令和指路等交通管理与控制法规用文字、图形或符号形象化地表示出来，设置于路侧或公路上方的交通控制设施。它可分为警告标志、禁令标志、指示标志和指路标志。

2）路面标线和路标

路面标线与交通标志具有相同的作用，它是将交通警告、禁令、指示和指路用画线、符号、文字等标示画在路面、缘石和路边的建筑物上。例如，道路中心线、车道边缘线、停车线、禁止通行区等。路面标线的颜色有黄色和白色两种，白色一般用于准许车辆越过的标线，如车道线、转弯符号等；黄色一般用于车辆不准许超越的标线，如禁止通行区、不准超车的双中心线等。

路标为沿道路中线或车道边线或防撞墙埋设的放光标志物。车辆夜间行驶时，在车灯照射下，路标的反光作用勾画出行车道或车道的轮廓，从而向驾驶员提供行驶导向。

3）交通信号

交通信号是最主要的交通控制设备，是用于在时间上给互相冲突的交通流分配行车权，使各个方向和车道上的车辆安全、有序地通过交叉口的一种交通管理措施。交通信号基本上可分为定时式和感应式两类。

第三节　公路货物运输种类

道路货物运输由于其货物种类繁多，组织方法多样，要求措施各异，形成了多种多样的分类方法。

一、按托运批量大小分类

按托运批量大小可分为整车运输、零担运输、集装箱运输和包车运输。

（1）整车运输。凡托运方一次托运货物在 3t 及 3t 以上的，或虽不足 3t 但其性质、体积、形状需要一辆 3t 以上的汽车运输的业务为整车运输。整车运输的特点是承运的一般是大宗货物，货源的构成、流量、流向、装卸地点都比较稳定。

（2）零担运输。凡托运方一次托运货物不足 3t 者为零担运输。零担运输非常适合商品流通中品种繁杂、量小批多、价高贵重、时间紧迫、到达站点分散等特殊情况下的运输。

（3）集装箱运输。将适箱货物集中装入标准化集装箱，采用现代化手段进行的货物运输。

（4）包车运输。指应托运人的要求，经双方协议，把车辆包给托运人安排使用，并按时间或里程计算运费的业务。

二、按运送距离长短分类

按运送距离可分为长途运输与短途运输。

（1）长途运输。运距在 250km 以上的为长途运输，其特点为迅速、简便、直达、运输距离长、周转时间长、行驶线路较固定。

（2）短途运输。运距 250km 及 250km 以下的为短途运输，其特点为运输距离短，装卸次数多，车辆利用效率低；点多面广，时间要求紧迫；货物零星，种类复杂，数量忽多忽少。

三、按货物性质及运输条件分类

按货物的性质及对运输条件的要求可分为普通货物运输与特种货物运输。

（1）普通货物运输。被运输的货物本身的性质普通，在装卸、运送、保管过程中没有特殊要求。普通货物分为一等、二等、三等三个等级。

（2）特种货物运输。被运输的货物本身的性质特殊，在装卸、运送、保管过程中需要特定条件、特殊设备来保证其完整无损的。特种货物运输又可分为长大、笨重货物运输，危险货物运输，贵重货物运输和鲜活易腐货物运输（图 5-17）。

图 5-17　特种货物运输图

四、按托运货物保险（或保价）与否分类

按托运的货物是否保险或保价可分为不保险（不保价）运输、保险（保价）运输。

不保险（不保价）运输是指托运人在托运货物时，不用向承运人声明货物价值，也不需要缴纳保价费用的运输种类。保险（保价）运输是指运输企业与托运人共同确定的以托运人申明货物价值为基础的一种特殊运输方式，保价就是托运人向承运人声明其托运货物的实际价值。凡按保价运输的货物，托运人除缴纳运输费用，还要按照规定缴纳一定的保价费。

五、按货物运送速度分类

按货物运送速度可分为一般货物运输、快件货物运输和特快专运。

（1）一般货物运输。即普通速度运输或称慢运。

（2）快件货物运输。快件货物运送的速度从货物受理当日 15 点起算，运距在 300km 内的 24 小时内运达，运距在 1000km 内的 48 小时内运达，运距在 2000km 内的 72 小时内运达。

（3）特快专运。指按托运人要求在约定时间内运达。

六、按运输的组织特征分类

按运输的组织特征可分为集装化运输与联合运输。

（1）集装化运输。指以集装单元作为运输的单位，保证货物在整个运输过程中不致损失，而且便于使用机械装卸、搬运的一种货运形式。集装化运输最主要的形式是托盘运输和集装箱运输。

（2）联合运输。指两个或两个以上的运输企业，根据同一运输计划，遵守共同的联运规章或签订的协议，使用共同的运输票据或通过代办业务，组织两种或两种以上的运输工具，相互接力，联合实现货物的全程运输。

第四节　公路货物运输业务流程

公路货物运输围绕不同类型的货物来开展，本节在介绍公路货物运输的基本作业流程

基础上,阐述了普通货物运输组织、特殊货物运输组织和零担货物运输组织的内容与要求。

一、公路货物运输的基本流程

公路货物运输过程是指货物从受理托运开始,到交付收货人为止的生产活动。货运过程一般包括货物待运前的准备工作、装车、运送、卸车、保管和交付等环节（图 5-18）。

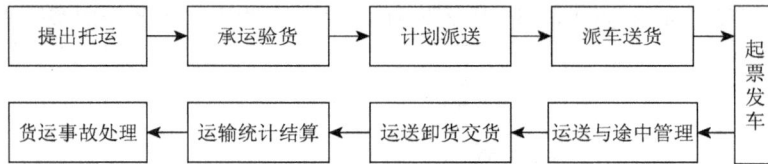

```
提出托运 → 承运验货 → 计划派送 → 派车送货 → 起票发车
                                                    ↓
货运事故处理 ← 运输统计结算 ← 运送卸货交货 ← 运送与途中管理
```

图 5-18 公路货物运输过程

按照货运过程的不同阶段,车站货运工作可分为发送工作、途中工作和到达工作。

（1）发送工作。发送工作是指货物在始发站的各项工作,它主要由受理托运、组织装车和核算制票等三部分组成。受理托运必须做好货物包装、确定重量和办理单据等项作业;货物装车前必须对车辆进行技术检查和货运检查,以确保运输安全和货物完好。装车时要注意码放货物,努力改进装载技术,在严格执行货物装载规定的前提下,充分利用车辆的载重量和容积。货物装车完成后,应严格检查货物的装载情况是否符合规定的技术条件;车站办理货物承运时,应按规定向托运人核收运杂费,并开具承运凭证,即货票。

（2）途中工作。途中工作是指货物在运送途中发生的各项货运作业,它主要包括途中货物交接、货物整理或换装等内容。为了保证货物运输的安全与完好,便于划清企业内部的运输责任,货物在运输途中如发生装卸、换装、保管等作业,驾驶员之间、驾驶员与站分人员之间应认真交接检查手续。

（3）到达工作。到达工作是指货物在到站后发生的各项货运作业,它主要包括货运票据的交接、货物卸车、保管和交付等内容。车辆装运货物抵达卸车地点后,收货人或车站货运员应组织卸车。卸车时,对卸下货物的品名、件数、包装和货物状态等应做必要的检查。

二、普通货物运输

按照货物的运输和保管条件（主要是指在运输和保管过程中所采取不同的安全措施）可将货物分为普通货物和特殊货物。普通货物是指在装卸、运输以及保管过程中没有特殊要求的,不必采用特殊方式或手段运输的货物。货物运输组织方法直接影响货物运输速度与运输费用。在各种运输方式竞争激烈的条件下,做好货物运输组织工作显得尤为重要。

货物运输组织方法应在掌握一定货源的基础上，根据货物结构的不同，合理调配和使用车辆，做到车种适合货种，标重配合货重。

三、特殊货物运输

特殊货物是指在运输和保管过程中，必须采取特别措施，以保证运送安全和货物完好的那些货物。如具有特大、特长、笨重、贵重、危险、易腐、鲜活等性质的货物，均为特殊货物。这类货物通常需用专门设计制造的车辆进行运转。特殊货物一般可分为三大类，即危险货物、长大笨重货物、鲜活货物。

1. 危险货物的运输

由于危险货物（表 5-3）具有爆炸、易燃、毒害、腐蚀、放射性等性质，在受理托运、仓储保管、货物装卸、运送、交付等环节应加强管理。托运人只能委托有危险化学品运输资质的运输企业承运，在托运时必须说明货物名称、特性、防护方法、形态、包装、单件重量等情况；还要提出资质证书以及经办人的危险货物业务培训合格证与身份证。托运剧毒化学品，还应出具目的地各级公安部门办理的通行证。

表 5-3　危险货物分类

危险类货物	交通运输部在《汽车危险品货物运输规则》中列明的所有危险货物	一级	《汽车危险品货物运输规则》中规定的爆炸物品、一级氧化剂、压缩气体和液化气、一级自燃物品、一级易燃固体、一级易燃液体、剧毒物品、一级酸性腐蚀品、放射性物品
		二级	《汽车危险品货物运输规则》中规定二级易燃液体、有毒物品、碱性腐蚀品、二级酸性腐蚀品

2. 大件货物的运输组织

汽车运输货物中，有些货物具有长、大或重的特点，甚至几者皆有，这些货物称为长大笨重货物，简称大件，其分类如表 5-4 所示。长大笨重货物在汽车货运总量中所占比重不大，但由于这类货物在体积、质量上往往超过普通车辆允许的载质量或容积，甚至超过公路、桥涵的净空界及通过能力，所以汽车运输大件时的安全、质量、效率问题尤为突出，组织好大件运输具有很大意义。根据公路超限货物的特点，其组织工作环节主要包括托运、理货、验道、制定运输方案、签订运输合同、线路运输工作组织，以及运输统计与结算等。

表 5-4　长大笨重货物分类

长大笨重类货物	一级	货物长度 6～10m 或质量 4（不含 4t）～8t 的货物
	二级	货物长度 10～14m 或质量 8（不含 8t）～20t 的货物

3. 鲜活易腐货物的运输

鲜活货物是指在运输过程中，需要采取相应的保鲜、保活措施，并须在规定期限内运抵目的地的货物，其分类如表5-5所示。鲜活货物一般具有季节性较强，运输责任性较大，运送时间比较紧迫等特点。

表 5-5　鲜活货物分类

鲜活货物类	货物价值高、运输时间性强、运输效率低、责任大的货物	1	各种活牲畜、活禽、活鱼、鱼苗
		2	供观赏的野生动物，如虎、豹、狮、熊、狼、象、蛇等
		3	供观赏的水生动物，如海马、海豹、金鱼、鳎鱼、热带鱼等
		4	名贵花木：盆景及各种名贵花木

良好的运输组织工作，对保证鲜活货物的质量十分重要。汽车运输部门要摸索和掌握鲜活货物的运送规律，提前做好各方面的准备工作；事先做好货源摸底和核实工作，妥善安排好运力，保证及时运输。因此，抓好对鲜活货物承运这个环节尤为重要。

四、零担货物运输

（一）零担运输含义及特征

1. 零担运输含义

我国汽车运输管理部门制定的《公路汽车货物运输规则》规定：托运人一次托运的货物，其质量不足3t者为零担货物。对于按件托运的零担货物，单件体积一般不得小于0.01m³（单件质量超过10kg的除外）不得大于1.5m³；单件质量不得超过200kg；货物长度、宽度、高度分别不得超过3.5m、1.5m和1.3m。不符合这些要求的，不能按零担货物托运、承运。

各类危险货物，易破损、易污染和鲜活等货物，一般不能作为零担货物办理托运。

图5-19为仓库保管现场。

图 5-19　仓库保管现场图

2. 零担运输特征

（1）计划性差。零担货物的特点，决定了经由汽车运输的零担货物，难以通过运输合同等方式，将其纳入计划管理的轨道。为了组织好零担货运工作，应做到合理利用车辆、场库等设施，不断提高设备利用率和运输效率，汽车运输部门应加强对零担货运流量、流向的调查，掌握其变化的规律，抓好零担货物的受理工作。

（2）组织工作复杂。零担货运环节较多，作业工艺比较细致，货物配载和装载要求也比较高。零担货物质量的确定、货物的装卸均由车站负责，货运站不仅要配备一系列相应的货运设施，而且也增加了大量的业务管理工作。

（3）单位运输成本较高。为了适应零担货物运输的需求，货运站要配备一定的仓库、货棚、站台，以及相应的装卸、搬运、堆置的机具和专用厢式车辆，此外，相对于整车货物运输而言，零担货物周转环节多，更易于出现货损、货差、赔偿费用较高，因此，导致了零担货物运输成本较高。

3. 零担运输的优势

正因为零担货物运输具有与整车货物运输不同的特点，所以零担货物运输具有自己的优越性，其主要表现在以下方面。

（1）适应千家万户的需要。零担货物运输非常适合商品流通中品种繁多、小批量、多批次、价高贵重、时间紧迫，到站分散的货物。因此，它能满足不同层次人民群众商品流通的要求，方便大众物资生产和流动的实际需要。

（2）运输安全、迅速、方便。零担货物运输由于其细致的工作环节和业务范围，可承担一定行李、包裹的运输，零担班车一般都有固定的车厢，所装货物不至于受到日晒雨淋，一方面成为客运工作的有力支持者，同时体现了安全、迅速、方便的优越性。

（3）零担货物运输机动灵活。零担货物运输都是定线、定期、定点运行，业务人员和托运单位对运输情况都比较清楚，便于沿途各站点组织货源，往返实载率高，经济效益显著。对于竞争性、时令性和急需的零星货物运输具有重要的意义。

（4）运送方法多样。零担货物可采用专用零担班车、客车捎带等不同的运送方式，组织工作比较灵活、复杂。

（二）零担运输市场的形成

在当今世界，物流业已经成为国民经济发展的基础性、战略性产业，商贸物流越发达，市场越繁荣，经济发展就越具有活力。随着网络购物的兴起，以运量零星、到站分散、品种繁多、包装不一等为特点的零担货物，在现代物流中占有的比重越来越大。

零担货物运输借助公路、铁路、水路、航空等运输方式，不仅满足了生产企业对于生产资料的需求，同时加快了生活各种消费品的流通速度，扩大了流通范围。

（三）零担运输组织模式

1. 传统专线零担运输组织模式

此类公司数量最多，多集中在物流市场，靠近大型停车场及商圈，以家族式管理为主，经营"点对点"（出发、目的地都只有一个）"点对面"（多目的地）专线运输业务。

专线的命名一般比较乱，例如，很多西北专线，实际上只到西安，然后由合作伙伴中转运输到兰州、西宁、银川、乌鲁木齐西北各大城市，如果要送货到县，还需要继续中转。

因为回程货很难组织，绝大多数传统专线只租用返程车经营"单向运输"。

一些经济发达地区之间的专线可以做到"往返运输"，此类专线主要集中在珠三角、华东和华北之间，部分经营临近省份的专线因为路途较短也可以实现往返运输，如"深圳—南宁专线"。

有一类公路专线是从航空市场资源分布差异而催生的，如"南昌专线"，因为南昌机场出发的价格低于深圳机场很多，所以很多航空货走公路到南昌发航空，此类货运服务市场上称为"中转空运"。

专线必须依靠成熟的物流市场才能生存，因为聚集效应会吸引更多的货主选择相对规模大的市场进行托运。如果一个服装批发商受多地客户委托发货到北京、上海、太原、成都等多个外地城市，就必然选择线路比较全的市场。

传统专线运输的组织过程如下。

1）受理托运

（1）受理托运的必备条件。

①公布办理零担的线路、站点（包括联运、中转站点）、班期及里程运价。

②张贴托运须知、包装要求和限运规定。

（2）受理托运方法如下。

①限时受理制。在营业时间内设定时间段进行托运受理。作业量小的货运站、急运货运站，以及始发量小、中转量大的中转货运站采用此种方法。

②预先审批制。托运人事先向货运站提出申请，车站按照指定日期进货集结，组成零担班车。

③日历承运制。货运站根据零担货物流量和流向规律，编写承运日期并事先公布，托运人按规定日期来站办理托运手续。

（3）填写托运单。托运单主要信息包括托运人、收货人、货物及运费支付、代收货款等信息。

（4）受理托运的注意事项。

①检查核对托运单的各栏有无涂改，对涂改不清的应重新填写。

②审核到站与收货人地址是否相符，以免误运。

③对货物的品名和属性进行鉴别，注意区别普通和笨重零担货物，普通物品与危险品。

④对一批货物多种包装的应认真核对，详细记载，以免错提错交。

⑤对托运人在声明事项栏内填写的内容应特别注意货主的要求是否符合有关规定,能否承担。

2)检货司磅与起票

(1)核对运单。

(2)检查货物包装。零担货物受理人员在收到托运单后,审核托运单填写内容与货物实际情况是否相符,检查包装。步骤如下。

①看:包装是否符合相关规定要求,有无破损。笨重货物外包装上面是否用醒目标记标明重心点和机械装卸作业的起吊位置。

②听:有无异声。

③闻:有无不正常的气味。

④摇:包装内的衬垫是否充实,货物在包装内是否晃动。

(3)过磅量方。货物重量是正确装载,核算运费和发生事故后正确处理赔偿费用的重要依据。因此必须随票过磅(量方),准确无误。

①实际重量。根据货物过磅后(含包装在内)毛重来确定的。

②计费重量。分为不折算重量和折算重量,不折算重量就是货物的实际重量。

③标定重量。标定重量是对特定的货物所规定的统一计费标准。同一托运人一次托运两种货物至同一到站者,可以合并称重或合并量方折重计费(不能拼装者例外)。过磅或量方后,应将重量或体积填入托运单内。

一张托运单的货物分批量方时,应将每批重量和长、宽、高体积尺寸记在托运单内,以备查考。将总重量和总体积填入托运单并告知货主。零担货物过磅量方后,司磅、收货方应在托运单上签字证明并指定货位将货物搬入仓库,然后在托运单上签注货位号,加盖承运日期戳,将托运单留存一份备查,另一份交还货主持其向财务核算付款开票。

(4)扣、贴标签和标志。零担标签、标志是建立货物本身与其运输票据间的联系,是标明货物性质,也是理货、装卸、中转、交付货物的重要识别凭证。标签的各栏必须认真详细填写,在每件货物的两端或正、侧两面明显处各扣(贴)一张。

3)验收入库

(1)验收入库必须做到以下几点。

①凡未办理托运手续的货物,一律不准进入仓库。

②认真核对运单、货物,坚持照单验收入库。

③货物必须按流向堆码在指定的货位上。

④一批货物不要堆放两处,库内要做到层次分明,留有通道,互不搭肩,标签向外,箭头向上。

⑤露天堆放的货物要注意下垫上盖。

(2)经常检查仓库四周,不可将有碍货物安全的物品堆放在仓库周围,保持仓库内外整洁。

(3)货物在仓库待运期间,要经常进行检视核对,以票对货、票票不漏。

4）开票收费

（1）零担货运的杂费项目。①标签费；②标志费；③联运服务费；④中转包干费；⑤退票费；⑥保管费；⑦快件费；⑧保价（保险）费。

（2）营收报解与营收审核。营收人员每日工作完毕，必须将当天开出货票核联中的营收进款进行累计。

5）配载装车

（1）零担货物的配载。

①整理各种随货同行单据，包括提货联、随货联、托运单、零担货票及其他单据，按中转、直达分开。

②根据车辆核定吨位、车厢容积和起运货物的重量、理化性质、长度、大小、形状等，合理配载，编制货物交接清单。

（2）装车组织。①备货；②交待装车任务；③监装。

（3）场站交接。

6）货物中转

（1）落地法。将到达车辆上的全部零担货物卸下入库，按方向或到达站在货位上重新集结，再重新配装。这种方法简便易行，车辆载货量利用较好，但装卸作业量大，作业速度慢，仓库和场地的占用面积也较大。

（2）坐车法。将到达车辆上运往前面同一到站，且中转数量较多或卸车困难的那部分核心货物留在车上，将其余货物卸下后再加装同一到站的其他货物。这种方法，其核心货物不用卸车，减少了装卸作业量，加快了中转作业速度，节约了装卸劳力和货位，但对留在车上核心货物的装载情况和数量没有再次进行检查和清点，在加装货物较多时也难免发生卸车和倒装等附加作业。

（3）过车法。当几辆零担车同时到站进行中转作业时，将车内部分中转货物由一辆车直接换装到另一辆车。组织过车时，可以向空车上过，也可以向留有核心货物的重车上过。这种方法在完成卸车作业的同时即完成了装车作业，减少了零担货物的装卸作业量，提高了作业效率，加快了中转速度，但对到发车辆时间衔接要求较高，容易遭受意外因素的干扰。

7）到达作业

（1）到站卸货。

①要认真办好承运车与车站的交接工作。

②要检查车门、车窗及敞车的篷布覆盖、绳索捆扎有无松动、漏雨等情况，确认货物在运送过程中的状态和完整性，以便在发生货损货差时划清责任并防止误卸。

（2）到货通知。

（3）收票交货。

①不得白条提货，信用交付。

②凭货票提货联交付者，由收件人在提货联上加盖与收货人名称相同的印章并提供有效的身份证件交付。

③凭到货通知单交付的，由收货人在到货通知单上加盖与收货人名称相同的印章并验看提货经办人有效身份证件，在货票提取联签字交付。

④凭电话通知交付的，凭收货单位介绍信经车站认可后由提货经办人在货票提货联上签字交付。

⑤委托其他单位代提的，应有向车站提出收货人盖具有相同印章的委托书，经车站认可后，由代提单位在货票上签章交付。

⑥零担货物交付时，应认真核对货物品名、件数和票签号码，如货件较多，要取货后集中点交，以免差错。

（4）注意事项如下。

①首先请务必检查包装的完好性。

②其次如果外包装盒有撕裂或是挤压的情况，一定要在签收后，快递人员在场的情况下拆开外包装进行检查，如果内装物品有损坏您可以拒绝收取，快递人员会写明情况将快递原样寄返。

③有保价的物品，物品损坏要当场确定责任。

（5）异常件处理。

①有单无货，双方签注情况后，在交接单上注明，将原单返回。

②有货物单，确认货物到站后，有仓库人员签发收货清单，双方盖章，清单寄回起运站。

③货物到站错误，将货物原车运回起运站。

④货物短缺、破损、受潮、污染、腐烂时，应双方共同签字确认，填写事故清单。

2. 以物流园区为核心的零担运输组织模式

传统的专线组织模式存在着组织效率低、各种资源浪费较大、代收货款不安全等问题。为此，以物流园区为核心的零担运输组织模式将是未来零担运输市场发展的主要趋势。该模式是以物流园区为核心，在城市内由物流园区完成货物的统一收集、短途运输和分拨，最后由物流专线完成长途运输。该模式运行过程中，通过物流园区实现对各种资源的整合，从而节约了资金、人力等成本，更为主要的是有效地保证了代收货款的安全性。

当货物被统一运到分拨中心的时候，由物流园区的分拨中心对所收集的货物按照不同的物流专线进行分拨。分拨过程中需要根据货物的数量、种类等项目做好分拨预处理，从而提高分拨的效率。

（四）零担运输组织过程优化

1. 配车优化

（1）一站整装零担车，所装载的货物不得少于货车核定装载量的50%或容积的90%。

（2）两站整装零担车，第一到站的货物不得少于货车核定装载量的20%或容积的30%，第二到站的货物不得少于货车核定装载量的40%或容积的60%，两个到站必须是同一路径，第一到站和第二到站的距离不得超过 250km。

（3）三站整装零担车，笨重、超长、危险货物不够整车条件组织一站或两站整车装运时，可以组织同一路径上三个到站整装零担车，但第一与第三到站的距离不得超过 500km。

2. 配载装车优化

（1）中转先运、急件先运、先托先运、合同先运。

（2）尽量采用直达式方式，必须中转的货物，则应合理安排流向。

（3）充分利用车辆载货量和容积。

（4）严格执行货物混装限制规定。

（5）加强预报中途各站的待运量，并尽可能使同站装卸的货物在质量及体积上相适应。

3. 中转仓库及货位优化

（1）零担货物的仓库或货棚，应具备良好的通风、防潮、防水、采光、照明等条件、以保证货物的完好和适应各项作业的需要。

（2）为使货物免受雨湿和提高装卸作业的效率，仓库或货棚应尽可能设置在站台上。

（3）仓库或货棚内应合理地划分货区和货位，这对提高中转作业效率有着重要的作用。

（4）货区和货位的划分应以中转货物搬运距离最短、中转作业效率较高为原则。

（5）为了便于管理，零担中转仓库或货棚可划分为发送区、中转区、到达区等。

（6）仓库或货棚内的每个货区，又可分为若干货位，以便存放指定去向或到站的零担货物。

第五节　公路运输单证

公路运输的单证相对其他运输方式而言，虽然较为简单，但同样重要，它是托运人与承运人之间的运输合同或者运输合同的组成部分，也是货物交接过程中不可缺少的凭证。

一、公路运输单证种类

1. 公路货物运输单证介绍

1）托运单

托运单是承、托双方订立的运输合同或运输合同证明，也是明确规定货物承运期间承托双方的权利、责任和义务的依据。

货物托运单的主要作用包括：公路运输部门开具货票的凭证；调度部门派车、货物装卸和货物到达交付的依据；货物在运输期间发生运输延滞、空驶、运输事故时判定双方责任的原始记录；货物收据、交货凭证。

托运单的内容包括：装卸地点和时间、货物名称与规格、货物大小（体积或重量）、运输时间、运输费用、具体运输要求等相关项目。

托运单具体可包括整车托运单和零担托运单以及配合使用的货物运输物品清单。

2）运单

公路货物运单是公路货物运输及运输代理的合同凭证，是运输经营者接收货物并在运输期间负责保管和据以交付的凭证，也是记录车辆运行和行业统计的原始凭证。

公路货物运单分为甲、乙、丙三种。甲种运单适用于普通货物、大件货物、危险货物等货物运输和运输代理业务；乙种运单适用于集装箱汽车运输；丙种运单适用于零担货物运输。承、托运人要按道路货物运单内容逐项如实填写，不得简化、涂改。承运人或运输代理人接收货物后应签发道路货物运单，道路货物运单经承、托双方签章后有效。

甲、乙种道路货物运单，第一联存根，作为领购新运单和行业统计的凭证；第二联托运人存查联，交托运人存查并作为运输合同当事人一方保存；第三联承运人存查联，交承运人存查并作为运输合同当事人另一方保存；第四联随货同行联，作为载货通行和核算运杂费的凭证，货物运达、经收货人签收后，作为交付货物的依据。

丙种道路货物运单，第一联存根，作为领购新运单和行业统计的凭证；第二联托运人存查联，交托运人存查并作为运输合同当事人一方保存；第三联提货联，由托运人邮寄给收货人，凭此联提货，也可由托运人委托运输代理人通知收货人或直接送货上门，收货人在提货联收货人签章处签字盖章，收、提货后由到达站收回；第四联运输代理人存查联，交运输代理人存查并作为运输合同当事人另一方保存；第五联随货同行联，作为载货通行和核算运杂费的凭证，货物运达、经货运站签收后，作为交付货物的依据。

国际公路货物运输合同公约（CMR）运单一式 3 联。发货人和承运人各持运单的第一、三联，第二联随货物走。国际公路货物运输合同公约运单不是议付或可转让的单据，也不是所有权凭证。国际公路货物运输合同公约运单必须记载下列事项：运单签发日期和地点，发货人、承运人、收货人的名称和地址，货物交接地点、日期，一般常用货物品名和包装方法，货物重量、运费，海关报关须知等。

2. 常见的公路运输单证样表

（1）公路整车运输货物托运单样表。

公路汽车货物托运单

托运人（单位）：　　　　　经办人：　　　　电话：　　　　地址：　　　　运单编号：

发货人		地址		电话		装货地点						
收货人		地址		电话		卸货地点						
付款人		地址		电话		约定起运时间	月　日	约定到达时间	月　日	需要车种		
货物名称及规格	包装形式	件数	体积（厘米）	件重（千克）	重量（吨）	保险、保险价格	货物等级	计费项目				单价（元）
								运费	装卸费	计费重量		
合计							计费里程					
托运记载事项				付款人银行账号		承运人记载事项				承运人银行账号		
注意事项	1. 货物名称应填写具体品名，如货物品名过多，不能在运单内逐一填写须另附物品清单 2. 保险或保价货物，在相应价格栏中填写货物声明价格							托运人签章 年　月　日		承运人签章 年　月　日		

注：1. 填在一张货运单内的货物必须是属同一托运人。对拼装分卸货物，应将每一拼装或分卸情况在运单记事栏内注明。易腐蚀、易碎货物，易溢漏的液体，危险货物与普通货物以及性质相抵触、运输条件不同的货物，不得用同一张运单托运。托运人、承运人修改运单时，须签字盖章

2. 本运单一式两联：第一联作受理存根；第二联作托运回执

3. 审批有无特殊运输要求。如运输期限、押运人数，或承托双方议定的有关事项

（2）公路零担运输货物托运单样表。

公路汽车零担货物托运单

托运日期＿＿＿＿＿年＿＿月＿＿日
起托站＿＿＿＿＿＿＿＿＿＿到达站＿＿＿＿＿＿＿＿＿
托运单位＿＿＿＿＿＿＿＿＿＿详细地址＿＿＿＿＿＿＿＿＿电话＿＿＿＿＿＿＿＿＿
收货单位（人）＿＿＿＿＿＿＿＿详细地址＿＿＿＿＿＿＿＿＿电话＿＿＿＿＿＿＿＿＿

货物名称	包装	件数	实际质量	计费质量	托运人注意事项
					1. 托运单填写一式两份
					2. 托运货物必须包装完好，捆扎牢固
					3. 不得谎报货物名称，否则在运输过程中发生的一切损失，均由托运人负责赔偿
合计					4. 以上各栏不得夹带易燃危险等物品
收货人记载事项			起运站记载事项		5. 以上各栏，由托运人详细填写

进货仓位＿＿＿＿＿＿＿＿＿＿仓库理货验收员＿＿＿＿＿＿＿＿＿发运日期＿＿＿＿＿＿＿＿＿
到站交付日＿＿＿＿＿＿＿＿＿托运人（签章）＿＿＿＿＿＿＿＿＿

**公司道路货物运单

（某省内道路货物运单——甲种）

本运单经承托双方签订后具有合同效力。承运人与托运人，收货人之间的权利义务和责任界限适用于《汽车货物运输规则》及《汽车运价规则》等规定。

起运日期：　　　年　月　日　　　　　　　　　　　　　　　　　　　　编号：

承运人		地址邮编		电话传真		车牌号		运输证号		车型		挂车牌号		
托运人		地址邮编		电话传真		装货地点								
收货人		地址邮编		电话传真		卸货地点								

货物名称及规格	包装形式	体积长*宽*高（厘米）	件数	实际重量（吨）	计费重量（吨）	计费里程（千米）	货运周转量（吨千米）	货物等级	运价率	运费金额	其他杂费		保价、保险	
											费目	金额	金额	费率
											装卸费			
											过路费			
											过桥费			
合计														

货物运单签订地		结算方式		付款币种	计价单位		运杂费合计	万 千 百 拾 元 角 分
特约事项				托运人签章或运输合同编号：　　　　年 月 日		承运人签章：　　　年 月 日		收货人签章：　　　年 月 日

**公司道路货物运单

（某省内道路货物运单——乙种：适用于集装箱汽车运输）

本运单经承托双方签订后具有合同效力。承运人与托运人，收货人之间的权利义务和责任界限适用于《汽车货物运输规则》及《汽车运价规则》等规定。

起运日期：　　　年　月　日　　　　　　　　　　　　　　　　　　　　编号：

承运人		地址邮编		电话传真		车牌号		运输证号		车型		挂车牌号		
托运人		地址邮编		电话传真		装货地点								
收货人		地址邮编		电话传真		卸货地点								

集装箱箱型及数量		箱号		封志号		船名	船次	场站货位	卸船或进港日期	提空箱地	还空箱地	箱货交接方式

箱内货物名称及规格	包装形式	体积长*宽*高（厘米）	件数	实际重量（吨）	计费重量（吨）	计费里程（千米）	货运周转量（吨千米）	货物等级	运价率	运费金额	其他杂费		保价、保险	
											费目	金额	金额	费率
											装卸费			
											过路费			
											过桥费			
合计														

货物运单签订地		结算方式		付款币种	计价单位		运杂费合计	万 千 百 拾 元 角 分
特约事项				托运人签章或运输合同编号：　　　　年 月 日		承运人签章：　　　年 月 日		收货人签章：　　　年 月 日

- ****公司道路货物运单**（某省内道路货物运单——丙种：适用于汽车零担货物运输）									本运单经承托双方签订后具有合同效力。承运人与托运人，收货人之间的权利义务和责任界限适用于《汽车货物运输规则》及《汽车运价规则》等规定。							

起运日期：　　年　月　日　　　　　　　　　　　　　　　　　　编号：

起运站：	到达站：				经由：		全程		千米							
托运人		地址				电话						邮编				
收运人		地址				电话						邮编				
货物名称及规格	包装形式	体积长*宽*高（厘米）	件数	实际重量（吨）	计费重量（吨）	计费里程（千米）	运价率（元/千克千米）	运费（元）	站务费（元）	装车费（元）	中转费（元）	仓理费（元）	路桥费（元）	保险、保价费（元）	货位	
保险、保价价格：　元		合计														
货物运单签订地			起运日期：　年　月　日			运杂费合计	万　千　百　拾　元　角　分									
特约事项			承运人签章：　　　　　年　月　日			托运人签章：　　　　　年　月　日			货运站收货人签章：　　　年　月　日							

二、公路货物运输单证的填写与审核

1. 公路货物运输单证的填写要求

1）公路货物运输单证填写的总体要求

（1）运单填记的内容和方法符合规定，正确无误。

（2）运单填记的项目必须填写齐全，不漏项目。

（3）运单填写字迹清晰，文字规范，不任意简化或代用字体。

（4）如果一次承运的货物种类较多，无法在托运单上一一列出，则需要单独附一张物品清单。

2）公路整车运输货物托运单的填写要求

公路整车货物的托运单一般由承运人负责提供格式化的货物托运单，由托运人认真填写，也可委托他人填写，并应在托运单上加盖与托运人名称相符的印章。

托运单的填写有严格的要求：内容准确完整，字迹清楚，不得涂改，如有涂改，应由托运人在涂改处盖章证明；托运人和收货人的姓名、地址应填写全称，起运地、到达地应详细说明所属行政区；货物名称、规格、性质、状态、数量、重量应齐全、准确；有关证明文件、货运资料应齐全并在运单中标注清楚；危险货物、特种货物应说明运输要求、采取的措施、预防的方法；运费结算单的托收银行、户名、账号要准确。

3）公路零担运输货物托运单的填写要求

公路零担货物托运单一式两份，一份由起运站存查，另一份于开票后随货物同行。凡货物到站在零担班车运输路线范围内的，称直线零担，可填写"零担货物托运单"。如需要通过中转换装的，称联运零担，可填写"联运货物托运单"。

填写托运单要注意：填写的内容齐全、完整、准确，并注明提货方式；填写的货物名称应用通俗易懂的名称，不可用代号、字母代替；如有特殊事项除了在发货人声明栏内记载，还必须向受理人员做书面说明。

2. 公路货物运输单证的审核要求

1）公路整车运输货物托运单的审核要求

承运人收到由货物托运人填写的托运单后，应对托运单的内容进行审核。即审核货物的详细情况，包括货物名称、体积、重量、运输要求以及根据具体情况确定是否受理。

2）公路零担运输货物托运单的审核要求

公路零担运输货物托运单在审核时，要检查并核对托运单内容有无涂改，对涂改不清的要求重新填写；审核到站地址与收货人地址是否相符，以免误运；对货物的品名，属性应进行鉴别，避免造成货运事故；对同一批货物和具有多种包装的货物应认真核对，避免错提错交；对托运人在声明栏内填写的内容应特别予以注意，如要求的内容无法办理则应予以说明。

第六节　公路货物运输运费核算

公路运送费用包括运费和其他费用。运费是指公路承运人在运输货物时依照所运货物的种类、重量、运距而收取的费用，它是公路货物运输费用的重要组成部分。其他费用也称杂费，主要是指包括装卸费在内的公路货物运输中产生的相关费用。要求承运人正确计算运输费用。

一、计费重量

整批货物运输以吨为单位，零担货物运输以千克为单位，集装箱运输以箱为单位。

（1）一般货物。无论整批、零担货物计费重量均按毛重计算。整批货物吨以下计至100kg，尾数不足 100kg 的，四舍五入。零担货物起码计费重量为 1kg。重量在 1kg 以上，尾数不足 1kg 的，四舍五入。

（2）轻泡货物。轻泡货物是指每立方米重量不足 333kg 的货物。装运整批轻泡货物的高度、长度、宽度，以不超过有关道路交通安全规定为限度，按车辆标记吨位计算重量。零担运输轻泡货物以货物包装最长、最宽、最高部位尺寸计算体积，按每立方米折合 333kg 计算重量。

二、计费里程

（1）货物运输的营运里程，按交通运输部和各省（自治区、直辖市）交通行政主管部门核定、颁发的《营运里程图》执行。《营运里程图》未核定的里程由承、托双方共同测定或经协商按车辆实际运行里程计算。

（2）出入境汽车货物运输的境内计费里程以交通主管部门核定的里程为准；境外里程按毗邻国（地区）交通主管部门或有权认定部门核定的里程为准。未核定里程的，由承、托双方协商或按车辆实际运行里程计算。

（3）货物运输的计费里程，按装货地点至卸货地点的实际载货的营运里程计算；货物运输计费里程以千米为单位，尾数不足 1km 的，进整为 1km。

（4）因自然灾害造成道路中断，车辆需绕道行驶的，按实际行驶里程计算。

（5）城市市区里程按当地交通主管部门确定的市区平均营运里程计算。当地交通主管部门未确定的，由承、托双方协商确定。

（6）计时包车货运计费时间以小时为单位，起码计费时间为 4 小时；使用时间超过 4 小时，按实际包用时间计算。整日包车，每日按 8 小时计算；使用时间超过 8 小时，按实际使用时间计算。时间尾数不足半小时舍去，达到半小时进整为 1 小时。

三、货物运价

1. 基本运价

（1）整批货物基本运价。指一等整批普通货物在等级公路上运输的每吨千米运价。

（2）零担货物基本运价。指零担普通货物在等级公路上运输的每千克千米运价。

（3）集装箱基本运价。指各类标准集装箱重箱在等级公路上运输的每箱千米运价。

2. 普通货物运价

普通货物实行分等计价，以一等货物为基础，二等货物加成 15%，三等货物加成 30%。

3. 特种货物运价

1）长大笨重货物运价

（1）一级长大笨重货物运价在整批货物基本运价的基础上加成 40%～60%。

（2）二级长大笨重货物运价在整批货物基本运价的基础上加成 60%～80%。

2）危险货物运价

（1）一级危险货物运价在整批（零担）货物基本运价的基础上加成 40%～60%。

（2）二级危险货物运价在整批（零担）货物基本运价的基础上加成 60%～80%。

3）贵重、鲜活货物运价

贵重、鲜活货物运价在整批（零担）货物基本运价的基础上加成 40%～60%。

4）特种车辆运价

按车辆的不同用途，在基本运价的基础上加成计算。特种车辆运价和特种货物运价两个价目不准同时加成使用。

5）非等级公路货运运价

非等级公路货物运价在整批（零担）货物基本运价的基础上加成 10%～20%。

6）快速货运运价

快速货物运价按计价类别在相应运价的基础上加成计算。

7）集装箱运价

（1）标准集装箱运价。标准集装箱重箱运价按照不同规格的箱型的基本运价执行，标准集装箱空箱运价在标准集装箱重箱运价的基础上减成计算。

（2）非标准箱运价。非标准箱重箱运价按照不同规格的箱型，在标准集装箱基本运价的基础上加成计算，非标准集装箱空箱运价在非标准集装箱重箱运价的基础上减成计算。

（3）特种箱运价。特种箱运价在箱型基本运价的基础上按装载不同特种货物的加成幅度加成计算。

四、运费核算

1. 运费核算

1）整批货物运费计算

整批货物运费＝吨次费×计费重量＋整批货物运价×计费重量×计费里程＋货物运输其他费用

2）零担货物运费计算

零担货物运费＝计费重量×计费里程×零担货物运价＋货物运输其他费用

3）集装箱运费计算

重（空）集装箱运费＝重（空）箱运价×计费箱数×计费里程＋箱次费×计费箱数＋货物运输其他费用

4）计时包车运费计算

　　　　　包车运费＝包车运价×包用车辆吨位×计费时间＋货物运输其他费用

运费以元为单位。

　　　　　运费尾数不足 1 元时，四舍五入。

5）其他费用

除了运费，公路的其他费用有调车费、延滞费、装卸落空损失费、排障费、车辆处置费、装卸费、通行费、保管费等。

6）公路货物运输运杂费结算

货物运杂费在货物起运时一次结清，可以按合同采取预付费用方式，随运随结或运后结清。托运人或收货人不支付运费，以及其他运输费用，承运人对相应的运输货物享有留置权。

货物在运输途中因不可抗力灭失，未收取费用的，承运人不得要求托运人支付费用；已收取费用的，托运人可以要求返还。

2. 公路运输运费核算的例题

【例 5-1】　一批果仁，重 5 吨，南宁运往桂林，办理快运，3 元/吨次，计算最高运费。

　　解：计费重量=5 吨　运价=0.27×（1+30%）×（1+40%）=0.49 元/t·km　计费里程=467km

运费=3×5+0.49×5×467=1162.4（元）

【例 5-2】　一批货物（属于贵重），重 2000kg，长 5m，高 2m，宽 2m，从济南运往青岛，零担货物运价为 0.002 元/kg·km，试计算其最高运费，与用 5 吨的整车运输相比哪个更加划算？（备注：假设整车货物运价为 0.27 元/t·km。）

　　解：判断是否属于轻泡货物：$2000/20=100kg/m^3 < 333kg/m^3$ 所以属于轻泡货物，计费重量=20×333=6660kg

　　运价=0.002×（1+60%）=0.0032 元/kg·km

　　计价里程=375km

　　则用零担运输费用=6660×0.0032×375=7992 元

　　如果用 5 吨的整车货物运输运费=0.27×（1+60%）×375×5+3×5=810 元，所以采用整车运输更加划算。

【例 5-3】　某货主托运一批瓷砖，重 4538kg，承运人公路一级普货费率为 1.2 元/t·km，吨次费为 16 元/吨次，该批货物运距为 36km，瓷砖为普货三级，途中通行收费为 35 元，试计算总运费。

　　解：瓷砖重 4538kg，超过 3 吨按整车办理，计费重量为 4.5 吨；瓷砖为三级普货，计价加成 30%

　　运价=1.2×（1+30%）=1.56 元/t·km

　　运费=16×4.5+1.56×4.5×36+35=359.72=359.7 元

【例 5-4】　某人包用运输公司一辆 5 吨货车 5 小时 40 分钟，包车运价为 12 元/吨小时，应包用人要求对车辆进行了改装，发生工料费 120 元，包用期间运输玻璃 3 箱、食盐 3 吨，发生通行费 70 元，行驶里程总计 136km，请计算包用人应支付多少运费？

解：包车运费＝包车运价×包用车辆吨位×计费时间＋货物运输其他费用。包车运价=12 元/吨小时

包车吨位=5t

计费时间=5 小时 40 分钟=6 小时

其他费用=120+70=190 元

所以运费=12×5×6+190=550 元

第七节　公路货物运输实践

➢任务说明

广州商贸集团李玉小姐有一批衣服欲从广州运往北京飘飘服装公司，收件人为王勇先生，要求 3 天内到达。

物品描述：100 箱衣服，20 千克/箱，30cm×30cm×30cm/箱，2 万元/箱。

托运人地址：广州市××区××路 1 号，广州商贸集团大厦 1101（邮编：5××××，电话：020-8×××××××）。

收货人地址：北京市海淀区××路 2 号，北京飘飘服装集团大厦 2101（邮编：1××××××，电话：010-×××××××）。

针对这一实际任务，应该做好以下几部分工作。

第一步：选择物流公司

在考虑运输时间、运输成本以及货物易损等因素的基础上，广州商贸集团的李玉小组决定选择采用公路运输的方式。并根据同行询问与决策经验，选定红星物流有限公司来完成此次货物托运业务。

第二步：查询明确运输费用

在进行运输费用计算时，首先要明确以下几个要素：计费重量、计费里程、货物运价等。然后进行全部运费的核算工作。

根据广州商贸集团的这批货物，应属于一般货物，适用于零担公路运输方式。可查询红星物流有限公司的零担货物运价表 5-6。

表5-6 红星物流有限公司单千米零担货物运价表

地区	城市	一般货物 元/千吨	到货时间/天	地区	城市	一般货物 元/千吨	到货时间/天
华北	北京	580	3～4	华中	新乡	550	2～3
	天津	650	3～4		南阳	500	2～3
	唐山	700	3～4		武汉	450	1～2
	秦皇岛	700	3～4		襄樊	500	2～3
	石家庄	550	3～4		宜昌	500	2～3
	邯郸	550	3～4		长沙	350	1～2
	保定	550	3～4		岳阳	400	1～2
	济南	500	3～4		株洲	380	1～2
	青岛	500	3～4	江苏省	上海	450	2～3
	烟台	550	3～4		南京	450	2～3
	潍坊	550	3～4		徐州	450	2～3
	临沂	550	3～4		苏州	450	2～3
	淄博	550	3～4		无锡	450	2～3
东北	沈阳	550	4～5		常州	450	2～3
	大连	650	4～5		扬州	450	2～3
	鞍山	580	4～5		镇江	450	2～3
	长春	580	4～5		南通	450	2～3
	吉林	650	4～5		泰州	450	2～3
	哈尔滨	750	5～6	浙江省	杭州	450	2～3
	大庆	800	6～7		绍兴	450	2～3
	佳木斯	900	7～8		义乌	400	2～3
西南	成都	650	3～4		金华	450	2～3
	重庆	650	3～4		湖州	450	2～3
	内江	700	4～5		台州	450	2～3
	宜宾	800	4～5		宁波	450	2～3
	南宁	350	1～2		嘉兴	450	2～3
	柳州	380	1～2		温州	450	2～3
	桂林	350	1～2		衢州	450	2～3
	昆明	600	3～4		丽水	450	2～3
	大理	850	4～5	安徽省	合肥	450	2～3
华中	郑州	550	2～3		芜湖	480	2～3
	信阳	550	2～3		马鞍山	500	2～3

续表

地区	城市	一般货物 元/千吨	到货时间/天	地区	城市	一般货物 元/千吨	到货时间/天
安徽省	六安	500	2～3	福建省	漳州	380	1～2
	阜阳	500	2～3		厦门	350	1～2
	安庆	480	2～3	西北	西安	550	3～4
江西省	南昌	350	1～2		兰州	650	4～5
	九江	400	1～2		乌鲁木齐	1100	7～8
福建省	福州	400	1～2		银川	750	5～6
	泉州	350	1～2		西宁	800	5～6
	石狮	400	1～2				

可知：货物到北京的单千米零担运价为：580 元/千吨。又知道货物为（100 箱×20 千克/箱）/1000=2t，广州到北京的计费里程为 2200km，货物运输其他费用为零。所以根据"零担货物运费计算公式：零担货物运费＝计费重量×计费里程×零担货物运价＋货物运输其他费用"，可以计算如下：

2 吨×580 元/千吨×2200km=2552 元

第三步：签订运输合同

```
********运输合同
托运方：_____
托运方详细地址：_____
承运方：_____
收货方详细地址：_____
根据国家有关运输规定，经过双方充分协商，特订立本合同，以便双方共同遵守。
第一条 货物名称：_____；规格：_____；数量：_____；单价：_____总额（元）：_____。
第二条 包装要求
托运方必须按照国家主管机关规定的标准包装；没有统一规定包装标准的，应根据保证货物运输安全的原则进行包装，否
则承运方有权拒绝承运。
第三条 货物起运地点：_____；货物到达地点_____。
第四条 货物承运日期_____；货物运到期限_____。
第五条 运输质量及安全要求_____。
第六条 货物装卸责任和方法_____。
第七条 收货人领取货物及验收办法_____。
第八条 运输费用、结算方式_____。
第九条 各方的权利义务
一、托运方的权利义务
1. 托运方的权利：要求承运方按照合同规定的时间、地点，把货物运输到目的地。货物托运后，托运方需要变更到货地点
或收货人，或者取消托运时，有权向承运方提出变更合同的内容或解除合同的要求。但必须在货物未运到目的地之前通知
承运方，并应按有关规定付给承运方所需费用。
2. 托运方的义务：按约定向承运方交付运杂费。否则，承运方有权停止运输，并要求对方支付违约金。托运方对托运的货
物，应按照规定的标准进行包装，遵守有关危险品运输的规定，按照合同中规定的时间和数量交付托运货物。
二、承运方的权利义务
1. 承运方的权利：向托运方、收货方收取运杂费用。如果收货方不交或不按时交纳规定的各种运杂费用，承运方对其货物
有扣压权。查不到收货人或收货人拒绝提取货物，承运方应及时与托运方联系，在规定期限内负责保管并有权收取保管费
用，对于超过规定期限仍无法交付的货物，承运方有权按有关规定予以处理。
```

2. 承运方的义务：在合同规定的期限内，将货物运到指定的地点，按时向收货人发出货物到达的通知。对托运的货物要负责安全，保证货物无短缺、无损坏、无人为的变质，如有上述问题，应承担赔偿义务。在货物到达以后，按规定的期限，负责保管。

三、收货人的权利义务

1. 收货人的权利：在货物运到指定地点后有以凭证领取货物的权利。必要时，收货人有权向到站、或中途货物所在站提出变更到站或变更收货人的要求，签订变更协议。

2. 收货人的义务：在接到提货通知后，按时提取货物，缴清应付费用。超过规定提货时，应向承运人交付保管费。

第十条　违约责任

一、托运方责任

1. 未按合同规定的时间和要求提供托运的货物，托运方应按其价值的_____%偿付给承运方违约金。

2. 由于在普通货物中夹带、匿报危险货物，错报笨重货物重量等而招致吊具断裂、货物摔损、吊机倾翻、爆炸、腐蚀等事故，托运方应承担赔偿责任。

3. 由于货物包装缺陷产生破损，致使其他货物或运输工具、机械设备被污染腐蚀、损坏，造成人身伤亡的，托运方应承担赔偿责任。

4. 在托运方专用线或在港、站公用线、专用铁道自装的货物，在到站卸货时，发现货物损坏、缺少，在车辆施封完好或无异状的情况下，托运方应赔偿收货人的损失。

5. 罐车发送货物，因未随车附带规格质量证明或化验报告，造成收货方无法卸货时，托运方应偿付承运方卸车等存费及违约金。

二、承运方责任

1. 不按合同规定的时间和要求配车（船）发运的，承运方应偿付托运方违约金_____元。

2. 承运方如将货物错运到货地点或接货人，应无偿运至合同规定的到货地点或接货人。如果货物逾期达到，承运方应偿付逾期交货的违约金。

3. 运输过程中货物灭失、短少、变质、污染、损坏，承运方应按货物的实际损失（包括包装费、运杂费）赔偿托运方。

4. 联运的货物发生灭失、短少、变质、污染、损坏，应由承运方承担赔偿责任的，由终点阶段的承运方向负有责任的其他承运方追偿。

5. 在符合法律和合同规定条件下的运输，由于下列原因造成货物灭失、短少、变质、污染、损坏的，承运方不承担违约责任：

（1）不可抗力；

（2）货物本身的自然属性；

（3）货物的合理损耗；

（4）托运方或收货方本身的过错。

第十一条　本合同正本一式二份，合同双方各执一份；合同副本一式_____份，送_____等单位各留一份。

托运方（盖章）：_____	承运方（盖章）：_____
代表人（签字）：_____	代表人（签字）：_____
地址：_____	地址：_____
电话：_____	电话：_____
开户银行：_____	开户银行：_____
账号：_____	账号：_____
____年____月____日	____年____月____日
签订地点：_____	签订地点：_____

第四步：填写托运单

托运人要填写托运单，托运单由承运人提供，不同的物流运输企业有各自不同的托运单格式。在填写时要注意写清装卸地点和时间、货物名称与规格、货物大小（体积或重量）、运输时间、运输费用、具体运输要求等相关项目。

第五步：货物交接

商贸公司将货物和托运单交给红星物流有限公司的零担货物受理业务人员，物流公司会及时验货过磅，认真点件交接，同时做好记录。无误后，红星物流有限公司会按托运单编号填写"零担货物运输货票"（丙种运单），同时向商贸公司收取运杂费2552元。广州商贸公司在付清运杂费后，可在物流公司财务部门获取《公路、内河货物运输业统一发票》。之后应立即将已发货信息通知给收货人王勇。发票存根如图5-20。

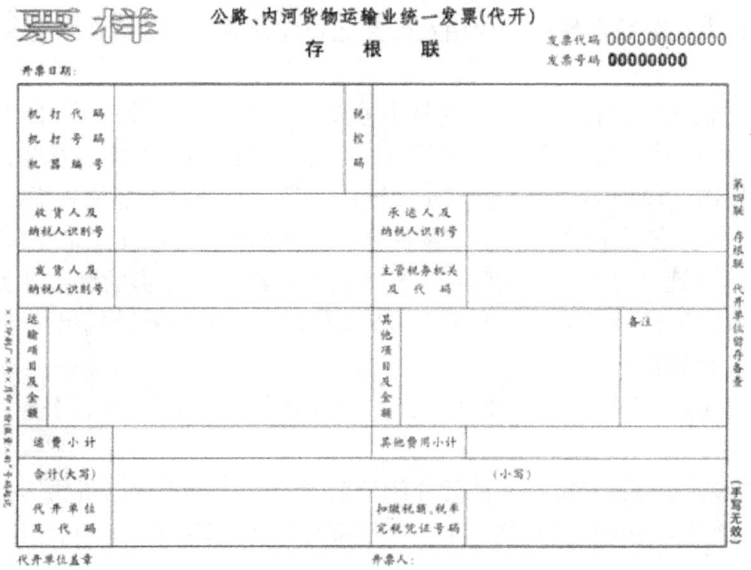
票样

公路、内河货物运输业统一发票(代开)

存　根　联

发票代码 000000000000
发票号码 00000000

开票日期：

机打代码 机打号码 机器编号		税控码	
收货人及纳税人识别号		承运人及纳税人识别号	
发货人及纳税人识别号		主管税务机关及代码	
运输项目及金额		其他项目及金额	备注
运费小计		其他费用小计	
合计(大写)	(小写)		
代开单位及代码		扣缴税额、税率完税凭证号码	

代开单位盖章　　　　开票人：

第四联　存根联　代开单位留存备查

(手写无效)

图 5-20　发票存根

第八节　公路运输教学实践

➢项目简介

该项目主要介绍公路运输的教学设计。

根据“运输管理”这门课程的要求和教学对象的特点（设定教学对象为师资本科生），确定本模块的教学设计，包括教学目标、教学重难点、教学方法、教学环节的时间分配等。

一、教学目标

本模块的教学目标是讲述公路运输的设施、设备、特点、组织流程、相关单证以及公路运输实际问题的解决实践，使学生达到了解、认知及触及使用的水平。

二、教学重难点

1. 教学重点

本模块的教学重点是让学生了解公路运输的特点、公路运输的基本流程、公路运输的单证、物联网技术在公路运输中的应用及公路运费的计算，以了解认知为基础，进一步实操为深入。

（1）公路运输概述项目，主要介绍公路运输的概念、系统组成及公路运输的特点。

（2）公路运输设施与设备项目，主要介绍公路运输的相关设施以及公路运输设备。

（3）公路货物运输种类项目，主要介绍按托运量大小分类的运输种类、按托运距离长短分类的运输种类、按货物性质及运输条件分类的运输种类、按托运货物保险分类的运输种类、按货物运送速度分类的运输种类、按运输的组织特征分类的运输种类。

（4）公路货物运输业务流程，主要介绍基本流程、普通货物运输组织、特殊货物运输组织、零担货物运输组织。

（5）公路货物运输单证，主要介绍公路货物运输的单证种类、公路货物运输单证的填写。

（6）公路货物运输运费核算，主要介绍计费重量、计费里程、货物运价、运费核算。

（7）公路货物运输的组织实践，主要介绍围绕任务公路货物运输的组织过程。

2. 教学难点

（1）公路运输概述项目，难点在于让学生理解公路运输的特点，并在进行运输方式选择时做出正确的判断。

（2）公路运输设施与设备项目，难点在于让学生了解公路设施与设备的特点，并合理选用公路运输相关设备。

（3）公路货物运输种类项目，难点在于让学生理解不同种类公路货物运输方式的分类标准，以及不同分类结果的特点，方便其在实际工作中对遇到的问题进行归类。

（4）公路货物运输业务流程，难点在于让学生理解公路货物运输的基本业务流程，在遇到实际问题时能整体的流程观念，以提高组织效率。

（5）公路货物运输单证，难点在于让学生掌握公路货物运输单证的种类，并在实际填写工作中保证填写的准确性。

（6）公路货物运输运费核算，难点在于让学生掌握公路货物运输运费核算时要涉及的所有因素，以及各因素的相关要求，在针对实际运费计算问题时能准确地进行运费核算工作。

（7）公路货物运输的组织实践，难点在于让学生面对实际问题，自己动手解决问题，以便未来遇到公路货物运输的实际问题时能完整地进行操作解决。

三、教学方法

针对本模块公路运输组织实操性强，需考虑的相关因素较多的特点，此模块教学应以了解认知公路运输知识为基础，以公路运输组织实践问题解决实操为深入。因此本模块的教学包括两部分，一部分是课堂教学（4 学时），在课堂教学过程中，通常是以讲授法为主，同时辅以学生围绕案例思考及分析的方法。另一部分是实践教学（2 学时），通过实际任务的提出与完整解决，进行公路货物运输整体流程的学习。

本模块教学中会大量使用图表、案例进行辅助教学，帮助学生快速感性认知并掌握公路运输的相关基础知识，并通过实践任务的解决，加强锻炼学生针对公路货物运输问题的整体解决能力。

四、教学环节的时间分配

第五章　公路运输
第一节　公路运输概述（15min）
第二节　公路运输设施与设备（25min）
第三节　公路货物运输种类（25min）
第四节　公路货物运输业务流程（25min）
第五节　公路运输单证（60min）
第六节　公路货物运输运费核算（30min）
第七节　公路货物运输实践（90min）
共 6 学时，课堂讲授 4 学时，实验教学 2 学时。

五、教学评价

章节名称：公路运输

评价类别	评价项目	评价标准	评价依据	评价方式			权重
				学生自评	同学互评	教师评价	
				0.1	0.1	0.8	
过程评价	学习能力	学习态度，学习兴趣，学习习惯，沟通表达能力	学生考勤，课后作业完成情况，课堂表现，收集和使用资料情况				0.2
	专业能力	能正确进行公路运输类型的选择。能正确掌握公路运输的操作流程。能准确地填制公路运输的单据	公路运输类型选择的合理性。公路运输流程安排与操作的优化性。公路运输单据填制的准确性				0.3
	其他方面	探究、创新能力、分析能力	积极参与研究性学习，有独到的见解，善于分析，能提出解决问题的方法				0.1
结果评价	理论考核						0.2
	实操考核						0.2

➤复习思考题

一、单项选择题

1. 下列运输方式中常用于中短途运输的是（　　　）。

A. 铁路运输　　　B. 公路运输　　　C. 航空运输　　　D. 水路运输

2. 下列能够实现门到门运输的是（　　　）。

A. 铁路运输　　　B. 公路运输　　　C. 航空运输　　　D. 水路运输

3. 公路货物运输经营者竞争的主要货源是（　　　）。

A. 普通货　　　B. 长大笨重货　　C. 冷冻货　　　D. 危险品和鲜活品

4. 发送的货物从接收至送达收货人手中的整个过程需要经过分拣，拼装的环节才能完成的运输组织方式是（　　　）。

A. 整车运输　　　B. 航空运输　　　C. 零担运输　　　D. 水路运输

5. 钢板和打成包的棉花等货物的计费标准是（　　　）。

A. W　　　　　B. M　　　　　C. W/M　　　　D. 以上答案都不是

6. 国内目前通用的运费计价方法是（　　　）。

A. 承运人估价　B. t·km　　　C. 作业成本法　　D. 以某段距离的吨价作为费率

7. 公路运输中对庞大、沉重而又不可分割的整体货物的运输是（　　　）。

A. 长大笨重货　B. 大件运输　　C. 超限货　　　D. 危险品

8. 承运人发出领货通知次日起（　　　）天无人领取可进行处理。

A. 7　　　　　B. 30　　　　　C. 90　　　　　D. 20

二、多项选择题

1. 公路运输的优点是（　　　）。

A. 机动灵活、适应性强　　　　　B. 可以实现门到门运输

C. 运量小、运输成本高　　　　　D. 运行持续性较差

2. 公路运输货代还可称为（　　　）。

A. 配货站　　　　　　　　　　　B. 货运站

C. 信息部　　　　　　　　　　　D. 物流中心

3. 公路货代揽货的方式主要有（　　　）。

A. 托运人上门委托　　　　　　　B. 他人介绍

C. 自行开发　　　　　　　　　　D. 上门取货

4. 我国的大多数公路运输货代从事着（　　　）初级货物运输代理服务。

A. 不定期　　　　　　　　　　　B. 不定量

C. 不定品种　　　　　　　　　　D. 不定路线

5. 公路的货运类型为（　　　）。

A. 普通货　　　　　　　　　　　B. 长大笨重货

C. 冷冻货　　　　　　　　　　　　D. 危险品和鲜活品

6. 公路货物运输发运方式为（　　　）。

A. 零担　　　　　　　　　　　　　B. 整车

C. 专列　　　　　　　　　　　　　D. 甩挂

7. 公路货物运输装载注意事项为（　　　）。

A. 装载的物品不得遗洒　　　　　　B. 不能超重

C. 不能超限　　　　　　　　　　　D. 载货车厢内不得载客

8. 运输车辆在公路上行驶属于超限运输的是（　　　）。

A. 车货总高度从地面算起 4m 以上

B. 车货总长 18m 以上

C. 车货总宽度 2.5m 以上

D. 单车、半挂车、全挂车车货总质量在 50000kg 以上

9. 承运人申请超限货物运输时需提交的证件包括（　　　）。

A. 书面申请　　　　　　　　　　　B. 货物资料

C. 运输车辆信息　　　　　　　　　D. 货物运输路线和车辆行驶证

10. 受损方要求赔偿时，应提交的资料单据有（　　　）。

A. 赔偿要求书　　　　　　　　　　B. 货运事故记录

C. 物品清单　　　　　　　　　　　D. 货物运单

三、简答题

1. 简述公路运输的特点。

2. 我国公路等级如何划分？

3. 简述公路货物运输种类。

4. 简述公路货物运输业务流程。

5. 简述公路货物运输单证种类。

6. 公路运费是怎么构成的？

四、计算题

某货主托运一批瓷砖，重 4538kg，承运人公布的一级普货费率为 1.2 元/（t·km），吨次费为 16 元/t，该批货物运输距离为 36km，瓷砖为普货三级，计价加成 30%，途中通行收费 35 元，计算货主应支付多少运费？

➤参考答案

一、单项选择题

1. B　2. B　3. A　4. C　5. A　6. D　7. B　8. B

二、多项选择题

1. ABCD　2. ABCD　3. ABC　4. ABCD　5. ABCD
6. ABD　7. ABCD　8. ABC　9. ABCD　10. ABCD

三、简答题

答案：略

四、计算题

（1）砖重 4538kg，超过 3t 按整车办理，计费重量为 4.5t。

（2）瓷砖为三级普货，计价加成 30%运价＝1.2×（1+30%）＝1.56 元/（t·km）。

（3）运费＝16×4.5+1.56×4.5×36+35＝359.72＝360 元。

➤ 实践训练

上海商贸集团李丽小姐有一批化妆品欲通过公路运输从上海运往宜宾都市丽人化妆品公司，收件人为张鹏先生，要求 5 天内到达。现交于德邦物流有限公司托运。

物品描述：15 箱化妆品，18 千克/箱，20 厘米×20 厘米×30 厘米/箱，40 元/件。

托运人地址：上海市××区××路 1 号，上海商贸集团大厦 2222（邮编：200000，电话：021-8××××××）。

收货人地址：宜宾市翠屏区××路 2 号，宜宾市沁园集团大厦 1213（邮编：64400，电话：0831-×××××××）。

根据以上资料，制作和填写运输合同。

签约地：上海		编号：			
托运人	上海商贸集团李丽	地址	上海市××区××路 1 号，上海商贸集团大厦 2222	电话	021-8××××××
承运人	德邦物流有限公司	地址	上海	电话	
装货地点	上海	发货人		电话	
卸货地点	宜宾	收货人	宜宾都市丽人化妆品公司张鹏	地址	宜宾市翠屏区××路 2 号，宜宾市沁园集团大厦 1213
				电话	
启运时间	年　月　日　时		运到时间		年　月　日　时
货物名称	包装形式	件数	价值（元）	运费（元）	运费结算方式
衣服	箱	15	15000		
托运人签（章）　　年　月　日　时 承运人签（章）　　年　月　日　时					收货人签字： 年　月　日　时

第六章

铁 路 运 输

➢项目实施体系结构图

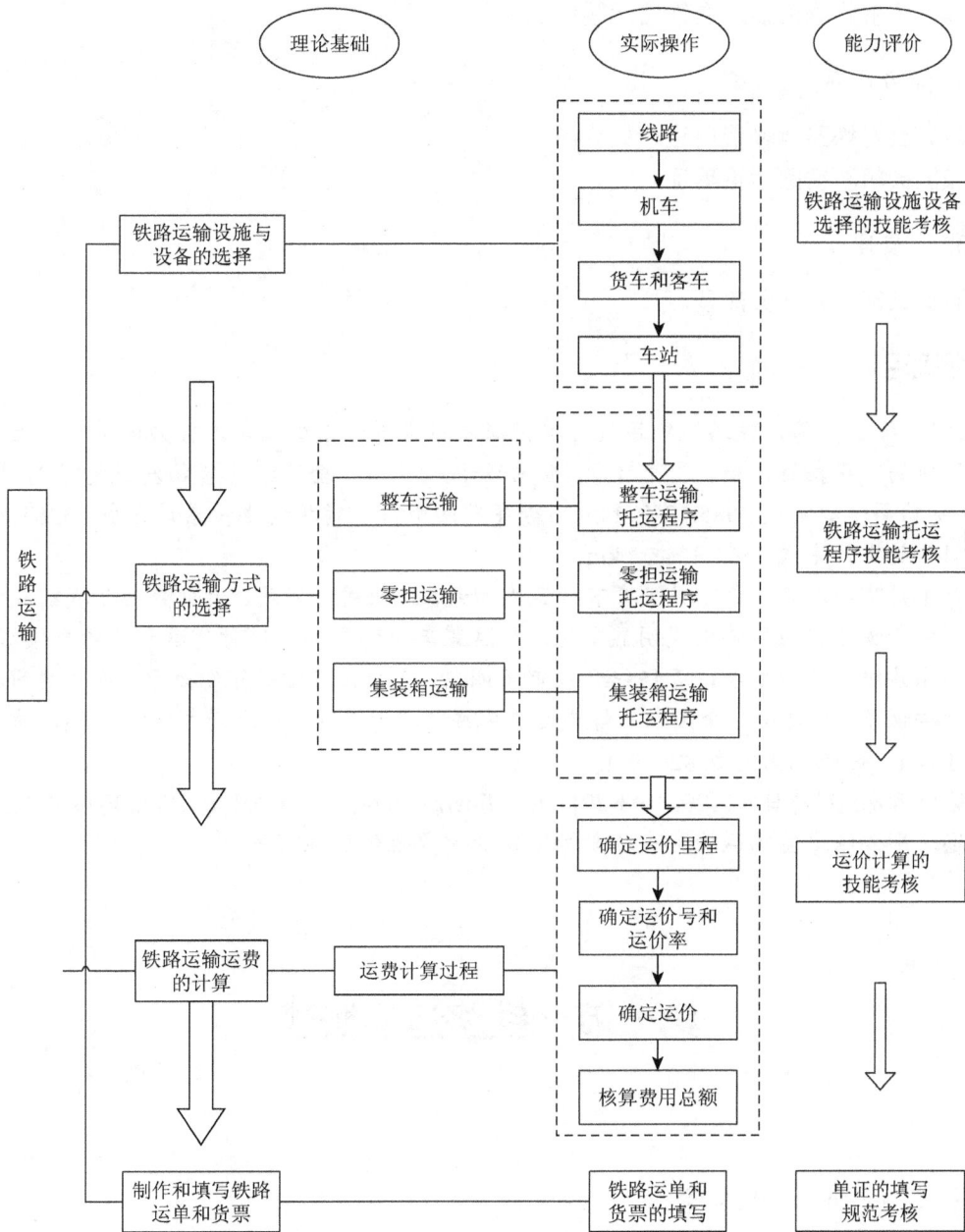

```
              理论基础          实际操作          能力评价

                              ┌──────────┐
                              │   线路   │
                              └────┬─────┘
                                   ↓
                              ┌──────────┐
铁路运输设施与              │   机车   │    铁路运输设施设备
设备的选择                   └────┬─────┘    选择的技能考核
                                   ↓
                              ┌──────────┐
                              │ 货车和客车 │
                              └────┬─────┘
                                   ↓
                              ┌──────────┐
                              │   车站   │
                              └──────────┘

                   ┌──────────┐  ┌──────────┐
                   │ 整车运输 │  │ 整车运输 │    铁路运输托运
铁      铁路运输方式 │         │  │ 托运程序 │    程序技能考核
路      的选择      ┌──────────┐  ┌──────────┐
运                 │ 零担运输 │  │ 零担运输 │
输                 │         │  │ 托运程序 │
                   ┌──────────┐  ┌──────────┐
                   │ 集装箱运输│  │ 集装箱运输│
                   │         │  │ 托运程序 │
                   └──────────┘  └──────────┘

                              ┌──────────┐
                              │ 确定运价里程│
                              └────┬─────┘
                                   ↓
                              ┌──────────┐
铁路运输运费        运费计算过程 │ 确定运价号和│   运价计算的
的计算                        │ 运价率   │    技能考核
                              ┌──────────┐
                              │ 确定运价 │
                              └────┬─────┘
                                   ↓
                              ┌──────────┐
                              │ 核算费用总额│
                              └──────────┘

制作和填写铁路        铁路运单和        单证的填写
运单和货票           货票的填写        规范考核
```

➢学习目标

1. 知识目标

（1）了解铁路运输的设施与设备。

（2）掌握铁路运输的优缺点。

（3）掌握铁路货物运输的种类。

（4）了解物联网技术在铁路运输中的应用。

2. 能力目标

（1）会对铁路运输费用进行核算。

（2）会填写铁路运输单证。

3. 素质目标

掌握铁路运输业务流程。

➤案例导引

2014 年 2 月份，铁路运输系统各单位深入推进货运组织改革，努力促进货运上量，实现了新的一年良好开局、平稳起步。数据显示，2 月份，全国铁路货物发送量完成 29011 万 t，货物周转量完成 2085.13 亿 t·km。今年前两个月，货物发送量累计完成 63364 万 t，货物周转量累计完成 4562.35 亿 t·km。

自 1 月下旬以来，受宏观经济下行压力加大、工业用电不足、大部分企业提前放假等因素影响，铁路货源形势出现明显变化，货运装车受到影响。针对货运面临的严峻形势，各铁路局按照总公司要求认真组织开展市场调研，大力推进货运组织改革，加强运用车及车种结构调整。2 月份，全国铁路煤炭运量完成 17799 万 t，石油完成 1081 万 t，粮食完成 573 万 t，化肥农药完成 824 万 t。

案例来源：经济日报. [2014-03-29].http: //finance.ifeng.com/a/20140329/12007924_0.shtml

思考题：铁路货物运输对我国货物运输的重要性体现在哪里？

第一节　铁路运输概述

一、铁路运输的含义

铁路运输是指在铁路上把车辆编组成列车载运货物的另一种陆上运输方式，它是现代最重要的货物运输方式之一。铁路运输主要承担长距离和大批量的长途货运。在没有水运条件的地区，几乎所有大批量的货物运输都是依靠铁路运输的。在我国，每年有 50%左右的货物运输由铁路运输完成。

二、铁路运输的优缺点

铁路运输方式是现代最重要的货物运输方式之一，它对货物在异地的交换起了重要作用。

1. 铁路运输的优点

（1）运输能力大。对于陆上运输而言，铁路运输的运送能力最大。特别是重载铁路修建，使铁路运输的运送能力比以前有相应提高。如果计算铁路运输的平均的运输能力，每一次铁路车辆的平均运送能力可达到 4000t，将远远大于公路运输的单车运量，所以铁路运输非常适合大宗物资的陆上运输。在我国，铁路运输仍然起到运输主动脉的作用。

（2）运输成本较低。由于铁路运输采用大功率机车牵引列车运行，可承担长距离以及大运输量的运输任务，且由于机车的运行阻力较小、能源消耗低，所以系统的运行价格较低。

（3）受自然条件的限制较小。因为铁路运输具有高度的导向性，所以只要行车设施无损坏，在任何自然气候条件下，列车均可安全行驶，受气候因素限制很小，所以铁路运输是较可靠的运输方式。

（4）客货运输到发时间准确性高。因为铁路运输统一调度，且具有专用路权，先进的列车可通过高科技计算机控制，实现全自动化，可完全不受人为的控制，所以能保证运输到发时间的准确性。

除此之外，铁路运输还有通用性能好、运输速度快、运行比较平稳、安全可靠以及平均运距较高等优点。

2. 铁路运输的缺点

（1）初期建设投资高。铁路运输固定资产的比例要远高于其他运输项目。对于铁路运输，初始建设的投资包括铁路线路的修建和机车的购买成本。一旦铁路拆除，造成的损失是很大的，所以铁路运输的投资风险就比较高。

（2）营运缺乏弹性。铁路运输只有达到一定的运输量，才能保证其经济性，这样势必影响铁路运输机动灵活性；同时，铁路运输不会随着客源与货源所在地变更营运路线。

（3）货损较高。因为铁路运输在运输的过程中需要编组，会出现货物的多次装卸搬运现象，若不能精心处理，会造成货物的损坏。

所以综合考虑，铁路适于在内陆地区运送中大运量、长距离、长时间、可靠性要求高的货物。从投资效果看，在运输量比较大的地区之间建设铁路比较合理。

第二节　铁路运输设施与设备

一、线路

铁路线路是机车车辆和列车运行的基础，它是由路基、桥隧建筑物和轨道组成为一个整体的工程结构。轨道又称线路上部建筑，由道床、钢轨、轨枕、道岔、连接零件和防爬器等组成。轨道承受机车车辆的重力和冲击力并将荷载传布给路基。轨道的强度是根据运量的大小、机车的轴重和行车速度的高低确定的。轨道结构可分为重型、次重型、中型与轻型几种。为了提高线路的输送能力和行车的稳定性，许多国家都对轨道结构进行了改造。主要措施是采用重型钢轨，铺设新型高速道岔和无缝钢轨，采用新型轨下基础如预应力钢筋混凝土轨枕、宽轨枕、弹簧垫板和弹性扣件等。

二、机车

铁路车辆本身没有动力装置，无论是客车还是货车，都必须把许多车辆连接在一起编成一列，由机车牵引才能运行，所以，机车或者带有动力的车辆是铁路运输的牵引动力。通常说来，列车的重量与速度主要取决于机车的功率和性能。机车的基本类型有蒸汽机车、内燃机车以及电力机车。此外，还有少数燃气轮机车与带有动力的客车。

三、货车和客车

货车与客车是铁路运输的基本载运工具，其构造及技术水平对提高列车的重量、降低运输成本、实现作业机械化与自动化，以及保证舒适的旅行条件有重大意义。

1. 货车

货车的基本类型有棚车、敞车、平车和罐车。在这些基本车型的基础上又发展出各种专用货车，如保温车、水泥车、家畜车、活鱼车、通风车、活顶棚车、自卸漏斗车、集装箱专用平车、长大货物车等。货车应具有坚固而稳定的结构，以保证列车安全而平稳地运行，并同机车的构造速度相适应。目前，货车发展的基本趋势是减轻自重、增加载重、提高速度和改进结构。铁路货车的车种、用途与特点如表6-1所示。

表 6-1　铁路货车的车种、用途与特点

车辆类型		基本型号	用途及特点
通用货车	棚车	P	棚车车体由端墙、侧墙、棚顶、地板、门窗等部分组成。主要装运怕日晒、雨淋、雪侵的货物（粮食、日用品、贵重仪器设备等）。部分棚车还可运送人员和马匹。如图 6-1 所示
	敞车	C	敞车仅有端、侧墙和地板。主要装运煤炭、矿石、木材、钢材等，也可装运重量不大的机械设备，苫盖篷布可装运怕雨淋的货物。（敞车是一种通用性、灵活性较大的货车。）如图 6-2 所示
	平车	N	大部分平车只有一平底板，部分平车装有很低的侧墙和端墙，并有能够翻到的设备装置，适合于装载重量、体积或长度较大的货物。也有将车体做成下弯的凹底平车或一部分不装地板的落下孔车，供装运特殊长大重型货物，因而也称作长大货物车。如图 6-3 所示
	冷藏车	B	车体装有隔热材料，车内设有冷却、加温等装置，具有制冷、保温和加温三种性能。用于运送新鲜蔬菜、水果、鱼、肉等易腐的货物
	罐车	G	其车体为圆筒形，罐体上设有装卸口。为保证液体货物运送时的安全，罐车还设有空气包和安全阀等设备。罐车主要用来运送液化石油气、汽油、盐酸、乙醇等液体货物。如图 6-4 所示
专用货车	专用敞车	C	供具有翻车机的企业使用，主要用于装运块粒状货物且采用机械化方式装卸
	专用平车	X，SQ	运送小汽车（型号为 SQ）与集装箱（型号为 X）的平车。运送小汽车的平车车体一般分为 2~3 层，并设有跳板，以便汽车自行上下。如图 6-5、图 6-6 所示
	漏斗车	K	用于装运块粒状散装货物，主要运输煤炭、矿石、粮食等。如图 6-7 所示
	水泥车	U	用来送送散装水泥的专用车。如图 6-8 所示
	家畜车	J	用于运送活家禽、家畜等的专用车。车内有给水、饲料的储运装置，还有押运人乘坐的设施。如图 6-9 所示

图 6-1　棚车

图 6-2　敞车

图 6-3　平车

图 6-4　罐车

图 6-5　专用平车——运送小汽车

图 6-6　专用平车——运送集装箱

图 6-7　专用漏斗车

图 6-8　专用水泥车

图 6-9 专用家畜车

2. 客车

客车有敞开式和包房式的软、硬席座车、卧车等。此外，还有为长途旅客供应饮食的餐车，运送邮件的邮政车，运送行李包裹的行李车，便于旅客观赏沿线风景的瞭望车，便于办公的公务车，以及各种特种车，如医务车、文教车、供应车等。客车的发展趋势侧重于提高运行速度和舒适程度，以及减轻车体自重。中国新造客车全部采用了滚动轴承，在一些客车中增设空气自动调节装置，车辆结构与车内设备也有所改善。

四、车站

为了保证行车安全和必要的线路通过能力，铁路上每隔一定距离（10km 左右）需要设置一个车站，车站把每一条铁路线划分成若干个长度不同的段落，每一段落称为区间，而车站就成为相邻区间之间的分界点。因此，区间和分界点是组成铁路线路的两个基本环节。铁路车站是办理旅客与货物运输业务，编组和解体列车，组织列车始发、到达、交会、越行以及通过的铁路基层单位。车辆的技术检查、机车换挂、货运检查、机车乘务组换班、机车和客车上水等作业一般也在车站完成。所以，车站对外直接与铁路的服务对象（旅客与收发货人）发生关系，对内是铁路机车、线路、车辆、通信信号等各部门运营业务的结合点。车站的技术水平以及工作组织水平对整个铁路的运输效率影响极大。

这里主要以货运站为主要研究对象，货运站可以进行以下分类。

1. 按办理的货物种类与服务对象分

（1）综合性货运站。站内设有较大的货场，办理各种不同种类的整车、零担和集装箱货物的发送和到达作业以及专用线作业。这种车站主要为工厂、企业、机关及城市居民服务。

（2）专业性货运站。这种车站办理一定种类货物的装卸作业或联运货物的换装作业，如大宗货物装车站、危险货物专用站、港口站等。

2. 按办理货物作业的性质分

（1）装车站。装车作业大于卸车作业，经常需要大量空车。主要办理大宗货物的发送，如煤、木材、矿石、石油、矿物性建筑材料等。

（2）卸车站。卸车作业大于装车作业，经常排出大量空车。某些位于工业企业附近的车站及位于大城市的综合性货运站，大都属于此类。

（3）装卸站。装卸作业车数大致相等，双重作业比重较大。位于中小城市的中小型货场的装卸作业大都属于此类。

（4）换装站。以办理不同运输工具之间的货物换装作业为主。港口站、国际铁路联运的国境站、集装箱中转站都属于此类。

3. 按与正线连接的方式分

（1）尽头式货运站。即车站到发场仅一端连接正线的车站。

（2）通过式货运站。即车站到发场两端都与正线连接的车站。

➤知识拓展

大四铁路大吴段与高关支线段正式运营通车

国际在线消息（通讯员 张湘涛 杨鑫 宋思雅） 记者日前从中国中铁六局获悉，由该公司铺架分公司承担施工的大四铁路大吴段与高关支线段已正式运营通车。

新建大塔至四眼井铁路，即大塔至吴四圪堵（高关支线）、吴四圪堵至四眼井两段铁路，正线全长 88km。大塔至吴四圪堵段线路区间线路长度 23.154km，其中正线铺轨 22.69km，站线铺轨 7.855km，铺设道岔 14 组，铺填道砟 95000m^3，架设 T 梁 162 孔。自 2013 年开工以来，中铁六局集团公司大四铁路项目参建员工，克服了严重缺水、肆虐的沙尘暴等异常艰难环境及诸多困难，主动出击，战戈壁、冒风沙、斗酷暑、抗严寒，强化安全质量过程控制，精细生产组织，科学统筹安排，取得了一个又一个阶段性胜利，如期实现了大四铁路大吴段与高关支线段的正式开通运营。

大四线是鄂尔多斯"三横四纵"铁路网的重要组成部分，该线建成贯通后，将极大提高鄂尔多斯地区煤炭外运能力，对促进我国能源战略西移，增强铁路网络运输机动性和灵活性都有重大意义。

案例来源：新浪国际在线 2015 年 9 月

第三节　铁路货物运输种类

铁路货物运输根据一批货物的重量、体积、性质、形状等可分为整车运输、零担运输与集装箱运输三种。

根据运输条件的不同可以分为普通货物运输和特殊货物运输,特殊货物运输又包括阔大货物运输(包括超长货物、集重货物和超限货物,是一些长度长、重量重、体积大的货物)、危险货物运输、鲜活货物运输、灌装货物运输(指用铁路罐车运输的货物)。

根据运输速度的不同可以分为按普通货物列车办理的货物运输、按快运列车办理的货物运输和按客运速度办理的货物运输。

通常在铁路运输部门办理运输业务按第一种分类方式办理。

一、整车运输

通常来说,一批货物按照它的重量或体积需要单独使用 30t 以上的一辆或者超过一辆的货车装运,或者虽然不能装满一辆货车,但由于货物的性质、形状或运送条件等,必须单独使用一辆货车装运时,都应该以整车的方式运输。

(1)需要冷藏、保温、加温运输的货物。

(2)规定限按整车运输的危险货物。

(3)易于污染其他货物的污秽品。

(4)蜜蜂。

(5)不易计算件数的货物。

(6)未装容器的活动物。

整车运输装载量大,运输费用较低,运输速度快,能承担的运量也较大,是铁路的主要运输形式。

二、零担运输

按照货物的形状、性质、运送条件等不需要单独使用一辆货车运输,可与其他几批货物拼装一辆货车运送时,按零担的方式运输。零担运输一件体积最小不能小于 $0.02m^3$(一件重量在 10kg 以上的除外),每批不得超过 300 件。零担运输适于运输小批量零星货物。

三、集装箱运输

为了节约货物包装材料、简化运输手续、降低商品成本、提高装卸作业效率、加速货物和车辆周转，以贵重、易碎、怕湿货物为主，在铁路集装箱运输营业所或集装箱办理站之间，可办理集装箱运输。集装箱运输适用于运输精密、贵重、易损、怕湿的货物。凡适箱货物均应采用集装箱运输。

第四节　铁路货物运输组织流程

一、铁路整车托运程序

铁路货物托运指托运人委托承运人运输货物，并按规定向承运人提交托运计划与运单的行为。

1. 发运的基本条件

做好发运工作，必须具备以下基本条件。

（1）购销业务部门或发货人要按时向委托办理商品发运的运输部门提供发货商品的运输计划资料。内容包括：商品调运方案、供销合同或协议和商品名称、商品流向、数量（吨）、供货时间、起运站及收货单位或收货人等。

（2）购销业务部门或发货人开出商品供应单或发货票后，应附有收货单位或收货人，到达站商品名称、重量、件数、体积以及收货人的详细地址、开户银行、账号等。

（3）商品包装应适应多环节装卸搬运的要求。

（4）发运的商品包装两端应有明显清楚的运输标记与标志。

（5）对化学危险品、毒品和鲜活易腐商品的质量标准、包装和装载方法要符合铁路、交通部门的要求。

2. 发运的业务程序

商品发运方式不同，发运的业务流程也有所不同，但是基本环节相似。现就商品发运的主要环节和一般操作程序分述如下（图6-10）。

1）备运

备运是做好商品发运业务的前提条件，在备运阶段，要做好货源的组织工作，这是搞好商品发运工作的基础。备运阶段要做好三件事：①做好货源的调查、市场变化、摸清生产、时间要求和运力松紧等情况的综合分析，提出调运方案；②在组织落实货源的基础上，做好货源的具体安排，根据已批准的运输计划，结合商品调运的数量和去向，分轻重缓急，提出旬、日计划，做好船、车、货的衔接；③选择经济合理的运输方式和运输工具，以加速商品的发运。

2）组配

组配是根据旬计划、日安排组织商品配装，是发运过程中的一道重要的环节。根据单、货的流转情况，有两种不同组配方法：一种是见单组配；另一种是见货组配。车站装车发运一般是见单组配。见单组配又有两种情况：一种商品调拨供应单在开单后直接流转到商品运输组配环节进行组配；另一种商品调拨供应单先流转到商品储存仓库，经过集中商品，并在包装上按运输计划要求刷、贴或者书写好运输标记后，再将商品调拨供应单流转到商品运输组配环节进行组配。见货组配是生产单位直接将商品运送到铁路专用线的站台仓库收货。这种直拨方法不能先得到商品调拨供应单进行组配，只能在站台仓库收到商品见货到齐后，才能进行组配。组配的要求如下。

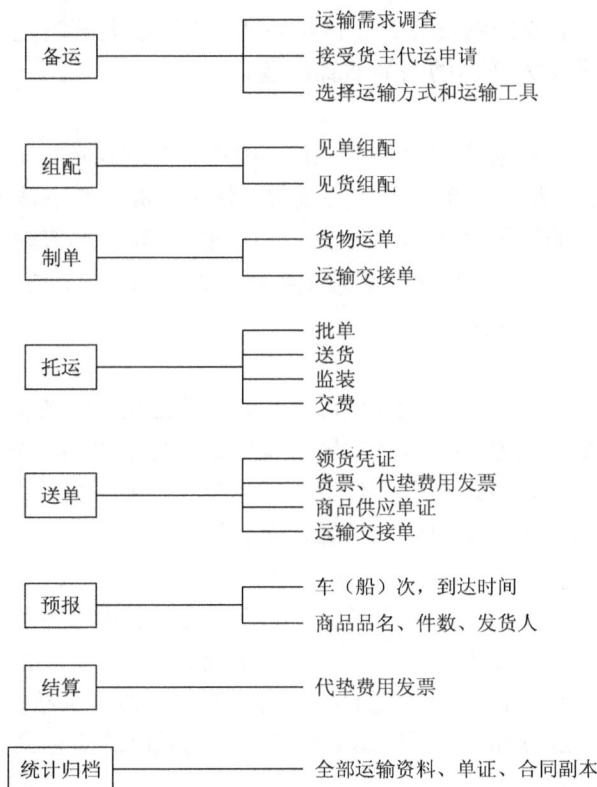

图 6-10　商品发运程序

（1）运价号不同的货物不能组配在一起。

（2）性质互有影响的货物不能组配在一起。

（3）组配时应考虑运输工具的充分利用。

（4）对甩退货物应优先组配。

3）制单

制单是根据组配环节转来的组配好的商品调拨供应单，填制有关商品运输的各种单证。具体铁路货物运单的种类及其填制将在后面进行详细介绍。

4）托运

托运环节包括批单、送货、监装和缴纳运输费用等工作。

（1）批单。按旬日历计划要求，及时向承运部门提出发运商品的货物运单，经承运部门审批受理后，即可按承运部门指定的日期与地点组织送货。

（2）送货。包括根据制单环节流转来的运输交接单、商品调拨供应单提货联向仓库提出商品，送到发运地点，与货运员办理点件、检验等交接手续。

（3）监装。要求在装载中，指导工人注意轻拿轻放，妥善堆装、合理搭配，不甩货、不亏吨。

（4）交费。在发运商品装好车后，凭承运部门签章的货物运单向承运部门交付费用。交付费用手续办好后，应取回领货凭证和付费凭证，并经承运部门在货物运单上盖上承运日戳，发运单位或者发货人托运的商品即算起运。

5）送单

在办好托运交付工作以及交付运杂费用后，由指定办理送单的人员，将领货凭证、运输交接单、付费货票、商品供应单证的有关联次，分送收货或者中转单位及内部有关各工作环节。送交收货单位的运输交接单、商品调拨供应单、补运单等随货同行联，应及时随货送交商品接收单位。它的目的是保证商品接收单位在接货时按随货同行单证做好商品验收、清点、冲销在途商品等工作。

6）预报

预报是在商品发运以后，预先告知商品接收单位货已发运的通知。发预报的目的在于迅速通知收货单位做好接收准备，或者中转单位做好接转的准备工作。预报一般以电报、电话将发站、到站、船名、发运车号、件数、运单号、重量、发运日期等通知收货单位，发给中转单位的则应按每一收货单位的件数、重量通知。

7）结算

商品发运后，发运单位向收货单位或供货单位结算，收回代垫运杂费及其他费用的核算环节。结算分取货制、送货制、统一发货三种情况。

（1）送货制单位发运商品，所发生的各种运输费用只做内部核算。

（2）取货制单位发运商品，所付的运杂费，凭发运商品的运输交接单代垫费用结算联，向收货单位结算收回。

（3）统一发货单位发运商品后所垫付的一切费用及服务费，则凭运输交接单结算联向发货或者收货单位结算。送货制的向供货单位结算；取货制的向收货单位结算。

8）统计归档

除了统计发运数量，还凭发运留存统计单证计算有关经济指标。

二、铁路零担货物运输程序

（1）制单。根据货物调拨供应单，填制货物运单和有关运输交接凭证，并将同行单据订于运单背后。

（2）复核。对运输单据内容，包括到站、品名、收货人、件数、重量，逐项认真复核，做到准确无误。

（3）批票。按规定时间，将货物运单送交车站办理托运批票，即车站正式受理指定送货日期与地点。有的到站可当场批票，有的则需等铁路车站邮寄通知。

（4）印鉴。根据货物运单所列的发货人、收货人、品名、到站、件数、运输号码等项目印制运输标签。

（5）上站。按车站指定时间和地点，将货物按时上齐，并要逐件检查货物与运单是否相符，运输标记、包装是否符合要求，检查无误后，向铁路货运人员按货物运单实物交接。

三、集装箱货物运输程序

集装箱的托运程序与零担的托运大体相同。不同之处如下。

（1）托运人在使用集装箱前，必须检查箱体状态，如发现箱体不良，应要求车站更换。

（2）集装箱的装箱是由托运人负责的。装箱时应堆放稳固，防止窜动，装载均匀、倒塌。

（3）由托运人负责施封，在箱门把手上拴挂一个货签，并在货物运单上逐箱填记箱号和相应的施封号码。运至到站后，箱号、施封号码和货物运单记载一致，施封有效，箱体没发生危及货物安全的变形或者损坏时，铁路对箱内货物不负责任。

四、注意事项

（1）按一批托运的货物，必须是托运人、发站、收货人、到站和装卸地点相同（整车分卸货物除外）。整车货物每车为一批。跨装、爬装及使用游车的货物，每一车组为一批。零担货物或者使用集装箱运输的货物，以每张货物运单为一批。使用集装箱运输的货物，每批必须是同一箱型，至少一箱，最多不得超过铁路一辆货车所能装运的箱数。

（2）托运人或者收货人的代表人或委托的代理人办理货物的托运、领取、变更或者履行其他权利、义务时，应向车站提出委托书或者证明委托的介绍信。

（3）托运任意铁路运输货物，应与承运人签订货物合同。

（4）车站根据批准的要车计划与进货计划受理货物。对于抢险救灾物资、直接用于农业生产的物资、鲜活货物，文艺演出用品、搬家货物以及其他需要急运的物资，应优先运输。随来随收业务还包括零担。

（5）托运人向承运人交运货物，应向车站按批提出货物运单一份。托运人按一批托运的货物品名过多，不能在运单内逐一填记或者托运搬家货物以及同一包装内有两种以上货物，须提出物品清单一式三份。托运人对其在货物运单和物品清单内所填记事项的真实性应负完全责任，匿报、错报货物品名及质量时，还应按照规定支付违约金。

（6）托运易腐蚀货物、"短寿命"放射性货物时，应记明货物的允许运输期限。允许运输期限至少须多于货物运到期限的三天。

五、铁路集装箱到达接收

集装箱货物到达接收和零担货物到达接收的手续基本相同，收货人凭"领货凭证"向到站领取。经车站允许，持运单和搬出证"掏箱"卸货，即自行拆封，自开箱门，自己卸货，自己搬出站。

运输服务企业还需要结算费用，登记运量和归档有关运输资料。

1. "门到门"接收的手续与程序

集装箱"门到门"的接收手续与"掏箱"接收相同，只是开箱卸货的地点不同。前者在站内，后者在仓库或者收货人的交货地点。集装箱"门到门"接收有两种形式：一种是收货人从车站取回重箱，进自己的门卸货；另一种是专业集装箱公司承担当地车站的集装箱输运，送重箱上门，也有的由汽车运输公司、集装箱公司、车站联合办公，办理集装箱送达业务。集装箱"门到门"运输是通过发货单位、市内汽车运输部门、铁路、收货单位及专业集装箱公司的多方密切配合来实现的。"门到门"接收的程序如图 6-11 所示。

2. 货物交接

铁路部门与收货人交接集装箱，重箱凭封印与箱体状交接。发现封印失效、丢失、站名无法辨认或未按施封技术要求进行施封，以及箱体损坏危及货物安全时，应会同铁路部门对箱体内货物清点检查。发生损坏及丢失，应在交付当时索取记录。在封印有效、箱体完好的情况下，收货人向车站提交领货凭证，在铁路货票单联上盖章或者签字，凭搬出证领取了重箱或从箱中掏出了货物，即交接完毕。

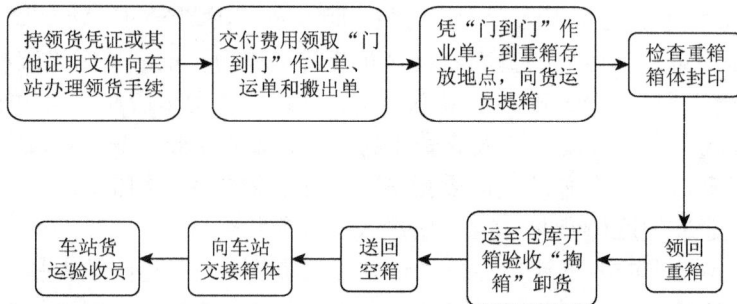

图 6-11 "门到门"的接收程序示意图

储运企业或者运输服务部门代办了领取集装箱货物时，除了要与铁路办好交接，还要和购销业务部门、仓库或委托人做好实物交接。

六、联运和中转分运到达接收

1. 联运

到达的接收形式有整车联运货物接收与零担联运货物接收。

2. 中转分运

中转分运有整车到达零担转出、零担到达整车转出、水运到达铁路转出、铁路到达水运转出、铁路到达公路转出等多种形式。

3. 到达接运手续

1）中转货物的到达接收

第一次货物运输终了，又是第二次货物运输的开始，货物中转是货物在转运过程中的暂时停滞。其和到达接收的不同点，就是中转货物要先卸到中转运输库内，再重新办理托运，等待批准计划，再行转出，不能在接收后即交付给收货人。中转货物整车到达接收与转运程序如图 6-12 所示。

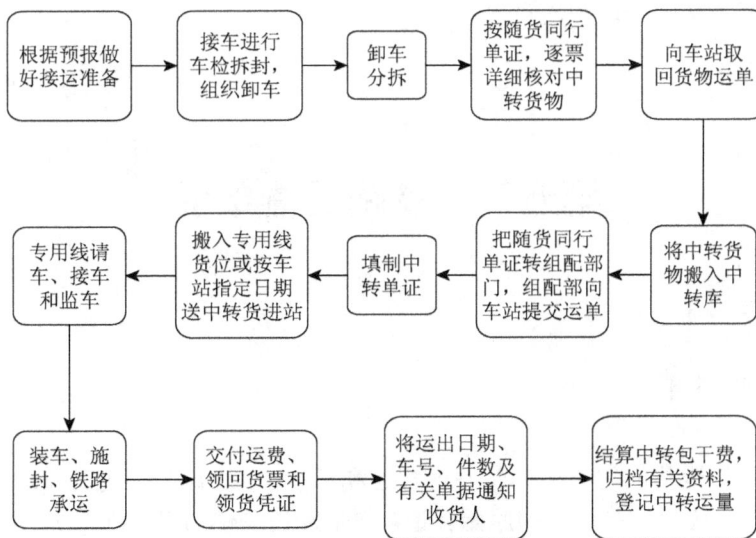

图 6-12 中转货物接收程序示意图

2）整车联运货物接收

整车联运货物接收分车站到达与专用线到达两种。车站到达接收如图 6-13 所示。

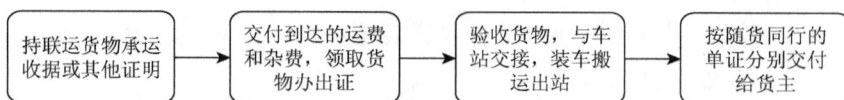

图 6-13　车站到达接收程序示意图

4. 中转货物到达接收和转运应注意的事项

（1）要以快为主，快中求好，快中求省。从接运到转出都要突出"快"。接货后，应立即按货物运单、运输交接单核对验收，如有差错，迅速查明原因，及时处理。如包装破损，需及时加固、修补、更换，不能破来破转。包装破损较多时，应与有关单位及时协商，采取相应措施，防止损失扩大。在理货的同时，抓紧集配与托运，使中转货物的待运时间低于平均待运期。

（2）要合理选择运输方式，选择距收货单位最近的中转点。中转发运时，可运用综合比算的方法，选用适宜的运输方式。要做到一批一清，不错转、不漏转。整车中转因改变车型必须甩货时，要优先装中转货物，甩装其他货物。

（3）要手续清楚且齐全。到达接收中转货物应有验收记录，中转时要按规定填写中转交接单。对标记脱落的要补贴，做到单货同行与单货相符。转出后，立即向收货单位预报，以备接货。

（4）要先到先转。发转双方要共同做好运输计划的衔接，使中转货物与急需的货物，能够先到先转或者优先中转。

（5）要实事求是地处理中转运输事故。

第五节　铁路运输单证

一、货物运单

货物运单是托运单位与承运车站办理托运和承运手续的依据，也是发运车站安排运输工具、办理货物交接和计算费用的原始凭证。它是发货单位与发运车站共同完成货物运输计划而填制的一种具有契约性质的运送单据。它明确了货物运输过程中双方的权利、义务以及责任。货物运单填写说明如下。

（1）"发站"栏与"到站（局）"栏，应分别按"铁路货物运价里程表"规定的站名完整填写，不得填写简称。"到站（局）"填写到达主管铁路局名的第一个字，如（哈）、

（上）、（广）等，但到达北京铁路局的，则填写（京）字。

（2）"到站所属省（市）"栏，填写到站所在地的省（市）、自治区名称。托运人填写的到站、到达局和到站所属省（市）、自治区名称，三者必须相符。

（3）"托运人"栏应该详细填写发货人姓名或者发货单位的名称、所在地地址以及联系电话。

（4）"收货人"栏应该详细填写收货人姓名或者收货单位的名称、所在地地址以及联系电话。

（5）"件数"栏，应按货物名称及包装种类，分别记明件数。若是集装箱运输，则以集装箱的个数为准，而不是按货物的件数计算。

（6）"包装"栏按货物的外包装为准，若是集装箱货物应在包装栏填写"集装箱"，并注明是几吨箱。

（7）货物价格按货物的实际价格算。

（8）托运人确定"质量"栏，集装箱货物以集装箱的最大载重量算。

运单内各栏有更改时，在更改处，属于托运人填记事项，应由托运人盖章证明；属于承运人记载事项，应由车站加盖站名戳记。承运人对托运人填记事项除按《货物运单和货票填制办法》第 17 条规定内容可以更改，其他内容不得更改。货物运单如表 6-2 所示。

表 6-2　货物运单样表

货物制定于*月*日搬入											
货位：　　　　　　　　　　　　　　　　***铁路局　　　货物运单											
计划号码或运输号码：											
运到期限****日　　托运人　　发站　　到站　　收货人　　货票第　号											
托运人填写				承运人填写							
发站		到站（局）		车种车号			货车标重				
站到所属省（市）				施封号码							
托运人		名称		经由		铁路货车篷布号					
	地址		电话								
收货人		名称		运价里程		集装箱号码					
	地址		电话								
货物名称	件数	包装	货物价格	托运人确定重量/千克	承运人确定重量/千克	计费重量	运价类型	运价号	运价率	现付	
										费别	金额
										运费	
										装费	
										取送车费	
										过秤费	
										印花税	
合计										合计	

托运人记载事项			保险：	承运人记载事项	
注：本单不作为收款凭证，托运人签约须知见背面		托运人盖章或签字 **年**月**日期戳		到站交付 日期戳	发站承运 日期戳
领货凭证					
车种及车号	货票第******号		运到期限**日		
发站					
托运人					
收货人					
货物名称		规格		重量	
托运人盖章或签字					
发站承运日期戳					

货运单背面写有托运人和收货人应该注意的几个要点，如图 6-14 所示。

领货凭证（背面）	货物运单（背面）
收货人领货须知： 1. 收货人接到托运人寄交的领货凭证后，应及时向到站联系领取货物。 2. 收货人领取货物已超过免费暂存期限时，应按规定支付货物暂存费。 3. 收货人在到站领取货物，如遇货物未到时，应要求到站在本证背面加盖车站戳证明货物未到。	托运人须知： 1. 托运人持本货物运单向铁路托运货物，证明并确认愿意遵守铁路货物运输的有关规定。 2. 货物运单所记载的货物名称、重量与货物的实际完全相符，托运人对其真实性负责。 3. 货物的内容、品质和价值是托运人提供的，承运人在接收和承运货物时并未全部核对。 4. 托运人应及时将领货凭证寄交收货人，凭此联系到站领取货物。
（注：本须知排印时，应放在凭证背面下端）	（注：本须知排印时，应放在运单背面右下侧）

图 6-14　货物运单背面示意图

二、运输交接单

运输交接单是托运人同收货人进行内部商品交接和结算运输代垫费用的凭证。运输交接单应按规定准确细心填写，按每一个到站、每一个收货单位或收货人分别填写，各项内容填写完后应详细核对（表 6-3）。

表 6-3　运输（中转）交接单

| 收货单位＿＿＿＿中转单位＿＿＿＿发运日期＿＿＿＿车、船号＿＿＿＿ |
| 到达站（港）＿＿＿中转站（港）＿＿＿运单号码＿＿＿批次＿＿＿ |

运价号	发货单据号码	品名	包装	件数	重量	甩货		备注
						件数	重量	
合计								

制表人：

填制货物运单和运输（中转）交接单的要求及注意事项：
（1）字迹清楚、不错不漏、内容准确、不乱写简化字、同音字。
（2）货物运单按规定填写，注意按项目、内容要求，准确无误填写。

第六节　铁路运输运费核算

一、整车货物运输费用

整车运费=(发到基价+运行基价×运价里程)×计费重量

整车运费由按货种别的每吨的发到基价和每吨的千米或每轴千米的运行基价组成。

整车货物计费重量：除下列情况，均按货车标记载重量作为计费重量，货物重量超过标重时，按货物重量计费。

（1）使用矿石车、平车、砂石车，经铁路局批准装运《铁路货物运输品名分类与代码表》"01、0310、04、06、081"和"14"类货物按40t计费，超过时按货物重量计费。

（2）使用自备冷藏车装运货物时按60t计费；使用标重低于50t的自备罐车装运货物时按50t计费。

（3）货车装运货物时，计费重量按表6-4中规定计算，货物重量超过规定计费重量的，按货物重量计费。加冰冷藏车不加冰运输时，按冷藏车标重计费。

表 6-4　整车货物规定计费重量表

车种车型	计费重量/t
B6 B6N B6A B7（加冰冷藏车）	38
BSY（冷板冷藏车）	40

车种车型	计费重量/t
B18（机械冷藏车）	32
B19（机械冷藏车）	38
B20 B21（机械冷藏车）	42
B10 B10A B22 B23（机械冷藏车）	48
SQ1（小汽车专用平车）	85
QD3（凹底平车）	70
GH95/22 GY95/22 GY95S GY95（石油液化气罐车）	65
GH40 GY40（石油液化气罐车）	65
GY100S GY100（石油液化气罐车）	70

（4）标重不足 30t 的家畜车，计费重量按 30t 计算。

（5）车辆换长超过 1.5m 的货车（D 型长大货物车除外）本条未明定计费重量的，按其超过部分以每米（不足 1m 的部分不计）折合 5t 与 60t 相加之和计费。

二、零担货物运输费用

零担运费由按货种别的每 10kg 的发到基价和每 10kg·km 的运行基价组成。

零担运费=(发到基价+运行基价×运价里程)×计费重量/10

零担货物计费重量：

（1）零担货物以 10kg 为基本单位，不足 10kg 时进为 10kg。

（2）零担货物按货物重量或货物体积折合重量择大计费，即每立方米重量不足 300kg 的为轻浮货物，按每 1m³ 体积折合重量 300kg 计算。

（3）《铁路货物运价规则》有规定计费重量的货物按规定计费重量计费，见表 6-5。

表 6-5　零担货物规定计费重量表

序号	货物名称		计算单位	规定计费重量/kg
1	组成的摩托车：			
	双轮		每辆	750
	三轮（包括正、侧带斗的，不包括三轮汽车）		每辆	1500
2	组成的机动车辆、拖斗车（单轴的拖斗车除外）：			
	车身长度不满 3m		每辆	4500
	车身长度 3m 以上、不满 5m		每辆	15000
	车身长度 5m 以上、不满 7m		每辆	20000
	车身长度 7m 以上		每辆	25000

续表

序号	货物名称	计算单位	规定计费重量/kg
3	组成的自行车	每辆	100
4	轮椅、折叠式疗养车	每（辆）件	60
5	牛、马、骡、驴、骆驼	每头	500
6	未装容器的猪、羊、狗	每头	100
7	灵柩、尸体	每具（个）	1000

（4）"铁路货物运输品名分之类与代码表"列"童车""室内健身车""209 其他鲜活货物""9914 搬家货物、行李""9960 特定集装化运输用具"等按货物重量计费。

（5）在货物运单内分项填记重量货物应分项计费，运价率相同时，重量应合并计算。

（6）零担货物的起码运费每批 2.00 元。

三、其他费用

（1）铁路货运杂费。铁路货运杂费是铁路运输的货物自承运至交付的全过程中，铁路运输企业向托运人、收货人提供的辅助作业和劳务以及托运人或收货人额外占用铁路设备，使用用具、备品所发生的费用，主要用于运营支出。具体收费标准查阅铁路杂费收费项目和标准。

（2）新路新价均摊。目前我国有宝中、青藏和兰新三条线路实行了新路新价均摊运费。

（3）特殊运价。根据国家有关政策规定，国家发展和改革委员会、中国铁路总公司对临管铁路和部分新线实行特殊运价。

（4）铁路电气化附加费。电气化附加费计算公式为：电气化附加费=费率×计费重量（箱数或轴数）×电化里程

通过电气化区段时才征收。一般货物征收标准是每吨千米 1.2 分，主要用于弥补电气化区段的电价支出。

（5）铁路建设基金。铁路建设基金的计算公式为

$$建设基金=费率×计费重量(箱数或轴数)×运价里程$$

一般货物的征收标准是每吨千米 3.3 分，建设基金纳入国家财政预算，主要用于铁路建设。

（6）印花税。印花税属铁路代收费用，印花税按运费的万分之五核收，以元为单位，精确至分，分以下四舍五入。印花税起码价为 1 角，运费不足 200 元的货物，免收印花税。

第七节　铁路运输实践

➤任务说明

嫩江粮油贸易公司 2015 年 3 月 11 日与哈尔滨物流公司签订物流运输合同,合同号为 15013,准备发运 60t 大豆。发站为嫩江站,到站为山海关站。收货人是山海关饲料公司。哈尔滨物流公司于 3 月 15 日为其配送 1 辆 60t 的棚车,车号为 8100010。由嫩江粮油贸易公司到嫩江车站交铁路运费,并由铁路出具铁路大票。到达山海关站后,由山海关饲料公司与嫩江粮油贸易公司人员共同负责卸车、检斤检制,完成本次运输任务。

第一步:计算运费

1. 确定运价里程

根据中国铁路总公司颁布的《铁路货物运价里程表》算出发站至到站的运价里程。

经查中国铁路总公司核发的《铁路货物运价里程表》,嫩江至山海关的营运里程为 1277km。

2. 确定运价号和运价率

根据货物运单上填写的货物名称查找《铁路货物运输品名分类与代码表》,确定适用的运价号。

2015 年最新铁路货物运价率如图 6-15 所示。

货物运价率查询					
办理类别名称	运价号	基价1		基价2	
		单位	标准	单位	标准
整车	2	元/吨	9.50	元/吨公里	0.086
整车	3	元/吨	12.80	元/吨公里	0.091
整车	4	元/吨	16.30	元/吨公里	0.098
整车	5	元/吨	18.60	元/吨公里	0.103
整车	6	元/吨	26.00	元/吨公里	0.138
整车	7			元/轴公里	0.525
整车	机械冷藏车	元/吨	20.00	元/吨公里	0.140
零担	21	元/10千克	0.22	元/10千克公里	0.00111
零担	22	元/10千克	0.28	元/10千克公里	0.00155
集装箱	20英尺箱	元/箱	500.00	元/箱公里	2.025
集装箱	40英尺箱	元/箱	680.00	元/箱公里	2.754

图 6-15　2015 年最新铁路货物运价率

经查《铁路货物运输品名分类与代码表》，大豆的运价号为 4 元，对应的整车发到基价为 16.3 元/t，运行基价为 0.098 元/（t·km）。铁路货物运价率不是固定不变的，有时也会根据铁路货运情况随时调整。

3. 确定运价

将货物的发到基价加上运行基价与运价里程的乘积，即可算出铁路货物运输的运价。

整车货物每吨运价=发到基价+运行基价×运价里程

零担货物每 10kg 运价=发到基价+运行基价×运价里程集装箱货物每箱运价

=发到基价+运行基价×运价里程

此次运输为整车运输，运价计算为

16.3+0.098×1277=141.446 元/t

4. 确定计费重量

整车货物运输时，一般按货车的标重计算运费，故本批货物的计费重量为 60t。

5. 核算费用总额

本次运输的运费=141.446×60=8486.76=8486.8 元（不足 1 角，四舍五入）

第二步：计算货物的运到期限

货物运到期限按日计算。起码日数为 3 天，即计算出的运到期限不足 3 天时，按 3 天计算。运到期限由下述三部分组成。

（1）货物发送期间（$T_发$）为 1 天。货物发送期间是指车站完成货物发送作业的时间，它包括发站从货物承运到挂出的时间。

（2）货物运输期间（$T_运$）。每 250 运价千米或其未满为 1 天，按快运办理的整车货物每 500 运价千米或其未满为 1 天。货物运输期间是货物在途中的运输天数。

（3）特殊作业时间（$T_特$）。特殊作业时间是为某些货物在运输途中进行作业所规定的时间，具体规定如下。

①需要中途加冰的货物，每加冰 1 次，另加 1 天。

②运价里程超过 250km 的零担货物和 1t、5t 型集装箱另加 2 天，超过 1000km 加 3 天。

③一件货物重量超过 2t、体积超过 3m³ 或长度超过 9m 的零担货物另加 2 天。

④整车分卸货物，每增加一个分卸站，另加 1 天。

⑤准、米轨间直通运输的货物另加 1 天。

对于上述五项特殊作业时间应分别计算，当一批货物同时具备几项时，累计相加计算。

若运到期限用 T 表示，则

$$T=T_发+T_运+T_特$$

本例中，$T_发$=1 天，$T_运$=1 天，$T_特$=3+2=5 天，T=5+1+1=7 天。

第三步：制作和填写铁路运单和货票

铁路货物运单和货票填制办法如下。

第一章　总　　则

第1条　货物运单（以下简称运单）是承运人与托运人之间，为运输货物而签订的一种运输合同。托运人对其在运单和物品清单内所填记事项的真实性，应负完全责任。

第2条　托运人托运货物时，应向承运人按批提出《铁路货物运输规程》规定格式的货物运单一张。使用机械冷藏列车运输的货物，同一到站、同一收货人可以数批合提一份运单；整车分卸的货物，对每一分卸站应增加两份运单（到站、收货人各一份）。

第3条　运单由承运人印制，在办理货运业务的车站按规定的价格出售。运量较大的托运人经发站同意，可以按照承运人规定的格式，自行印制运单。

第4条　运单粗线以左各栏和领货凭证由托运人用钢笔、毛笔、圆珠笔或用加盖戳记的方法填写。运单和货票都必须按规定填写正确、齐全，字迹要清楚，使用简化字要符合国家规定，不得使用自造字。

第5条　运单内填写各栏有更改时，在更改处，属于托运人填记事项，应由托运人盖章证明；属于承运人记载事项，应由车站加盖站名戳记。承运人对托运人填记事项除本办法第15条规定者外不得更改。

第二章　托运人填写部分

第6条　"发站"栏和"到站（局）"栏，应分别按《铁路货物运价里程表》规定的站名完整填记，不得简称。到达（局）名，填写到达站主管铁路局名的第一个字，例如：（哈）、（上）、（广）等，但到达北京铁路局的，则填写（京）字。"到站所属省（市）、自治区"栏，填写到站所在地的省（市）、自治区名称。

托运人填写的到站、到达局和到站所属省（市）、自治区名称，三者必须相符。

第7条　"托运人名称"和"收货人名称"栏应填写托运单位和收货单位的完整名称，如托运人或收货人为个人时，则应填记托运人或收货人姓名。

第8条　"托运人地址"和"收货人地址"栏，应详细填写托运人和收货人所在省、市、自治区城镇街道和门牌号码或乡、村名称。托运人或收货人装有电话时，应记明电话号码。如托运人要求到站于货物到达后用电话通知收货人时，必须将收货人电话号码填写清楚。

第9条　"货物名称"栏应按《铁路货物运价规则》附表二"货物运价分类表"或国家产品目录，危险货物则按《危险货物运输规则》附件一"危险货物品名索引表"所列的货物名称完全、正确填写。托运危险货物并应在品名之后用括号注明危险货物编号。"货物运价分类表"或"危险货物品名索引表"内未经列载的货物，应填写生产或贸易上通用的具体名称。但须用《铁路货物运价规则》附件一相应类项的品名加括号注明。

按一批托运的货物，不能逐一将品名在运单内填记时，须另填物品清单一式三份，一份由发站存查，一份随同运输票据递交到站，一份退还托运人。

需要说明货物规格、用途、性质的，在品名之后用括号加以注明。

对危险货物、鲜活货物或使用集装箱运输的货物，除填记货物的完整名称外，并应按货物性质，在运单右上角用红色墨水书写或用加盖红色戳记的方法，注明"爆炸品"、"氧化剂"、"毒害品"、"腐蚀物品"、"易腐货物"、"×吨集装箱"等字样。

第 10 条 "件数"栏，应按货物名称及包装种类，分别记明件数，"合计件数"栏填写该批货物的总件数。

承运人只按重量承运的货物，则在本栏填记"堆"、"散"、"罐"字样。

第 11 条 "包装"栏记明包装种类，如"木箱"、"纸箱"、"麻袋"、"条筐"、"铁桶"、"绳捆"等。按件承运的货物无包装时，填记"无"字。使用集装箱运输的货物或只按重量承运的货物，本栏可以省略不填。

第 12 条 "货物价格"栏应填写该项货物的实际价格，全批货物的实际价格为确定货物保价运输保价金额或货物保险运输保险金额的依据。

第 13 条 "托运人确定重量"栏，应按货物名称及包装种类分别将货物实际重量（包括包装重量）用公斤记明，"合计重量"栏，填记该批货物的总重量。

第 14 条 "托运人记载事项"栏填记需要由托运人声明的事项，例如：

（1）货物状态有缺陷，但不致影响货物安全运输，应将其缺陷具体注明。

（2）需要凭证明文件运输的货物，应将证明文件名称、号码及填发日期注明。

（3）托运人派押运的货物，注明押运人姓名和证件名称。

（4）托运易腐货物或"短寿命"放射性货物时，应记明容许运输期限；需要加冰运输的易腐货物，途中不需要加冰时，应记明"途中不需要加冰"。

（5）整车货物应注明要求使用的车种、吨位、是否需要苫盖篷布。整车货物在专用线卸车的，应记明"在××专用线卸车"。

（6）委托承运人代封的货车或集装箱，应标明"委托承运人代封"。

（7）使用自备货车或租用铁路货车在营业线上运输货物时，应记明"××单位自备车"或"××单位租用车"。使用托运人或收货人自备篷布时，应记明"自备篷布×块"。

（8）国外进口危险货物，按原包装托运时，应注明"进口原包装"。

（9）笨重货件或规格相同的零担货物，应注明货件的长、宽、高度，规格不同的零担货物应注明全批货物的体积。

（10）其他按规定需要由托运人在运单内记明的事项。

第 15 条 "托运人盖章或签字"栏，托运人于运单填记完毕，并确认无误后，在此栏盖章或签字。

第 16 条 领货凭证各栏，托运人填写时（包括印章加盖与签字）应与运单相应各栏记载内容保持一致。

第 17 条 货物在承运后，变更到站或收货人时，由处理站根据托运人或收货人提出的"货物变更要求书"，代为分别更正"到站（局）"、"收货人"和"收货人地址"栏填记的内容，并加盖站名戳记。

第三章　承运人填写部分

第 18 条　发站对托运人提出的运单经检查填写正确、齐全，到站营业办理范围符合规定后，应在"货物指定×月×日搬入"栏内，填写指定搬入日期，零担货物并应填记运输号码，由经办人签字或盖章，交还托运人凭以将货物搬入车站，办理托运手续。

第 19 条　"运到期限××日"栏，填写按规定计算的货物运到期限日数。"货票第××号"栏，根据该批货物所填发的货票号码填写。

第 20 条　运单和领货凭证的"车种、车号"和"货车标重"栏，按整车办理的货物必须填写。运输过程中，货物发生换装时，换装站应将货物运单和货票丁联原记的车种、车号划线抹消（使它仍可辨认），并将换装后的车种、车号填记清楚，并在改正处加盖车站戳记，换装后的货车标记载重量有变动时，并应更正货车标重。

第 21 条　"铁路货车篷布号码"栏，填写该批货物所苫盖的铁路货车篷布号码。使用托运人自备篷布时，应将本栏划一○×号。"集装箱号码"栏，填写装运该批货物的集装箱的箱号。

第 22 条　"施封号码"栏，填写施封环或封饼上的施封号码，封饼不带施封号码时，则填写封饼个数。

第 23 条　"承运人/托运人装车"栏，规定由承运人组织装车的，将"托运人"三字划消，规定由托运人组织装车的，将"承运人"三字划消。

第 24 条　"经由"栏，货物运价里程按最短径路计算时，本栏可不填；按绕路经由计算运费时，应填记绕路经由的接算站名或线名。

第 25 条　"运价里程"栏，填写发站至到站间最短径路的里程，但绕路运输时，应填写绕路经由的里程。

第 26 条　"承运人确定重量"栏，货物重量由承运人确定的，应将检斤后的货物重量，按货物名称及包装种类分别用公斤填记。"合计重量"栏填记该批货物总重量。

第 27 条　"计费重量"栏，整车货物填记货车标记载重量或规定的计费重量；零担货物和集装箱货物，填记按规定处理尾数后的重量或起码重量。

第 28 条　"运价号"栏按"货物运价分类表"规定的各该货物运价号填写。

第 29 条　"运价率"栏，按该批货物确定的运价号和运价里程，从"货物运价率表"中找出该批（项）货物适用的运价率填写。运价率规定有加成或减成时，应记明加成或减成的百分比。

第 30 条　实行核算、制票合并作业的车站，对运单内"经由"、"运价里程"、"计费重量"、"运价号"、"运价率"和"运费"栏，可不填写，而将有关内容直接填记于货票各该栏内。

第 31 条　"承运人记载事项"栏，填记需要由承运人记明的事项，例如：

（1）货车代用，记明批准的代用命令；

（2）轻重配装，记明有关计费事项；

（3）货物运输变更，记明有关变更事项；

（4）途中装卸的货物，记明计算运费的起讫站名；

（5）需要限速运行的货物和自有动力行驶的机车，记明铁路分局承认命令；

（6）需要由承运人记明的其他事项。

第32条 "发站承运日期"和"到站交付日期"栏，分别由发站和到站加盖承运或交付当日的车站日期戳。

第33条 货票各联根据货物运单记载的内容填写，金额不得涂改，填写错误时按作废处理。

第34条 运单上所附的领货凭证，由发站加盖承运日期戳后，连同货票丙联一并交给托运人。

第35条 货票丁联"收货人盖章或签字"栏，由收货人在领取货物时，盖章或签字。

第36条 货票丁联"卸货时间"由到站按卸车完毕的日期填写；"到货通知时间"，按发出到货催领通知的时间填写。

第八节　铁路运输教学实践

➤项目简介

该项目主要介绍铁路运输的教学设计。

根据课程的要求和教学对象的特点（设定教学对象为师资本科生），确定本模块的教学设计，包括教学目标、教学重难点、教学方法、教学环节的时间分配等。

一、教学目标

本模块的教学目标是讲述铁路运输的基本知识，包括铁路运输设施与设备、铁路货物运输种类、铁路货物运输业务流程、铁路运输单证、铁路运输运费核算、铁路运输组织实践等内容。

二、教学重难点

1. 教学重点

本模块的教学重点是让学生了解铁路运输的基本知识，会对铁路运输费用进行核算，会填写铁路运输单证。

模块中各项目的教学重点不一，建议将每一节课的重点准确、清晰书写。

本模块的教学重点是，如何对铁路运输费用进行核算。

2. 教学难点

设置每一节课的教学难点要根据教学的环境、学生的认知能力、理解能力、接受能力精心设计。本节课的教学难点，应该是学生在本节课中的难以理解和接受的地方。不同模块应有不同的教学难点，教学难点不是与教学重点的类同。

本模块的教学难点是掌握铁路运输业务流程。

三、教学方法

由于铁路运输是在实际中经常用到的一种运输方式，所以在课堂教学中，需要大量的结合实际案例，有助于学生更为直接地理解并掌握铁路运输的相关知识。在实践内容部分，辅助课后资料收集、实地调研，了解铁路运输运费核算中遇到的问题。

四、教学环节的时间分配

第六章　铁路运输

第一节　铁路运输概述（25min）

第二节　铁路运输设施与设备（45min）

第三节　铁路货物运输种类（40min）

第四节　铁路货物运输组织流程（45min）

第五节　铁路运输单证（25min）

第六节　铁路运输运费核算（45min）

第七节　铁路运输实践（45min）

共 6 学时

五、教学评价

章节名称：铁路运输

评价类别	评价项目	评价标准	评价依据	评价方式			权重
				学生自评	同学互评	教师评价	
				0.1	0.1	0.8	
过程评价	学习能力	学习态度，学习兴趣，学习习惯，沟通表达能力	学生考勤，课后作业完成情况，课堂表现，收集和使用资料情况				0.2
	专业能力	正确选择铁路车型，准确计算铁路运费，准确填制铁路单证，准确完成铁路运输业务流程	整车和零担铁路运输运费计算结果，铁路运输单证的填写，铁路运输业务流程图				0.3
	其他方面	探究、创新能力、分析能力	积极参与研究性学习，有独到的见解，善于分析，能提出多种解决问题的方法				0.1
结果评价	理论考核						0.2
	实操考核						0.2

➤复习思考题

一、单项选择题

1. 不是铁路运输的缺点的是（　　　）。

A. 初期建设投资高　　　B. 营运缺乏弹性　　　C. 货损较高　　　D. 后期建设投资高

2. 不是货车的基本类型的是（　　　）。

A. 棚车　　　　　　　　B. 保温车　　　　　　C. 平车　　　　　　D. 敞车

3. 不适合整车运输的货物有（　　　）。

A. 需要冷藏、保温、加温运输的货物　　　　B. 蜜蜂

C. 精密货物　　　　　　　　　　　　　　　D. 未装容器的活动物

4. 零担运输一件的体积最小不能小于 $0.02m^3$（一件重量在 10kg 以上的除外），每批不得超过的件数是（　　　）。

A. 100　　　　　　　B. 200　　　　　　　C. 300　　　　　　　D. 400

二、多项选择题

1. 铁路运输的优点包括（　　　）。

A. 运输能力大　　　　　　　　　　　　　　B. 运输成本较低

C. 受自然条件的限制较小　　　　　　　　　D. 客货运输到发时间准确性高

2. 整车联运货物接收包括（　　　）。

A. 车站到达　　　　　B. 专用线到达　　　　C. 中转到达　　　D. 仓库到达

3. 铁路线路中的轨道结构分为（　　　）。

A. 重型　　　　　　　B. 次重型　　　　　　C. 轻型　　　　　D. 次轻型

4. 按办理货物作业的性质进行分类，铁路货运站包括（　　　）。

A. 装车站　　　　　　B. 卸车站　　　　　　C. 装卸站　　　　D. 换装站

5. 根据运输速度的不同可以将铁路货物运输分为（　　　）。

A. 按普通货物列车办理的货物运输　　　　　B. 按特殊货物列车办理的货物运输

C. 按快运列车办理的货物运输　　　　　　　D. 按客运速度办理的货物运输

6. 整车运费的组成包括（　　　）。

A. 车辆租金　　　　　　　　　　　　　　　B. 车辆吨位

C. 按货种别的每吨的发到基价　　　　　　　D. 每吨千米或每轴千米的运行基价

三、简答题

1. 简述铁路运输的优缺点。

2. 简述铁路运输中商品发运的主要环节。

3. 简述铁路零担货物托运的程序。

4. 简述铁路货物托运业务有关的注意事项。

➤参考答案

一、单项选择题

1. D　　2. B　　3. C　　4. C

二、多项选择题

1. ABCD　　2. AB　　3. ABC　　4. ABCD　　5. ACD　　6. CD

三、简答题

答案：略

➤实践训练

玉南化工公司与一家私营企业中天化工原料供应商签订了一份合同，合同约定由玉南化工公司提供对方苯甲酸钠 7t。玉南化工公司以托运人的身份与南宁铁路局南宁南站签订了铁路货物运输合同，合同规定由南宁站发货，到站为宁波北站，收货人为玉南化工公司，其地址栏却填写了玉南化工公司职工高国青的名字，领货凭证上的收货人填写了玉南化工公司高国青。南宁站在审核运单时，也没发现这个问题。

1. 铁路货物运输的托运环节有哪些？
2. 铁路货物运输托运应注意什么？

第七章

水 路 运 输

➤项目实施体系结构图

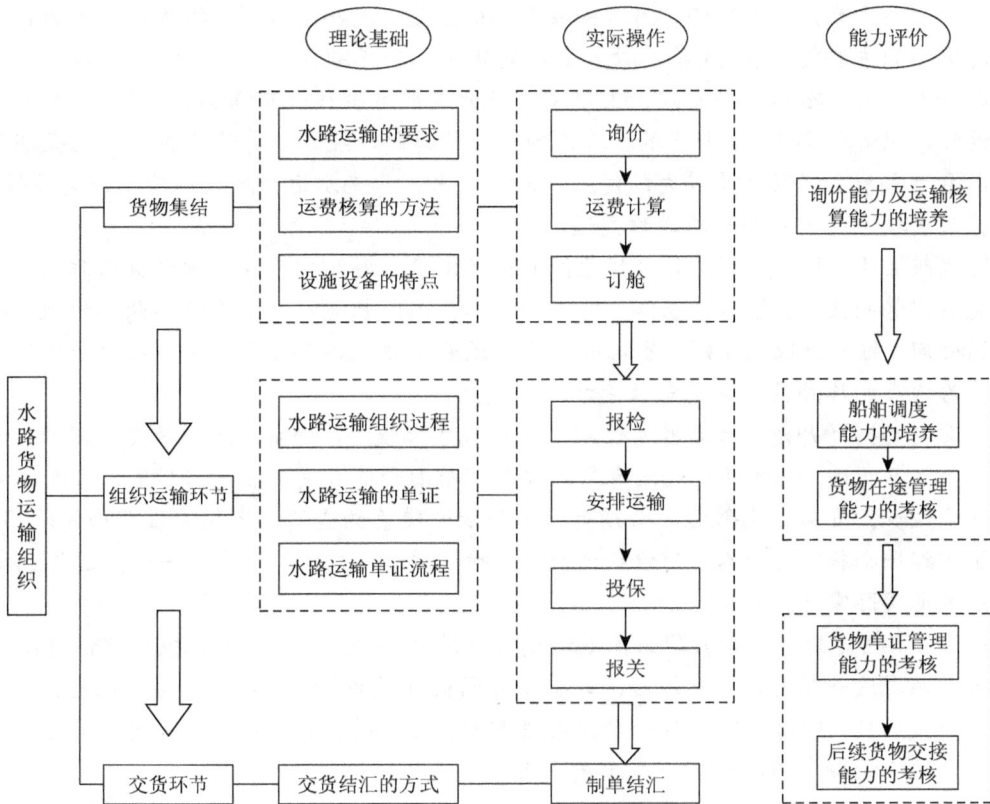

➤学习目标

1. 知识目标

（1）理解水路运输系统组成及其特点。
（2）理解水路货物运输的设施与设备。
（3）理解水路货物运输种类。

2. 能力目标

（1）掌握水路货物运输业务流程。
（2）掌握水路货物运单证种类及其填写。

3. 素质目标

掌握水路运费核算。

➤ 案例导引

大山里的云南，河流纵横，河道构成天然的通途，连接着世界。据统计，云南具有航运开发价值的主要河流有 63 条，数十个可发展航运的库湖区。跨越长江、珠江、红河、澜沧江—湄公河、怒江、独龙江六大水系，可开发航运里程近 9000km。

近日，记者从 2014 年全省水运工作会议上了解到，经过了蓄势待发的"沉寂期"，云南水运近年来已经获得了较大的发展。而在未来，云南水运发展还有望创造更多精彩，将打造三出境、两出省的水路运输通道。

现代航运运力强成本低，对沿岸地区的经济发展往往可以产生巨大的促进作用。云南航运发展优势明显，金沙江—长江、右江—珠江在国内长途水运方面极具开发价值，澜沧江—湄公河、红河、独龙江则具有国际长途水运和陆水联运的独特优势，以大理洱海、糯扎渡等为代表的库湖区航运则是云南水运的亮点。

但现实的情况却是，云南水运长期以来物流需求较小，许多沿河地带交通困难，经济落后，产业不发达，航运的价值没有得到体现，而由于地方发展相对滞后等，云南水运投资也一直较少。发展云南航运，必须走出一条云南特色的道路。省航运管理局因地制宜，提出了构建一个投融资平台，建设畅通航运、绿色航运、文化航运这"一台三运"的发展思路以满足实际需求。

一方面，搭建投资平台实现云南航运建设的造血功能，而云南港航投资建设有限责任公司正是实现这一功能的重要途径。目前公司已获准成立，注册资本金为 1 亿元。公司将按商业模式运作，同时兼顾承担一定公共性职能，由省航务管理局对公司进行管理，为破解云南水运建设融资难提供了一个重要平台。

另一方面，云南水运积极寻找新的发展模式，与市场经济相结合，为可持续发展提供有力支撑。随着云南水电建设的持续推进，一系列的库区逐渐形成，高峡出平湖以后，如何改善当地的水运交通条件？正在筹备的金沙江中游航运综合开发项目为发展寻求了新的方向，这一项目将把航运与文化旅游结合在一起，让游客在走近金沙江"元跨革囊"的壮丽风光与沧桑历史的同时，也为当地群众提供更好的水运基础条件，真正发挥水道的最大作用。

此外，云南水运还围绕畅通航运、绿色航运开展建设，期待让云南的江河航道连接更广的世界，真正让顺畅的航运服务云南经济建设。

据介绍，2013 年云南水运完成水运固定资产投资 2.74 亿元，同比增长 14%；全年完成客运量 916 万人次，同比增长 7.1%；完成货运量 502 万吨，同比增长 8%，数字的增长折射的正是日渐清晰的发展思路。今年，全省计划完成水运固定资产投资 6 亿元，而这还只是一个开始。

案例来源：云南日报.https：//www.yndaily.com/html/2014/qiaotoubao-0327/3154.html

思考题：水路运输在国民经济的发展过程中所起的作用是什么？

第一节　水路运输概述

一、水路运输的概念

水路运输是以船舶为主要运输工具、以港口或港站为运输基地、以水域包括海洋、河流和湖泊为运输活动范围的一种运输方式。水运至今仍是世界许多国家最重要的运输方式之一。

二、水路运输系统组成

水路运输系统由船舶、港口、各种基础设施与服务机构等组成。

（1）船舶与港口。船舶是水上运输的主要运输工具。船舶正向大型化、自动化、高速化、专业化方向发展。港口是水路运输的重要环节。现代港口是具有仓储运输、商业贸易、工业生产和社会服务功能的现代化、综合性的工商业中心和海陆空联为一体的立体运输枢纽。

（2）主要基础设施。包括港口的水工建筑、港口水域及陆域设施港口水工建筑、防护建筑物、码头建筑物和护岸建筑物。

（3）船舶经营者和各种代理业。船舶经营者是指以自有或租用的船舶从事客货运输的公司、单位或个人。对于对外贸易货物的国际航运处来说，还需要货运代理、船舶代理等各种运输服务机构。

三、水路运输的特点

水路运输与其他运输方式相比，具有如下特点。

（1）水路运输运载能力大、成本低、能耗少、投资省，是一些国家国内和国际运输的重要方式之一。例如，一条密西西比河相当于 10 条铁路，一条莱茵河抵得上 20 条铁路。此外，修筑 1km 铁路或公路约占地 $3hm^2$，而水路运输利用海洋或天然河道，占地很少。在我国的货运总量中，水运所占的比重仅次于铁路和公路。

（2）受自然条件的限制与影响大。即受海洋与河流的地理分布及其地质、地貌、水文与气象等条件和因素的明显制约与影响；水运航线无法在广大陆地上任意延伸，因此，水运要与铁路、公路和管道运输配合，并实行联运。

（3）开发利用涉及面较广。如天然河流涉及通航、灌溉、防洪排涝、水力发电、水产养殖以及生产与生活用水的来源等；海岸带与海湾涉及建港、农业围垦、海产养殖、临海工业和海洋捕捞等。

第二节　水路运输设施与设备

一、船舶

现代船舶以柴油机为主要动力装置，带动螺旋桨推进器产生推动力，使船舶行进。通常在船舶尾部设置舵装置以控制方向，在其首部两侧设锚、锚链等装置以帮助船舶停泊。

按载运对象可分为客船、货船和客货船。

1. 干散货船舶

干散货船是指专门载运粉末状、颗粒状、块状等非包装散堆货的运输船舶。如运输粮食、矿砂、煤炭、水泥等。

1）常规型干散货船

常规型干散货船主要有三类。普通散货船：单层甲板、尾机型、货种单一、舱室分隔要求不高。专用散货船：矿砂船、运煤船、散粮船、散装水泥船等。兼用散货船：如车辆—散货船、矿—散—油船等。

（1）运煤船（图 7-1）。船型最接近于普通散货船，船上设有良好的通风设备，以防止煤发热自燃。

图 7-1　运煤船

（2）散粮船（图 7-2）。散装粮食的积载因数较大，所以舱容系数比普通散货船大。散粮在船舶航行中会逐渐下沉，为了限制自由面效应，目前一般都将散粮船的货舱口围壁加高、缩小货舱口尺度，使货物沉降后的表面积限制在货舱口范围内。

图 7-2　散粮船

（3）矿砂船（图 7-3）。矿砂的积载因数较小，对货舱的容积要求不大，而荷载较集中。为了适当提高货物重心，改善船舶性能，有利于货物装卸，常将双层底抬高，且货舱口两侧设纵向水密隔壁，使货船剖面呈较小的矿斗形，船体结构强度亦较强。

图 7-3　矿砂船

（4）散装水泥船（图 7-4）。甲板上不开设大的货舱口，也不设吊杆式等起货装置。为装卸水泥，船上设有气动式或机械式的水泥装卸设备。为了防止散装水泥飞扬、水湿结块，船中部设有集尘室或在船盖上装有空气滤器，上甲板和货舱口严格水密，有些船还采用双层船壳或在船舱内设粉密隔壁。

图 7-4　散装水泥船

（5）车辆—散货船。这种船装有若干层悬挂式或折叠式车辆甲板，配以轻便的舱盖，用于装载汽车。车辆甲板一般为网格式花铁板结构，目的是减轻重量。当装载散货时，可将舱盖吊到甲板上，并将车辆甲板收起悬挂在主甲板下或折叠起来紧贴在横舱壁旁。

（6）矿—散—油船。简称 OBO 船（Ore-Bulk-Oil 船）这种船吨位大，舱容大。中间为矿砂或其他散货舱，开有大舱口，能方便抓斗上下。两侧为油舱，能利用回程和矿砂、散货贸易的淡季装油，提高船舶的经济性。

2）自卸式散货船

自卸式散货船（图 7-5）通常是在舱底设置纵向输送机，舱内物料通过斗门及其他喂料方式喂入输送机并被提升到一定高度经投料输送机卸至码头。

图 7-5　自卸式散货船

2. 干杂货运输船舶

干杂货运输船舶特点如下。

（1）多层全通甲板（2～3 层），甲板间高在 2.45m 以上，双层底结构，机舱常设中部或尾部。

（2）货舱侧壁有木质或钢质护肋设施。

（3）舱口多为船宽的 40%～60%。

（4）水密货舱盖，自动启闭，根据大小，设 3～6 个货舱，有首尾尖舱。

（5）起货设备多为克令吊，吊杆或立式塔形吊车。

（6）装卸时间长，效率低。

（7）传统的班轮航线上运行的就是杂货船（图 7-6）。现在的杂货船一般没有固定的航线和船期，而是根据货源情况及货运需要航行于各港口之间，除载运件货，也可载运散装货或大件货等。

（8）杂货船的营运不追求高速，而注重经济性和安全性，要求尽量多装货物，提高装卸效率，减少船员人数和保证航行安全。

图 7-6　3 万吨重吊杂货船

3. 滚装船（图 7-7）

1）优点

（1）对码头无特别要求，投资为集装箱的 25%。

（2）装卸效率高，可达普通货船的 10 倍，成本低。

（3）可实现门到门。

（4）能适应多种货物。

（5）机动灵活。

（6）利于平战结合。

2）缺点

（1）仓容利用率低。

（2）载重量系数较低。

（3）造价高。

（4）中小型船仅能设置尾直跳板，对码头要求高。

图 7-7　滚装船

4. 冷藏船（图 7-8）

（1）冷藏货物不宜堆积过高，有些货物还必须悬挂运输，故宜设置多层甲板，使上下层甲板之间和甲板至舱底之间的高度较小，甲板间高通常在 1.5～2.0m。

（2）冷藏船货舱常隔成若干个舱室，每个舱室是一个独立的封闭的装货空间，舱壁和舱门均为气密，并覆有泡沫塑料、铝板聚合物等隔热材料，形成隔热舱，使相邻舱室互不导热，以满足不同货种对不同温度的要求。

（3）为了减小在装卸和航行过程中对舱室温度的影响，货舱口比较小。

（4）冷藏船的装卸效率也较低，有些冷藏船为了加速装卸，在舷侧开有绝热的舷门，从舷门进行装卸。

（5）冷藏船上通常设有制冷装置。一般可控制冷藏舱的温度为–25～15℃。

（6）冷藏货物的批量比较小，冷藏船的吨位都不大。

（7）在内河及其他短途运输的冷藏船上常不设机械制冷装置，而仅设绝热的冷藏舱室，船上带少量冷剂，一般为冰，以保持舱室低温。

图 7-8　冷藏船

5. 液体货船

1）油船（图 7-9）

特点如下。

（1）单甲板，多纵向隔舱（减少自由液面对初稳性的影响）。

（2）双体侧舱（发展趋势）。

（3）尾机型。

（4）多管系：输油、清舱、通气、加热（冬）、洒水（夏）、惰性气体（防燃）、消防。

油轮按载重吨位分类如下。

（1）超级油轮（VLCC，20 万～30 万载重吨），超过 20 万 t 的油轮称为超大型油轮，超过 30 万 t 的油轮称为超级巨型油轮，一般超过 25 万 t 的油轮都称为超级油轮。

（2）苏伊士型油轮（Suezmax，12 万～20 万载重吨）。

（3）阿芙拉型油轮（Aframax，8 万～12 万载重吨），该型船舶可以停靠大部分北美港口，并可获得最佳经济性，又称为"运费型船"或"美国油轮船"。

（4）巴拿马型油轮（6 万～8 万载重吨）。

（5）灵便型油轮（1 万～5 万载重吨）。

（6）通用型油轮（1 万 t 以下）。

图 7-9 成品油船

2）液化气船（图 7-10）

石油气和天然气在常温、常压下的密度很小，若将这些货物在气体状态下长途运输，显然是不经济的。为运输、储存上的方便，必须将这些货物气体液化。

图 7-10　液化天然气船

二、港口

1. 港口作用

港口是具有一定面积的水域和陆域，供船舶出入和停泊、货物和旅客集散的场所。

港口的任务是为船舶提供能安全停靠的设施，及时完成货物和旅客由船到岸或由岸到船以及由船到船的转运，并为船舶提供补给、修理等技术服务和生活服务。

根据港口在水运中的作用，港口的营运活动主要可以分为客运组织工作和货运装卸工作两大方面。

2. 港口类型

1）按功能和用途分类

（1）综合性商港或贸易港。以一般商船和客货运输为服务对象可装卸多种货物的港口。

（2）专业港。专业性港口为装卸某单一货类的港口，如石油港、矿石港、煤港等。

（3）客运港。专门停泊客轮和转运快件货物。

（4）渔港。为渔船停泊、鱼货装卸、鱼货保鲜、冷藏加工、修补渔网和渔船生产等生活物资补给的港口。

（5）军港。供舰艇停泊并取得补给的港口。

（6）避风港。供船舶在航行途中，或海上作业过程中躲避风浪的港口。

2）按设置地点的不同分类

（1）海港。沿海修建，为远洋和各种海船服务的港口。

（2）河口港。位于入海河流河口段，或河流下游潮区界内。

（3）河港。位于河流沿岸，且有河流水文特征的港口。

（4）运河港。沿人工开挖的河道修建的港口。

（5）湖港。位于湖泊沿岸或江河入湖口处的港口。

3. 港口的组成

港口由水域设施、陆域设施、水工建筑物三个部分组成。

1）港口水域设施

港口水域：港界线以内的水域面积。一般须满足两个基本要求：船舶能安全地进出港口和靠离码头；能稳定地进行停泊和装卸作业。

港口水域主要包括码头前水域（港池）、进出港航道、船舶转头水域、锚地等部分。

2）港口陆域设施

（1）港区生产设施。包括生产建筑、辅助生产建筑、港区作业调度室和候工室。

（2）港口集疏运设施。包括港区道路、港口铁路。

（3）港区辅助设施。

➤知识拓展

盘活大数据让计算机"帮你思考"日照打造"智慧港口"

来到日照港口散货作业现场，曾经散货作业"散、乱、脏"的情形已经一去不复返。在这里，车辆排列整齐，作业现场除了坐在装载车及卡车里面的驾驶员，未见过去常见的相关管理人员。

"日照港信息化建设已实现了港口业务与管理的数字化、网络化和集成化，为打造'智慧港口'和实施'强港战略'提供了可靠的信息化服务。"日照港信息中心副主任王宇升表示，随着散货全球定位智能管理系统及配套的微信 2.0 版公众服务平台、物流信息网等信息化手段的运用，日照港实现了散货生产作业的标准化、信息化、无人化，大大提高港口运营效率、效益，而这只是日照港创新理念和方法，打造"智慧港口"的冰山一角。

1. 盘活大数据让计算机"帮你思考"

港口及上下游时刻在制造海量数据。如何把这些多数据变成大数据，并最终可调配、会思考，是对港口"智慧"程度的重要考量。

"目前港口信息化建设还处于智能化发展后期阶段，基本实现的只是自动化、电气化，解决的也仅是机器'帮你做事'的问题。"日照港集团信息中心主任赵博说，日照港信息化工作下一步将充分利用物联网、移动互联网等信息技术，对港口服务供应链上的各种信息进行感知、传递、归纳进而智能整合分析，真正地让管理系统去思考，帮助决策层、管理层战略分析、优劣势分析，最终解决好"帮你思考"的问题，让大数据成为日照港优质资产，逐步引导港口生产从劳动密集型管理向集约型管理转型。

面对我国经济发展的新常态，随着物联网、云计算等技术的普及，今后的港口竞争力不仅会体现在主要由大泊位、大堆场、作业效率、集疏运体系等这些硬件组成的港口竞争力上，更体现在服务港口供应链的竞争上。因此，今后将充分利用物联网、云计算等手段盘活港口大数据，助力港口整合并延伸港口物流服务产业链，引导企业从生产向服务型转变。

　　共享大数据、延伸服务链，日照港早已有了尝试。例如，与日照钢铁厂合作建设的信息交换平台，就使双方信息实现双向沟通，最终"共赢"。一方面，港口实时提供钢厂船舶的预到及在港动态信息，钢厂集疏港车辆动态及在港作业进程等信息，充当钢厂"预报员"、调度员角色，大大方便了钢厂生产。另一方面，钢厂实时为港口提供集港、装船等计划信息，只要钢材集港车辆一出厂门，港口就能迅速获得货物的详细信息，为港口调度生产提供极大方便。

　　据介绍，今后日照港将尽可能多地将港内外各种独立分散的信息系统整合，真正让港口相关各方实现大数据的挖掘和分享，建设真正意义上的"智慧港口"，将依托港口集疏运管控平台，谋划推进电子商务下的"物流单证"。届时，货主不仅可以预约提货，还可以像快递包裹一样进行货物信息查询、跟踪，形成"港口阿里巴巴"。

　　2. 聚贤引智产学研深度合作

　　港口智能转型如何越走越宽，内外结合，"产、学、研"深度合作是一条实用、有效的路径。

　　"智慧港口"到底怎样才能快速打造起来？日照港集团选择了内外结合，"产、学、研"深度融合之路。

　　按照"科技兴港、人才强港"战略，在不断加大投入的基础上，日照港集团通过对内加大自主开发力度，对外加强与高等院校、科研院所和行业领先企业等开展"产、学、研"深度合作，聚贤引智，联合创新。与交通运输部水运科学研究院签订战略合作协议；与中交水运规划设计院合作石臼港区西区、岚山港区中区规划设计，研究散货物流港集成创新课题。

　　更为可喜的是，2012 年，日照港院士工作站揭牌成立，进站专家 14 名（院士 2 名）；2014 年，日照港博士后科研工作站设立，为引进高精尖人才来港口工作搭建平台。"产、学、研"结合结硕果。近三年，日照港集团获省部级科技进步奖成果奖 16 项，创造和拥有国家专利技术 172 项，省部级以上工法 13 项，并承担了国家物流服务业标准化试点项目等，"散粮自动化火车装车系统研发应用"科技项目获得中国港口科技进步奖一等奖。

　　怀着"三次创业"的"名港梦"，日照港在打造最具活力的国际一流强港的征程中不断迈步向前。今后日照港将尽可能多地将港内外各种独立分散的信息系统整合，真正让港口相关各方实现大数据的挖掘和分享，建设真正意义上的"智慧港口"。

三、航道与航标

　　（1）航道：在江河、湖泊、水库、渠道及港湾等水域中，供一定标准尺度的船舶航行的通道。航道分天然航道和人工航道两类。天然航道又分为海上航道和内河航道。

　　（2）航标：以特定的标志、灯光、响声或无线电信号等，供船舶确定船位、航向，避离危险，使船舶沿航道或预定航线顺利航行的助航设施。如图 7-11 所示。

航标 ┐
　├ 海区航标 ┐
　│　├ 音响航标：雾号、雾笛、雾哨等
　│　├ 视觉航标 ┐
　│　│　├ 灯塔
　│　│　├ 灯船
　│　│　├ 浮标
　│　│　└ 导标
　│　└ 无线电航标
　└ 内河航标 ┐
　　　├ 航行标志
　　　├ 信号标志
　　　└ 专用标志：指示碍航物

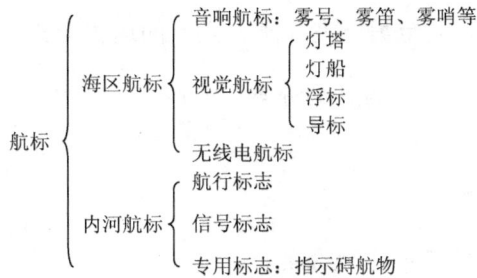

图 7-11　航标类别

第三节　水路货物运输种类

1. 根据货物的包装形式分类

（1）散装货物运输。包括散装液体货物运输和散装固体货物运输。散装货物按重量交接。

（2）成件货物运输。成件货物按件数交接。成件货物的包装应符合要求。

（3）集装箱货物运输。应注意集装箱的交接责任、装箱、拆箱、施封、空箱返还等问题。

2. 根据货物的性质分类

可分为普通货物运输和特种货物运输。其中，特种货物运输包括如下内容。

（1）散装液体货物运输。只限于整船、整舱运输，按重量交接。注意施封。

（2）危险货物运输。注意妥善包装，制作危险品标志和标签。

（3）笨重、长大货物运输。

（4）舱面装载货物运输。注意加固。

（5）鲜活货物运输。鲜活货物包括易腐货物、活动物和有生植物。

3. 根据货物的装卸方式分类

（1）垂直装卸的货物运输。

（2）液体货物运输。

（3）单元滚装货物运输。

4. 根据营运方式分类

（1）班轮运输。指在特定的航线上按照预订的船期和挂港从事有规律水上货物运输的运输形式。

（2）航次租船运输。指船舶出租人向承租人提供船舶的全部或者部分舱位，装运约定的货物，从一港（站、点）运至另一港（站、点）的运输形式。

5. 根据货物运输是否以营利为目的分类

（1）营业性货物运输。

（2）非营业性货物运输。

6. 根据水路货物运输跨及的水域分类

（1）沿海货物运输。

（2）江河货物运输。

（3）湖泊货物运输。

（4）运河货物运输。

7. 根据运输主体分类

（1）单位运输。

（2）个人（或联户）运输。

8. 按参加运输方式的多少分类

（1）水路单一方式运输。

（2）水路多式联运。

第四节　水路货物运输流程

一、班轮运输的作业程序

1. 揽货

揽货是指从事班轮运输经营的船公司为使自己所经营的班轮运输船舶能在载重量和舱容上得到充分利用，力争做到"满舱满载"，以期获得最好的经营效益而从货主那里争取货源的行为。

2. 订舱

订舱是指托运人或其代理人向承运人，即班轮公司，或其他营业所或代理机构等申请货物运输，承运人对这种申请给予承诺的行为。

3. 装船换单

在班轮运输中，为了提高装船效率，减少船舶在港停泊时间，不致延误船期，通常都采用集中装船的方式。

托运人填制托运联单，包括托运单（B/N）、装货单（S/O）、收货单（M/R）等，向承运人的代理人办理托运，代理人接受承运后，将承运的船名填入联单内，留存托运单，其他联退还托运人，托运人凭此到海关办理出口报关手续；海关同意放行后，即在装货单上盖放行章，托运人凭此向港口仓库发货或直接装船；然后将装、收货单送交理货公司，船舶抵港后，凭此理货装船，每票货物都装上船后，大副留存装货单，签署收货单；理货公司将收货单退还托运人，托运人凭收货单向代理人换取提单，托运人凭提单等到银行办理结汇，并将提单寄交收货人。

承运人的代理人依据托运单填制装货清单（L/L）和载货清单（M/F），并根据承运人的要求，依据装货清单编制货物积载图，船舶抵港后，送大副审核签字后，船方留存一份，提供给代理人若干份，转寄承运人的卸货港代理人；代理人根据装船实际情况，修编载货清单，经大副签字后，向海关办理船舶离境手续；依据载货清单填制运费清单（F/M），寄往承运人的卸货港代理人和船公司。

4. 到港卸货交付

船公司在卸货港的代理人根据船舶发来的到港电报，一方面编制有关单证联系安排泊位和准备办理船舶进口手续，约定装卸公司，等待船舶进港后卸货；另一方面还要把船舶预定到港的时间通知收货人，以便收货人及时做好接收货物的准备工作。在班轮运输中，为了使分属于众多收货人的各种不同的货物能在船舶有限的停泊时间内迅速卸完，通常都采用集中卸货的办法，即由船公司所指定的装卸公司作为卸货代理人总揽卸货以及向收货人交付货物的工作。

卸货时，船方和装卸公司应根据载货清单和其他有关单证认真卸货，避免发生差错，然而由于众多原因难免发生溢卸和短卸，统称为误卸。关于因误卸而引起的货物延迟损失或货物的损坏转让问题，一般在提单条款中都有规定，通常规定因误卸发生的补送、退运的费用由船公司负担，但对因此而造成的延迟交付或货物的损坏，船公司不负赔偿责任。如果误卸是因标志不清、不全或错误，以及因货主的过失造成的，则所有补送、退运、卸货和保管的费用都由货主负担，船公司不负任何责任。

5. 交付货物

收货人收到提单后，将提单交给船公司在卸货港的代理人，经代理人审核无误后，签发提货单（D/O）交给收货人，然后收货人再凭提货单前往码头仓库提取货物并与卸货代理人办理交接手续。交付货物的方式有仓库交付货物、船边交付货物、货主选择卸货港交付货物、变更卸货港交付货物、凭保证书交付货物等。

6. 保函

保函即为保证书。其作用包括凭保函交付货物、凭保函签发清洁提单、凭保函倒签预借提单等，在凭保函交付货物的情况下，收货人保证在收到提单后立即向船公司交回全套正本提单，承担应由收货人支付的运费及其他费用的责任；对因未提交提单而提取货物所产生的一切损失均承担责任，并表明对于保证内容由银行与收货人一起负连带责任。凭保函签发提单则使得托运人能以清洁提单、已装船提单顺利结汇。

二、租船运输作业程序

（1）租船询价。询价又称询盘。通常是指承租人根据自己对货物运输的需要或对船舶的特殊要求通过租船经纪人在租船市场上要求租用船舶。询价主要以电报或电传等书面形式提出。承租人所期望条件的内容一般应包括：需要承运的货物种类、数量、装货港和卸货港、装运期限、租船方式或期限、期望的运价（租金）水平以及所需用船舶的详细说明等内容。询价也可以由船舶所有人为承揽货载而首先通过租船经纪人向租船市场发出。由船舶所有人发出的询价内容应包括出租船舶的船名、国籍、船型、船舶的散装和包装容积、可供租用的时间、希望承揽的货物种类等。

（2）租船报价。报价又称发盘。当船舶所有人从船舶经纪人那里得到承租人的询价后，经过成本估算或者比较其他的询价条件，通过租船经纪人向承租人提出自己所能提供的船舶情况和运费率或租金率。报价的主要内容，除对询价的内容做出答复和提出要求，最主要的是关于租金（运价）的水平和选定的租船合同范本及对范本条款的修改、补充条款。

（3）租船还价。还价又称还盘，在条件报价的情况下，承租人与船舶所有人之间对报价条件中不能接受的条件提出修改或增删的内容，或提出自己的条件称为还价。还价意味着询价人对报价人报价的拒绝和新的报价开始。因此，船东对租船人的还价可能全部接受，也可能接受部分还价，对不同意部分提出再还价或新报价。这种对还价条件做出答复或再次做出新的报价称为返还价，或称返还盘。

（4）租船报实盘。在一笔租船交易中，经过多次还价与返还价，如果双方对租船合同条款的意见一致，一方可以以报实盘的方式要求对方做出是否成交的决定。报实盘时，要列举租船合同中的必要条款，将双方已经同意的条款和尚未最后确定的条件在实盘中加以确定。同时还要在实盘中规定有效期限，要求对方答复是否接受实盘，并在规定的有效期限内做出答复。若在有效期限内未做出答复，所报实盘即告失效。同样，在有效期内，报实盘的一方对报出的实盘是不能撤销或修改的，也不能同时向其他第三方报实盘。

（5）接受订租。接受订租又称受盘，指双方当事人对实盘所列条件在有效期内明确表示承诺。至此，租船合同即告成立。原则上，接受订租是租船程序的最后阶段。接受订租后，租船洽商即告结束。

（6）订租确认书。订租确认书是租船程序的最后阶段，一项租船业务即告成交。通常的做法是，当事人之间还要签署一份订租确认书。订租确认书无统一格式，但其内容应详细列出船舶所有人和承租人在洽租过程中双方承诺的主要条款。订租确认书经当事人双方签署后，各保存一份备查。

（7）签订租船合同。正式的租船合同实际是合同已经成立后才开始编制的。双方签认的订租确认书实质就是一份供双方履行的简式的租船合同。签认订租确认书后，船东按照已达成协议的内容编制正式的租船合同，通过租船经纪人送交承租人审核。如果租船人对编制的合同没有什么异议，就可签字。

第五节　水路货物运输单证种类及其填写

➤ 项目简介

为了保证运输货物的安全交接，在整个运输过程中需要编制各种单据。这些单证各自具有其特定的用途，彼此之间又有相互依存的关系。它们既把船、港、货各方联系到一起，又能分清各自的权利和义务。

一、水运主要货运单证

1. 托运单（Booking Note，B/N）

托运单俗称"下货纸"，是托运人根据贸易合同和信用证条款内容填制的，向承运人或其代理办理货物托运的单证。承运人根据托运单内容，并结合船舶的航线、挂靠港、船期和舱位等条件考虑，认为合适后，即接受托运。

2. 装货单（Shipping Order，S/O）

装货单是接受了托运人提出装运申请的船公司，签发给托运人，凭以命令船长将承运的货物装船的单据。装货单既可用作装船依据，又是货主凭以向海关办理出口货物申报手续的主要单据之一，所以装货单又称"关单"，对托运人而言，装货单是办妥货物托运的证明。对船公司或其代理而言，装货单是通知船方接受装运该批货物的指示文件。

3. 收货单（Mates Receipt，M/R）

收货单又称大副收据，是船舶收到货物的收据及货物已经装船的凭证。船上大副根据理货人员在理货单上所签注的日期、件数及舱位，并与装货单进行核对后，签署大副收据。托运人凭大副签署过的大副收据，向承运人或其代理人换取已装船提单。

由于上述三份单据的主要项目基本一致，我国一些主要口岸的做法是将托运单、装货单、收货单、运费通知单等合在一起，制成一份多达9联的单据。各联作用如下：第一联由订舱人留底，用于缮制船务单证。第二、三联为运费通知联，其中一联留存，另一联随账单向托运人托收运费。第四联装货单经海关加盖放行章后，船方才能收货装船。第五联收货单及第六联由配舱人留底。第七、八联为配舱回单。第九联是缴纳出口货物港务费申请书。

4. 海运提单（Bill of Lading，B/L）

海运提单是指证明海上运输活动成立，承运人已接管货物或已将货物装船并保证在目的地交付货物的单证。提单是一种货物所有权凭证。提单持有人可据以提取货物，也可凭此向银行押汇，还可在载货船舶到达目的港交货之前进行转让。

5. 装货清单（Loading List，L/L）

装货清单是承运人根据装货单留底，将全船待装货物按目的港和货物性质归类，依航次、靠港顺序排列编制的装货单汇总清单，其内容包括装货单编号、货名、件数、包装形式、毛重、估计尺码及特种货物对装运的要求或注意事项的说明等。装货清单是船上大副编制配载计划的主要依据，又是供现场理货人员进行理货，港方安排驳运，进出库场以及承运人掌握情况的业务单据。

6. 舱单（Mani Fest，M/F）

舱单是按照货物逐票罗列全船载运货物的汇总清单。它是在货物装船完毕之后，由船公司根据收货单或提单编制的。其主要内容包括货物详细情况，装卸港、提单号、船名、托运人和收货人姓名、标记号码等，此单作为船舶运载所列货物的证明。

7. 货物积载图（cargo plan）

货物积载图是按货物实际装舱情况编制的舱图。它是船方进行货物运输、保管和卸货工作的参考资料，也是卸港据以理货、安排泊位、货物进舱的文件。

8. 运费清单（Freight Manifest，F/M）

根据 B/L 副本、M/R 而编制的出口载货运费清单，一般由船代公司编制。

9. 提货单（delivery order）

提货单是收货人凭正本提单或副本提单随同有效的担保向承运人或其代理人换取的、可向港口装卸部门提取货物的凭证。

二、货运单证流程

（1）托运人向船公司在装货港的代理人（也可直接向船公司或其营业所）提出货物装运申请，递交托运单，填写装货单（S/O，九联单）。

（2）船公司同意承运后，其代理人指定船名，核对 S/O 与托运单上有内容无误后，签发 S/O，将留底联留下后退还给托运人，要求托运人将货物及时送至指定的码头仓库。

（3）托运人持 S/O 及有关单证向海关办理货物出口报关、验货放行手续，海关在 S/O 上加盖放行章后，货物准予装船出口。

（4）船公司在装货港的代理人根据留底联编年装货清单（L/L）送船舶及理货公司、装卸公司。

（5）大副根据 L/L 编制货物积载计划交代理人分送理货、装卸公司等按计划装船。

（6）托运人将经过检验和检量的货物送至指定的码头仓库准备装船。

（7）货物装船后，理货长将 S/O 交大副，大副核实无误后留下 S/O 并签发收货单（M/R）。

（8）理货长将大副签发的 M/R 转交给托运人。

（9）托运人持 M/R 到船公司在装货港的代理人处付清运费（预付运费情况下）换取正本已装船提单（B/L）。

（10）船公司在装货港的代理人审核无误后，留下 M/R，签发 B/L 给托运人。

（11）托运人持 B/L 及有关单证到议付银行结汇（在信用证支付方式下），取得货款，议付银行将 B/L 及有关单证邮寄开证银行。

（12）货物装船完毕后，船公司在港口的代理人编妥舱单（M/F），送船长签字后向海关办理船舶出口手续，并将 M/F 交船随带，船舶开航。

（13）代理公司根据 B/L 副本编制出口载货运费清单（F/M），连同 B/L 副本、M/R 送交船公司结算代收运输，并将卸船港所需的单证邮寄卸货港的代理公司。

（14）卸货港的代理公司接到船舶抵港电报后，通知收货人船舶到港日期，做好提货准备。

（15）收货人到银行付清货款，取回 B/L。

（16）卸货港代理公司根据装货港代理公司寄来的货运单证，编制进口载货清单等卸货单据，约定装卸公司，联系泊位，做好卸货准备工作。

（17）卸货港舶船代理公司办理船舶进口报关手续。

（18）收货人向卸货港代理公司付清应付费用后，以正本提单换取提货单（D/O）。

（19）收货人持 D/O 送海关办理进口报关手续，支付进口关税，海关核准后放行。

（20）收货人持 D/O 到码头仓库提取货物。

三、海运提单

1. 性质与作用

（1）海运提单是承运人或其代理人签发给托运人的承运货物的收据。

（2）海运提单是承运人与托运人之间运输合同的证明，也是处理承托双方权利和义务的主要依据。

（3）海运提单是货物所有权的证件。

2. 种类

1）按货物是否装船分类

（1）已装船提单（shipped or board B/L）：指货物已装上船后签发的提单，凭大副装船后所签收货单签发。在贸易合同中，买方一般要求卖方提供已装船提单，因为已装船提单上有船名和装船日期，对收货人按时收货有保障。

（2）收货待运提单（received for shipping B/L）：指承运人虽已收到货物但尚未装船时签发的提单。一般是托运人凭场站收据向承运人所换的。在 L/C 下不能议付。装船后由船公司加注船名日期变成已装船提单。

2）按运输方式分类

（1）直达提单（direct B/L）：货物自装货港装船后，中途不经换船直接驶到卸货港卸货而签发的提单。

（2）转船提单（transhipment B/L）：起运港的载货船舶不直接驶往目的港，须在转船港换装另一船舶运达目的港时所签发的提单。

（3）联运提单（though B/L）：货物需经两段或两段以上运输运达目的港，而其中有一段必须是海运，如海陆、海空联运或海海联运所签发的提单。所以转船提单实际上也是联运提单的一种。

（4）多式联运提单（combined transport B/L，MT B/L）：货物由海上、内河、铁路、公路、航空等两种或多种运输方式进行联合运输而签发的适用于全程运输的提单。

3）按提单抬头（收货人）分类

（1）记名提单（straight B/L）：在收货人一栏内列明收货人名称，所以又称为收货人抬头提单，这种提单不能用背书方式转让，而货物只能交予列明的收货人。

（2）不记名提单（bearer B/L）：在提单上不列明收货人名称的提单，谁持有提单，谁就可凭提单向承运人提取货物，承运人交货时凭单不凭人。

（3）指示提单（order B/L）：指示提单上不列明收货人，可凭背书进行转让的提单。有利于资金的周转，在国际贸易中应用较普遍。在收货人栏中写"凭指示 TO ORDER＿＿＿＿"。

指示提单有凭托运人的指示，凭收货人指示和凭进口方银行指示等，则分别需托运人、收货人或进口方银行背书后方可转让或提货。

提单背书（endorsement）有空白背书和记名背书两种。

空白背书是由背书人（即提单转让人）在提单背面签上背书人单位名称及负责人签章，但不注明被背书人的名称，也无须取得原提单签发人的认可。指示提单一经背书即可转让，意味着背书人确认该提单的所有权转让。

记名背书除同空白背书需由背书人签章，还要注明被背书人的名称。如被背书人再进行转让，必须再加背书。

4）按有无批注分类

（1）清洁提单（clear B/L）：指货物装船时表面状况良好，一般未经加添明显表示货物及/或包装有缺陷批注的提单。在对外贸易中，银行为安全起见，在议付货款时均要求提供清洁提单。

（2）不清洁提单（unclear B/L）：指承运人在提单上已加注货物及/或包装状况不良或

存在缺陷等批注的提单。除非经买方授权，否则银行不接受。

5）按提单格式分类

（1）全式提单（long form B/L）：最常用的既有正面内容又在背面印有承运有与托运人的权利、义务等详细条款的提单。

（2）简式提单：指仅保留全式提单正面的必要内容，而没有背面条款的提单。

6）按商业习惯分

（1）过期提单（stale B/L）：指卖方向当地银行交单结汇的日期与装船开航的日期相距太长，以致银行按正常邮寄提单预计收货人不能在船到达目的港前收到的提单。根据《跟单信用证统一惯例》规定，在提单签发日期后 21 天才向银行提交的提单为过期提单。

（2）倒签提单（anti-date B/L）：指承运人应托运人的要求，签发提单的日期早于实际装船日期，以符合信用证对装船日期的规定，便于在该信用证下结汇。

（3）预借提单（advanced B/L）：指因信用证规定装运日期和议付日期已到，货物因故而未能及时装船，由托运人出具保函，要求承运人签发的已装船提单。若信用证未规定最迟装运日期，银行将不接受表明装运日期迟于信用证的到期日。

（4）顺签提单（post-date B/L）：指货物装船完毕后，承运人应托运人的要求，以晚于该票货物实际装船完毕的日期作为签发提单的日期，以符合有关合同关于装船日期的规定。

此外，还有舱面提单（on deck B/L）或称甲板货提单（on deck B/L），指货物装载于船舶露天甲板，并注明"甲板上"字样的提单。

货代提单（house B/L），由货运代理人（无船承运人）签发的提单。货运提单往往是货物从内陆运出并运至内陆时签发的。这种提单从技术上和严格的法律意义上说，是缺乏提单效力的。表 7-1 和表 7-2 为两个海运提单样本。

表 7-1　海运提单样本 1

1. SHIPPER（托运人）一般为出口商			B/L NO.		
2. CONSIGNEE（收货人）"order"或"order of shipper"或"order of XXX Bank"			COSCO 中国远洋运输（集团）总公司 CHINA OCEAN SHIPPING（GROUP）CO.		
3. NOTIFY PARTY（通知人）通常为进口方或其代理人					
4. PR-CARRIAGE BY（前程运输）填 feeder ship 名即驳船名	5. PLACE OF RECEIPT（收货地）填 Huangpu		*ORIGINAL* Combined Transport Bill of Lading		
6. OCEAN VESSEL VOY. NO.（船名及航次）填大船名	7. PORT OF LOADING（装货港）填 HKG				
8. PORT OF DISCHARGE（卸货港）填 LAX	9. PLACE OF DELIVERY（交货地）若大船公司负责至 NYC 则填 NYC；若负责至 LAX 则填 LAX		10. FINAL DESTINATION FOR THE MERCHANT'S REFERENCE（目的地）仅当该 B/L 被用作全程转运时才填此栏（填 NYC）		
11. MARKS（唛头）	12. NOS. & KINDS OF PKGS（包装种类和数量）	13. DESCRIPTION OF GOODS（货物名称）	14. G.W.（KG）（毛重）	15. MEAS（M³）（体积）	

16. TOTAL NUMBER OF CONTAINERS OR PACKAGES（IN WORDS）（总件数）					
17. FREIGHT & CHARGES（运费）PREPAID（运费预付）或 COLLECT（运费到付）	REVENUE TONS（运费 t）	RATE（运费率）	PER（计费单位）	PREPAID（运费预付）	COLLECT（运费到付）
PREPAID AT（预付地点）	PAYABLE AT（到付地点）	18. PLACE AND DATE OF ISSUE（出单地点和时间）一般与装船日一致			
TOTAL PREPAID（预付总金额）	19. NUMBER OF ORIGINAL B（S）L（正本提单的份数）一般为 3 份	22. SIGNED FOR THE CARRIER（承运人签章）			
20. DATE（装船日期）	21. LOADING ON BOARD THE VESSEL BY（船名）	中国远洋运输（集团）总公司 CHINA OCEAN SHIPPING（GROUP）CO. ×××			

表 7-2　海运提单样本 2

托运人 Shipper		中国对外贸易运输总公司 CHINA NATIONAL FOREIGN TRADE TRANSPORTATION CORP		
收货人或指示 Consignee or order				
通知地址 Notify address		联运提单 COMBINED TRANSPORT BILL OF LADING		
前段运输 Pre-carriage by	收货地点 Place of receipt	RECEIVED the goods in apparent good order and condition as specified below unless otherwise stated herein. The Carrier，in accordance with the provisions contained in this document.		
海运船只 Ocean vessel	装货港 Port of loading	1）undertakes to perform or to procure the performance of the entire transport from the place at which the goods are takes in charge to the place designated for delivery in this document，and 2）assumes liability as prescribed in this document for such transport. One of the Bills of Lading must be surrendered duly indorsed in exchange for the goods or delivery order.		
卸货港 Port of discharge	交货地点 Place of delivery	运费支付地 Freight payable at	正本提单份数 Number of original Bs/L	
标志和号码 Marks and Nos.	件数和包装种类 Number and kind of packages	货名 Description of goods	毛重（公斤）Gross weight（kgs.）	尺码（立方米）Measurement（m³）
以上细目由托运人提供 ABOVE PARTICCLARS FURNSHED BY SHIPER				
运费和费用 Freight and charges	IN WITNESS whereof the number of original Bills of Lading stated above have been signed，one of which being accomplished，the other（s）to be void.			
	签单地点和日期 Place and date of issue			
	代表承运人签字 Signed for or on behalf of the Carrier 代理 as Agents			

第六节　水路运费核算

一、国内水路运输运费核算

国内水路货物运输实行的是市场运价，所以在确定水路货物运价时，应以运输价值为基础，并考虑运输市场的供求关系、竞争导向因素、不同运输方式之间的比价关系以及货物的运费负担能力。水路货物运价的制定包括货运基本价格的制定，货类分级及级差率的确定，运价里程与计算里程的确定，运价率表的制定等。

1. 货运基本价格的制定

货运基本价格，简称"基价"，亦称基本价率，是指基准的运价率。基价确定方法有两种，即综合基价和组合基价。

1) 综合基价

综合基价是指以综合运输成本为基础进行测算的货运基本价格。其理论公式为

综合基价=(运输成本+利润+税金)/计划期换算货物周转量[元/(吨·千米)]

式中，运输成本为计划期部门或航区预计货运成本；利润为按规定利润率计算办法所得的利润额；税金为计划期按国家规定的工商税率计算出来的税金；计划期换算货物周转量为以基本货类、基本船型为基础，各货类、船型按运输生产效率的一定比例换算而得的货物周转量。

综合基价确定后，不同货种、不同运距的货物运价率可按下式确定：

运价率=综合基价×里程×级差系数(元/吨)

以综合基价为基础而确定的货物运价，是一种均衡里程运价。它既能反映货物运价的总体水平，也能反映不同运距、不同货种的运价差别，测算也比较方便。但是此法不能较好地体现运输成本随运距变化的情况，不能反映运距的变化对停泊成本和航行成本的不同影响。

2) 组合基价

组合基价是指由航行基价和停泊基价组合而成的货运基本价格。它是递远递减运价的基础。比综合基价（均衡里程运价）合理。其理论计算公式为

组合基价=航行基价×里程+停泊基价(元/吨)

航行基价=(航行成本+利润+税金)/计划期换算周转量[元/(吨·千米)]

停泊基价=(停泊成本+利润+税金)/计划期换算货运量(元/吨)

式中，航行成本、停泊成本分别指与船舶航行、停泊有关的成本；航行基价、停泊基价中的利润、税金指船舶在航行、停泊期间应分摊的利润和税金；计划期换算周转量、货运量指以基本

货类、基本船型为基础，各货类、船型按运输生产效率进行换算而得的货物周转量、货运量。

组合基价确定后，不同货种、不同运距的货物运价率按下式计算：

$$运价率 = 组合基价 \times 级差系数(元/吨)$$

以组合基价为基础而确定的货物运价，是一种递远递减运价。随着运距的增加，每吨千米停泊基价在逐步减少，而航行基价为不变值，从而每吨千米运价随运距的增加也逐渐减少。采用递远递减运价能较好地体现运输成本随运距变化的情况，比均衡里程运价更为合理。

3）我国北方沿海、长江航区的航行基价与停泊基价

（1）航行基价。从理论上说，由于航行成本基本上随运输距离的增加而同步增加，故每吨千米（或每吨海里）的航行成本可视为不变值。但运距的变化与单位航行成本并不绝对相等，一般是运距短的单位航行成本高，运距长的单位航行成本低。自然条件和地理位置不同的某些航区，各航行区段的单位航行成本有显著差别，所以沿海以运距的长短分别规定不同的航行基价，长江则以上游区段、中游区段、下游区段分别规定有差别的航行基价。表7-3为北方沿海航行基价表。表7-4为长江航区航行基价表。

表7-3　北方沿海航行基价表　　　　　　（单位：元/吨海里）

运输距离	1～200海里	201～400海里	400以上海里
航行基价	0.0075	0.0070	0.0065

表7-4　长江航区航行基价表　　　　　　（单位：元/吨千米）

运输区段		重庆—宜昌	宜昌—武汉	武汉—上海
航行基价	W	0.0280	0.0136	0.0070
	M	0.0196		

（2）停泊基价。停泊基价的制定主要依据单位停泊成本。由于行驶在各航区的船舶的结构、装备等有较大差异，分摊到每货运吨的停泊成本也不同，沿海航区的船舶停泊基价一般小于内河航区。表7-5为北方沿海、长江干线停泊基价。

表7-5　北方沿海、长江干线停泊基价

航区	停泊基价/（元/吨）	航区	停泊基价/（元/吨）
北方沿海	2.60	长江干线	1.50

2. 货类分级及级差率的确定

1）货物分级和分级数的确定

（1）货物分级。对货物分级应主要从运输效率和运输成本上来分析确定，通常要考虑货物的积载因数、货物运输及装卸的难易程度、货物的理化性质、货物的运费承担能力及与其他运输方式的比价等。不同级别的货类在运价上是有差别的，贵重货物高于普通货物，

危险货物高于一般货物，成品货物高于原材料，轻质货物高于重质货物。

（2）货物分级数的确定。货物分级数的多少要能合理体现各种货类在运价上的差别和便于计算核收。我国沿海（包括北方沿海、华南沿海）、长江、黑龙江及部分地方航区采用 10 级分类制。

2）级差率的确定

级差率是指同一航线不同级别货物运价率之间的递增（或递减）率。其计算公式为

$$级差率=(后级运价率-前级运价率)/前级运价率×100\%$$

$$后级运价率=前级运价率×(1+级差率)(元/吨)$$

级差率的数值可以是正数，也可以是负数。若为正数，则说明后一级的运价率高于前一级；反之，后一级的运价率低于前一级。

级差系数，是指各级货物的运价率对基级货物运价率（即基价）的比例关系，可根据各级级差率推算。如果已知级差系数和基价，则其他级别的运价率可按下式确定：

$$各级运价率=基价×相应的级差系数$$

3. 运价里程与计算里程的确定

运价里程是指由水运主管部门统一颁布的为测定两港间运价率而特设的里程。它不同于实际里程和航行里程，比较稳定，不得任意更改，只有在航道或港区发生永久性变化时，才由水运主管部门统一修订。

在制定运价率表时，为便于运作和简化，往往把运价里程划分为若干区段。每一区段适合从某一里程起至下一里程止的特定范围。若两港间的运价里程落在某一里程区段内，则按统一规定的里程计算，这一里程称为计算里程。

我国对沿海航区和长江航区里程区段的划分以及相应采用的计算里程均有不同规定。

1）沿海航区（包括北方、华南沿海）

（1）里程区段的划分。我国沿海航区里程区段的划分见表 7-6。

表 7-6　沿海航区里程区段划分表

里程区段/海里	区段数	每段里程/海里	里程区段/海里	区段数	每段里程/海里
1～50	1	50	201～400	5	40
51～100	5	10	401～1000	10	60
101～200	5	20	1000 以上		100

（2）各区段计算里程的确定。各里程区段又划分为若干小区段。如表 7-6 中 51～100 海里区段中，以每 10 海里划分为 5 个小区段，即 51～60、61～70 直至 91～100，其计算里程以各区段的中间值为准，并仅保留整数。例如，大连—天津运价里程为 247 海里，属 241～280 海里区段，其计算里程为 260 海里，天津—青岛运价里程为 461 海里，属 451～520 海里区段，其计算里程为 490 海里。

2）长江航区

（1）里程区段的划分。长江航区里程区段的划分，是以每 10km 为一里程区段，即 1～10km、11～20km、21～30km，依此类推。

（2）各里程区段计算里程的确定。按各区段的终值为准，即将运价里程的个位逢十进整。例如，上海—张家港运价里程为 170km，计算里程即为 170km，南京—南通运价里程为 264km，计算里程即为 270km。

4. 运价率表的制定

确定了基价、级差率及运价里程之后，就可以计算出任何两港间的各级运价率，将所得数据汇列成表即可得运价率表。

货物运价率表有两种形式，即分航区运价率表和主要航线运价率表。前者是按北方沿海、华南沿海、长江和黑龙江 4 大航区分别制定货物运价。后者的制定步骤如下。

（1）列出主要航线起讫港并确定其所在航区。

（2）查运价里程并确定计算里程。

（3）确定航行基价、停泊基价和级差系数。

（4）计算各级货物的运价率。

【例 7-1】　确定上海—青岛三级货物的运价率。

解：上海—青岛为北方沿海航线，其运价里程为 404 海里，属 401～460 海里区段，则计算里程为 430 海里。其航行基价在 200 海里区间为 0.0075 元/吨海里，201～400 海里区段为 0.0070 元/吨海里，400 海里以上为 0.0065 元/吨海里。三级货物的级差系数为 110.25%，停泊基价为 2.6 元/吨。于是

运价率＝（0.0075×200＋0.0070×200＋0.0065×30＋2.6）×110.25%＝6.28（元/吨）

【例 7-2】　确定九江—宜昌木材的运价率。

解：九江—宜昌为长江航线。其中九江—武汉为下游区段，运价里程为 269km，以 270km 计算；武汉—宜昌为中游区段，运价里程为 626km，以 630km 计算。木材为四级货物，级差系数为 115.76%，停泊基价为 1.5 元/吨。于是

运价率＝（0.0070×270＋0.0136×630＋1.5）×115.76%＝13.84（元/吨）

二、班轮运输运费核算

班轮运输（liner shipping）是指轮船公司将船舶按事先制定的船期表（sailing schedule），在特定海上航线的若干个固定挂靠的港口之间，定期为非特定的众多货主提供货物运输服务，并按事先公布的费率或协议费率收取运费的一种船舶经营方式。

班轮运输的特点如下。

（1）"五定"的特点（定期、定船、定港、定航线、定费率）。

（2）船方负责配载装卸、装卸费包括在运费中。

（3）不计算滞期费和速遣费。速遣费是指船舶在装卸时间届满前完成了装、卸货工作，船舶出租人支付给船舶承租人的约定金额。这种约定金额，通常是在考虑该船舶的燃料费、港口使用费、营运成本费及其他营运损失后，按每天每载重量或每天每艘船若干元来确定，一般来说，速遣费通常是滞期费的一半。

（4）船货双方权利与义务以船方签发的提单条款为依据；班轮提单是运输合同的证明。

（5）承运的货物品种和数量都很灵活。

班轮运输特别适合一般杂货和小批量货物的运输需要。

班轮运费通常由基本运费和附加费两部分构成。基本运费是指班轮公司为一般货物在航线上各基本港口间进行运输所规定的运价。基本运费是全程运费的主要部分。附加费是指班轮公司承运一些需要特殊处理的货物，或者由于燃油、货物及港口等收取的附加运费。

1. 基本运费

基本运费是指货物在预定航线的各基本港口之间进行运输所规定的运价，它是构成全程运费的主要部分。

（1）按货物的毛重计收。在运价表中以"W"字母表示，即英文 Weight 的缩写。一般以每一公吨为计算单位，吨以下取两位小数，也有按长吨或短吨来计算的。

（2）按货物的体积计收。在运价表中以"M"字母表示，即英文 Measurement 的缩写。一般以 $1m^3$ 为计算单位，也有按 $40ft^3$ 为一尺码吨计算的。

（3）按货物的毛重或体积计收。在运价表中以 W/M 字母表示，以其较高者计收运费。按惯例，凡一重量吨货物其体积超过 $1m^3$ 或 $40ft^3$ 者即按体积收费；反之，一重量吨货物其体积不足 $1m^3$ 或 $40ft^3$ 者，按毛重计收，如机器、零件或小五金工具常按此办法计算。

（4）按货物的价格计收运费，又称从价费。在运价表中以"Ad Val"表示，即拉丁文 Ad VALOREM 的缩写。一般按商品 FOB 货价的百分之几计算运费。

（5）按货物重量或体积或价值三者中选最高的一种计收，在运价表中以"W/M OR Ad Val"表示。也有按货物重量或体积计收，然后再加收一定百分比的从价运费。在运价表中以"W/M PLUS Ad Val"表示。

（6）按货物的件数计收，如汽车、火车头按辆（per）；活牲畜如牛、羊等论头（per head）计算。

（7）大宗低值货物按议价运费，如粮食、豆类、煤炭、矿砂等。在订舱时，由托运人和船公司临时洽商议订。议价运费通常比按等级计算运费低廉。

（8）起码费率（minimum rate）。它是指按每一提单上所列的重量或体积所计算出的运费，尚未达到运价表中规定的最低运费额时，则按最低运费计收。

2. 附加费

为了保持在一定时期内基本费率的稳定，又能正确反映出各港的各种货物的航运成本，班轮公司在基本费率之外，又规定了各种附加费（surcharges）。班轮运费中的附加费的名目繁多，其中包括：超重（长）附加费（long length additional）；直航附加费（direct additional）；转船附加费（transshipment surcharge）；港口拥挤费（port congestion surcharge）；选择（变更）卸货港附加费（optional additional）；港口附加费（port surcharge）；燃料附加费（Bunker Adjustment Factor，BAF）；绕航附加费（deviation surcharge）。

运价表又称运价本和费率本。它不仅包括商品、单位费率、计费标准、收费的币别、计算运费和附加费的方法，还包括适用范围、基本港口、港口规则、船货双方的责任和权利，以及直航、转船、回运、选择或变更卸货港口的方法等内容。

$$总运费=基本运费+\sum 附加费$$

（1）在没有任何附加费的情况下，班轮运费计算公式为

$$F=fQ$$

式中，F 为总运费，以下同。f 为基本费率，以下同。Q 为货运量，以下同。

（2）在有各种附加费，而且附加费按基本费率的百分比收取的情况下，运费的计算公式为

$$F=fQ（1+S_1+S_2+\cdots+S_n）$$

式中，S_1，$\cdots$，S_n 为各项附加费的百分比。

【例 7-3】　设由天津新港运往莫桑比克首都马普托门锁 500 箱，每箱体积为 0.025m³，毛重为 30kg。问该批门锁的运费为多少？（设去马普托每公吨的运费为 450 港元，另加收燃油附加费 20%，港口附加费 10%。）

算出该商品的积载系数为 0.25÷0.3=0.833，从而得知为重货，该批门锁的总毛重为（30×500）/1000=15 公吨。

将上述已知数据代入公式即得

$$\begin{aligned}F &= 450 \times 15 \times (1+20\%+10\%) \\ &= 450 \times 15 \times 1.3 \\ &= 8775(港元)\end{aligned}$$

即该批门锁的运费为 8775 港元。

在各项附加费按绝对数收取的情况下，运费的计算公式为

$$F=fQ+（S_1+S_2+\cdots+S_n）Q$$

式中，$S_1+S_2+\cdots+S_n$ 为各种附加费的绝对数。

【例 7-4】　设某出口公司向马来西亚出口大型机床 1 台重为 7.5 公吨，目的港为巴生港或槟城。运送机床去新马航线的基本费率每公吨为 1500 港元，另加收超重附加费每公吨为 28 港元，选港费为每公吨 20 港元。问该机床的运费为多少？

将上述已知数据代入公式即得

$$\begin{aligned}F &= 1500 \times 7.5 + (28+20) \times 7.5 \\ &= 11610(港元)\end{aligned}$$

即该机床的运费为 11610 港元。

第七节 水路运输实践

一、出口公司介绍

公司名称（中文）：中国嘉华进出口贸易有限公司

COMPANY NAME：CHINA JIAHUA IMP.& EXP. TRADING CO.，LTD.

公司介绍（INTRODUCE）：

中国嘉华进出口贸易有限公司是一家有外贸进出口经营权的大型专业外贸公司,主要经营各种香皂及液体皂的进出口。公司自 1986 年成立以来，进出口业务发展迅速，连续几年出口创汇超过 2 亿美元。良好的信誉、优质的服务、可靠的质量使公司的客商遍布港澳、日、韩、中东、澳新、美加、欧洲、非洲等地区。其中，年成交量在 500 万美元以上的稳定客户就有 20 多家；形成了较强的产品开发出口能力和国际竞争能力，并向综合性外贸公司发展。

二、进口公司介绍

公司名称：AUSTRALIA TIFERT IMPORT AND EXPORT CORPORATION LTD

英文简介：

The company owns self-operation import and export management right，international freight forward agent operation right. With the authorization of Ministry of Foreign Affairs，the company has the examination and approval authority of sending temporary personnel going abroad and inviting foreign economic trade personnel to come to Australia.The company mainly operates the 6 types of products such as bearing and automobile fitting，hardware water pipe，electrical appliances，textile and garment，case and bag and shoes and hats and light industry technology，etc.which find a good sell in over 120 countries and regions all over the world，such as America，EU，Middle East and Hong Kong，etc.In the internal of the company，it implements ERP administrative system integrally，as well as ISO9001，ISO14001 and OHSAS18001 integrating administrative system. Under the company there are over 20 subsidiaries，2 comprehensive industrial parks and over 10 productive enterprises.The company has domestic branches in the places such as Xiamen，

Ningbo and Hangzhou，etc.and has overseas office or production enterprises in the places such as China，America，Hong Kong，Russia and Vietnam，etc.

三、出口商品介绍

商品名称：万能工具箱
商品编号：11012
海关代码：34013000
销售单位：PC
包装单位：CARTON
包　　装：200 套/箱，共 100 箱
包装（英）：1PC/BOX，100PCS/CARTON
采购成本：30 元/套
毛　　重：25.00KG/CARTON
净　　重：24KG/CARTON
体　　积：0.24CBM/CARTON
生产厂家：佛山市尼奥金属制品厂

第一步：询价

1. 运输价格查询

为了更好地完成该票货，我货代公司特搜寻几家从厦门至悉尼的船公司，择优录取，表 7-7 是四家基本符合条件的船公司（运费单位人民币）。

表 7-7　运输价格表

承运人	20'GP	40'GP	40'HQ	船期	航程	起始港	有效时间	目的港
中远-COSCO	1250	2500	2500	7/2	14	厦门	2017-11-2	悉尼
世腾船务-STX	1200	2400	2400	1/2	16	厦门	2017-11-5	悉尼
长荣–EMC	1250	2500	2500	2/4	10	厦门	2017-11-12	悉尼
中外运-SINOTRANS	1200	2400	2400	5/6	16	厦门	2017-11-22	悉尼

2. 船公司简介

1）中远船务工程集团有限公司

中远船务工程集团有限公司组建于 2001 年 6 月，是中国远洋运输（集团）总公司

旗下，以大型船舶和海洋工程建造、改装及修理为主业，集船舶配套为一体的大型企业集团。在大连、舟山、南通、广东、上海、连云港、天津、厦门等地拥有多家国内领先、国际上享有较高知名度的大型船舶企业及多家船舶配套企业。基于专业化的服务和现代化的管理，中远船务已经成为世界知名航运公司和海洋石油服务供应商首选合作伙伴。

目前，中远船务总坞容量 259 万 t，其中，30 万 t 级船坞 2 座，15 万～20 万 t 级船坞 4 座，7 万～8 万 t 级船坞 6 座，泊位 34 个，造船船台 2 座，下水滑道 7 座及配套下水驳 3 座，厂区总面积近 600 万 m²，形成了"北中南"科学合理的地域分布和生产格局。公司拥有大批企业管理精英和船舶生产技术专家，目前在职员工近 15000 人，分包方员工近 45000 人。

中远船务以"修造并举，以修为主，稳步推进，在'特'字上下功夫"为产业发展方针，以船舶修理为发展起点，坚持走科学发展之路，准确把握行业脉搏，整合兼并修船资源，开发应用先进工艺技术，低成本扩张滚动发展，不断提高生产效率、技术实力和市场竞争力。所属企业先后成功完成了集装箱船加长、油轮改半潜船、铺缆船改铺管船、化学品船改装、自卸船改装、汽车滚装船改装、海洋工程船修理改装等大型工程，快速实现了从常规修船产品向高附加值、高技术含量特种船和大型改装船等高端产品的升级，在全球航运界树立了中远船务修理改装品牌，修理改装能力稳居全国修船企业排行榜首位，被誉为中国修船界的"航母"。

2）中国台湾长荣海运股份有限公司

中国台湾长荣海运股份有限公司创立于 1968 年 9 月 1 日，成立之初，仅以一艘二十年船龄的杂货船刻苦经营，发展至今，共经营约 120 艘全货柜轮，不论船队规模或货柜承载量皆位居全球领先地位。1975 年，正当能源危机冲击全球，海运市场锐减之际，中国台湾长荣海运股份有限公司展开船队货柜化计划，以新造的快速全货柜船队，开辟远东/美国东岸全货柜定期航线，首开我国全货柜船队之先例。1984 年，中国台湾长荣海运股份有限公司开辟了史无前例的环球东西双向全货柜定期航线，以高效率之全自动货柜船，配合完善的计算机信息联机系统，联结亚、欧、美三大洲之运送服务网络，提供全球工商业界经济、便捷与安全之运输服务。随着时代快速变迁，应市场需求，长荣也弹性地调整营运策略，例如，于 2002 年以二条钟摆航线取代了经营 18 年的环球东西双向航线。台湾长荣海运股份有限公司服务网络遍布全球 80 多个国家，服务据点多达 240 余处，所经营的远、近洋全货柜定期航线涵盖全球五大区块：亚洲—北美航线/亚洲—加勒比海地区；亚洲—欧洲航线/亚洲—地中海；欧洲—美国东岸大西洋；亚洲—澳洲/亚洲—模里西斯、南非、南美；亚洲区域航线/亚洲—中东、红海/亚洲—印度次大陆地区。除了主要航线，亦开辟了区域性接驳船的服务网，如加勒比海及印度次大陆等地区，缩短运送时间，协助货主掌握商机。

3）世腾船务船公司

港口描述（中）：STX 世腾船务船公司全称为韩国世腾船务有限公司，总部在韩国首尔，成立于 1966 年 5 月 28 日。

1966 年 STX 世腾船务从 Pan Ocean 散装货船有限公司购买了 4 艘 5.4 万 t 级的油轮，并订购了 32.4 万 t 载重级的超大型油轮。由此开始，经过数十年的发展，STX 世腾船务已经发展成为拥有 71 艘自有集装箱船、234 艘租用集装箱船的大型集装箱班轮公司。STX 世腾船务主要运营的航线是近洋航线以及东南亚航线，尤其是中日、中韩、日韩航线在集装箱班轮市场极具竞争力。2009 年 STX 世腾船务被纳入摩根士丹利资本国际韩国指数，并获得"工业标准勋章"的荣誉。

4）SINOTRANS 船公司

中国对外贸易运输（集团）总公司（简称中国外运）成立于 1950 年，是以海、陆、空国际货运代理业务为主，集海上运输、航空运输、航空快递、铁路运输、国际多式联运、汽车运输、仓储、船舶经营和管理、船舶租赁、船务代理、综合物流为一体的国际化大型现代综合物流企业集团，是国资委直属管理的 166 家中央企业集团之一。截至 2005 年底，中国外运在国内设有 40 家全资子公司，8 家控股子公司，1 家香港上市公司（中国外运股份有限公司）和 1 家国内 A 股上市公司（中外运空运发展股份有限公司），国内经营实体 1000 余家。在境外设有 8 个代表处，16 家海外企业，并与境外 400 多家运输企业建立了业务代理关系，形成了覆盖全国，辐射全球的优质高效的运输服务网络。中国外运自 1998 年开始，制定并实施了面向 21 世纪的企业发展战略，即《中国外运集团战略发展纲要》，致力于把中国外运从一个传统的外贸运输企业建成由多个物流主体组成的、按照统一的服务标准流程和规范体系运作的、国际化、综合性的大型物流企业集团。

经过多方比较，我们最终选择了中外运船公司，因为该公司的历史悠久、信誉可靠、服务周到、而且运价合理，船期也和我方代理公司要求相符，故选择中外运船公司，具体运价见表 7-7。

第二步：运费计算

（1）查阅货物分级表 7-8。工具箱属于小五金类，其计费标准为 W/M，等级为 10 级。

（2）选择的集装箱为 40'GP。

（3）计算货物的体积和重量。

100 箱的体积为（20cm×30cm×40cm）×100×10=2.4m³

100 箱的重量为 25kg×100 箱=2.5t

由于 2.4m³ 的计费小于 2.5t 的计费，因此计费标准为重量。

（4）查阅费率，若选择的集装箱为 40'GP，则运费为 2400 元。则基本运费为

$$2400×2.5=6000（元）$$

（5）附加费计算。若运输过程中燃油附加费率为 34%。港口的拥挤附加费率为 8%。则总的附加费为

$$6000×（34\%+8\%）=2520（元）$$

（6）运输该批货物总的费用为

$$6000+2520=8520（元）$$

表 7-8 货物分级表

货名	计算标准	等级
农业机械	W/M	9
棉布及纺织品	M	10
小五金及工具	W/M	10
玩具	M	20

第三步：订舱

出口科审核场站收据，如可以接受定舱，在场站收据的第五、六、七、八联上盖单证专用章，第二联留底，其余的退还订舱人。订舱具体流程如下。

1. 订舱对象及方式

（1）以价格优先，航线好为宗旨，选择有优势的船东或货代订舱，因此我公司选择了中外运集装箱运输有限公司。

（2）订舱方式：以书面订舱（填写订舱单）。

（3）订舱代理指定的托运单格式。

（4）非指定的订舱格式（中海托运单的格式）。

2. 审核托运单订舱注意事项

在收到经运价中心审核过的订舱单后，开始订舱工作，注意审核订舱单必须提供以下内容：预配船期、箱型、箱量、货名或货类、重量、体积（拼箱必须提供的大约数）、起运港/卸货港/目的港（必须清晰明确）、付费条款（需提供并列明是"FREIGHT PREPAID"或者"FREIGHT COLLECT"）、运输条款以及特别注意事项的要求、经过运价中心审核运费无误后，向船东或货代订舱。

在拿到直接客户的托书之后，要以自己公司作为 SHIPPER 抬头做一张，然后传真的时候，盖公司的章，这样就可以不暴露发货人的信息。

3. 取得订舱确认应注意事项

通过不同的方式收到船东或货代的订舱确认单（SHIPPING ORDER）后，将 S/O 上相关船东或货代的资料删掉，在 S/O 上注明客服/单证联系人员的电话、传真以及 Email 地址，再将 S/O 传真给客户。若客户要委托拖车装箱跟报关的，先于提前 1～2 天安排落实好拖车计划与报关事项。

4. FMS 系统录入以及核查各项费用

录入的依据是以 BOOKING REPORT 右上运价中心人员注明的工作号，输入工作号调出该票将相对应的 S/O 资料录入。先核对客户名称，在订舱号处输入 S/O 号，船名航次，截关日，ETD 船舶离港时间，装港、卸港、目的港录入代码显示完整的港口名称、船公司，订舱代理录入公司代码，按保存键即可。如有备注注明就在海运界面里单击订舱栏里的备注栏注明。单击费用管理界面，与 BOOKING REPORT 上的费用相核对，做好相关记号，为后面的确认费用单做好前提工作。

5. 跟踪服务工作

客户凭 S/O 到码头打单处换取设备交接单到具体堆场提空箱装柜，如客户反馈打单处不予打单，则由客服向订舱代理查明原因，通知客户重新打单并向客户解释清楚。客户在码头提空柜或还重柜遇到问题的，向订舱单位确认后，及时通知客户。

提柜后，由于货物无法备齐，货主要求推迟一个航次。已经提柜后而推迟出口时间，应根据船公司的船期用箱时间表，合理安排用 0 箱时间若超过船公司提供的免费用箱期限，将依照有关规定征收集装箱超期使用费。

因货主原因来不及按时进场，申请延迟进场。客户需要向我司提出书面申请 LATECOME。在收到客户申请后向订舱代理申请 LATECOME，待订舱代理确认后方可通知客户是否接受申请，如不予接受则向客户说明理由。

每个订舱代理对领取提单的方式不同，按照订舱代理的格式要求，填写相关的寄单委托书，把上面的内容列清楚。拿到正本提单，COPY 留底并交给商务中心人员签收。做电放放货的，必须经商务中心人员确认后方可做电放申请给订舱代理。每个订舱代理的电放格式单要求有所不同，因此按各家订舱代理要求严格执行。

表 7-9 为将要出运的货物的具体信息。

表 7-9　出运货物具体信息

（1）货物名称及规格 Name of Commodity and Specifications	（2）数量 Quantity	（3）单价 Unit price	（4）总值 Total Amount
Universal tool box 11012		CIF SYDNEY	
	20000PC	RMB30PC	RMB600000.00
TOTAL:	20000PC		RMB600000.00
（2）包装	200 套/盒，100 套/箱		
（3）装运唛头	由卖方决定，除非在装运前得到买方的及时通知		
（4）装运期限	所有货物必须在 2014 年 11 月 15 日前装运，禁止分批装运和转船。		
（5）装运口岸	厦门		
（6）目的地	悉尼		
（7）船名	LiRongV.311		

第四步：报检

1. 货物流程方式

在此次的集装箱货物流转过程中，其流转形式是整箱交、整箱接（FCL/FCL）：即货主在仓库把装满货物的整箱交给承运人，收货人在目的地以同样整箱接获。

2. 报检

由于嘉华进出口贸易有限公司的商品属于法定检验的商品范围（属于《目录表》商品范畴），在商品报关时，必须有商检机构签发的通关单方可办理通关手续，因此，嘉华进出口贸易有限公司向产地检验检疫局——佛山检验检疫局申请出口商品检验，随附发票、箱单、合同和信用证复印件、厂检单、包装性能结果单，需要的是出境货物换证凭单，以便去口岸检验检疫局——厦门检验检疫局换取通关单（表 7-10）。

表 7-10 货物报检单

中华人民共和国出入境检验检疫出境货物报检单

报检单位（加盖公章）： 　　　　　　　　　　　　　　　　　　　编　号　××××

报检单位登记号：×××× 联系人：×× 电话：×× 报检日期：××××年××月

发货人	（中文）嘉华进出口贸易有限公司				
	（外文）CHINA JIAHUA IMP. &EXP. TRADING CO.，LTD.				
收货人	（中文）				
	（外文）AUSTRALIA TIFERT IMPORT AND EXPORT CORPORATION LTD				
货物名称（中/外文）	H. S. 编码	产地	数/重量	货物总值	包装种类及数量
万能工具箱Universal tool box	8539.2999	中国佛山	20000 件	600000 美元	100 只纸箱
运输工具名称号码	LiRongV.311	贸易方式	CIF	货物存放地点	佛山
合同号	ZCTC1212/00		信用证号	copsilo000103	用途
发货日期	2014.11.15	输往国家（地区）	悉尼	审批号/许可证	
启运地	上海	到达口岸	悉尼港	生产单位注册号	
集装箱规格、数量及号码	One 20'FCL cosu3214				

合同、信用证订立的检验检疫条款或特殊要求	标记及号码		随附单据（划"√"或补填）	
	E.L.E.	合同	包装性能结果单	
	HZ0114	信用证	? 许可 / 审批文件	
	Sydney	发票	?	
	C/No.1-280	? 换证凭单	?	
		装箱单	?	
		厂检单	?	

需要证单名称（划"√"或补填）				*检验检疫费	
? 品质证书	正　　副	? 植物检疫证书	正　　副	总金额（人民币元）	

? 重量证书	正 副	? 熏蒸/消毒证书	正 副		
? 数量证书	正 副	出境货物换证凭单	正 副	计费人	
? 兽医卫生证书	正 副	? 出境货物通关单			
? 健康证书	正 副	?		收费人	
? 卫生证书	正 副	?			
? 动物卫生证书	正 副	?			
报检人郑重声明：				领取证单	
1. 本人被授权报检。				日期	
2. 上列填写内容正确属实，货物无伪造或冒用他人的厂名、标志、认证标志，并承担货物质量责任。 签名				签名	

注：有"*"号栏由出入境检验检疫机关填写

第五步：安排运输

根据信用证及售货确认书的有关规定，填写"出口货物订舱委托书"，并随附商业发票及装箱单一并提交货代委托订舱。

1. 缮制商业发票（表 7-11）

表 7-11　商业发票

JIAHUA IMP.& EXP. TRADING CO.，LTD.

NO.32，HAIWAN ROAD，Xiamen，CHINA

commercial invoice

to：AUSTRALIA TIFERT IMPORT AND EXPORT CORPORATION LTD

Date：NOV. 15，2014

Invoice No：hz0114

Contract No：

zctc1212/00

From: Xiamen	to: Sydney	Letter of credit No: copsilo0000103	
Issued by: Bank of Good Sydney			
Marks & Numbers	Descriptions and Quantities	Unit Price	Amount
E.L.E. HZ0114 Sydney C/No.1-280	boxtoolUniversal 20000pcs 20000pcsTotal	RMB 30/pc	RMB 600000 RMB 600000

JIAHUA IMP.& EXP. TRADING CO.，LTD

2. 制作装箱单（表7-12）

表7-12 装箱单

JIAHUA IMP.& EXP. TRADING CO.，LTD.

NO.32，HAIWAN ROAD，Xiamen，CHINA

PACKING LIST

Date：NOV. 15，2014

Invoice No.：hz0114

Contract No.：zctc1212/00

Marks and numbers：

E.L.E.

HZ0114

Sydney

C/No.1-280

Commodity& Description	Packages	Quantity	G.W.	MEAS.
Universal tool box	1-100 cartons	20000pcs	2500kgs	2.4cbm
Total：	100cartons	20000pcs	2500kgs	2.4cbm

CHINAJIAHUA IMP.& EXP. TRADING CO.，LTD

3. 填制订舱委托书（表7-13）

表7-13 出口货物订舱委托书

日期：NOV. 13th

1）发货人：JIAHUA IMP.& EXP.TRADING CO.，LTD. NO.32，HAIWAN ROAD，Xia men，CHINA	4）信用证号码 copsilo0000103	
	5）开证银行 Bank of Good Sydney	
	6）合同号码 ZCTC1212/00	7）成交金额 RMB 600000.00
	8）装运口岸 Xiamen	9）目的港 Sydney
2）收货人：AUSTRALIA TIFERT IMPORT AND EXPORT CORPORATION LTD	10）转船运输 Not allowed	11）分批装运 Not Allowed
	12）信用证效期 March 20 2015	13）装船期限 15-Nov-2014
	14）运费 Freight Prepaid	15）成交条件 CIFC3
	16）公司联系人 张晶	17）电话传真 0572-123456
3）通知人：Electrade The First Street Sydney-11 Sri Lanka	18）公司开户行 中国银行	19）银行账号 435537808
	20）特别要求	
21）标记唛头 22）货号规格 22）货号规格 26）数量 27）单价 28）总价		
E.L.E.		

HZ0114				
Sydney				
C/No.1-280				
	Commodity	Description	CIFC3% Sydney	Quantities/pc	Total/RMB
	Universal tool box		RMB 30/pc	20000	RMB 600000
	Total			20000	RMB 24820
34）备注				

　　货代接受订舱委托后，缮制集装箱货物托运单，随同商业发票，装箱单及其他必要的单证一同向船公司办理订舱。船公司根据具体情况。接受订舱后在托运单的几联单据上编上与提单号码一致的编号，填上船名、航次表示已确认托运人订舱。同时把配舱回单，装货单（Shipping Order，S/O）等与托运人有关的单据退还给托运人。

　　4. 填制托运单（表 7-14）

表 7-14　集装箱货物托运单

Shipper（发货人）JIAHUA IMP.& EXP.TRADING CO.，LTD. NO.32，HAIWAN ROAD，Xiamen，CHINA				D/R NO.（编号）	
Consignee （受货人）To order of the Bank of Good Sydney				集装箱货物托运单	
Notify Party（通知人）AUSTRALIA TIFERT IMPORT AND EXPORT CORPORATION LTD					
Pre-Carriaged By（前程运输）place of Receipt（收货地点）					
Ocean Vessel（船名）Voy No.（航次）Port of Loading（装货港）Xiamen，CHINA					
Port of Discharge（卸货港）Sydney，Place Of Delivery（交货地点）Sydney　　　　　Final Destination（目的港）Sydney					
Container No.（集装箱号）	Seal No.（封志号）Marks & Nos.（标志与号码）E.L.E. HZ0114 Sydney C/No.1-280	No.of Containers or P'kgs（箱数或件数）100CTNS	Kind of packages; description of goods（包装种类与货名）Universal tool box FREIGHT PREPAID	Gross Weight（毛重/千克）2500kgs	Measurement（尺码/立方米）2.4m³
Total number of containers of packages（in words）集装箱数或件数合计（大写）			SAY TWO HUNDRED AND EIGHTY CARTONS ONLY		
Freight & Charges（运费与附加费）	Revenue Tons（运费吨）	Rate（运费率）	Per（每）	Prepaid（运费预付）	Collect（到付）
Ex Rate（兑换率）	Prepaid at 预付地点 Xiamen	Payable at（到付地点）		Place of Issue（签发地点）Xiamen，CHINA	
	Total Prepaid（预付总额）	No.of Original B（S）L（正本提单份数）THREE			
Service Type on Receiving CY CFS DOOR	Service Type on Delivery CY CFS DOOR	Reefer-Temperature Required（冷藏温度）		F	C

Type Of Goods（种类）	Ordinary，（普通）	Reefer，（冷藏）	Dangerous，（危险品）	Auto（裸装车辆）	危险品	Class Property
	Liquid，（液体）	Live animal，（活动物）		Bulk（散货）		

可否转船 NO	可否分批 NO	
装期 NOV.15TH，2014	有效期 MARCH 20TH，2015	
金额　　RMB 600000.00		
制单日期　OCT-16TH，2014		

5. 配舱（表 7-15）

表 7-15　配舱单

Shipper（发货人）：JIAHUA IMP.& EXP. TRADING CO.，LTD. NO.32，HAIWAN ROAD，Xiamen，CHINA				D/R No:（编号）Cosco10117		
Consignee：（收货人）：To order of the Bank of Good Sydney				配舱回单		
Notify Party（通知人）：AUSTRALIA TIFERT IMPORT AND EXPORT CORPORATION LTD						
Pre-carriage by（前程运输）		Place of receipt（收货地点）				
Vessel（船名）LiRongVoy. No.（航次）v.311		Port of loading（装货港）：Xiamen				
Port of Discharge（卸货港）：Sydney		Place of Delivery（交货地点）		Final destination of the merchant's reference（目的地）		
Container No.（集装箱号）Cosu3214	Seal No.（封志号）Marks & No. E.L.E. HZ0114 Sydney C/No.1-280	No.of Containers or p'kgs（箱数或件数）100CTNS	Kinds of Packages，Description of goods（包装种类与货名）Universal tool box	Gross of Weiht（毛重 公斤）2500kgs		Measurement（尺码 立方米）2.4cbm
Total numbers of containers or packages（in words）集装箱数或件数合计（大写）Say two hundred and eighty cartons only						
Freight & charges（运费与附加费）	Revenue Tons（运费吨）	Rate（运费率）	Per（每）	Prepaid（预付）	Collect（到付）	

第六步：投保

　　嘉华进出口贸易有限公司在收到船公司签署的配舱回单后，得知货将装于 2 月 28 日 v.311 航次。于是嘉华进出口贸易有限公司按信用证的有关规定向保险公司投保一切险和战争险。业务员填写"海运出口货物投保单"向保险公司办理保险手续，并取得了保险公司签发的承保回执。

1. 投保单填写（表 7-16）

表 7-16　投保单

海运出口货物投保单			
保险人： The People's Insurance Company		2）被保险人 JIAHUA IMP.& EXP. TRADING CO.，LTD.	
3）标记	4）包装和数量	5）保险货物项目	6）保险货物金额
E.L.E. HZ0114 Sydney C/No.1-280	ONE 20' FCL	Universal tool box	RMB$ 600000.00
7）总保险金额：（大写）RMB Six hundred thousand.			

8）运输工具：（船名）LIRONG　　　　　　　　　　　（航次）V.311

9）装运港：Xiamen　　　　　　　　　　　　10）目的港：Sydney

11）投保险别：　　　　　　　　　　　　　　12）货物起运日期：

COVERING ALL RISKS AND WAR RISKS
AS PER AND SUBJECTED TO THE RELEVANT
OCEAN MARINE CARGO CLAUSE OF THE　　　　15-NOV-2014
P.I.C.C. DATED 1981/1/1

13）投保日期：　　　　　　　　　　　　　14）投保人签字：

JIAHUA TRADING

10-NOV-2014 CO.LTD

　　李华

2. 承保回执（表 7-17）

表 7-17　承保回执

海运出口货物投保单			
保险人： The People's Insurance Company		2）被保险人 JIAHUA IMP.& EXP. TRADING CO.，LTD.	
3）标记	4）包装和数量	5）保险货物项目	6）保险货物金额
E.L.E. HZ0114 Sydney C/No.1-280	ONE 20' FCL	Universal tool box	RMB$ 600000.00
7）总保险金额：（大写）RMB Six hundred thousand.			

8）运输工具：（船名）LIRONG　　　　　　　　　　　（航次）V.311

9）装运港：Xiamen	10）目的港：Sydney
11）投保险别：	12）货物起运日期：
COVERING ALL RISKS AND WAR RISKS AS PER AND SUBJECTED TO THE RELEVANT OCEAN MARINE CARGO CLAUSE OF THE P.I.C.C. DATED 1981/1/1	15-NOV-2014
13）投保日期：	14）投保人签字：
JIAHUA TRADING 10-NOV-2014 CO.LTD 李华	

第七步：报关

根据新的海关报关规定要求：货物的出口报关必须在货物进入装货码头仓库装箱后才能进行，且要在货物出口前 24 小时内报关，所以嘉华进出口贸易有限公司填制好出口货物报关单（表 7-18），并随附发票、箱单、合同、报关委托书、外汇核销单等单证，委托货代于 11 月 26 日货物进入码头仓库后向海关报关，以免耽误 11 月 28 日的船期。

表 7-18 报关单

中华人民共和国海关出口货物报关单				
预录入编号：			海关编号：	
出口口岸 吴淞海关（2202）	备案号	出口日期 141115		申报日期 141113
经营单位 嘉华进出口贸易有限公司（4532167890）	运输方式江海运输（2）	运输工具名称 Li Rong V.311		提运单号 Cos010117
发货单位 嘉华进出口贸易有限公司（4532167890）	贸易方式一般贸易（0110）	征免性质		结汇方式信用证（L/C）
许可证号	运抵国（地区）悉尼	指运港悉尼		境内货源地佛山（33059）
批准文号 335621789	成交方式 CIF（1）	运费	保费	杂费
合同协议号 ZCTC1212/00	件数 100	包装种类纸箱（CTNS）	毛重（公斤）2500	净重（公斤）
集装箱号 COSU3214*1（1）	随附单据			生产厂家
标记号码及备注 HZ0114 Sydney C/No.1-280	E.L.E.			

项号 商品编号	商品名称、规格型号	数量及单位	最终目的地（地区）	单价	总价	币制	征免
01 8539. 2999	Universal tool box	3500KGS	悉尼	30	600000	502	照章

税费征收情况			
录入员	兹声明以上申报无讹	海关审单批注及放行日期（签章）	
录入单位	并承担法律责任	审单	审单
报关员		征税	统计
单位地址			
申报单位		查验	放行
2014.11.20	填制日期：		

海关经审核单证后，进行现场查验，办理相应的手续后，货物放行，货物装船后，拿到承运人签发的正本提单，按信用证的规定，制作结汇单据，办理议付。

第八步：制单结汇

按信用证的要求，嘉华进出口贸易有限公司在 2014 年 12 月 15 日货物装运后，制作所需的结汇单证：汇票、商业发票、海运提单、装箱单、一般原产地证、保险单、受益人证明。

具体操作：根据信用证和嘉华进出口贸易有限公司货物明细单及信用证和合同制作全套议付单据，要求内容正确、完整、及时、简明、整洁。

1. 货物明细单（表 7-19）

表 7-19　货物明细单

货物明细单		
商品名称：Universal tool box		

货号	包装种类	规格	数量
1-100	cartons	Universal tool box	20000

毛重 Total 2500kgs	尺码 v=2.4cbm	
合同号码：ZCTC121200	合同日期：12-DEC-2000	唛头：E.L.E
发票号码：HZ0114	发票日期：11-JAN-2001	HZ0114
装运船名：LI RONG	航次：V.311	Sydney
提单号码：COS010117	H.S.CODE：8539.2999	C/No.1-280
保单号码：PICCHZ011219	保单日期：19-NOV-2014	
装运日期：15-NOV-2014		

2. 海运提单（表 7-20）

表 7-20 海运提单

BILL OF LADING						
SHIPPER：JIAHUA IMP.& EXP.TRADING CO.，LTD.NO.32，HAIWAN ROAD，Xiamen，CHINA					B/L NO. COS010117 CARRIER：COSCO 中国远洋运输（集团） 总公司 CHINA OCEAN SHIPPING（GROUP） CO. ORIGINAL BILL OF LADING	
CONSIGNEE：To order of the Bank of Good Sydney						
NOTIFY PARTY：AUSTRALIA TIFERT IMPORT AND EXPORT CORPORATION LTD						
PLACE OF RECEIPT			OCEAN VESSEL：Wang qiang			
VOYAGE NO. V.311			PORT OF LOADING Xiamen			
MARKS	NOS. & KINGS OF PKGS.		DESCRIPTION OF GOODS	G.W.		MEAS（M3）
Universal tool box Sydney C/No.1-280			FREIGHT PREPAID	2500kgs		2.4cbm
TOTAL NUMBER OF CONTAINERS OR PACKAGES（IN WORDS）Say one hundred cartons only						
FREIGHT & CHARGES	REVENUE TONS	RATE	PER	PREPAID		COLLECT
PREPAID AT	PAYABLE AT			PLACE AND DATE OF ISSUE		
TOTAL PREPAID	NUMBER OF ORIGINAL B(S)L Three（3）			28-FEB-2001		
LOADING ON BOARD THE VESSEL DATE BY 15-NOV-2014			中国外轮代理公司上海分公司 China Ocean shipping Agency，Xiamen Branch			

3. 一般原产地证（表 7-21）

表 7-21 一般原产地证

ORIGINAL					
1）Exporter（full name and address） SHIPPER：JIAHUA IMP.& EXP. TRADING CO.，LTD. NO.32，HAIWAN ROAD，Xiamen，CHINA			Certificate No.01783245 CERTIFICATE OF ORIGIN OF		
2）Consignee（full name，address，country） AUSTRALIA TIFERT IMPORT AND EXPORT CORPORATION LTD			THE PEOPLE'S REPUBLIC OF CHINA		
3）Means of transport and route On NOV.15th，2014，By vessel From：Xiamen To：Sydney			5）For certifying authority use only		
4）Destination port Sydney					
6）Marks and Numbers of Package E.L.E HZ0114 Sydney C/No.1-280	7）Description of goods： number and kind of package 100（one hundred） CARTONS of Universal tool box *****************	8）H.S.Code 85.39	9）Quantity or weight 20000PCS （2500KGS）	10）Number and date of invoice HZ0114， NOV.，15th，2014	

11）Declaration by the exporter The undersigned hereby declares that the above details and statements are correct;that all the goods were produced in China and that they comply with the Rules of Origin of the People's of China. SHIPPER：JIAHUA IMP.& EXP. TRADING CO.，LTD. 嘉华进出口贸易有限公司 Foshan 15-NOV-2001 张晶 Place and date. Signature and stamp of authorized signatory	12）Certification It is hereby certified that the declaration by the exporter is correct. 中国国际贸易促进委员会 CHINA COUNCIL FOR THE PROMOTION OF INTERNATIONAL TRADE 18-NOV-2014 王志斌 Xiamen Place and date. signature and stamp of certifying authority

4. 保险单（表 7-22）

表 7-22　保险单

中国人民保险公司

THE PEOPLE'S INSURANCE COMPANY OF CHINA

总公司设于北京	1949 年创立	
Head office：BEIJING	Established in 1949	
发票号码	保险单	保险单号次
INVOICE NO.HZ0114	INSURANCE POLICY	POLICY NO.

　　中国人民保险公司（以下简称本公司）根据 （以下简称为被保险人）的要求由被保险人向本公司缴付约定的保险费，按照本保险单承保险别和背后所载条款与下列特款承保下述货物运输保险，特立本保险单。

　　THIS POLICY OF INSURANCE WITNESSES THAT THE PEOPLE'S INSURANCE COMPANY OF CHINA （HERINAFTER CALLED "THE COMPANY"）AT THE REQUEST OF ZHENG CHANG TRADING CO. LTD HEREINAFTER CALLED "THE INSURED"）AND IN CONSIDERATION OF THE AGREED PREMIUM BEING TO THE COMPANY BY THE INSURED，UNDERTAKES TO INSURE THE UNDERMENTIONED GOODS IN TRANSPORTATION SUBJECT TO THE CONDITIONS OF THE POLICY AS PER THE CLAUSES PRINTED OVERLEAF AND OTHER SPECIAL CLAUSES ATTACHED HEREON.

标记 MARKS & NOS.	包装及数量 QUANTITY	保险货物项目 DESCRIPTION	保险金额 AMOUNT INSURED
AS PER INVOICE NO. HZ0114	100CTNS	ONE ITEM OF UNIVERSAL TOOL BOX	RMB 600000.00

总保险金额

TOTAL AMOUNT INSURED：SAY US DOLLARS TWENTY-SEVEN THOUSAND THREE HUNDRED AND TWO ONLY

保费	费率	装载工具
PREMIUM AS ARRANGED	RATE AS ARRANGED	PER CONVEYANCE S.S. LI RONG V.311
开航日期	自	至
SLG. ON OR ABT. NOV-15-2014	FROM Xiamen	TO Sydney
承保险别		

CONDITIONS：COVERING ALL RISKS AND WAR RISKS AS PER AND SUBJECTED TO THE RELEV OCEAN MARINECARGO CLAUSE OF THE P.I.C.C. DATED 1981/1/1

　　所保货物，如遇风险，本公司凭本保险单及其有关证件给付赔款。所保货物，如发生保险单项下负责赔偿的损失或事故，应立即通知本公司下述代理人查勘。

CLAIMS，IF ANY PAYABLE OF SURRENDER OF THIS POLICY TOGETHER WITH OTHER RELEVANT DOCUMENTS.IN THE EVENT OF ACCIDENT WHEREBY LOSS OR DAMAGE MAY RESSULT IN A CLAIM UNDER THIS POLICY IMMEDIATE NOTICE APPLYING FOR SURVEY MUST BE GIVEN TO THE COMPANY'S AGENT AS MENTIONED HEREUNDER：

中国人民保险公司

5. 受益人证明（表7-23）

表7-23　受益人证明

SHIPPER：JIAHUA IMP.& EXP. TRADING CO.，LTD.
NO.32，HAIWAN ROAD，Xiamen，CHINA

Beneficiary's Certificate

Towhom it may concern

Dear Sirs，　　　　　　　　　　　　　　1-DEC-2014

Re：Invoice No：HZ0114　　L/C No.：Copsilo0000103

We hereby certify that each copy of shipping documents has been faxed to the applicant within 48 hours after shipment.
SHIPPER：JIAHUA IMP.& EXP. TRADING CO.，LTD.

李华

6. 装运通知副本（表7-24）

表7-24　装运通知副本

SHIPPER：JIAHUA IMP.&EXP. TRADING CO.，LTD.
NO.32，HAIWAN ROAD，Xiamen，CHINA

Shipping advice
1-MARCH-2001
Dear Sirs，

Re：Invoice No：HZ0114　　L/CNo.：Copsilo 0000103

We hereby inform you that the good sunder the above mentioned credit have been shipped. The details of the shipment are stated below.

Commodity：Universal tool box
Quantity：100 cartons
Amount：RMB600000.00
Ocean Vessel：LiRong V.311
Bill of Lading No. Cos010117
Port of Loading：Xiamen
Destination：Sydney

We hereby certify that the above content is true and correct.
SHIPPER：JIAHUA IMP.& EXP. TRADING CO.，LTD.

张晶

第八节　水路运输教学实践

➤项目简介

针对水路运输各相关知识的特点，特进行相关教学设计。

这门课程的要求和教学对象的特点（设定教学对象为师资本科生），确定本模块的教学设计，包括教学目标、教学重难点、教学方法、教学环节的时间分配等。

一、教学目标

本模块的教学目标是教授水路运输的相关知识点：水路运输的种类、组织过程、单证种类及填写。在相关基础知识的基础之上，使得学生掌握水路运输的组织过程及单据的填写。

二、教学重难点

1. 教学重点

本模块的教学重点是让学生了解水路运输的特点、水路运输的基本流程、水路运输的单证、水路运费的计算，以了解认知为基础，进一步实操为深入。

（1）水路运输概述，主要介绍水路运输的概念、系统组成及水路运输的特点。

（2）水路运输设施与设备，主要介绍水路运输的相关设施以及水路运输设备。

（3）水路货物运输种类，主要介绍按货物的包装形式、货物的性质、货物的装卸方式、运营方式、是否营利、运输跨级的水域、运输主体和参加运输方式的多少进行分类。

（4）水路货物运输业务流程，主要介绍基本流程、班轮运输组织、租船运输组织。

（5）水路货物运输单证，主要介绍水路货物运输的单证种类、水路货物运输单证的填写。

（6）水路货物运输运费核算，主要介绍国内水路运输运费核算和班轮运输运费核算。

（7）水路货物运输的组织实践，主要介绍围绕任务水路货物运输的组织过程。

2. 教学难点

（1）水路运输概述，难点在于让学生理解水路运输的特点，并在进行运输方式选择时做出正确的判断。

（2）水路运输设施与设备，难点在于让学生了解水路设施与设备的特点，并合理选用水路运输相关设备。

（3）水路货物运输种类，难点在于让学生理解不同种类水路货物运输方式的分类标准，以及不同分类结果的特点，方便其在实际工作中对遇到的问题进行归类。

（4）水路货物运输业务流程，难点在于让学生理解水路货物运输的基本业务流程，在遇到实际问题时有整体的流程观念，以提高组织效率。

（5）水路货物运输单证，难点在于让学生掌握水路货物运输单证的种类，并在实际填写工作保证填写的准确性。

（6）水路货物运输运费核算，难点在于让学生掌握水路货物运输运费核算时要涉及的所有因素，以及各因素的相关要求，在针对实际运费计算问题时能准确地进行运费核算工作。

（7）水路货物运输的组织实践，难点在于让学生面对实际问题，自己动手解决问题，以便未来遇到水路货物运输的实际问题时能完整地进行操作解决。

三、教学方法

针对本模块水路运输组织实操性强、需考虑相关因素较多的特点，此模块教学应以了解认知水路运输知识为基础，以水路运输组织实践问题解决实操为深入。因此本模块的教学包括两部分，一部分是课堂教学（4 学时），在课堂教学过程中，通常是以讲授法为主，同时辅以学生围绕案例思考及分析的方法。另一部分是实践教学（2 学时），通过实际任务的提出与完整解决，进行水路货物运输整体流程的学习。

本模块教学中会大量使用图表、案例进行辅助教学，帮助学生快速感性认知并掌握水路运输的相关基础知识，并通过实践任务的解决，加强锻炼学生针对水路货物运输问题的整体解决能力。

四、教学环节的时间分配

第七章　水路运输
第一节　水路运输概述（15min）
第二节　水路运输设施与设备（30min）
第三节　水路货物运输种类（30min）

第四节　水路货物运输流程（30min）
第五节　水路货物运输单证种类及其填写（30min）
第六节　水路运费核算（45min）
第七节　水路运输实践（90min）
共 6 学时，课堂讲授 4 学时，实验教学 2 学时。

五、教学评价

章节名称：水路运输

评价类别	评价项目	评价标准	评价依据	评价方式			权重
				学生自评	同学互评	教师评价	
				0.1	0.1	0.8	
过程评价	学习能力	学习态度是否良好，学习兴趣是否浓厚，学习习惯是否良好，沟通表达能力是否很强，团队合作精神	学生考勤，课后作业完成情况，课堂表现，收集和使用资料情况，合作学习情况				0.2
	专业能力	正确认识水路运输系统的组成、掌握水路运输的运单种类及水路运输运费核算的内容，掌握水路运输的组织过程，了解水路运输中的先进技术	课堂上回答问题的积极性和准确性，以及课后布置作业的完成情况，整理、总结案例的能力				0.3
	其他方面	探究、创新、实践的能力	积极参与研究性学习，有独到的见解，能提出多种解决问题的方法。参与企业、社会实践的积极性及对其的评价				0.1
结果评价	理论考核						0.2
	实操考核						0.2

➤复习思考题

一、单项选择题

1. 水运竞争对手从外部来看，主要是（　　）。

A. 公路　　　　　　B. 管道　　　　　　C. 民航　　　　　　D. 铁路

2. 主要承担进出口贸易的运输方式是（　　）。

A. 铁路运输　　　　B. 公路运输　　　　C. 航空运输　　　　D. 水路运输

3. 海运中，散货的运费是根据（　　）收取的。

A. 体积　　　　　　B. 重量　　　　　　C. 等级　　　　　　D. 等级尺码/吨

4. 目前（ ）主要以集装箱船舶运输、大型散货船运输和大型油轮运输为主。

A. 远洋运输　　　　　B. 近海运输　　　　C. 内河运输　　　　D. 沿海运输

5. 目前世界上载重量最大的船舶类型是（ ）。

A. 油船　　　　　　　B. 矿石船　　　　　C. 全集装箱船　　　D. 豪华客轮

6. 有一批机器要从南京运往长江三峡，最经济和便利的运输方式是（ ）。

A. 铁路运输　　　　　B. 水路运输　　　　C. 航空运输　　　　D. 公路运输

7. 可以实现长程、巨量运输，一次性成本投入，非常适合大宗货物的运输方式是（ ）。

A. 铁路运输　　　　　B. 水路运输　　　　C. 航空运输　　　　D. 公路运输

8. 在运输过程中可以不需签订运输合同而只按订单来处理运输中问题的运输方式是（ ）。

A. 班轮运输　　　　　B. 租船运输　　　　C. 航次租船运输　　D. 包船运输

二、多项选择题

1. 我国的内河运输主要分布在（ ）。

A. 长江水系　　　　　　　　B. 珠江水系　　　　　　C. 京杭运河

D. 淮河水系

2. 海上危险的特点是（ ）。

A. 遭遇危险的可能性大　　　B. 造成的损失巨大　　　C. 适应危险的制度特殊

D. 海洋环境复杂，气象多变

3. 以下货物可以开展水路运输的有（ ）。

A. 矿石、矿粉　　　　　　　B. 木材、粮食　　　　　C. 集装箱

D. 电器产品

4. 水路货物运输涉及的当事人有（ ）。

A. 托运人　　　　　　　　　B. 收货人　　　　　　　C. 承运人

D. 代理人

5. 班轮运输的特点是（ ）。

A. 固定港口　　　　　　　　B. 固定航线　　　　　　C. 固定开行时间

D. 运费相对固定

6. 针对运输对象的不同班轮运输航线可分为（ ）。

A. 普通杂货船航线　　　　　B. 集装箱航线　　　　　C. 客运航线

D. 沿海航线

7. 水路运输可分为（ ）。

A. 近海运输　　　　　　　　B. 内河运输　　　　　　C. 沿海运输

D. 远洋运输

8. 水路运输的优势表现在（ ）。

A. 运输量大　　　　　　　　B. 耗能少　　　　　　　C. 投资省

D. 土地占用少

9. 散货基本运费的计费标准有（　　　）。

A. W　　　　　　　　　　B. M　　　　　　　　　　C. W/M

D. Ad Val

10. 因港口不同而增收的附加费有（　　　）。

A. 超重附加费　　　　　　　B. 港口拥挤费　　　　　C. 燃油附加费

D. 直航附加费

三、简答题

1. 简述水路运输的特点。

2. 简述按照营运方式划分的水路货物运输的种类。

3. 简述班轮货物运输业务流程。

4. 简述水路货物运输单证种类。

5. 简述水路运费的构成方式。

四、计算题

某轮船从广州港装载杂货——人造纤维，体积为 20m³，毛重为 17.8 公吨，运往欧洲某港口，托运人要求选择卸货港 ROTTERDAM 或 HAMBURG，ROTTERDAM 和 HAMBURG 都是基本港口，基本运费率为 USD80.0/FT，三个以内选卸港的附加费率为每公吨加收 USD3.0，"W/M"。请问：

（1）该托运人应支付多少运费？

（2）如果改用集装箱运输，海运费的基本费率为 USD1100。0/TEU，货币附加费 10%，燃油附加费 10%。改用集装箱运输时，该托运人应支付多少运费？

（3）应选用哪种运输方式？

➤参考答案

一、单项选择题

1. D　2. D　3. D　4. A　5. A　6. B　7. B　8. A

二、多项选择题

1. ABC　2. ABC　3. ABCD　4. ABCD　5. ABCD　6. ABCD　7. ABCD　8. AB

9. ABCD　10. BD

三、简答题

答案：略

四、计算题

因为 M 大于 W，

（1）Freight Ton 为 20.0

Freight=（80.0+3.0）×20.0=USDl660.0

（2）可选用 1 个 TEU，

Freight：（1+10%+10%）×1100=USDl320.0 或者

Freight=1×1100+1100×10%+（1100+1100×10%）×10%=1100+110+121=USDl331

（3）因为（1），大于（2），所以应选择改用集装箱运输。

➢ 实践训练

一、调查任务——我国海洋货物运输业的发展状况调查

二、调查目的

明确海洋运输在我国运输领域中的地位及其现状、未来的发展趋势；清楚海洋货物运输的基本工具；了解海洋运输经营的营运方式。

三、调查内容

1. 将学生分成 5～6 人一组。

2. 每组根据情况，通过网络或图书查阅下列相关资料。

（1）海洋运输的现状及发展趋势。

（2）海洋货物运输的工具情况。

（3）海洋运输经营的营运方式。

根据查阅的资料，列出海洋运输的现状、发展阶段和特点；未来海洋运输的发展趋势；我国海洋运输发展的各阶段的特点；海洋货物运输工具和它们的特征以及主要运输的货物；总结海洋运输经营的营运方式和特点。

3. 如有条件可参观开展海洋货物运输的港口、码头，观察所见的各种海洋货物运输工具，记录各种工具的特点及特征，写出参观报告。

四、调查要求

1. 资料的查阅范围要广泛，内容要全面，在调查收集资料时要做到认真细致。

2. 如到港口、码头参观，要遵守相应规定，注意安全。

第八章

航 空 运 输

➤项目实施体系结构图

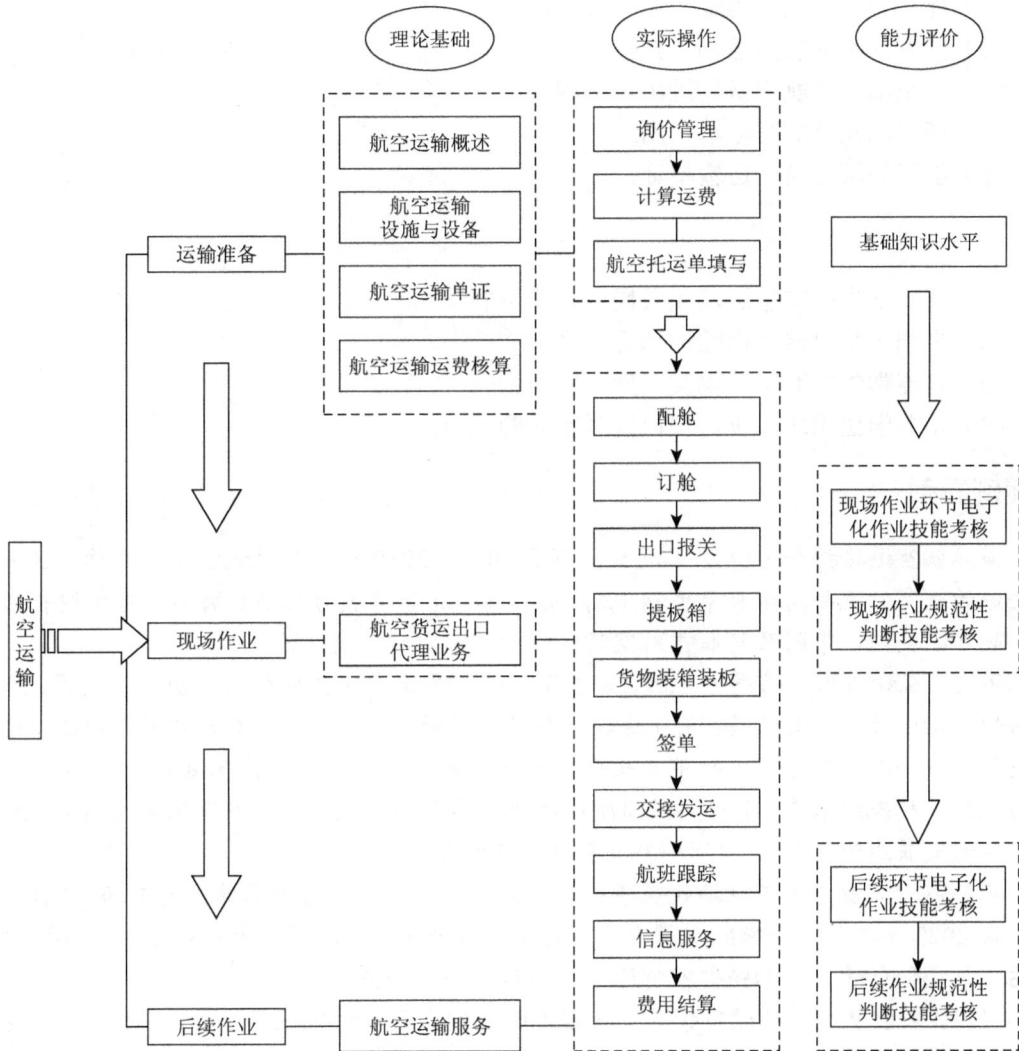

➤学习目标

1. 知识目标

（1）了解航空运输系统及国际航空运输的航空划分。

（2）了解航空运输设施与设备。

（3）了解航空运输种类。

（4）掌握航空运输业务流程。

（5）熟悉航空运输单证。

（6）掌握航空运输运费核算方法。

2. 能力目标

（1）能正确识别航空运输设施与设备。
（2）能区分不同航空运输方式。
（3）能正确安排航空货物进出口流程。
（4）能正确核算航空运输费用。
（5）能正确填写航空运输单证。

3. 素质目标

（1）培养学生对航空运输相关岗位、职位的认知。
（2）提高学生对航空运输的熟悉程度。
（3）培养学生的航空运输实践操作能力。
（4）培养学生系统思维、理论联系实际的能力。

➤案例导引

国际航空运输协会（IATA）近日发布了 2014～2018 年航空货运需求。据称，这一期间全球的航空货运年均增长率为 4.1%，中东及非洲等将成为拉动新兴国家市场增长的动力。此外，美国、中国及阿联酋航空货运量的增长都将超过 100 万 t。

不过，在积极预测的另一方面，来自于一些主要国家实施的贸易保护主义政策、原油价格的波动以及货运向铁路、海上运输的转换等负面因素的影响，今后仍将会持续。按地区统计，当期国际航空货运的年增长率预测值，中东为 4.7%，非洲为 4.4%，亚太和南美均为 3.8%。从航线来看，中东→亚洲航线年增长率预测为 6.2%，中东区域内航线为 4.6%，北美→南美航线为 3.9%，欧洲→非洲航线为 3.8%。

从整体情况看，中东市场的规模将居美国、中国之后，为世界第三大市场。IATA 指出，在 2020 年之前，全球航空货运业需要在货运平均转机时间最大缩短至 48 小时之内、货运相关文件电子化、加强航空货运竞争力等方面下功夫。

现在，航空货运业的通行模式是代理人向航空公司预订舱位并进行结算。然而，这种模式往往忽视了运输三角中最重要的一方——货主的利益。在实际操作中，由于航空公司和代理人控制了大部分的话语权，货主的心声往往无法得到有效传达，因此，许多货主正在为他们自己的处境大声疾呼。

1. 负面影响很多

众所周知，货物有可能出现意外的丢失（特别是在转运途中），也有可能出现破损，客户常抱怨货物在地上滞留的时间远大于在空中的运输时间。虽然大多数货主不得不接受这样的现实，但航空货运服务中存在的诸多负面因素，已经让一些客户从空运转向海运。

毋庸置疑，燃油附加费是最主要的负面因素之一。美国货主的贸易联盟——全国产业运输联合会副总裁彼得·盖蒂认为："现在，航空货运价格不灵活，航空公司对经济下滑和油价下降的反应速度过慢。"

　　洲货主协会也认同上述观点："由于运量下降，运价已降到了合理范围内，但燃油价格始终是客户最重要的考虑因素。2005 年，油价水平是每桶 40 美元，燃油附加费仅为每公斤 30 美分。而今年年初，油价水平仅为每桶 30 美元，货主却需要为每公斤货物支付60～70 美分的附加费。我们希望燃油费能够随着油价下跌而相应下降。"

　　安保规章，特别是美国的安保条例是货主关注的又一个重要因素。比例高达 50%的出口货物必须通过安检或者扫描，但是美国政府并未明示这 50%到底是飞机载货量的一半，还是所有代理、地面操作或是机场货物的 50%，抑或是每批货物的 50%。安保规章对货主这一群体的限制正在加剧。

　　由于加拿大的许多出口货物需要通过卡车运输到美国机场,加拿大出口商也相应受到了美国安保措施的影响。"如果你是'已知货主'，那么货物将不需要安检。"加拿大东芝公司负责海关和运输的主管约翰·奥瑞利表示。发运鲜货的货主承受的损失最大。位于波士顿的东岸海鲜公司总裁兼 CEO 迈克尔指出："如果我们有一箱海产品货物需要安检，那么整个冷链都会破裂，从而危害到整批货物的卫生状况。一般通过整个安检需要 5 个小时，而到那时，龙虾已经死了。"

　　当然，航空公司和代理人对安检措施不承担责任，但他们应该通过设计合理的流程、确保尽早取得所有必需的数据并递交给当局等措施，来努力降低货物损失。

　　2. 紧俏的运力

　　航空公司可以控制的另外一个因素是运力。阿尔发协会（Alpha Association），一家在世界范围内开展业务的英国贸易公司的老板大卫认为："某些航线上的舱位短缺，会造成真正的麻烦。例如，英国至非洲航线只有 3 家主要航空公司运营，如果他们将宽体飞机调成窄体飞机，那我们就遭殃了。我们必须要求代理人提前 1 周或更长时间订舱位。如果货物不能按计划运输，代理人需要组织其他货物填满舱位。我们虽然并不需要为没有利用的舱位付费，但如果多次出现这种情况，代理人就会放弃我们的生意。"

　　运力短缺也可以解释为什么加拿大公司会通过卡车运货到美国机场?为什么欧洲的货主会发现，他们的货物从另外一个国家起运?

　　如果运送危险品，舱位就更难找了。麦克·佩是一家飞机零件的全球供应公司——Aero Inventory 的物流经理，他指出："通常，危险品只能通过全货机运输，我们很难找到合适的舱位。"随着航空公司更多地使用小型全货机，市场上的可用运力正在减少。为了获得所需要的舱位，货主往往需要同航空公司保持良好的关系。

　　在世界其他地方，情况更糟。不仅航空公司对现有机队进行评估后在不断缩减货机和宽体客机的投入，而且机场的基础设施也让航空公司的操作更加困难。由于 2008 年纽约肯尼迪机场和纽瓦克机场的延误激增，美国联邦航空管理局（FAA）已宣布计划拍卖上述机场的起降时刻（slot）。这一决定虽然受到纽约和新泽西港口委员会（PANYNJ）的反对，并在 2008 年 12 月付诸法律，使得拍卖计划推迟，但是这一行动仍未结束。这一拍卖计划要求航空公司对他们已经拥有的起降时刻进行竞拍。PANYNJ预计,这将会导致成本上升12%,并会造成纽约出发的运力缩减。

在其他地区如加拿大,机场每年的投入主要针对旅客,而不是货物。约翰·奥瑞利指出:"如果在基础设施投入和服务提升等方面没有发生明显的变化,加拿大的航空货运产业就无法发展壮大。作为进口商,我们在多伦多、温哥华和一些地区机场需要更多的服务。多伦多的起降费是北美最高的,也是世界上收费最高的机场之一,这对货运经营没有好处。"

3. 确保货运链条的完整

确保文件环节完整正确,需要货主、代理人和航空公司各方的通力合作。Aero Inventory在大部分航线上依靠代理 Kuehne&Nagel 进行文件检查,但是在美国使用的是联邦快递公司(Fed Ex),因此需要依靠自己的供应商进行文件操作。麦克·佩解释说:"我们在美国拥有500家供应商,如果有一家不能正确录入数据,当遇到海关时我们就会有麻烦。"

鲜货的文件则更为棘手,最大的挑战来自卫生部门的要求。文件在美国获得通过后必须跟着货物走,如果不能和货物一起运达,货物就会被搁置;如果货物出现问题,文件也会被扣留。任何一种情况下,鲜货都会死。运输鲜货如此棘手,东岸海产品公司干脆成立了自己的代理公司。

航空业在运输鲜货方面已经大有提升。10 年前,大部分机场没有冷库,对于鲜货运输也没有优先程序保证。但目前,欧洲通过立法已经提高了进出欧洲处理货物的程序。

鲜花运输往往更加麻烦。Flora Holland 公司的进口经理阿诺德如此评论:"我们的确看到了好的变化,但是仍有改进的空间。我们的鲜花需要保持2℃的恒温,但在机场、停机坪或是飞机上,货物往往需要承受 20℃的高温。如果冷链不能贯穿全程,就很难将温度降下来,特别是在货物到达欧洲后。"

阿诺德要求代理能保证在鲜花到达后立即放入冷库,在进出机场的运输过程中,将鲜花放在 2~5℃的车中。鲜花应在最后 1 分钟装到飞机上,装机前使用隔热布、隔热毯等设施保护鲜花。飞机也应该始终保持一定的温度。"即使你使用专门的货机,也并不是每一个雇员都知道如何正确操作。航空货运的过程总是充满风险。"

这就是 Flora Holland 和许多同业者都在尽可能多地将鲜花转向海运的原因。虽然海运并不适合运输所有的鲜花种类,但的确有许多品种的鲜花在通过长达两周的海运后到达时的状态,要比仅需几个小时的空运状态还要好。

此外,货物丢失后的赔偿很低。麦克·佩说:"我们在货物丢失后拿到的赔偿数额少得可怜。航空公司利用《蒙特利尔条约》和《华沙条约》做保护,我们获得的赔偿一般仅为每公斤 20 美元。为此,我们需要另外购买保险,和保险公司再走一遍全套的索赔程序。我们做下来往往一无所获,即使货物损失不是我们的过错。"

看来,提高货物处理效率的最好方法是建立起良好的关系。但是这对那些零散货主和无法做到这点的货主意味着什么?难道不应该是每位货主都应享受到良好的服务吗?难道不应该每名雇员都通过培训,正确掌握处理特殊货物和文件的方法吗?在绝大部分时间里,即使是航空公司的老主顾，也对这个行业能否安全、快捷高效地运输自己的货物缺乏足够的信心。如果客户将货物转向海运，航空货运行业只有在自己身上寻找原因了。

案例来源：中国民航网.http://www.caac.com.cn/news/72745.html

思考题：（1）航空运输中的主要环节有哪些？

（2）从航空需求和存在的问题，谈谈你的想法。

第一节　航空运输概述

一、航空运输系统

1. 航空运输的概念及特点

航空运输是在 20 世纪中期逐渐发展起来的，它是以航空器作为运输载体把旅客和货物通过空域从一地运往另一地，使之发生地理位置上的转移的商业性的运输服务。因为航空运输使用了技术含量最高、运输速度最快的航空器进行运输，它能够为旅客和货主提供快速、有效、经济、便利的服务，可以被认为是目前世界上最先进的、最理想的现代运输方式之一。

（1）航空运输的概念。所谓航空运输就是指使用航空器运送人员、行李、货物和邮件的一种运输方式。航空运输属于科技含量高的密集型运输产业，航空运输的快速发展促进了世界经济全球化、一体化的进程，为国际物流业提供了便捷的服务。

（2）航空运输的特点。航空运输系统的自身优势使得航空运输具有快速、机动的特点，一方面为旅客节省大量时间，为货主加速资金周转。另一方面，航空运输在客运和进出口贸易中，尤其是在贵重物品、精密仪器、鲜活物资的运输方面，发挥着越来越大的作用。

2. 航空运输系统组成

航空运输系统主要包括飞机、机场、空中交通管理系统和飞行航线四个部分。这四个部分有机结合，分工协作，共同完成航空运输的各项业务活动，是一个统一的不可分割的整体系统。

1）飞机（图 8-1）

飞机是航空运输的主要运载工具。按运输类型的不同，民用飞机可分为运送旅客和货物的各种运输机以及为工农业生产作业飞行、抢险救灾、教学训练等服务的通用航空飞机两大类。按其最大起飞重量，民用机可分为大型、中型、小型飞机。按航程远近，可分为远程、中程、短程飞机。

图 8-1　飞机

2）机场（图 8-2）

机场既是提供飞机起飞、着陆、停驻、维护、补充给养以及组织飞行保障活动的场所，同时也是旅客和货物的起点、终点与转折点。机场由供飞机使用的部分和供旅客及货物使用的部分组成。供飞机使用的部分通常包括用于飞机起飞降落的起飞区和用于地面服务的航站区；而供旅客及货物使用的部分主要包括办理手续和上下飞机的航站楼、地面交通设施及各种附属设施等。

图 8-2　首都机场

3）空中交通管理系统（图 8-3）

航空运输系统中的一个重要组成部分是空中交通管理系统，它是为了保证航空器飞行安全及提高空中领域和机场飞行区的利用效率而设置的各种助航设备、空中交通管制机构及规则。助航设备主要分为仪表助航设备和目视助航设备两种。仪表助航设备是指用于航路、进近（也称进场，是指飞机在机场上空由地面管制人员指挥对准跑道下降时飞机需要按规则绕机场飞行后直接对准跑道，进行减速，放下襟翼和起落架的阶段）的设备，包括通信、导航、运输管理、监视（雷达）等装置。目视助航设备主要是指用于引导飞机降落、滑行的装置，通常有灯光、信号、标志等。空中交通管制机构一般是按区域、进近、塔台进行设置。空中交通管制规则包括飞行高度层配备，垂直间隔与水平间隔（侧向、纵向）的控制等。空中交通管理系统其管制方式主要是程序管制和雷达管制两种。

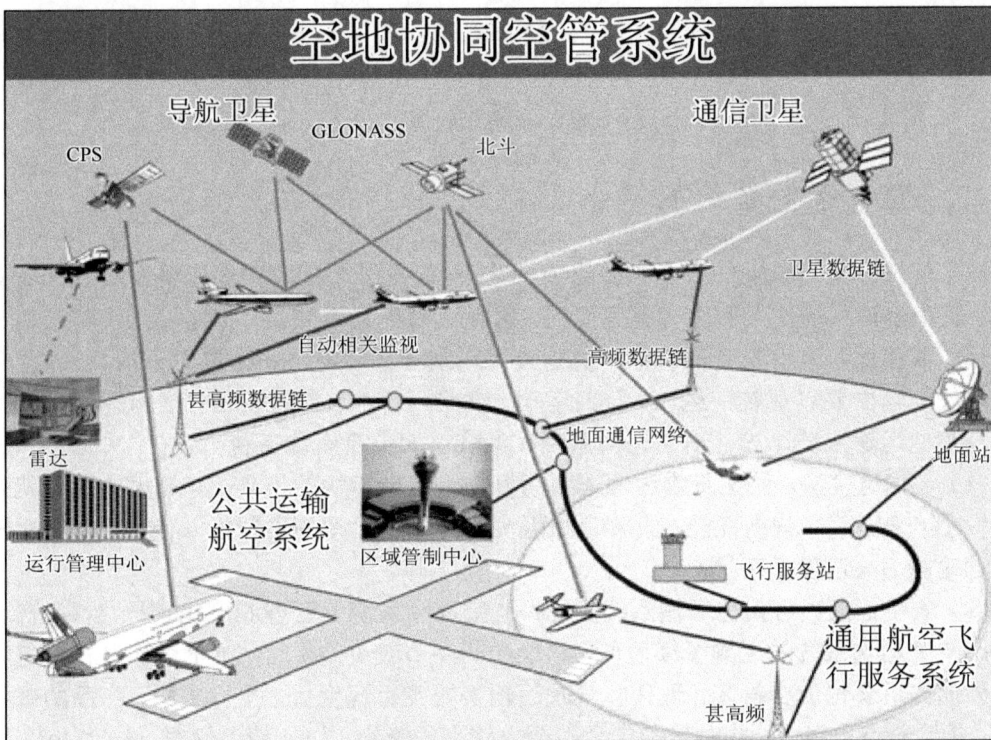

图 8-3　空中交通管理系统

4）飞机航线（图 8-4）

飞机航线是航空运输的线路，是由空管部门设定的飞机从一个机场飞抵另一个机场的线路通道。航路是针对国与国之间、跨省市航空运输的飞行航线，规定其宽度为 20km。固定航线则是针对省市之间和省内定期航班飞行，尚未建立航路的飞行航线。非固定航线是针对临时性的航空运输和通用航空运行，在航路和固定航线以外的飞行航线。

航空运输系统除了上述四个基本组成部分，还有商务运行、机务维护、航空供应、油料供应、地面辅助及保障系统等。

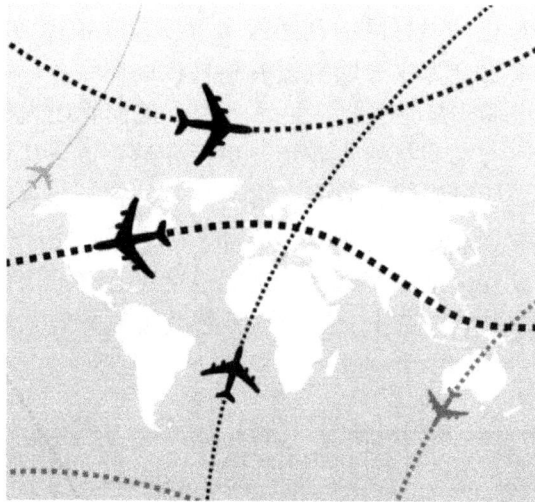

图 8-4　飞机航线

二、航空运输系统的特点

航空运输作为运输业的一个重要组成部分,对促进一个国家国民经济发展发挥着重要作用。航空运输系统使人们出行更为便利,国际贸易更为繁荣。航空运输系统与其他行业及运输方式相比,具有自身的特点,其特点可以从社会、经济两个层面分析。

现代运输主要包括航空运输、公路运输、铁路运输、水路运输和管道运输五大运输方式。与其他运输系统比较,航空运输系统在经济层面上具有如下特点。

(1)运输速度快。航空货物运采用飞机作为运送货物的工具,其最大的特点就是速度快。近年来随着一些高性能、大容量和更快速的先进机型的不断投入使用,航空运输系统的运输能力与速度不断提高。

(2)安全性高。与其他运输系统相比,航空运输系统的管理制度比较严格、完善,而且民用航空运输系统的运输手续简便,运输中间环节较少。因此,航空运输过程中货物发生意外损失机会也就少得多。现代喷气式运输机的飞行速度快,飞行平稳,商品的破损率较低。从这一点出发,一些对运输安全性要求较高的货物,如高精尖仪器、高价易碎品等,特别适合使用航空运输。

(3)适合运送鲜活、易腐和季节性强的商品。航空运输速度快的特点能够满足那些对时间性要求较高的货物的运输要求。鲜活易腐和季节性强的货物,如食品、水果和报纸杂志、时装等性质都比较特殊,对时间非常敏感,如果运输时间过长,会导致货物过期、变质、丧失销售机会,甚至使商品失去应有的价值。采用航空运输则可以争取时间,有利于货物的保鲜成活并占有市场先机。这是其他运输方式所不具备的优势。

(4)可节省包装、保险、利息等费用。从表面上看,航空运输的费用要高于其他运输方式,但是航空运输能够节省运杂费用。利用航空运输运送的货物,其破损率比较低,因此包装要求相对比较宽松,可减轻商品的包装费用和保险费用。航空运输快速的特征,能够缩短商品的库存期和周转期，加速资金流转的速度，可以节省商品的存储费用和利息费用。航空运输的手续简便，可以节约手续费用。

（5）不受地理条件的限制。航空运输的航线开辟在空中，它既可跨洋越海，又能翻山越岭，无需建路搭桥，开凿隧道，也不需要占用大量土地。这是其他运输方式所无法比拟的优势。航空运输是空中桥梁，不受高山深渊阻挡，不为江河海洋隔绝，是世界各地的联系纽带。特别是在发生地震、水灾、瘟疫等紧急情况时，向这些地区运送粮食、药品等物资，航空运输具有非常有利的条件。

（6）成本和运价高，运量有限。由于飞机运载量和航班数量的限制，航空运输的运载量相对比较小。租借、购买飞机、航材的成本较高，加上世界范围的能源危机日益严重，航空燃油价格持续上涨，因此，航空运费一直居高不下。

三、国际航空运输的航空区划

国际航空运输协会将全球分成三个区域（图 8-5），简称为航协区（IATA Traffic Conference Areas）。

一区（TC1）：主要包括北美洲、南美洲、格陵兰、百慕大和夏威夷群岛等。

二区（TC2）：主要包括欧洲、非洲、中东（亚洲的伊朗及伊朗以西地区）及附近岛屿。

三区（TC3）：主要包括亚洲（已包括在二区的部分除外）、大洋洲及毗邻岛屿，太平洋岛屿（已包括在一区的部分除外）。

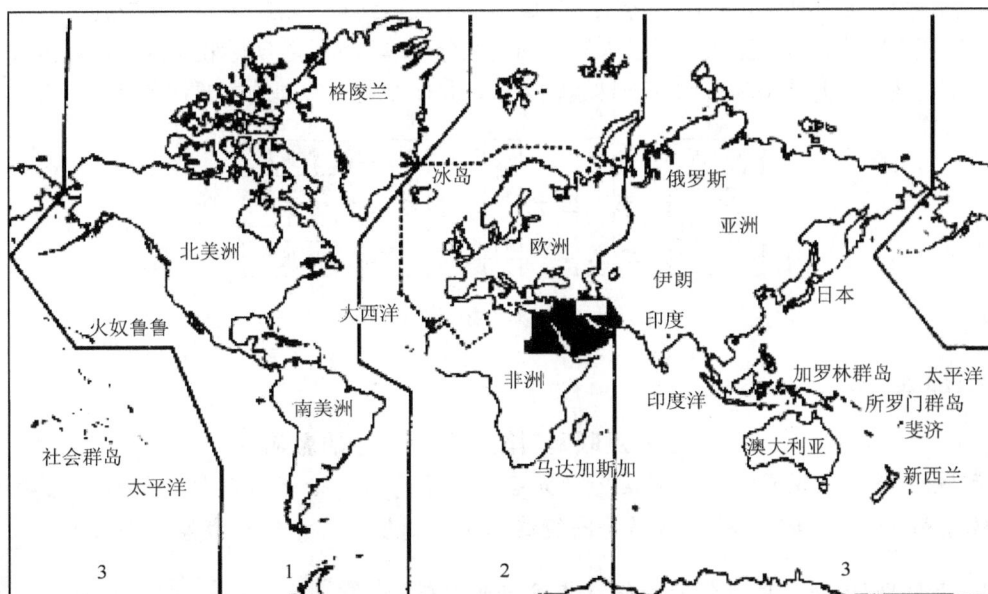

图 8-5　国际航空区划

四、航空货物运输种类

1. 依据运输性质分类

按照运输的不同性质划分，航空货物运输分为国内航空货物运输和国际航空货物运输。

2. 依据运输的物品特征分类

按照所运输物品的不同特征划分，航空货物运输分为普货运输、快件运输、特种运输等。

3. 依据运输的方式分类

按照运输的不同方式划分，航空货物运输分为班机运输、包机运输，还有集中托运联合运输、航空快递以及货到付款、货主押运等方式。

（1）班机运输。班机运输一般有固定的始发站、到达站和经停站。按照业务的对象不同，班机运输可分为客运航班和货运航班。顾名思义，后者只承揽货物运输，大多使用全货机。

（2）包机运输。由于班机运输形式下货物舱位常常有限，所以当货物批量较大时，包机运输就成为重要方式。分段包机运输通常可分为整机包机和部分包机。所谓整机包机是指航空公司或包机代理公司按照合同中双方事先约定的条件和运价将整架飞机租给租机人，从一个或几个航空港装运货物至指定目的地的运输方式。部分包机则是指由几家航空货运代理公司或发货人联合包租一架飞机，或者是由包机公司把一架飞机的舱位分别卖给几家航空货运代理公司的货物运输形式。

（3）集中托运。集中托运指集中托运人（consolidator）将若干批单独发运的货物组成一整批，向航空公司办理托运，采用一份航空总运单集中发运到同一目的站，由集中托运人在目的地指定的代理收货，再根据集中托运人签发的航空分运单分拨给各实际收货人的运输方式，也是航空货物运输中开展最为普遍的一种运输方式，是航空货运代理的主要业务之一（图8-6）。

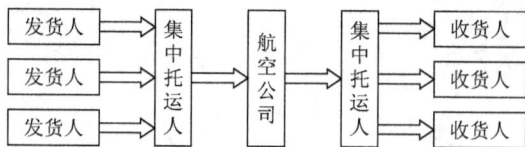

图 8-6　集中托运流程

➤知识拓展

浅析互联网对航空货运行业的影响

互联网/移动互联网对航空货运行业是否会带来影响？会带来怎样的影响？面对这样的影响货航企业该如何应对？本书将围绕这三个问题展开，希望对大家有所启发。

1. 互联网/移动互联网会影响航空货运行业发展

说起"互联网思维"，相信应该没有多少人会感觉到陌生，不过对于航空货运的从业者而言，互联网还是一个高大上的概念，似乎离现实还很遥远，然而事实真的是这样吗？

物业行业，如花样年旗下彩生活的"零物业费"模式；如果不是几大商业银行的联手狙击，估计阿里的余额宝已经让各大传统银行疲于应付了；此外，微信对于电信行业的冲击也是实实在在的，而此前收着滴滴和快的补贴，并大谈互联网颠覆的出租车驾驶员或许还没意识到，打车软件颠覆的正是他们……在这样一个大环境下，航空货运企业真的能够幸免吗？

其次，互联网/移动互联网对于航空货运企业的影响早已经开始，国内领先货航的高管潜意识里对这一影响也有了"朴素的直觉"，并且围绕潜在的朦胧的影响已经开始做了一些测试性或者防御性的卡位，然而由于缺乏对互联网影响的系统性认知（目前这种系统性认知我也做不到），因此当前的很多尝试带有"机会"属性，知道这件事情值得做，但还没有真的彻底想明白为什么值得做，该如何做？如东航物流的"东航产地直达"，海航货运的淘宝生鲜店，以及南航货运在货运信息化方面的尝试等。

此外，国内货航当前面临的很多问题是可以借助"互联网"寻求突破，如借助基于 SaaS平台的 iTracing，订单无纸化运作、电子报关，未来还会有担保和融资相关的服务上线，此外建立基于互联网的运行机制也是客服国企体制弊端的有效途径。

2. 互联网/移动互联网会改变航空货运行业的业务模式

提起互联网对航空货运业的影响，在网络上能检索到 2006 年的一篇《GF-X·CPS·Ezycargo倾情逐 E 化》中所列的几位行业大咖的观点可以概括。视角不同，但结论在今天看来依然适用。

1）互联网/移动互联网将改变货航营销战略和分销手段

互联网改变货航营销战略容易理解，例如，东航物流和南航货运两个企业党委书记的微博已经变成企业品宣的重要窗口。

至于分销手段，互联网和移动互联网最大的影响在于"去中间化"，问题的关键是在航空货运领域这个中间环节是谁？目前行业主流的看法是，这个中间环节是货代，未来货航面对直客是趋势，而这个直客既包括制造企业，同时也包括电商等形态。

这种观点正确的方面在于，当前航空货运市场上货代存在几个级别，一级货代凭借自身集货能力和对服务的掌控能力，能够从航空公司那里拿到比较具有竞争力的仓位，再将这些仓位层层外包，自身赚取差价，而在一级货代之后还存在着很多二三级的货代，其中有一定数量的货代确实扮演着"中介"的角色，而这部分货代确实是最容易被平台取代的。

然而与处于货代食物链最末端，干着最脏最累的活，拿着最低的收益，但却与货主直接对接的小货代是无法被取代的，原因有三个：其一航空货运不仅是运输，还包括报关、两端配送、退税等多个业务环节，这显然不是国内货航可以全部搞定的，即使真的借助资本的手段搞定了，效益也未必是最优的；其二每票货个案性质非常强，平台没法全部提供个性化服务，因为平台立足的根基是"标准化"；其三每票货的源头都包含着一些利益捆绑，如某些小货代的创始人可能本身就是某个制造企业运力采购部的家属等，而这层关系是不容易通过服务直接置换的。这就是"货代将被平台取代"观点不正确的地方。

因此互联网/移动互联网对货航分销手段的影响最大特征就是减少货代的代理层级，那些手头没有核心资源的货代将面临最大挑战。

2）互联网/移动互联网下的超级货运平台

互联网/移动互联网对航空货运的影响可以分三个维度——货物、信息以及业务。货物的连接应用代表性的案例是"东航产地直达"，连接货源与终端买家；信息层面的连接代表性应用有 Global Freight Exchange（GF-X）、Cargo Prtal Services（CPS）、Ezycargo，以及中航信的航空物流信息服务平台（CCSP）；而业务层面的连接目前在航空货运领域还没有出现，但在航运市场已经有了初步的探索，如阿里巴巴与中海的"一海通"。

针对这三种连接，信息的连接最为基础，货物的连接对技术要求最高，关于这两方面的论证行业内已经有很多，并且实践的企业也不少，业务的连接是最具"颠覆"性的，这注定其推进起来也是最困难的，但正如同 20 世纪 50 年代的"集装箱革命"一样，这一趋势已经无法逆转，落地只是时间和形式问题。

未来国内的航空货运市场格局是货航经过各种转型尝试后回归航空货运的本质，聚焦在港到港段服务的升级，成为航空专业服务供应商，成为领先货物平台的物流服务供应商，未来国内四大航的角色有点类似今天的"四通一达"之于淘宝。当然，货航也会涉及产业链上的其他环节，甚至这个超级货运平台本身，但是是借助股权投资形式，货航本身更多的是扮演财务投资人角色，目的是强化连接。

而货航的客户结构也会发生巨大的变化，虽然面对的主要对象还是货代，但表现形式会出现改变。排名领先的大货代在货航业务中的贡献占比会进一步缩小，但不会被完全取代，未来其将专注于项目客户，并整合资源为之提供"一站式"的解决方案，形式与货运超级平台类似，只是是由大货代主导的，对服务链的控制力更强。

夹在中间层的"中介"性质的货代会逐渐消亡，而终端的中小货代会汇集在超级货运平台上，扮演天猫商城中品牌商户的角色，继续为货主提供服务。

而这个超级货运平台则扮演"物流综合大卖场"的角色，整合终端货代、海陆空物流、供应链金融、线上交易撮合平台等各种资源，制定游戏规则，建立行业标准，监督服务实施，但本身并不参与具体交易，既保证大平台的规范，又不失小企业服务的灵活，预计未来这样的平台应该会有 2~3 个并行，其业务量将占到货航的 60%左右。

除此之外，货航直销，尤其是网上直销的业务份额也会有所提升，预计能占到 5%~10%，此外还会有一些专业化的特色创新模式存在。

这个平台会由谁来建，既不会是政府，也不是某个货航，因为直接的利益冲突，天合货运联盟类的航空组织做起来的概率也不大；中航信和国内顶级货代，如 DHL 等有机会；但更多时候应该是来自货航体系之外，既了解物流、又熟悉互联网规则，同时掌握着某种货航和货代等利益相关方都依赖的资源的第三方角色，并且资本会在其中扮演重要的角色。

3）互联网/移动互联网无法改变的东西

和其他行业一样，互联网会改变很多东西，但对于航空货运从业企业而言，有几样东西却是互联网无法改变的，如货物跨洲快速运输的刚性位移服务需求，某些货代与货主之间业务以外的私人联系，以及一些货物运输过程中突发事件的现场处理等，需要进行系统的梳理和提炼，而这些内容也是构筑货航未来发展核心竞争力的核心，以及制定自身发展战略的根本出发点。

第二节　航空运输设施与设备

一、飞机

1. 飞机的概念

飞机是航空运输系统的载运工具，它是由推进装置提供推力（或拉力），主要由机翼产生升力，由操纵面控制飞行方向。由于它的用途很多，其分类方法也很多。飞机的性能、构造和外形基本上是由用途来确定的，按用途可以将飞机分为军用机、民用机以及专门用于科研和试验的研究机。

2. 飞机的分类

1）按构造分类

按机翼的数目，飞机一般可分为多翼机和单翼机，当前大多数飞机为单翼机。

按发动机类型可分为活塞式飞机、螺旋桨式飞机和喷气式飞机（图 8-7、图 8-8）。

按发动机数目可分为单发动机飞机、双发动机飞机、三发动机飞机和四发动机飞机。

按起落地点可分为陆上飞机、雪（冰）上飞机、水上飞机、两栖飞机和舰载飞机。

按起落方式可分为滑跑起落式飞机和垂直/短距起落式飞机。

图 8-7　螺旋桨式飞机　　　　　　　　　图 8-8　喷气式飞机

2）按用途分类

由于飞机的性能、构造和外形基本上由用途来确定的，故按用途分类是最主要的分类方式之一。现代飞机按用途主要可分为军用机（图 8-9）和民用机两类，另一类专门用于科研和试验的飞机，可称为研究机（图 8-10）。

图 8-9　军用机

图 8-10　研究机

常用民用飞机如下。

（1）旅客机。用于运载旅客和邮件，联络国内各城市与地区或国际间的城市。旅客机可按大小和航程进一步分为：洲际航线上使用的远程（大型）旅客机，如图 8-11 所示。国内干线上使用的中程（中型）旅客机，地方航线（支线）上使用的近程（轻型）旅客机。中型旅客机使用较广泛，既有喷气式的，也有带螺旋桨的，如"三叉戟"型飞机。客机主要用于运载旅客和邮件，联络国内各城市与地区或国际城市。客机可按大小和航程进一步分为洲际航线上使用的远程（大型）客机、国内干线上使用的中程（中型）客机、地方航线（支线）上使用的近程（轻型）客机。

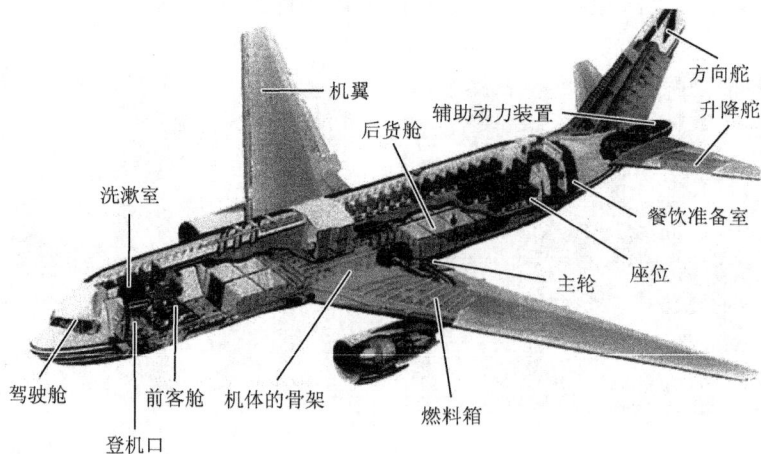

图 8-11　旅客机示意图

（2）货机（图 8-12、图 8-13）。货机指以包机或定期航班的形式专门运输货物的飞机。很多干线飞机都有专门的货机型号。如 B747-400F、B757-200F、A300-600F、A330-200F 等，都是全货机。全货机一般设计为集装设备型的货舱，飞机货舱底部一般均设置滚轴及固定系统，可以放置集装板和集装箱。最大的 B747-400F 货机，可以放下 39 个集装板。A300-600F 货机可以装载 50t 货物，放 21 个集装板和 23 个集装箱。

图 8-12　货机

图 8-13　货机内部

（3）农业机、林业机（图 8-14）。用于执行喷药、播种、施肥等田间作业的飞机，早期多用退役的小型飞机改装，近年来有专门研制的农业飞机。著名的农业机有苏联的安-2，安-3，美国的"农用马车"（ag wagon）、"农业猫"（ag Cat）、"空中拖拉机"（air tractor），澳大利亚的"空中卡车"（airtruck）和波兰的 M-18 "单峰骆驼"（dromader）等。

图 8-14　农业机

（4）教练机。教练机是训练飞行员从最初级的飞行技术到能够单独飞行与完成指定工作的特殊机种。无论是操作军用或者是民用飞机的飞行员都需要经过一些相同的训练程序，使用类似的教练机完成基础飞行课程。常见的教练机分类方式有两种，分别是两级与三级制。两级制区分为初级与高级教练机。三级制为初级、中级与高级教练机。

（5）多用途轻型飞机。这类飞机种类与用途繁多，如用于地质勘探、航空摄影、空中游览、紧急救护、短途运输等。

二、机场

1. 机场的概念与构成

机场（图 8-15）是供飞机起飞、着陆、停驻、维护、补充给养及组织飞行保障活动所用的场所。机场主要由飞行区、航站区及进出机场的地面交通系统三部分构成。

图 8-15　机场

（1）飞行区。飞行区（图 8-16）是机场内用于飞机起飞、着陆和滑行的区域，通常还包括用于飞机起降的空域在内。飞行区主要包括跑道、滑行道和停机坪等。

图 8-16　飞行区

（2）航站区。航站区（图 8-17）是飞行区与机场其他部分的交接部。航站区设备包括航站楼、助航设施、地面活动引导和管制系统、地面特种车辆和场务设备等。航站区系统包括旅客航站系统、机坪门位系统、机场维护与管理系统等。

图 8-17 航站区

（3）地面交通系统。进出机场的地面交通系统（图 8-18）通常是公路，也包括铁路、地铁（或轻轨）和水运码头等。其功能是把机场和附近城市连接起来，将旅客和货邮及时运进或运出航站楼。

图 8-18 地面交通系统

2. 机场的分类

（1）按航线性质可分为国际航线机场（国际机场）和国内航线机场。国际机场供国际航班进出，并设有海关、边防检查（移民检查）、卫生检疫和动植物检疫等政府联检机构。国内航线机场是专供国内航班使用的机场。

（2）按机场在民航运输网络中所起的作用可分为枢纽机场、干线机场和支线机场。国内国际航线密集的机场称为枢纽机场。在我国内地，枢纽机场仅北京、上海、广州三大机场。干线机场是指各直辖市、省会、自治区首府以及一些重要城市或旅游城市（如大连、厦门、桂林和深圳等）的机场，共有 30 多个。干线机场连接枢纽机场，客运量较为集中。而支线机场则空运量较少，航线多为本省区内航线或邻近省区支线。

（3）按机场所在城市的性质、地位可分为Ⅰ类机场、Ⅱ类机场、Ⅲ类机和Ⅳ类机场。

（4）按旅客乘机目的可分为始发/终程机场、经停（过境）机场和中转（转机）机场。始发/终程机场中，始发和终程旅客占旅客的大多数，始发和终程的飞机或掉头回程架次比例很高。目前国内机场大多属于这类机场。

（5）按服务对象可分为军用机场、民用机场和军民合用机场。

三、导航设备

1. 甚高频全向无线电信标

甚高频全向信标系统（VOR）是一种近程无线电导航系统（图 8-19）。
测距机（DME）是为驾驶员提供距离信息的设备。

图 8-19　装有测距仪的多普勒甚高频全向信标台

2. 无方向性无线电信标系统（图 8-20）

无方向性信标系统（NDB），即导航台，是用来为机上无线电罗盘提供测向信号的发射设备。

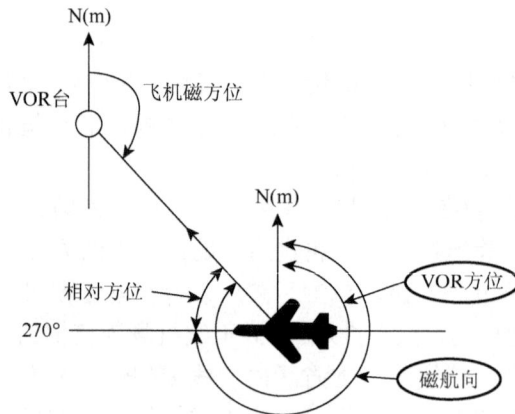

VOR方位、磁航向与相对方位

图 8-20　无方向性无线电信标系统

3. 仪表着陆系统（图 8-21）

仪表着陆系统（1LS）1949 年被 ICAO 确定为飞机标准进近和着陆设备。它能在气象恶劣和能见度差的条件下，给驾驶员提供引导信息，保证飞机安全进近和着陆。

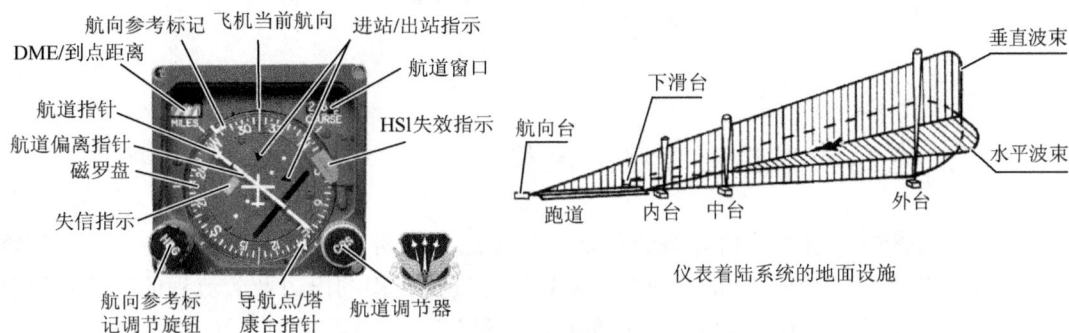

图 8-21　仪表着陆系统

4. 监视设备（图 8-22）

目前实施空中交通监视的主要设备是雷达。它是利用无线电波发现目标，并测定其位置的设备。

图 8-22　监视设备

第三节　航空货物运输业务流程

一、航空运输出口业务组织流程

国际航空货物运输的出口业务流程是指从托运人发货到承运人将货物装上飞机的物流、信息流的实现和控制管理的全过程。国际航空货物运输的出口业务流程的环节主要包含两大部分：航空货物出口运输代理业务程序和航空公司出港货物的操作程序。

1. 航空出港货物的操作程序

航空公司出港货物的操作程序是指代理人将货物交给航空公司，直到货物装上飞机的整个操作流程，如图 8-23 所示。

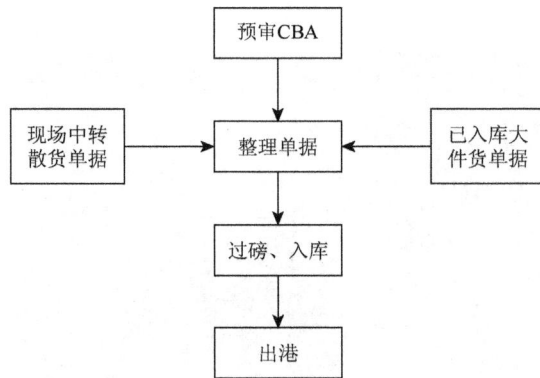

图 8-23　航空公司出港货物的操作程序

2. 航空货运出口代理业务流程

航空货物出口运输代理业务程序包含以下几个环节：销售、揽货；审核单据、接受委托预配舱；预订舱；接单；制单；接货；标签；配舱；订舱；出口报关；出仓单；提板箱；装板箱；签单；交接发运；航班跟踪；信息服务；费用结算。

1）销售、揽货

作为航空货物运输销售代理，销售的是航空公司的舱位，只有飞机的舱位上配载了货物，航空货运才真正具有了实质性的内容，因此承揽货物处于整个航空货物出口运输代理业务程序的核心地位，这项工作的成效直接影响代理公司的发展，是航空货运代理的一项至关重要的工作。一个业务开展得较强、较好的货运代理公司，一般都有相当数量的销售人员或销售网点从事揽货工作。在具体操作时，需向出口单位介绍本公司的业务范围、服务项目、各项收费标准，特别是向出口单位介绍优惠运价、公司的服务优势。

2）委托运输

托运人发货时应事先填写"航空货运委托书"并附有关单证，而且托运人必须在上面签字或盖章。所谓航空货运委托书，也称托运书是托运人用于委托承运人或其代理代其在货运单上签字的文字说明。在接受托运人委托后，单证操作前，航空货运代理要对托运价格、航班日期等进行审核，同时，航空货运代理必须在托运书上签名并写上日期以示确认。

3）预配舱

汇总所接受的委托和客户的预报，并输入计算机，计算出各航线的件数、重量、体积，按照客户的要求和货重、包装情况，根据各航空公司不同机型对不同板箱的重量和高度要求，制订预配舱方案，并对每票货配上运单号。

4）预订舱

根据所指定的预配舱方案，按航班、日期打印出总运单号、件数重。

5）接单

接受托运人或其代理人送交的已经审核确认的托运书及报关单证和收货凭证，将计算机中的收货记录与收货凭证核对。制作交接单，填上所收到的各种报关单证份数，给每份交接单配一份总运单或分运单。将制作好的交接单、配好的总运单或分运单、报关单证移交制单。如此时货未到或未全到，可以按照托运书上数据填交接单并注明，货到齐后再进行修改。

6）制单

制单就是填开航空货运单，包括总运单和分运单。填开航空货运单是空运出口业务中最重要的环节，运单填写的准确与否直接关系到货物能否及时、准确地运达目的地。同时航空货运单又是发货人结汇的主要有价证券。因此运单的填写必须详细、准确、严格，符合单货一致、单单一致的要求。

7）接货

接货是指航空货运代理公司把即将发运的货物从发货人手中接过来并运送到自己的仓库。接货一般与接单同时进行。对于通过空运或铁路从内地运往出境地的出口货物，货运代理按照发货人提供的运单号、航班号、接货地点及接货日期，代其提取货物。如货物已在启运地办理了海关出口手续，发货人应同时提供启运地海关的关封。

接货时应对货物进行过磅和丈量，并根据发票、装箱单或送货单清点货物，核对货物的数量、品名、合同号或唛头等是否与货运单上所列一致。检查货物的外包装是否符合运输的要求。

8）配舱

配舱时，需出运的货物都已入库。这时需要核对货物的实际件数、重量、体积与托运书上预报数量的差别，对于预订的舱位，要注意板箱的尺寸大小、合理搭配，并按照各航班机型、板箱型号、高度、数量进行配载。同时，对于货物晚到、未到情况以及未能顺利通关放行的货物做出调整处理，为制作出仓单做准备，实际上，这一过程一直延续到单、货交接给航空公司后才完毕。

9）订舱

订舱就是将所接空运货物向航空公司申请并预订舱位的行为。货物订舱需根据发货人的要求和货物标志的特点而定。一般来说，大宗货物、紧急物资、鲜活易腐物品、危险品、贵重物品等，必须预订舱位。非紧急的零散货物，可以不预订舱位。

订舱的具体做法和基本步骤是：接到发货人的发货预报后，向航空公司吨控部门领取并填写订舱单，要提供的信息是：货物的名称、货物的重量、货物的件数、目的港、要求出运的时间、其他运输要求（温度、装卸要求、货物到达目的地时限等）。

货运代理公司订舱时，可依照发货人的要求选择最佳的航线和最佳的承运人，同时为发货人争取最低、最合理的运价。订舱后，航空公司签发舱位确认书（舱单），同时给予装货集装器领取凭证，以表示舱位订妥。预订的舱位会由于货物原因、单证原因、海关原因最终舱位不够或者空舱。这需要综合考虑和预见性等经验，尽量减少此类事情发生，并且在事情发生后应及时采取补救措施，并进行必要的调整。

10）出口报关

出口报关是指发货人或其代理人在货物发运前向出境地海关办理货物出口手续的过程。出口报关的基本程序：计算机预录入—报关单上盖章—准备随附单证—向海关申报—海关审核放行。

11）编制出仓单

配舱方案制订后就可着手编制出仓单。出仓单上应载明出仓单的日期、承运航班的日期、装载板箱形式及数量、货物进仓顺序编号、总运单号、件数、重量、体积、目的港三字代码和备注。

出仓单交给出口仓库，用于出库计划，出库时点数并向装板装箱单位交接，作为向出口仓库提货的依据。

出仓单作为装板装箱单位的收货凭证和制作《国际货物交接清单》的依据。该清单用于航空公司交接货物。出仓单还可用于外拼箱。出仓单交给报关环节，当报关有问题时，可采取相应措施。

12）提板箱

根据订舱计划向航空公司申领板、箱并办理相应的手续。提板箱时，应领取相应的塑料薄膜和网，对所使用的板箱登记型号。

13）货物装箱装板

除特殊情况，航空货运均是以"集装箱""集装板"形式装运。航空货运代理公司将2m 以下货物作为小货交于航空公司拼装。

订妥舱位后，航空公司吨控部门将根据货量出具发放"航空集装箱、板凭证"，货运代理公司凭此向航空公司箱板管理部门领取与订舱货量相应的集装板、集装箱。大宗货、集中托运货可以在货运代理公司自己的仓库、场地、货棚装板、装箱，也可在航空公司指定的场地装板、装箱。装板、装箱时要注意以下几点。

（1）不要用错集装箱、集装板，也不要用错板型、箱型。

（2）不要超装箱板尺寸。

（3）要垫衬，封盖好塑料纸，防潮、防雨淋。

（4）集装箱、板内货物尽可能配装整齐，结构稳定，并挂紧网索，防止运输途中倒塌。

（5）大宗货、集中托运货，尽可能整票货装一个或几个板、箱。已装妥整个板、箱后剩余的货尽可能拼装在同一箱内或板上，防止散乱、遗失。

14）签单

货运单在盖好海关放行章后还需到航空公司签单。主要是审核运价使用是否正确以及货物的性质是否适合空运，例如，危险品等是否已办了相应的证明和手续。航空公司的地面代理规定，只有签单确认后才允许将单、货交给航空公司。

15）交接发运

（1）交接：就是向航空公司交单交货，由航空公司安排航空运输。交单，就是将随机单据和应由承运人留存的单据交给航空公司。随机单据包括第二联航空运单正本、发票、装箱单、产地证明、品质鉴定书等。

（2）交货：即把与单据相符的货物交给航空公司。交货之前必须粘贴或拴挂货物标签，清点和核对货物，填制货物交接清单。大宗货、集中托运货，以整板、整箱称重交接。零散小货按票称重，计件交接。航空公司审单验货后，在交接清单上验收，将货物存入出口仓库，单据交吨控部门，以备配舱。

16）航班跟踪

单、货交接给航空公司后，航空公司会因种种原因，如航班取消、延误、故障、改机型、错运、倒垛或装板不符规定等，未能按预定时间运出，所以货运代理公司从单、货交给航空公司后就需对航班、货物进行跟踪。需要连程中转的货物，在货物出运后，要求航空公司提供二、三程航班中转信息。有些货物事先已预订了二、三程，也还需要确认中转情况。有时需直接发传真或电话与航空公司的海外办事处联系货物中转情况，及时将上述信息反馈给客户，遇有不正常情况及时处理。

17）信息服务

航空货运代理公司须在多个方面为客户做好信息服务。

（1）订舱信息：应将是否订妥舱位及时告诉货主或委托人，以便及时备单、备货。

（2）审单及报关信息：在审阅货主或委托人送来各项单证后，若发现有遗漏、失误，应及时通告发货人，以便及时补充或修正。在报关过程中，如有任何报关、清关的问题，亦应及时通知货主，共商解决。

（3）仓库收货信息：应将货物送达货运代理仓库，将有关出口货物的到达时间、货量、体积、缺件、货损情况及时通告货主，以免事后扯皮。

（4）交运称重信息：运费计算标准以航空公司称重、量积为准，例如，在交运航空公司称重过磅过程中，发现称重、体积与货主宣称的重量、体积有误，且超过一定比例时，必须通告货主，求得确认。

（5）一程及二程航班信息：应及时将出运航班号、日期及以后跟踪了解到的二程航班信息及时通告货主。

（6）集中托运信息：对于集中托运货物，还应将发运信息预报给收货人所在地的国外代理，以便对方及时接货、查询、进行分拨处理。

（7）单证信息：货运代理在发运出口货物后，应将发货人留存的单据，包括盖有放行章和验讫章的出口货物报关单、出口收汇核销单、第三联航空运单正本以及用于出口产品退税的单据，交付或寄送发货人。

18）费用结算

费用结算主要涉及同发货人、承运人和国外代理人三方面的结算。

（1）发货人结算费用：在运费预付的情况下，收取航空运费、地面运输费、各种服务费和手续费。

（2）承运人结算费用：向承运人支付航空运费及代理费，同时收取代理佣金。

（3）国外代理结算主要涉及付运费和利润分成。

二、航空运输进口业务组织流程

1. 航空进港货物的操作程序

航空进港货物的操作程序指的是从飞机到达目的地机场，承运人把货物卸下飞机直到交给代理人的整个操作流程。该流程如图 8-24 所示。

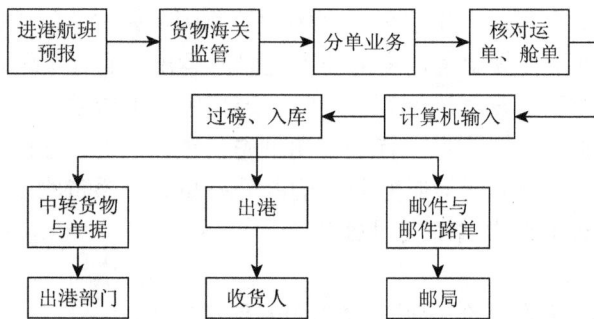

图 8-24　航空公司出港货物的操作程序

2. 航空货物进口运输代理业务程序

航空货物进口运输代理业务程序是指代理公司对于货物从入境到提取或转运整个流程的各个环节所需办理的手续及准备相关单证的全过程。该流程包括：代理预报—交接单、货—理货与仓储—理单与到货通知—制单、报关—收费与发货—送货与转运等。

1）代理预报

代理预报指在国外发货之前，由国外代理公司将运单、航班、件数、重量、品名、实际收货人及其地址、联系电话等内容通过传真或电子邮件发给目的地代理公司。

2）交接单、货

航空公司的地面代理人向货运代理公司交接的有：国际货物交接清单，总运单，随机文件，货物。交接时要做到：单单核对，单货核对。

3）理货与仓储

（1）逐一核对每票件数，再次检查货物破损情况，遇有异常，确属接货时未发现的问题，可向民航提出交涉。

（2）按大货、小货，重货、轻货，单票货、混载货，危险品、贵重品，冷冻、冷藏品分别堆存、进仓。堆存时要注意货物箭头朝向，总运单、分运单标志朝向，注意重不压轻，大不压小。

（3）登记每票货储存区号，并输入计算机。

（4）鉴于航空进口货物的贵重性、特殊性，其仓储要求较高，如防雨淋、防受潮、防重压、防温升变质、防危险品危及人员及其他货品安全、防贵重品被盗等。

4）理单与到货通知

航空货运代理公司理单人员需将总运单、分运单与随机单证、国外代理人先期寄达的单证审核、编配。凡单证齐全、符合报关条件的即转入制单、报关程序。否则，即与货主联系，催齐单证，使之符合报关条件。货物到目的港后，货运代理人应从航空公司运输的时效出发，为减少货主仓储费，避免海关滞报金，尽早、尽快、尽妥地通知货主到货情况，提请货主配齐有关单证，尽快报关。

5）制单、报关

（1）进口制单：指按海关要求，依据运单、发票、装箱单及证明货物合法进口的批文，制作"进口货物报关单"。部分货主要求异地清关时，在符合海关规定的情况下，制作《转关运输申报单》办理转关手续。

（2）进口报关：是进口运输中关键的环节。报关程序中，还有许多环节，在向海关申报后，海关有初审、审单、征税、验放等主要工作环节。

6）收费与发货

（1）收费：航空货运代理公司仓库在发货前一般先将费用收妥。收费内容有：到付运费及垫付佣金，单证报关费，仓储费（含冷藏、冷冻、危险品、贵重品特殊仓储费），装卸铲车费，航空公司到港仓储费，海关预录入、商检费等代收代付费用，关税及垫付佣金。

（2）发货：办完报关、报检等手续后，货主须凭盖有海关放行章、检验检疫章的进口提货单到所属监管仓库付费提货。仓库发货时，须再次检查货物外包装情况，遇有破损、短缺，应向货主交代；还应协助货主装车，尤其遇有货物超大超重、件数较多的情况，应指导货主（或提货人）合理安排安全装车，以提高运输效率，保障运输安全。

7）送货与转运

（1）送货上门业务：主要指进口清关后货物直接运送至货主单位，运输工具一般为汽车。

（2）转运业务：主要指进口清关后货物转运至内地的货运代理公司，运输方式主要为飞机、汽车、火车、水运、邮政。

（3）进口货物转关及监管运输：进口货物转关是指货物入境后不在进境地海关办理进口报关手续，而运往另一设关地点办理进口报关手续。在办理进口报关手续前，货物一直处于海关监管之下，转关运输亦称监管运输，即该运输过程置于海关监管之中。

➤知识拓展

IATA 第九届货运大会闭幕　中国市场成热点

　　国际航空运输协会（IATA）第九届货运大会 2015 年 3 月 12 日在上海闭幕。迅速成长的中国市场，成为会议尤其显眼的热点。

　　由中国东方航空承办的本届大会，共吸引了超过 1000 名的全球航空货运专业人士与会，54 家航空货运企业或供应商参加了大会期间的展览活动，140 余名与会者作了发言，与全球同行交流心得。

　　在既不断成长、又有着严峻转型挑战的中国航空货运市场上，如何应对变化、把握市场机遇，尤其成为本届大会的热门话题。因而，围绕"电子货运在中国""中国物流挑战与机遇""中国市场的国际化与进军中国市场"等内容，大会设置了多个分会场。

　　作为对本届大会"提升客户体验"主题以及 IATA 呼吁推动航空电子货运发展的最直接反馈，IATA 还在会议期间，与东航、上海机场以及多个政府监管部门共同签署了《共同推进上海航空电子货运发展的倡议书》，提出携手在上海开展创新探索、减少乃至取消相应纸质环节，推动航空电子货运发展，从而提升航空货运的效率与客户体验。

第四节　航空运输单证

一、航空运单

　　航空运单（air waybill）与海运提单有很大不同，却与国际铁路运单相似。它是由承运人或其代理人签发的重要的货物运输单据，是承托双方的运输合同，其内容对双方均具有约束力。航空运单不可转让，持有航空运单也并不能说明可以对货物要求所有权。

　　1. 航空货运单各栏目的填写说明

　　航空运单样本如表 8-1 所示。

表 8-1　航空运单样本

始发站 Airport of Departure		目的站 Airport of Destination		不得转让　NOT NEGOTIABLE
托运人姓名、地址、邮编、电话号码 Shipper's Name，Address，Postcode&Telephone No.				航空货运单 AIR WAYBILL 印发人 Issued by

				航空货运单一、二、三联为正本，并具有同等法律效力。 Copies1，2 and 3 of this Air Waybill are originals and have the same validity			
收货人姓名、地址、邮编、电话号码 Consignee's Name，Address，Postcode &Telephone No.				结算注意事项　　Accounting Information			
				填开货运单的代理人名称 Issuing Carrier's Agent Name			
航线 Routing	到达站 Airport	第一承运人 By First Carrier		到达站 To	承运人 By	到达站 To	承运人 By
航空/日期 Flight/Date		航班/日期 Flight/Date		运输声明价值 Declared Value for Carriage		运输保险价值 Amount of Insurance	
储运注意事项及其他　　Handling Information and Others							
件数 No.of Pcs. 运价点 RCP	毛重 （千克） Cross Weight （Kg）	运价 种类 Rate Class	商品 代号 Comm Item No.	计费重量（千克） Chargeable Weight（Kg）	费率 Rate/Kg	航空运费 Weight Charge	货物品名（包括包装、尺寸或体积） Description of Goods （incl.Packaging.Dirnensions or Volume）
						5270	
预付 Prepaid		到付 Colect		其他费用　Other Charges			
	航空运费 Weight Charge			托运人郑重声明：此航空货运单上所填货物品名和货物运输声明价值与实际交运货物品名和货物实际价值完全一致。并对所填航空货运单和所提供的与运输有关文件的真实性和准确性负责。 Shipper certifies that description of goods and declared value for carriage on the face hereof are consistent with actual description of goods and actual value of goods and that particulars on the face hereof are correct.			
	声明价值附加费 Valuetion Charge						
	地面运费 Surface Charge						
	其他费用 Other Charge			托运人或其代理人签字、盖章 Signature of Shipper or His Agent__张无忌_____			
5520	总额（人民币） Total（CNY）			填开日期　填开地点　填开人或其代理人签字、盖章 Executed on At Signature of Issuing Carrier or Its Agent _____			
付款方式 Form of Payment		到付		正本 3（托运人联）甲 ORIGINAL 3（FOR SHIPPER）A			

相关说明如表 8-2 所示。

表 8-2　航空运单相关说明

	名称	英文名称	具体内容
1	托运人名称和地址	Shipper's Name and Address	详细填写托运人全名，地址应详细填明国家、城市、门牌号码及电话号码
2	托运人账号	Shipper's Account Number	有必要时填写
3	收货人名称和地址	Consignee's Name and Address	详细填写收货人全名，地址应详细填明国家、城市、门牌号码及电话号码。此栏不得出现"To Order"字样
4	收货人账号	Consignee's Account Number	有必要时填写

	名称	英文名称	具体内容
5	始发站、第一承运人地址及所要求的线路	Airport of Departure（Address of First Carrier）and Requested Routing	填写始发站城市的英文全称
6	路线和目的站	Routing and Destination	由民航填写经由的航空路线
7	货币	Currency	填写运单上所用货币代码
8	运费/声明价值费、其他费用	WT/VAL，Other	选择预付费用或到付费用，并在选择付费方式栏内作"×"记号
9	托运人向承运人声明的货物价值	Declared Value for Carriage	填写托运人在运输货物时声明货物的价值总数。如托运人不需办理声明价值，则填写"NVD"（No Value Declared）
10	托运人向目的站海关声明的货物价值	Declared Value for Customs	填写托运人向海关申报的货物价值。托运人未声明价值时，必须填写"NCV"（No Customs Valuation）
11	目的站	Airport of Destination	填写目的站城市的英文全称，必要时注明机场和国家名称
12	航班/日期	Requested Flight/Date	填写已订妥的航班日期
13	保险金额	Amount of Insurance	托运人委托航空公司代办保险时填写
14	处理情况	Handling Information	本栏填写以下内容：货物上的唛头标记、号码和包装等；通知人的名称、地址、电话号码；货物在途中需要注意的特殊事项；其他需要说明的特殊事项；运往美国商品的规定
15	件数	No. of Pieces	如各种货物运价不同时，要分别填写，总件数另行填写
16	毛重	Gross weight	重量单位（kg/lb）为"kg（公斤）"，分别填写时，另行填写总重量
17	运价类别	Rate Class	用 M、N、Q、C、R 或 S 分别代表起码运费、45kg 以下普通货物运价、45kg 以上普通货物运价、指定商品运价、附减运价、附加运价
18	品名编号	Commodity Item Number	指定商品运价则填写其商品编号；按 45kg 以下普通货物运价的百分比收费的，则分别填写具体比例
19	货物品名及体积	Nature and Quantity of Goods	货物体积按长、宽、高的顺序以 cm（厘米）为单位填写最大的长、宽、高度
20	托运人或其代理人签字	Signature of Shipper or his Agent	表示托运人同意承运人的装运条款
21	运单签发日期	Executed on（Date）	日期应为飞行日期，如货运单在飞行日期前签发，则应以飞行日期为货物装运期
22	承运人或其代理人签字	Signature of Issuing Carrier or its Agent	有此签字，航空货运单才能生效

2. 航空运单的分类

1）航空主运单

凡由航空运输公司签发的航空运单称为主运单（Master Air Waybill，MAWB）。它是航空运输公司据以办理货物运输和交付的依据，是航空公司和托运人订立的运输合同，每一批航空运输的货物都有自己相对应的航空主运单。

2）航空分运单

集中托运人在办理集中托运业务时签发的航空运单称为航空分运单（House Air Waybill，HAWB）。在集中托运的情况下，除了航空运输公司签发主运单，集中托运人还要签发航空分运单。在这中间，航空分运单作为集中托运人与托运人之间的货物运输合同，合同双方分别为货主 A、B 和集中托运人；而航空主运单作为航空运输公司与集中托运人之间的货物运输合同，当事人则为集中托运人和航空运输公司，货主与航空运输公司没有直接的契约关系。不仅如此，由于在起运地货物由集中托运人将货物交付航空运输公司，在目的地由集中托运人或其代理从航空运输公司处提取货物，再转交给收货人，因而货主与航空运输公司也没有直接的货物交接关系。

3）航空货运单的填报责任

根据《华沙公约》《海牙议定书》的承运人运输条件的条款规定，承运人为托运人准备航空货运单。托运人有责任填制航空货运单。托运人或其代理对货运单所填各项内容的正确性、完备性负责。货运单所填内容不准确、不完全，致使承运人或其他人遭受损失，托运人负有责任。托运人在航空货运单上签字，证明其接受航空货运单正本背面的运输条件。

根据《中华人民共和国民用航空法》第一百一十三条和一百一十四条规定，托运人应当填写航空货运单正本一式三份，连同货物交给承运人。承运人有权要求托运人填写航空货运单，托运人有权要求承运人接受该航空货运单。托运人未能出示航空货运单、航空货运单不符合规定或航空货运单遗失，不影响运输合同的存在或有效。

二、托运书样本及其填写

货物托运书样本如表 8-3 所示。

表 8-3　货物托运书样本

Shipper（"The Customer"）： 天津开心商贸公司		Mawb No：	Hawb No.：
CONSIGNEES'NAME AND ADDRESS		小马国际货运代理有限公司 HORSE INTERNATIONAL LOGISTICS CO.，LTD.	
SHIPPERS'NAME AND ADDRESS			
Name of Carrier	Departure Airport	Airfreight Charges: 　　Prepaid　　　　Collect	Other Charges: 　　Prepaid Collect

Destination O'Hare International airport	Airline Counter-Signature Yes No	Country of Origin（Goods）:		
Marks and Kind of Packages：Description of Goods			Gross Weight	Measurement
Specify Currency	Declared Value for Customs	Declared Value for Carriage	Insurance Amount	Shipper's C.O.D
Special Instructions: Agree Rate：特殊说明		We hereby guarantee payment of all freight collect charges due to the fowarders or to the carrier. If the shipment is abandoned，refused by consignee. Returned at our request，confiscated by the customs or for any other reason can't be delivered within a reasonable time. We also agree that the forwards shall have all right of lien upon doc and/or goods of our company for unpaid freight and charges and such lien shall apply until all unpaid accounts are fully settled. We also guarantee that payment should be made right after job execution，latest 7 days after invoice date.We shall guarantee interest on all overdue accounts at 12% annum and pay reasonable legal charges in the event of judjcial proceedings to enforce collection. Other arrangements: In case of any other of special arrangements we agree to hold the forwarders exempt from any liability whatsoever arising out of unforeseen circumstances and/or acts of nature. ect		
Documents accompanying Airway Bill： Packing List Certificate of Origin Commercial Invoice Consular Invoice 货运单所附文件		Signatory's Name in Block Letters:		
Received the above shipment for: By：承运人收取货物时签名		Signature and Stamp: Date：托运日期（Month/Day/Year）		

下面就需要填写的栏目说明如下。

（1）托运人（SHIPPERS'NAME AND ADDRESS）：填列托运人的全称、街名、城市名称、国家名称及便于联系的电话、电传或传真号码。

（2）收货人（CONSIGNEES'NAME AND ADDRESS）：填列收货人的全称、街名、城市名称、国家名称（特别是在不同国家内有相同城市名称时，更应注意填上国名）以及电话号、电传号或传真号，本栏内不得填写"to order"或"to order of the shipper"（按托运人的指示）等字样，因为航空货运单不能转让。

（3）始发站机场（AIR PORT OF DEPARTURE）：填始发站机场的全称，可填城市名称。

（4）目的地机场（AIR PORT OF DESTINATION）：填目的地机场（机场名称不明确时，可填城市名称），如果某一城市名称用于一个以上国家，应加上国名。

（5）要求的路线/申请订舱（REQUESTED ROUTING/REQUESEDBOOK—ING）：本栏用于航空公司安排运输路线时使用，但如果托运人有特别要求，也可填入本栏。

（6）供运输用的声明价值（DECLARED VALUE FOR CARRIAGE）：填列供运输用的

声明价值金额，该价值即为承运人赔偿责任的限额。承运人按有关规定向托运人收取声明价值费。但如果所交运的货物毛重每千克不超过 20 美元（或等值货币），无需填写声明价值金额，可在本栏内填入"NVD"（No Value Declared）（未声明价值），当本栏空着未填写时，承运人或其代理人可视为货物未声明价值。

（7）供海关用的声明价值（DECLARED VALUE FOR CUSTOMS）：国际货物通常要受到目的地海关的检查，海关根据此栏所填数额征税。

（8）保险金额（INSURANCE AMOUNT REQUESTED）：中国民航各空运企业暂未开展国际航空运输代保险业务，本栏可空着不填。

（9）处理事项（HANDLING IN FOR MATION）：填列附加的处理要求。例如，另请通知（ALSONOTIFY），除填收货人，如托运人还希望在货物到达的同时通知他人，请另填写通知人的全名和地址；外包装上的标记；操作要求，如易碎、向上等。

（10）货运单所附文件（DOCUMENTATION TO ACCOMPANY AIR WAY—BILL）：填列随附在货运单上运往目的地的文件，应填上所附文件的名称。例如，托运人所托运的动物证明书（SHIPPER'S CERTIFI CATION FOR LIVE ANI—MALS）。

（11）件数和包装方式（NUMBER AND KIND OF PACKAGES）：填列该批货物的总件数，并注明其包装方法。如包裹（Package）、纸箱盒（Carton）等。当货物没有包装时，就注明为散装。

（12）实际毛重（ACTUAL GROSS WEIGHT）：本栏内的重量应由承运人或其代理人在称重后填入。如托运人已填上重量，承运人或其代理人必须进行复核。

（13）运价类别（RATE CLASS）：所适用的运价、协议价、杂费、服务费。

（14）计费重量（千克）（CHARGEABI.EWEIGHT）（kgs）：本栏内的计费重量应由承运人或其代理人在量过货物的尺寸（以厘米为单位）后，由承运人或代理人算出计费重量后填入，如托运人已经填上，承运人或其代理人必须进行复核。

（15）费率（RATE/CHARGE）：本栏可空着不填。

（16）货物的品名及数量（包括体积及尺寸）[NATURE AND QUANTITY OF GOODS（1NCL.DIMENSIONS OR VOLUME）]：填写货物的品名和数量（包括体积及尺寸）。若一票货物包括多种物品，托运人应分别申报货物的品名，填写品名时不能使用"样品""部件"等这类比较笼统的名称。货物中的每一项均须分开填写，并尽量填写详细。本栏所填写内容应与出口报关发票、进出口许可证上列明的货物相符。

（17）运输下列货物，按国际航协有关规定办理（参阅 TACT-Rules 2.3.3/7.3/8.3）：活体动物，个人物品；枪械、弹药、战争物资；贵重物品；危险物品；汽车；尸体；具有强烈气味的货物；裸露的机器、铸件、钢材；湿货；鲜活易腐物品。危险品应填写适用的准确名称及标贴的级别。

（18）托运人签字（SIGNATURE OF SHIPPER）：托运人必须在本栏内签字。

（19）日期（DATE）：填托运人或其代理人交货的日期。在接受托运人委托后，单证操作前，货运代理公司的指定人员对托运书进行审核，也称为合同评审。审核的主要内容为价格、航班日期。

第五节　航空运输运费核算

一、航空运输费用的相关概念

航空运输成本是指营运生产过程中实际发生的与航班生产直接有关的各项支出,在航空公司表现为运输成本,在机场表现为机场服务费。机场服务费包括工资、伙食费、燃料、低值易耗品消耗、制服费、折旧费、租赁费、维护修理费、急救费、防汛费、防灾费、防疫费、机场绿化费、环卫费、排污费、跑道修理维护费、停机坪修理维护费、行李货物损失赔偿费、劳动保护费、差旅费、办公费、保险费、运输费、其他机场服务费用。

1. 航空企业运输成本按项目分类

(1)飞行费用。飞行费用大部分是直接计入费用,费用发生时,可以直接计入有关的机型成本,主要内容有空勤人员工资及福利费,航空燃料消耗费,飞机、发动机折旧费,飞机、发动机大修理费,飞机租赁费,飞机保险费,飞机起降服务费以及旅客供应服务费等。

(2)飞机维修费用。飞机维修费用一般由材料费、人工费以及间接维修费三个项目组成,凡属可以直接汇集某一机型成本的维修费为直接计入费用,不能直接汇集于某机型成本的费用先要通过飞机维修费账户进行归集,然后按一定标准分配到各个机型成本中。

2. 航空运输成本按具体内容分类

(1)实际消耗的各种燃料、材料、油料、备品配件、航空高价周转率、专用工具、动力及低值易耗品等的支出。

(2)直接从事运输生产活动的人员工资、福利费、奖金和补贴。

(3)直接运输生产过程中资产的折旧费、经营及租赁费、修理费(包括房屋及建筑物修理费和飞机修理费)、保险费。

(4)国内外机场起降服务费,包括起降费、停机费、通信导航费、气象服务费、夜航设施费、航路费、场面服务费、清洁费、过境费和特种车辆使用费等。

(5)国内外航线餐饮及供应品费,包括飞机上供应给旅客的餐饮、纪念品、供旅客阅读的书报杂志、机上放映影视及音响的费用及机上服务用品、高空用氧气的费用和按规定由航空公司负担的旅客食宿费等,以及行李、货物、邮件赔偿费和其他直接营运费。

(6)各运输生产单位为组织和管理生产所发生的办公费、水电费、物料消耗费、制服费、劳保费、警卫消防费、业务费、运输费、取暖降温费、差旅费、飞行训练费、租赁费、地面运输费等，其他直接营运支出和上级部门批准列入成本的其他费用。

3. 航空运输成本按能否进入机型分类

分为能直接计入机型成本的直接营运费和不能直接计入机型成本、需按照一定办法进行分摊的间接营运费。

（1）直接营运费：包括空地勤人员工资奖金津贴及补贴、福利费、制服费、航空油料消耗、航材消耗件消耗、高价周转件摊销、飞机发动机折旧费、飞机发动机修理费、飞机发动机保险费、经营租赁费、国内外机场起降服务费、国内外餐饮供应品费、飞行训练费、客舱服务费、行李货物邮件赔偿、其他直接营运费。

（2）间接营运费：主要为保证飞机安全正常飞行及维修管理部门发生的费用。

此外，航空运输成本还可以分为运营成本、固定设施成本、移动载运工具的拥有成本。

二、航空运输费用的计算

航空货运的运费计算是由每千克运价乘以货物的"千克数"来确定的，但这里"千克数"是指货物的计费重量千克数。计费重量是根据货物的物理重量和货物的"体积重量"二者比较后，择大计收的。物理重量就是货物在磅秤上称出的重量。由于飞机载运货物的货舱容积有限，航空公司在收取货运费用时，为了平衡货物实际重量与货物所占容积的关系，由国际航空运输协会（IATA）统一确定了"体积重量"的标准公式。

航空货运货物的体积重量（kg）=长（cm）×宽（cm）×高（cm）/6000

即以 $6000cm^3$ 体积的货物相当于 1kg 重量来计算运费。换算过来，$1m^3$ 体积的货物要按照 167kg 计算运费。

按照物理重量与体积重量择大计费的原则，如果货物的比重小而单位体积偏大，如棉花、编织工艺品等，那么应当测量货物的体积，根据以上公式计算出体积重量，然后，将货物的实际重量与体积重量做比较，择其大者作为计费重量，乘以每千克费率就得出了应收运费。

（一）相关概念

1. 运价的基本概念

（1）运价率（Rates）：承运人为运输货物规定的单位重量（或体积）收取的费用称为运价率。

（2）运费（Transportation Charges）：根据适用运价率所得的发货人或收货人应当支付的每批货物的运输费用称为运费。

2. 计费重量

计费重量是按实际重量和体积重量两者之中较大的一个计算。

（1）实际重量。实际重量是指一批货物包括包装在内的实际总重量。凡重量大而体积相对小的货物用实际重量作为计费重量。具体计算时，重量不足 0.5kg 的按 0.5kg 计，0.5kg 以上不足 1kg 的按 1kg 计，不足 1lb 的按 1lb 计算 1lb=0.45kg。

（2）体积重量。货物体积大而重量相对小的轻泡货物采用体积重量。计算方法如下。

①分别量出货物的最长、最宽和最高的部分，三者相乘算出体积，尾数四舍五入。

②将体积折算成千克（或磅）。

国际航空运输组织规定在计算体积重量时，以 7000cm^3 折合为 1kg。

我国民航规定以 6000cm^3 折合为 1kg 为计算标准。

3. 声明价值费（valuation charges）

货物的声明价值是针对整件货物而言的，不允许对货物的某部分声明价值。声明价值费的收取依据货物的实际毛重，计算公式为

声明价值费=（货物价值-货物毛重×20 美元/千克）×声明价值费费率

声明价值费的费率通常为 0.5%。

4. 其他附加费

其他附加费包括制单费、货到付款劳务费、提货费等。

（二）航空货运运费的计算

1. 最低运费

最低运费（minimum charge）也叫起码运费，是指一票货物自始发地机场至目的地机场航空运费的最低限额，是航空公司办理一票货物所能接受的最低运费。不同地区有不同的起码运费。IATA 运价体系见表 8-4。

表 8-4　IATA 运价体系

IATA 运价体系	公布直达运价 （published through rates）	普通货物运价（general cargo rate）
		指定商品运价（specific commodity rate）
		等级货物运价 （commodity classification rate）
		集装货物运价（unit load device rate）
	非公布直达运价 （UN-published through rates）	比例运价（construction rate）
		分段相加运价 （combination of rates and charges）

2. 普通货物运价

对普通货物运价（General Cargo Rate，GCR）的计算步骤如下。

（1）Volume：体积。

（2）Volume weight：体积重量。

（3）Gross weight：毛重。

（4）Chargeable weight：计费重量。

（5）Applicable rate：适用运价。

（6）Weight charge：航空运费。

【例 8-1】

Routing：Beijing，CHINA（BJS）to AMSTERDAM，HOLLAND（AMS）

Comrmodity：PARTS

Gloss weight：38.6kgs

Dimensions：101cm×58cm×32cm

公布运价如表 8-5。

表 8-5 公布运价

BEIJING	CN		BJS
Y. RENMINBI	CNY		Kgs
AMSTERDAM	NL	M	320.00
		N	50.22
		45	41.53
		300	37.52

解：

（1）按实际重量计算。

Volume：   101cm×58cm×32cm=187456cm^3

Volume weight：   187456cm^3÷6000cm^3/kg=31.24kgs=31.5kgs

Gross weight：   38.6kgs

Chargeable weight：   39.0kgs

Applicable rate：   GCR N 50.22CNY/KG

Weight charge：   39.0×50.22=CNY1958.58

（2）采用较高重量分界点的较低运价计算。

chargeable weight：   45.0kgs

applicable rate：   GCR Q 41.53CNY/kg

weight charge：   41.53×45.0=CNY1868.85

（1）与（2）比较，取运费较低者。

∴ Weight charge：CNY1868.85（表 8-6）

表 8-6　运费比较

No.of Pieces Rcp	Gross Weight	KgLb	Q	Chargeable Weight	Rate/Charge	Total	Nature and Quantity of Goods（Incl. Dimension or Volume）
1	38.6	K		45.0	42.53	1868.85	PARTS 101cm×58cm×32cm

3. 指定商品运价

指定商品运价（Specific Commodity Rate，SCR）是一种优惠性质的运价，通常比普通货物运价要低。指定商品运价的运价代号用字母"C"表示。

指定商品运价的计算步骤如下。

（1）先查询运价表，如运输始发地至目的地之间有公布的指定商品运价，则考虑使用指定商品运价。

（2）查找 TACT RATES BOOKS 的品名表，找出与运输品名相对应的指定商品编号。然后查看在公布的运价表上，该指定商品编号是否公布有指定商品运价。

（3）计算计费重量。此步骤与普通货物的计算步骤相同。

（4）找出适用运价，然后计算航空运费。

此时需比较计费重量与指定商品的最低重量。

①如果货物的计费重量超过指定商品的最低重量，则优先使用指定商品运价作为商品的适用运价。

②如果货物的计费重量没有达到指定商品的最低重量，则需要比较计算。

步骤：按普通货物运价算出运费；按指定货物运价算出运费。此时，因货量不足，托运人又希望适用指定商品运价，那么货物的计费重量就要以所规定的最低运量为准，即该批货物的运费＝最低运量×所适用的指定商品运价。比较 A 和 B 计算出来的航空运费，取低者。

（5）比较步骤 4 计算出的航空运费与最低运费 M，取高者。

➤知识拓展

油价下跌 2015 年全球航企的"美丽新世界"

"节节下跌"的油价对 2015 年的全球航空公司来说绝对是一个重大利好。

2015 年，国际平均油价预计将为 85 美元/桶，比去年低 20%。国际油价的持续走低，不仅有助于应对疲软的全球经济对航空运输业的冲击，而且能够促使全球往返程机票平均价格下降。2015 年这一价格有望降至 458 美元，与 2014 年相比将下降 5.1%。

根据行业协会的预计，2014 年全球航空公司总营利额为 199 亿美元，而 2015 年这一数字将增至 250 亿美元。

1. 运输量继续增长

正如业内人士所指出的，2004 年，当全球平均油价只有 40 美元/桶时，整个行业都在担忧航空公司应该如何应对。而 2008 年，全球平均油价已经上涨到 99 美元/桶，然后又有所下降。但是从 2011～2014 年，国际原油价格超过 100 美元/桶。2015 年全球平均油价预计将是 85 美元/桶，这个价格是 2004 年的一倍。但即使是这个价格，油价还是便宜的。所以，毫无疑问，油价的走低对航空公司来说是件幸事。

从全球经济发展态势来看，2015 年，全球 GDP 有望增长 3.2%，比 2014 年增加 0.6 个百分点。旅客运输量 2015 年有望增长 7%，达到 35 亿人次，明显高于过去 20 多年平均 5.5%的客运量增速。全球航空客运运力增长有望达到 7.3%，客座率将为 79.6%，比 2014 年平均客座率 79.9%略微降低 0.3 个百分点，客运收入有望增长至 6230 亿美元。

2015 年，货运量有望增长 4.5%，达到 5350 万 t。自 2011 年以来，全球航空货运市场就一直面临着市场的疲软和日益激烈的竞争，但 2015 年全球货物运输的成本有望下降 5.8%。今年货运总收入有望增至 630 亿美元，但仍将比 2010 年略微减少 5%。但是，值得注意的是，2015 年全球航企的税后净利润率只有 3.2%，还是低于投资者预期指标的。

不可否认，行业前景是光明的。正如业内专家所指出的，整个全球航空运输业的前景是非常光明的，但是航空运输业运营的外部环境中存在一定的风险和挑战，如政治纷争、战争冲突和一些地区经济持续低迷等。

2. 地区差异明显

总体而言，2015 年，全球各个地区航空公司净利润额都将比 2014 年有所增加。然而，各地区之间的差异仍然非常明显。

2015 年，北美地区航空公司财务业绩最为"亮眼"。其实，这种现象在 2014 年就出现了。得益于行业整合和有效的运力控制，2014 年美国航企的总盈利额纷纷创下新高。而 2015 年，税后净利润有望创下有史以来的最高纪录，达到 132 亿美元，比 2014 年的 119 亿美元还多 13 亿美元。这意味着能够从每位旅客那里赚取 15.54 美元，比 3 年前有了明显的增加。

美国航企的边际净利润率约为 6%，超过 20 世纪 90 年代的最高值。业内人士分析，这主要得益于行业整合，将客座率提高至 2015 年的 65%。

而与北美地区航空公司形成鲜明对比的是，欧洲的航空公司仍在持续"挣扎"，但客座率 2015 年有望达到 64.7%。欧洲航企在各个领域都面临着激烈的竞争，但同时他们还面临着高额的监管费用、基础设施的低效和繁重的税收压力。因此，在重重压力下，尽管该地区航企的客座率仅低于北美地区，但欧洲航企的财政业绩仍然不太理想。该地区航企 2015 年净利润将达到 40 亿美元，比 2014 年的 27 亿美元有所增加，边际净利润率将为 1.8%。

2015 年，亚太地区的航空公司净利润有望达到 50 亿美元，比 2014 年的 35 亿美元有所增加，边际净利润率将为 2.2%。与此同时，由于亚太地区制造业的发展，该地区航空货运市场将会温和增长。

而中东地区的航空市场仍会继续增长。但在各个地区中，2015 年，中东地区的客座率可能是较低的，平均收益和单位成本也会较低，这主要是由于该地区运力的强劲增长。客运运力 2015 年有望增长 15.6%，比 2014 年的 11.4%增加 4.2 个百分点。税后利润 2015 年有望增至 16 亿美元，边际净利润率将达到 2.5%。

而对拉美航企来说，2015 年是"喜忧参半"的一年。拉美本土市场仍然增长乏力，但是该地区的重组整合和航空公司在远程航线上的成功，有望使拉美航企 2015 年的净利润达到 10 亿美元，比 2014 年的 7 亿美元增加 3 亿美元，边际净利润率将达到 2.6%。

正如 2013 和 2014 年一样，非洲仍然会是表现最差的地区。2015 年，该地区的航空公司盈利额将达到 2 亿美元。值得注意的是，该地区航企客座率也很低，是全球各地区中客座率最低的。虽然非洲航企的财政业绩有所提升，但提升的速度相当缓慢。

3. 机型以旧换新速度放缓

2015 年，预计全球的航空公司将接收 1700 架新飞机，价值近 1800 亿美元。这主要得益于全球航空运输业的持续复苏。

以往持续的高油价使全球航企淘汰旧机型的速度明显加快，但这种趋势在 2015 年将放缓。因为油价的持续走低，淘汰旧机型的速度也会放慢。

2015 年，交付的新机型中将有超过一半替换现有的飞机，这将极大程度地提高全球航企机队的燃油效率。预计到 2015 年底，全球航空公司机队将新增 900 架新飞机，达到 2.7 万架，全球航企飞机可用座位将达到 370 万个。这对像航空运输业这种资本密集型的行业来说是至关重要的，而且这样也能够保证更加环保、减少碳排放。

由于运力增长的加速，全球航企的客座率今年将略微下降。而与之相对应的是，全球航企的飞机将飞行得更加频繁。2015 年的航班量预计将超过 3500 万架次，也就意味着每分钟有 67 架飞机起飞。

第六节　航空运输实践

➤任务说明

出口商：天津开心商贸公司

进口商：ATHENA IMPORT AND EXPORT CORPORATION LTD

Athena（Trading）Limited was founded in 2014. After a century developing, Athena（Trading）Limited has further extended the enterprise scale and consolidated the leading role in business via acquisition of Inchcape Buying Services，Swire & Maclaine Limited，Camberley Enterprises Limited，Colby Group Holdings Limited and Janco Overseas Limited etc.. Now，it becomes the world largest Chinese trading company specialized in consumer products. Headquartered in Hong Kong，Li & Fung has set up 75 offices in 41 countries and regions，meanwhile, established good relations with world renowned department stores，chain shops and hyper-markets，etc..

航空货运代理公司：小马国际货运代理公司

小马国际货运代理公司正式成立于2013年1月，（原成都瑞安物流集团空运公司，现正式注册为：成都瑞诚货运代理有限公司。）公司主要代理：中国国际航空集团公司（国航）、四川航空股份有限公司（川航）、中国东方航空集团公司（东航）、中国南方航空集团有限公司（南航）、厦门航空集团有限公司（厦航）、海南航空、成都航空、祥鹏航空、奥凯航空由成都始发航班的货运业务。公司主要经营的业务有：双流机场国内航班出港货运业务、联程中转航空货运业务、双流机场到达航班货运派送业务、制作专业航空包装箱业务、空运活体动植物检疫检验证代办业务。

具体任务：天津开心商贸公司有一批货物寄往国外，要求三日之内到，委托航空货运代理公司进行办理，选择航空运输。

（1）十箱水果。

内有配件数量：5件，CIF价：20000美元

毛重：326kg，体积：102cm×44cm×25cm

要求办理运输保险。

（2）三箱塑料样品。

内有塑料样品数量：3件，CIF价：15000美元

毛重：30kg/箱，体积：1200cm×300cm×200cm /箱

要求办理一切险。

第一步：询价管理

小马国际货运代理公司接受客户业务时，需要了解下面的内容。

（1）首先要确定空运货物的品名。品名是货物的商品名称，用来区别和描述事物的自然属性。但是要注意，货物的标准品名有些与日常生活中货物的名称一致，有些与生活中商品名称相异，在办理货物空运时，一定要正确应用货物的标准品名。因此，在空运货物时，品名书写要正确。

（2）所运货物是否被列入危险品航空运输黑名单。航空运输活动中的危险物品大致可以分为九类：爆炸品、气体、易燃液体和易燃固体、自燃物质和遇水释放气体物质、氧化剂和过氧化物、有毒和传染性物质、放射性物质、腐蚀性物质、杂项危险物品。

根据危险物品的危险程度不同，危险物品则可以分为客货机均可载运的危险物品、只限货机运输的危险物品、正常情况下禁止运输但在有关国家特殊豁免可以载运的危险物品，以及在任何情况下都禁止运输的危险物品。这些危险物品中既有其危险性显而易见的各类化工产品，也有日常生活中常见的公众容易忽视其危险性的物品，如香水、药品、汽车、电器，还有经过特殊手段保鲜的水产品，甚至某些动物、水果在特殊情况下也具有一定的危险性。随着社会的不断发展，危险物品的种类还在不断增加。

（3）要询问空运货物的重量、体积、尺寸及是否需要泡货。因为此项将涉及收费等问题。在空运货物时，先提前知晓运输价格，以便做到心中有数。一般情况下，费用由以下几部分组成。运费（航空公司收取）燃油附加费、安检费（固定费用）、机场操作费、终端费用（当

把货物交给庄家的时候，庄家负责打板等事情，最终交由机场收取）、航空主单费等。

（4）明确货物包装类型，是否木箱，有无托盘等。

（5）明确目的机场。尤其是空运到国外机场的货物，一定要写清楚目的机场。同时便于货物运输后进行空运货物跟踪查询。如果您是货代人，一定要学会善于运用网络查询工具，正确查找全球各大机场、三字代码、机场代码，从中选择最适合的空运公司及航班。在平时工作过程中，也要注重积累、收集。将三字代码、国际机场代码、机场代码整理成表，以备不时之需。为了节省时间，方便查询，可利用网络快捷地进行三字代码查询。

（6）要求时间（是否需求直飞或转机）。

（7）要求航班（各航班服务及价格差异）。由于各个航空公司空运报价有差异，所以在询价前一定要查清楚，航班及航班价格。以免突围地询价。

（8）提单类别（主单及分单）。即航空运单的种类凡由航空公司签发的航空运单称为主（或总）运单。

（9）所需运输服务（报关方式，代办单证，是否清关派送等）。在品名中，已经知晓了品名的重要性，在这里还要特别强调。尤其是货物需要报关时，品名切忌不能弄错。如果在货物进出口报关过程中，写错品名将直接导致货物不能退税，重新申请，又会带来很多麻烦，因品名错误而导致不能退税的案例屡见不鲜。因此，初涉货运代理的新人一定要认真核对货物品名。

第二步：计算运费

1. 计费重量

1）一箱水果寄往美国的计费重量计算

体积重：$102 \times 44 \times 25 \times 5/6000 = 85.5$（kg）

毛重：326kg

体积重＜毛重

所以计费重量按毛重326kg计算。

2）三箱塑料样品寄往法国的计费重量计算

体积重：$120 \times 60 \times 100/6000 \times 3 = 120 \times 3\text{kg} = 360\text{kg}$

毛重：$30\text{kg} \times 3 = 90\text{kg}$

体积重＞毛重

所以计费重量按体积重360kg计算。

3）若以上两箱样品同时寄往美国的计费重量计算

两箱样品的总体积重：85.5kg+360kg=445.5kg

两箱样品的总毛重：326kg+90kg=416kg

两箱样品的总体积重大于两箱样品的总毛重

所以计费重量按总体积重445.5kg计算。

2. 计算运费

1）水果运价的确定

（1）先查询运价表，如运输始发地至目的地之间有公布的指定商品运价，则考虑使用指定商品运价。

（2）查找 TACT RATES BOOKS 的品名表，找出与运输品名相对应的指定商品编号。然后查看在公布的运价表上，该指定商品编号是否公布有指定商品运价。

（3）找出适用运价（表 8-7）。水果计费重量为 500kg，大于 300kg。

表 8-7　适用运价

TIANJIN	CN	BJS
Y.RENMINBI	CNY	Kgs
Hong Kong	M	230
	N	37.51
	45	28.13
	0008　300	18.80

根据运价表，可知水果运价为

Applicable rate: SCR 0008/Q 18.80CNY/KG

（4）计算运费（表 8-8）。

Weight charge: 326.0×18.80=CNY6128.80

表 8-8　计算运费

No. of Pieces Rcp	Gross Weight	Kg Lb	Rate Class		Chargeable Weight	Rate/Charge	Total	Nature and Quantity of Goods （Incl.Dimension or Volume）
				Commodity Item No.				
5	326.0	K	C	0008	326.0	18.80	6218.80	FRESH APPLES DIMS: 102cm×44cm×25cm×5

2）塑料样品运价的确定

（1）先查询运价表，如运输始发地至目的地之间有公布的指定商品运价，则考虑使用指定商品运价，若无，则适用于普通商品运价。

（2）找出适用运价。

表 8-9 为航空货物运价表。

表 8-9　航空货物运价表

目的地	普通货物运价（单位：人民币，元）				
	M	N	45	100	300
上海	30	3.5	3	2.5	2
法国	400	45	35	30	25
美国	300	35	25	23	20

注："M"列是指一票货的最低收费，"N"列是指货物少于45kg，每公斤的收费；"45"列是指货物大于等于45kg少于100kg，每公斤的收费；"100"该列是指货物大于等于100kg，少于300kg，每公斤的收费；"300"该列是指货物大于等于300kg，每公斤的收费。

由于塑料样品计费重量为 360kg，小于 45kg。根据航空货物运价表，可知塑料样品运价为

Applicable rate:　　　　　　　45CNY/KG

（3）计算运费。

$$塑料样品运费=360×25=9000（元）$$

3. 计算其他费用

1）运输保险费

（1）基本公式

$$保险费=保险金额×保险费率$$

其中，保险金额一般以 CIF 或 CIP 价格为基础再加上保险加成确定的：保险金额=CIF（或 CIP）×（1+投保加成率）。投保加成率一般为 10%。

（2）保险费用计算。表 8-10 和表 8-11 为一般货物保险费率。

水果的运输保险费用=保险金额×保险费率

$$=20000USD×（1+10\%）×7‰=154USD$$

塑料样品的运输保险费用=保险金额×保险费率

$$=15000USD×（1+10\%）×35‰=577.5USD$$

表 8-10　我国空运出口一般货物保险费率

目的地	航空运输险 （Air Transportation Risks）	航空运输一切险 （Air Transportation All Risks）
中国香港、中国澳门、中国台湾、日本、韩国	7‰	25‰
其他世界各地	12‰	35‰

表 8-11　我国空运进口一般货物保险费率

始发地	航空运输险 （Air Transportation Risks）	航空运输一切险 （Air Transportation All Risks）
中国香港、中国澳门、中国台湾、日本、韩国	10‰	25‰
其他世界各地	20‰	45‰

2）声明价值费（valuation charges）

当托运人托运的货物毛重每公斤价值超过 100 元人民币时，可以办理货物声明价值手续。声明价值费的收取依据货物的实际毛重。

（1）基本公式

声明价值费=（货物价值−货物毛重×20 美元/公斤）×声明价值费费率

其中，声明价值费费率通常为 0.5%。

（2）声明价值费计算

水果的声明价值费=（货物价值−货物毛重×20 美元/公斤）×声明价值费费率

$$=USD（20000-326×20）×0.5\%=USD67.4$$

塑料样品声明价值费=（货物价值-货物毛重×20美元/公斤）×声明价值费费率

$$=USD（15000-360×20）×0.5\%=USD39$$

3）地面运输费

使用车辆在机场和市内货运之间运送货物的费用。

收取规定：

（1）在出发地使用车辆，每千克（计费重量）收取 0.20 元。

（2）在到达地使用车辆，每千克（计费重量）收取 0.20 元，由到达站收取，出发地不计收到达地的地面运输费。

（3）每份国内航空货运单最低地面运输费为 5.00 元。

（4）机场与市区之间路程较远时，可请当地工商、税务等部门核准收取地面运输费的标准。

第三步：填写航空托运单

每批货物必须全部收齐后，方可填开货运单，每一批货物或集合运输的货物均填写一份货运单。航空运单要求用英文大写字母打印，各栏内容必须准确、清楚、齐全，不得随意涂改。货运单已填好的内容在运输过程中需要修改时，必须在修改项目的近处盖章注明修改货运单的空运企业名称、地址和日期。修改货运单时，应将所有剩余的各联一同修改。在始发站货物运输开始后，货运单上的"运输声明价值（declared value for carriage）"一栏的内容不得再作任何修改。表 8-12 为国际航空货物托运书样本。

表 8-12　国际航空货物托运书

Shipper（"The Customer"）: 天津开心商贸公司		Mawb No:	Hawb No.:
Consignee: ATHENA IMPORT AND EXPORT CORPORATION LTD		**小马国际货运代理有限公司** **HORSE INTERNATIONAL LOGISTICS CO.，LTD.** 天津市南山区南海大道百富大厦 A 座 E01 **401A，Block B，BAIFU Building Nanhai Road，Nanshan district，Shenzhen** Tel：0755-84886817　Fax：26487167　　E-mail： 　　Please Receive the undermentioned cargo for delivery by air in accordance with the terms and conditions overleaf and the conditions and provisions states or referred to on the air waybill form of the carrier（s）. In the case of shipments requiring transportation by air through air carriers in the united states form the transshipment point（s）to final destination. I/we further agree to accept the limit of liability of that domestic air carrier as full settlement in the event of loss and/or damage of goods.	
Notify Party：ATHENA Tel：（201）6678524 Fax：（201）6678684			
Name of Carrier	Departure Airport	Airfreight Charges: ☐ Prepaid　■ Collect	Other Charges:

America Airlines	Capital International airport		☐ Prepaid　　☐ Collect	
Destination O'Hare International airport	Airline Counter-Signature Yes ☐　　No ☐	Country of Origin（Goods）: MADE IN CHINA .		
Marks and Kind of Packages： Description of Goods　　D.S.F411　　　　ITEM：FRUIT　　Universal tool box　　APPLE			Gross Weight 326KG	Measurement 326KG
Specify Currency	Declared Value for Customs 13480	Declared Value for Carriage 13480	Insurance Amount 20000	Shipper's C.O.D

Special Instructions: **Agree Rate**：特殊说明	We hereby guarantee payment of all freight collect charges due to the fowarders or to the carrier. If the shipment is abandoned，refused by consignee. Returned at our request，confiscated by the customs or for any other reason can't be delivered within a reasonable time We also agree that the forwards shall have all right of lien upon doc and/or goods of our company for unpaid freight and charges and such lien shall apply until all unpaid accounts are fully settled. We also guarantee that payment should be made right after job execution，latest 7 days after invoice date.We shall guarantee interest on all overdue accounts at 12%annum and pay reasonable legal charges in the event of judjcial proceedings to enforce collection. Other arrangements: In case of any other of special arrangements we agree to hold the forwarders exempt from any liability whatsoever arising out of unforeseen circumstances and/or acts of nature. ect
Documents accompanying Airway Bill: ☐ Packing List　　☐ Certificate of Origin ☐ Commercial Invoice　　☐ Consular Invoice 货运单所附文件	
	Signatory's Name in Block Letters:
Received the above shipment for: By：承运人收取货物时签名	Signature and Stamp: Date：托运日期 （Month/Day/Year）

　　下面就需要填写的栏目说明如下。

　　（1）托运人（SHIPPERS'NAME AND ADDRESS）：填列托运人的全称、街名、城市名称、国家名称及便于联系的电话、电传或传真号码。

　　（2）收货人（CONSIGNEES'NAME AND ADDRESS）：填列收货人的全称、街名、城市名称、国家名称（特别是在不同国家内有相同城市名称时，更应注意填上国名）以及电话号、电传号或传真号，本栏内不得填写"to order"或"to order of the shipper"（按托运人的指示）等字样，因为航空货运单不能转让。

（3）始发站机场（AIR PORT OF DEPARTURE）：填始发站机场的全称，可填城市名称。

（4）目的地机场（AIR PORT OF DESTINATION）：填目的地机场（机场名称不明确时，可填城市名称），如果某一城市名称用于一个以上国家时，应加上国名。

（5）要求的路线/申请订舱（REQUESTED ROUTING/REQUESEDBOOK—ING）：本栏用于航空公司安排运输路线时使用，但如果托运人有特别要求，也可填入本栏。

（6）供运输用的声明价值（DECLARED VALUE FOR CARRIAGE）：填列供运输用的声明价值金额，该价值即为承运人赔偿责任的限额。承运人按有关规定向托运人收取声明价值费。但如果所交运的货物毛重每千克不超过 20 美元（或等值货币），无需填写声明价值金额，可在本栏内填入"NVD"（No Value Declared）（未声明价值），如本栏空着未填写，承运人或其代理人可视为货物未声明价值。

（7）供海关用的声明价值（DECLARED VALUE FOR CUSTOMS）：国际货物通常要受到目的地海关的检查，海关根据此栏所填数额征税。

（8）保险金额（1NSURANCE AMOUNT REQUESTED）：中国民航各空运企业暂未开展国际航空运输代保险业务，本栏可空着不填。

（9）处理事项（HANDLING IN FOR MATION）：填列附加的处理要求。例如，另请通知（ALSONOTIFY），除了填收货人，如托运人还希望在货物到达的同时通知他人，请另填写通知人的全名和地址；外包装上的标记；操作要求，如易碎、向上等。

（10）货运单所附文件（DOCUMENTATION TO ACCOMPANY AIRWAYBILL）：填列随附在货运单上运往目的地的文件，应填上所附文件的名称。例如，托运人所托运的动物证明书（SHIPPER'S CERTIFI CATION FOR LIVE ANIMALS）。

（11）件数和包装方式（NUMBER AND KIND OF PACKAGES）：填列该批货物的总件数，并注明其包装方法。如包裹（package）、纸箱盒（carton）等。如货物没有包装，就注明为散装。

（12）实际毛重（ACTUAL GROSS WEIGHT）：本栏内的重量应由承运人或其代理人在称重后填入。如托运人已填上重量，承运人或其代理人必须进行复核。

（13）运价类别（RATE CLASS）：所适用的运价、协议价、杂费、服务费。

（14）计费重量（千克）（CHARGEABI.EWEIGHT）（kgs）：本栏内的计费重量应由承运人或其代理人在量过货物的尺寸（以厘米为单位）后，由承运人或代理人算出计费重量后填入，如托运人已经填上，承运人或其代理人必须进行复核。

（15）费率（RATE/CHARGE）：本栏可空着不填。

（16）货物的品名及数量（包括体积及尺寸）[NATURE AND QUANTITY OF GOODS（INCL.DIMENSIONS OR VOLUME）]：填写货物的品名和数量（包括体积及尺寸）。若一票货物包括多种物品时，托运人应分别申报货物的品名，填写品名时不能使用"样品""部件"等这类比较笼统的名称。货物中的每一项均须分开填写，并尽量填写详细。本栏所填写内容应与出口报关发票、进出口许可证上列明的货物相符。

运输下列货物，按国际航协有关规定办理（参阅 TACT-Rules 2.3.3/7.3/8.3）：活体动物，个人物品；枪械、弹药、战争物资；贵重物品；危险物品；汽车；尸体；具有强烈气味的货物；裸露的机器、铸件、钢材；湿货；鲜活易腐物品。危险品应填写适用的准确名称及标贴的级别。

（17）托运人签字（SIGNATURE OF SHIPPER）：托运人必须在本栏内签字。

（18）日期（DATE）：填托运人或其代理人交货的日期。在接受托运人委托后，单证操作前，货运代理公司的指定人员对托运书进行审核，也称为合同评审。审核的主要内容为价格、航班日期。

第四步：审核单证

空代从发货人处取得单据后，应指定专人对单证进行认真核对，看看单证是否齐全，内容填写是否完整规范。主要包括如下单证。

（1）托运书。

（2）发票、装箱单。

（3）报关单。

（4）外汇核销单。

（5）许可证。

（6）商检证。

（7）进料/来料加工核销本。

（8）索赔/返修协议。

（9）到付保函。

（10）关封。

第五步：预配舱

代理人汇总所接受的委托和客户的预报并输入计算机，计算出各航线的件数、重量、体积，按照客户的要求和货物重、高情况，根据各航空公司不同机型对不同板箱的重量和高度要求，制定预配舱方案，并对每票货配上运单号。

货代缮制单据：混载货物拼装清单。

第六步：预订舱

代理人根据所制定的预配舱方案，按航班、日期打印出总运单号、件数、重量、体积，向航空公司预订舱。这一环节称为预订舱，因为此时货物可能还没有入仓库，预报和实际的件数、重量、体积等都会有差别，这些留待配舱时再作调整。

货代缮制单据：代理公司货运订舱预报单。如表 8-13 所示。

表 8-13　预订舱计划

********公司

订舱计划一览表

CONSIGNEE: ＿＿＿＿＿＿＿＿＿＿＿＿＿　　船期日：＿＿＿＿＿　运输方式：海运（　）或空运（　）
（收货人）
　　　　　　　　　　　　　　　　　　　　货好时间：＿＿＿＿＿　所需单据：　发票，　箱单，
NOTIFY PARTY: ＿＿＿＿＿＿＿＿＿　　启运港：＿＿＿＿＿　产地证：CO（　）FORMA（　）FORME
（通知人）　　　　　　　　　　　　　　　　　　　　　　　（　）贸促会（　）
　　　　　　　　　　　　　　　　　　　　目的港：＿＿＿＿＿　提单：正本　或　电放
付运身方：预付（　）或到付（　）　合同号：＿　集装箱：（20'GP X）（40'GP X）（40'HQ X）　拼箱：（　米³）

唛头	货物名称（中英文）	织造方法（针织或非针织）	原料成分	货号（品容号）	规格号	数量（条数）	单价	金额	箱数	净量/每箱	毛量/每箱	纸箱尺寸

集装箱拖货地点：＿＿＿＿＿＿＿＿＿＿＿　拖货时间：＿＿＿＿＿　联系人：＿＿＿＿＿　电话：＿＿＿＿＿
指定货运公司请注明：＿＿＿＿＿＿＿＿＿＿＿＿　　　　　　　　联系人：＿＿＿＿＿　电话：＿＿＿＿＿
负责人：＿＿＿＿＿＿＿＿＿　　业务：＿＿＿＿＿＿＿＿＿　　　　　　　　　　　储运：＿＿＿＿＿

【货代常识】关于预订航班舱位

通常对下列货物应当预订航班舱位，否则承运人可以不予受理。

①货物在中转时需要特殊对待。

②不规则形状或者尺寸超限的货物。

③批量较大的货物。

④特种货物，如危险品、活体动物等。

⑤需要两家及其以上承运人运输的联运货物。

⑥货物的声明价值超过 10 万美元或者其等价货币。

第七步：接受单证

接受托运人或其代理人送交的已经审核确认的托运书及报关单证和收货凭证。

（1）装箱单：发票上一定要加盖公司章（业务科室、部门章无效），标明价格术语和货价（包括无价样品的发票）。

（2）托运书：一定要注明目的港名称或目的港所在城市名称，明确运费预付或运费到付、货物毛重、收发货人、电话/电传/传真号码。托运人签字处一定要有托运人签名。

（3）报关单：注明经营单位注册号、贸易性质、收汇方式，并要求在申报单位处加盖公章。

（4）外汇核销单：在出口单位备注栏内，一定要加盖公司章。

（5）许可证：合同号、出口口岸、贸易国别、有效期一定要符合要求并与其他单据相符。

（6）商检证：商检证、商检放行单、盖有商检放行章的报关单均可。商检证上应有海关放行联字样。

（7）进料/来料加工核销本：注意本上的合同号是否与发票相符。

（8）索赔/返修协议：要求提供正本，要求合同双方盖章，也可以签字。

（9）到付保函：凡到付运费的货物，发货人都应提供。

（10）关封。

审核完单证后，将制作好的交接单、配好的总运单或分运单、报关单证移交制单。如此时货未到或未全到，可以按照托运书上的数据填入交接单并注明，货物到齐后再进行修改。

第八步：填写航空货运单

经营国际货物运输的航空公司及其航空货运代理公司使用的都是统一的一式 12 份的空运单（表 8-14），其中，3 份正本（original）、6 份副本（copy）和 3 份额外副本（extra copy）。表 8-15 为货运单。

表 8-14　空运单

顺序	名称	颜色	用途
1	正本 3	蓝	交托运人。作为承运人收到货物的证明，以及作为承托双方运输合同成立的证明
2	正本 1	绿	交承运人财务部门。除了作为承运人财务部门的运费账单和发票，还作为承托双方运输合同成立的证明
3	副本 9	白	交代理人，供代理人留存
4	正本 2	粉红	随货物交收货人
5	副本 4	黄	交付联。收货人提货后应签字并交承运人留存，以证明已交妥货物
6	副本 5	白	交目的港机场
7	副本 6	白	交第三承运人
8	副本 7	白	交第三承运人
9	副本 8	白	交第三承运人
10	额外副本	白	供承运人使用
11	额外副本	白	供承运人使用
12	额外副本	白	供承运人使用

表 8-15 货运单

999			999—	

Shipper's Name and Address	Shipper's Account Number	Not Negotiable **AIR WAYBILL** ISSUED BY
CHINA INDUSTRY CORP. , BEIJING P.R. CHINA TEL: 86（10）64596666 FAX: 86（10）64598888		
		Copies 1，2 and 3 of this Air Waybill are originals and have the same validity.

Consignee's Name and Address	Consignee's Account Number	It is agreed that the goods described herein are accepted for carriage in apparent good order And condition （except as noted） and SUBJECT TO THE CONDITIONS OF CONTRACT ON THE REVERSE HEREOF. ALL GOODS MAY BE CARRIED BY AND OTHER MEANS INCLUDING ROAD OR ANY OTHER CARRIER UNLESS SPECIFIC CONTRARY INSTRUCTIONS ARE GIVEN HEREON BY THE SHIPPER. THE SHIPPER'S ATTENTION IS DRAWN TO THE NOTICE CONCERNING CARRIER'S LIMITATION OF LIABILITY. Shipper may increase such limitation of liability by declaring a higher value for carriage and paying a supplemental charge if required.
Athena IMPORTERS，NEW YORK，U.S.A. TEL：78789999		

Issuing Carrier's Agent Name and City		Accounting Information
America AIR FREIGHT CO.，LTD		
Agent's IATA Code	Account No.	

Airport of Departure （Addr. of First Carrier） and Requested Routing	
TIANJIN	

To	By First Carrier Routing and Destination	to	by	to	by	Currency	CHGS Code	WT/VAL		Other		Declared Value for Carriage	Declared Value for Customs
								PPD	COLL	PPD	CO LL		
NYC	CA					CNY		X		X		NVD	NCV

Airport of Destination	Flight/Date Use Only For carrier Flight/Date	Amount of Insurance	INSURANCE-If Carrier offers insurance，and such insurance is requested in accordance with the conditions thereof，indicate amount to be insured in figures in box marked "Amount of Insurance."
NEW YORK	CA921/30 JUL，2015	154	

Handing Information
1 COMMERCIAL INVOICE   KEEP UPSIDE

（For USA only） These commodities licensed by U.S. for ultimate destination …………………………………Diversion contrary to U.S. law is prohibited

No of Pieces RCP	Gross Weight	Kg lb		Rate Class		Chargeable Weight	Rate Charge	Total	Nature and Quantity of Goods （incl. Dimensions or Volume）
					Commodity Item No.				

5	326	K	300	0008	326.0	18.8	6128	MECHINERY DIMS: **102×44×25*5**

Prepaid / Collect Weight Charge		Other Charges
Prepaid **Collect**　Weight　　Charge 　3722.18		
Valuation Charge		AWC: 50.00
Tax		
Total other Charges Due Agent		Shipper certifies that the particulars on the face hereof are correct and that **insofar as any part of the** condition for carriage by air according to the applicable Dangerous Goods Regulations.
Total other Charges Due Carrier 　50.00		
		.... Signature of Shipper or his Agent
Total Prepaid 　6178	Total Collect	
Currency Conversion Rates	CC Charges in Dest. Currency	
		.... Executed on（date）　at（place）　Signature of Issuing Carrier or its Agent
For Carrier's Use only at Destination	Charges at Destination	Total Collect Charges	
			999—

填制货运单的基本要求如下。

（1）货运单要求用英文打字机或计算机，用英文大写字母打印，各栏内容必须准确、清楚、齐全，不得随意涂改。

（2）货运单已填内容在运输过程中需要修改时，必须在修改项目的近处盖章，注明修改货运单的空运企业名称、地址和日期。修改货运单时，应将所有剩余的各联一同修改。

（3）货运单的各栏目中，有些栏目印有阴影。其中，有标题的阴影栏目仅供承运人填写。使用没有标题的阴影栏目一般不需填写，除非承运人特殊需要。

第九步：接受货物

货物一般是运送到货代仓库。

接货时，双方应办理货物的交接、验收，并进行过磅称重和丈量，并根据发票、装箱单或送货单清点货物，并核对货物的数量、品名、合同号或唛头等是否与货运单上所列一致；检查货物的外包装是否符合运输的要求。

第十步：配舱

配舱时，需运出的货物都已入库。这时需要核对货物的实际件数、重量、体积与托运书上预报数量的差别；应注意对预订舱位、板箱的有效领用、合理搭配，按照各航班机型、板箱型号、高度、数量进行配载。

同时，对于晚到、未到情况及未能顺利通关放行的货物作出调整处理，为制作配舱单做准备。实际上，这一过程一直延续到单、货交接给航空公司后才完毕。

货代缮制单据：集装货物组装记录单。

第十一步：订舱

1. 订舱流程

订舱就是将所接空运货物向航空公司申请并预订舱位的行为。货物订舱需根据发货人的要求和货物标志的特点而定。一般来说，大宗货物、紧急物资、鲜活易腐物品、危险品、贵重物品等，必须预订舱位。非紧急的零散货物，可以不预订舱位。

订舱的具体做法和基本步骤是：接到发货人的发货预报后，向航空公司吨控部门领取并填写订舱单，要提供的信息有货物的名称、货物的重量、货物的件数、目的港、要求出运的时间、其他运输要求（温度、装卸要求、货物到达目的地时限等）。

货运代理公司订舱时，可依照发货人的要求选择最佳的航线和最佳的承运人，同时为发货人争取最低、最合理的运价。订舱后，航空公司签发舱位确认书（舱单），同时给予装货集装器领取凭证，以表示舱位订妥。预订的舱位会由于货物原因、单证原因、海关原因最终舱位不够或者空舱。这需要综合考虑和预见性等经验，尽量减少此类事情发生，并且在事情发生后应及时采取补救措施，并进行必要的调整。

2. 订舱系统操作

空港舱单管理系统（图 8-25）采用与航协（IATA）协作的国际航空通信协会（SITA）的信息传输标准格式，通过 SITA 网传输进出口舱单报文。使进境飞机尚未落地前，离港飞机起飞后舱单报文自动进入系统，同时借助天津机场数据平台，对各传输单位传输的运单舱单信息进行整合，全天候地传输、转换和维护数据，并在此基础上将完整、详细的进出口舱单信息传输至海关，运用到海关单证审核之中。该系统是依据海关 H2000 通关管理系统舱单管理操作规范而搭建的。形成进口舱单与进口报关单放行后自动核注、核销；出口报关单放行后与出口舱单自动结关的功能。

进口舱单电子数据确认进海关数据库后，在报关过程中系统自动进行舱单核注、核销。没有舱单信息无法进行报关。

出口报关单放行后生成报关单核销表与出口舱单自动核对后结关，此时通关环节才正式结束。

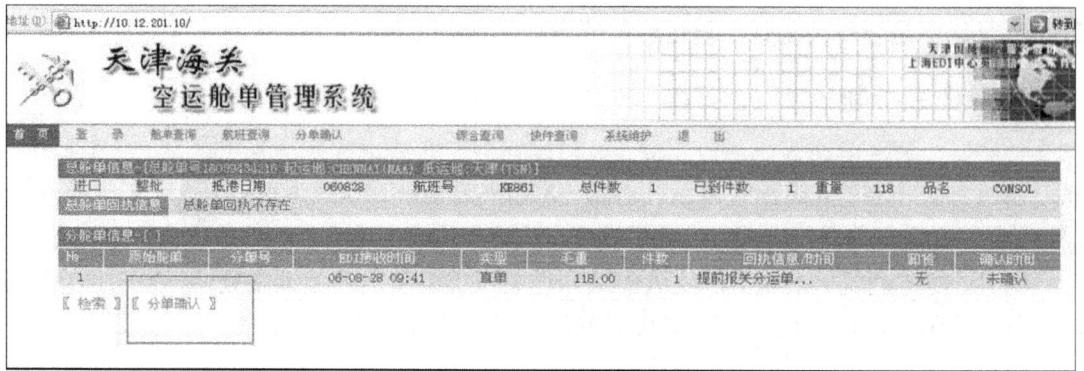

图 8-25　天津海关空运舱单管理系统

第十二步：货物报关及配载

1. 出口报关

出口报关的基本程序：计算机预录入—报关单上盖章—准备随附单证—向海关申报—海关审核放行。

2. 编制出仓单

配舱方案制订后就可着手编制出仓单。出仓单上应载明出仓单的日期、承运航班的日期、装载板箱形式及数量、货物进仓顺序编号、总运单号、件数、重量、体积、目的港三字代码和备注。

出仓单交给出口仓库，用于出库计划，出库时点数并向装板装箱单位交接，作为向出口仓库提货的依据。

出仓单作为装板装箱单位的收货凭证和制作《国际货物交接清单》的依据。该清单用于航空公司交接货物。出仓单还可用于外拼箱。出仓单交给报关环节，当报关有问题时，可采取相应措施。

3. 提板箱

根据订舱计划向航空公司申领板、箱并办理相应的手续。提板、箱时，应领取相应的塑料薄膜和网，对所使用的板、箱登记型号。

4. 货物装箱装板

除特殊情况，航空货运均是以"集装箱""集装板"形式装运。航空货运代理公司将2m 以下货物作为小货交于航空公司拼装。

订妥舱位后，航空公司吨控部门将根据货量出具发放"航空集装箱、板凭证"，货运代理公司凭此向航空公司箱板管理部门领取与订舱货量相应的集装板、集装箱。大宗货、集中托运货可以在货运代理公司自己的仓库、场地、货棚装板、装箱，也可在航空公司指定的场地装板、装箱。装板、装箱时要注意以下几点。

（1）不要用错集装箱、集装板，也不要用错板型、箱型。

（2）不要超装箱板尺寸。

（3）要垫衬，封盖好塑料纸，防潮、防雨淋。

（4）集装箱、板内货物尽可能配装整齐，结构稳定，并挂紧网索，防止运输途中倒塌。

（5）大宗货、集中托运货，尽可能整票货装一个或几个板、箱。已装妥整个板、箱后剩余的货尽可能拼装在同一箱内或板上，防止散乱、遗失。

5. 签单

货运单在盖好海关放行章后还需到航空公司签单。主要是审核运价使用是否正确以及货物的性质是否适合空运，如危险品等是否已办了相应的证明和手续。航空公司的地面代理规定，只有签单确认后才允许将单、货交给航空公司。

6. 交接发运

（1）交接：就是向航空公司交单交货，由航空公司安排航空运输。交单，就是将随机单据和应由承运人留存的单据交给航空公司。随机单据包括第二联航空运单正本、发票、装箱单、产地证明、品质鉴定书等。

（2）交货：即把与单据相符的货物交给航空公司。交货之前必须粘贴或拴挂货物标签，清点和核对货物，填制货物交接清单。大宗货、集中托运货，以整板、整箱称重交接。零散小货按票称重，计件交接。航空公司审单验货后，在交接清单上验收，将货物存入出口仓库，单据交吨控部门，以备配舱。

第七节　航空运输教学实践

➤项目简介

该项目主要介绍航空运输的教学设计。

根据运输管理这门课程的要求和教学对象的特点（设定教学对象为中职学校学生），确定本模块的教学设计，包括教学目标、教学重难点、教学方法、教学环节的时间分配等。

一、教学目标

本模块的教学重点是让学生了解航空运输系统、航空运输方式、航空运输设施与设备，掌握航空运输组织流程，能够进行航空运输单证的填制，会计算航空运输费用，能够进行航空运输实践操作。

1. 重点

（1）掌握航空运输系统的内容和特点。
（2）掌握航空运输设备的内容和特点。
（3）掌握航空运输出口业务组织流程、航空运输进口业务组织流程。
（4）掌握货运单各栏目的填写、航空运单的分类、航空货物运输费用的构成、航空货运运费的计算。
（5）掌握航空运输流程。

2. 难点

（1）正确区分国际航空运输设备的功能。
（2）掌握航空运输出口业务组织流程中的步骤和关键环节、航空运输进口业务组织流程的步骤和关键环节，能够根据货物情况安排货物运输。
（3）熟悉航空货运单各栏目的填写（包括收发货人、运费、货物类型编码的填写，运输方式等）。
（4）计算运费、填写航空托运单，填写航空货运单。

二、教学重难点

1. 教学重点

本模块的教学重点是让学生了解不同的运输方式分类标准及其运输方式的特点。
（1）运输概述，主要介绍运输的概念、功能及运输原理。
（2）运输方式认知，主要介绍运输方式的不同划分标准。
（3）运输与物流的关系，主要介绍物流与运输的区别、联系及运输与物流其他环节的关系。

2. 教学难点

运输物流的关系：了解运输在物流中地位，明确运输与物流的区别和联系。

三、教学方法

针对本模块作为整个教材基础模块，内容相对简单。因此本模块的教学主要以课堂教学为主，在课堂教学过程中，通常是以讲授法为主，同时辅以学生围绕案例思考及分析的方法。本模块教学中会大量使用图表、案例进行辅助教学，帮助学生快速感性认知并掌握运输的相关基础知识。

四、教学环节的时间分配

第八章　航空运输
第一节　航空运输概述（20min）
第二节　航空运输设施与设备（20min）
第三节　航空货物运输业务流程（30min）
第四节　航空运输单证（50min）
第五节　航空运输运费核算（100min）
第六节　航空运输实践（50min）
共 6 学时，课堂讲授 4 学时，实验教学为 2 学时。

五、教学评价

章节名称：航空运输

评价类别	评价项目	评价标准	评价依据	评价方式			权重
				学生自评	同学互评	教师评价	
				0.1	0.1	0.8	
过程评价	学习能力	学习态度是否良好，学习兴趣是否浓厚，学习习惯是否良好，沟通表达能力是否很强，团队合作精神	学生考勤，课后作业完成情况，课堂表现，收集和使用资料情况，合作学习情况				0.2
	专业能力	正确认识航空运输的方式、运输组织及业务流程，最后能够充分所学知识进行航空运输实践，填写相关单证和进行费用核算	课堂上回答问题的积极性和准确性，以及课后布置作业的完成情况，整理、总结案例、实践操作的能力				0.3
	其他方面	探究、创新、实践的能力	积极参与研究性学习，有独到的见解，能提出多种解决问题的方法。参与企业、社会实践的积极性及对其的评价				0.1
结果评价		理论考核					0.2
		实操考核					0.2

➤复习思考题

一、单项选择题

1. 航空货代具有（　　）身份。

A. 货主代理　　　　B. 航空公司代理　　C.货主代理和航空公司代理

D. 国内外收发货人代理

2. 空运的集运商要会填（　　　）。

A. HAWB　　　　　　B MAWB　　　　　　C. Main Deck　　　　D. Upper Deck

3. 空运时，国际货物托运单应由（　　）填具。

A. 货主　　　　　　　B. 空代　　　　　　C. 承运人　　　　　　D. 航空公司

4. 托运单上声明价值一栏，如货物毛重每公斤未超过 20 美元则此栏可填（　　）。

A. 20 美元　　　　　B. 未超过 20 美元　C. NVD　　　　　　　D. ALSO NOTIFY

5. 航空公司的运价类别，以"M"表示（　　）。

A. 最低运价　　　　B. 指定商品运价　　C. 附加运价　　　　D. 附减运价

6. 航空公司的运价，以"N"表示（　　）。

A. 最低运价　　　　B. 指定商品运价　　C. 45kg 以上普货运价

D. 45kg 以下普货运价

7. 航空公司运价以"Q"表示（　　）。

A. 最低运价　　　　B. 指定商品运价　　C. 45kg 以上普货运价

D. 45kg 以下普货运价

8. 航空公司运价以"C"表示（　　）。

A. 最低运价　　　　B. 指定商品运价　　C. 45kg 以上普货运价

D. 45kg 以下普货运价

9. 航空公司运价以"R"表示（　　）。

A. 最低运价　　　　B. 指定商品运价　　C. 附加运价　　　　D. 附减运价

10. 航空公司运价以"S"表示（　　）。

A. 最低运价　　　　B. 指定商品运价　　C. 附加运价　　　　D. 附减运价

11. 国际空运货物的计费重量以（　　）为最小单位。

A. 0.3kg　　　　　　B. 0.5kg　　　　　　C. 0.8kg　　　　　　D. 1kg

12. 空运单共一式十二联，其中正本为（　　）。

A. 一联　　　　　　　B. 二联　　　　　　C. 三联　　　　　　D. 四联

13. 空运承运人对没有办理声明价值的货物损失，其最高赔偿限额为毛重每公斤为（　　）。

A. 15 美元　　　　　B. 20 美元　　　　　C. 25 美元　　　　　D. 30 美元

14. 空运的索赔时限最迟为（　　）之内。

A. 12 天　　　　　　B. 14 天　　　　　　C. 18 天　　　　　　D. 20 天

15. 空运货物的运输延误，其索赔时限自货物由收货人支配之日起（　　）之内。

A. 20 天　　　　　　B. 21 天　　　　　　C. 24 天　　　　　　D. 25 天

16. 空运货物灭失或损坏的索赔时限为自填开货运单之日起（　　）之内提出。

A. 100 天　　　　　　B. 110 天　　　　　C. 120 天　　　　　D. 125 天

17. 航空快运中一项必不可少的重要单据是（　　）。

A. CCA　　　　　　　B. IRP　　　　　　　C. POD　　　　　　　D. AWA

二、多项选择题

1. 航空运输的特点有（　　）。

A. 速度快　　　　　　B. 安全准确　　　　C. 节省运杂费　　　D. 不受气候影响

2. 空运的主要经营方式有（　　）。

A. 班机　　　　　　　B. 包机　　　　　　C. 集中托运　　　　D. 快递

3. 空运货物的计算重量分（　　）。

A. 按实际毛重　　　　B. 按体积重量　　　C. 按较高重量分界点的重量

D. 按较低重量分界点的重量

4. 航空货运单的作用，除了是承运人与托运人之间缔结的运输契约和承运人收运货物的证明文件还是（　　）。

A. 运费结算凭证及运费收据　　　　　B. 承运人在货物运输全过程中的依据

C. 办理清关的证明文件　　　　　　　D. 保险证明

5. 航空快运业务的形式分（　　）。

A. 门到门服务　　　B. 门到机场务　　　C. 专人派送　　　　D. 货到付款

6. 航空快运中的"POD"，除了具有商务合同作用还有（　　）。

A. 分运单　　　　　　　　　　　　　B. 服务时效、服务水平

C. 配合计算机检测、分类、分拨　　　D. 结算

7. TC1 区主要分为（　　）四个次区。

A. 加勒比　　　　　　B. 墨西哥　　　　　C. 远程　　　　　　D. 南美

8. TC3 区分为（　　）四个次区。

A. 南亚次大陆　　　　B. 东南亚　　　　　C. 西太平洋　　　　D. 日本/朝鲜

9. 集装运输的特点有（　　）。

A. 以集装运输代替散件装机，可减少地面等待时间

B. 减少货物周转次数，提高完好率　　C. 减少差错事故，提高运输质量

D. 节省包装材料和费用

10. 现在国际上著名的快递公司有（　　）。

A. DHL　　　　　　　B. FedEx　　　　　C. UPC　　　　　　D. TNT

E. OCS　　　　　　　F. EMS　　　　　　G. COL

三、简答题

1. 我国国际航空运单共为一式几联?其中包括几张正本?

2. 航空运单的作用有哪些?

3. 航空运单中 M、N、Q、C、R、S 各是何种含义?

4. 航空货运代理的职能是什么?

5. 航空货运的特点有哪些?

6. 直接运输与集中托运货物的区别是什么?

7. TACT 是何含义?它分几部分内容?

8. 出口运输代理业务的程序包括哪些环节?

9. 进口运输代理业务的程序包括哪些环节?

10. 什么是包舱包板运输?

四、计算题

1. 有四笔精密仪器都需从北京空运香港。它们的重量分别为 10kg、20kg、35kg、40kg。如分别托运各需多少运费?如集中托运又需多少运费?(设一般货物的起码运费为 65 港元，45kg 以下每公斤 3 港元，45kg 以上每公斤 2.5 港元)。

2. 某公司空运出口一批商品（普货）供给 115 箱，每箱重 15kg，体积为 40cm×44cm×60cm。从北京运往美国迈阿密。问该批货物的空运运费为多少?（设 M：11.81 美元，N：28.65 美元；Q：21.62 美元；100kg：18.82 美元；500kg：15.35 美元；1000kg：15.00 美元；2000kg：14.60 美元）。

3. 北京运往纽约一箱服装，毛重 36.4kg，体积尺寸为 82cm×48cm×32cm，计算该票货物的航空运费。公布运价如下。

BEIJING	CN		BIS
Y. RENMINBI	CNY		KGS
NEW YORK（NYC）	U.S.A.	M	630.00
		N	64.46
		45	48.34
		100	45.19
		300	41.80

4. 由上海运往巴黎一件玩具样品 5.3kg，体积尺寸为 41cm×33cm×20cm，计算其航空运费。公布造价如下。

SHANGHAI	CN		BIS
Y.RENMINBI	CNY		KGS
PARIS（PAR）	FR	M	320.00
		N	52.81
		45	44.46
		100	40.93

▶参考答案

一、单项选择题

1. C　2. B　3. A　4. C　5. A　6. D　7. C　8. B　9. D　10. C　11. B　12. C　13. B

14. B　15. B　16. C　17. C

二、多项选择题

1. ABC　　2. ABCD　3. AB　　4. ABCD　5. ABC

6. ABCD　7. ABCD　8. ABCD　9. ABCD　10. ABCDEF

三、简答题

答案：略

四、计算题

1. 答：如分别托运其运费为

　　　　　3×10=30 港元……因不足起码运费，故按 65 港元收费。

　　　　　3×20=60 港元……因不足起码运费，故按 65 港元收费。

　　　　　3×35=105 港元

　　　　　3×40=120 港元

以上四笔运费共为 65+65+105+120=355 港元

如集中托运其运费为（10+20+35+40）×2.5=262 港元

2. 答：该批货物的实际毛重为 15kg×115＝1725kg，体积重量为 40cm×44cm×60÷6000cm³×115=2024kg，重量与体积重量之比为 1725＜2024。故应按体积重量计算运费如下：

$$14.60×2024=29550.00$$

3. 答：

Volume：　　　　　82cm×48cm×32cm＝125952cm³

Volume Weight：　12595cm³÷6000cm³/kg＝20.99kgs＝21.0kgs

Gross Weight：　　36.4kgs

Applicable Rate：　GCR Q48.34 CNY/KG

Weight charge：　　45.0×48.34=CNY2175.30

航空货运单计算栏填制如下。

No. Of Pieces PCP	Gross Weight	Kg Lb	Rate Class		Chargeable Weight	Rate/Charge	Total	Nature and Quantity of Goods （Incl dimensions or Volume）
			Commodity Item No					
1	36.4	K	Q		45.0	48.34	2175.30	CLOTHES DIMS：82cm×48cm×32cm

4. 答：

Volume：　　　　　41cm×33cm×20cm＝27060cm³

Volume Weight：　27060cm³÷6000cm³/kg=4.51kgs=5. 0kgs

Gross Weight：　　5.3kgs

Applicable Rate： 320.00CNY/KG

Chargeable Weight： 5.5kgs

Weight charge： 320 CNY

航空货运单计算栏填制如下。

No. Of Pieces PCP	Gross Weight	Kg Lb	Rate Class		Chargeable Weight	Rate/Charge	Total	Nature and Quantity of Goods （Incl dimensions or Volume）
				Commodity Item No				
1	5.3	K	Q		5.5	320.00	320.00	TOY SAMPLE DIMS： 41×33×20cm

➤实践训练

1. 相关企业

1）货代公司

泛成国际货运有限公司（FCGJHYX）

海外代理 JAGUAR FREIGHT SERVICES（106249）指定货空运出口业务，由 PVG 至 JFK（NEW YORK），运费到付、杂费预付

委托人为宁波保税区宇纺国际贸易有限公司（NBYF）：

NINGBO JUZHENG SILK I/E CO.，LTD. RM 508，5/F PETROLEUM BLDG 618 ZHENMING ROAD NINGBO，PR OF CHINA

2）国外收货人

BRAWN OF CALIFONIA，1500HARBOR BLVD WEEHAWKEN，NJ 07087，USA

3）通知人

JAGUAR FREIGHT SERVICES 700 ROCKAWAY TURNPIKE，SUITE 202 LAWRENCE，NY 11559

2. 货物信息

唛头：

BRAWN OF CALIFORNIA 1500 HARBOR BLVD WEEHAWKEN，NJ07087，USA MADE IN CHINA

DESC OF GOODS：NASSAU SILK NOILE TROUSER STYLE NO.：K810 PO#：53008

NASSAU SILK NOILE JACKET STYLE NO.： 1560 PO#：53009

PKGS：63CARTONS GW：996KGS VOL：8.8

出分单给客户，海外代理为 JAGUAR FREIGHT SERVICES（106249）外托上海联集国际货运有限公司（SHLJ）报关

　　货物由客户自送进上海联集国际货运有限公司（SHLJ）仓库，仓库地址：浦东机场海天一路 300 号联集仓库

　　向上海联集国际货运有限公司（SHLJ）订舱，航班号：MU241 航班日期 2005 年 7 月 22 日

　　MAWB NO：781-7882 1551 HAWB NO：同业务编号

　　此业务产生费用如下：

　　向客户收取包干费 CNY1096.50

　　并向海外代理以 USD3.86/KG 的单价收取空运费、操作费 USD15.00

　　支付给上海联集国际货运有限公司空运费 CNY31836.00

3. 实训要求

（1）制作空运委托书。

（2）制作进仓通知。

（3）制作副提单。

（4）业务收支表录入。

集装箱多式联运

➢项目实施体系结构图

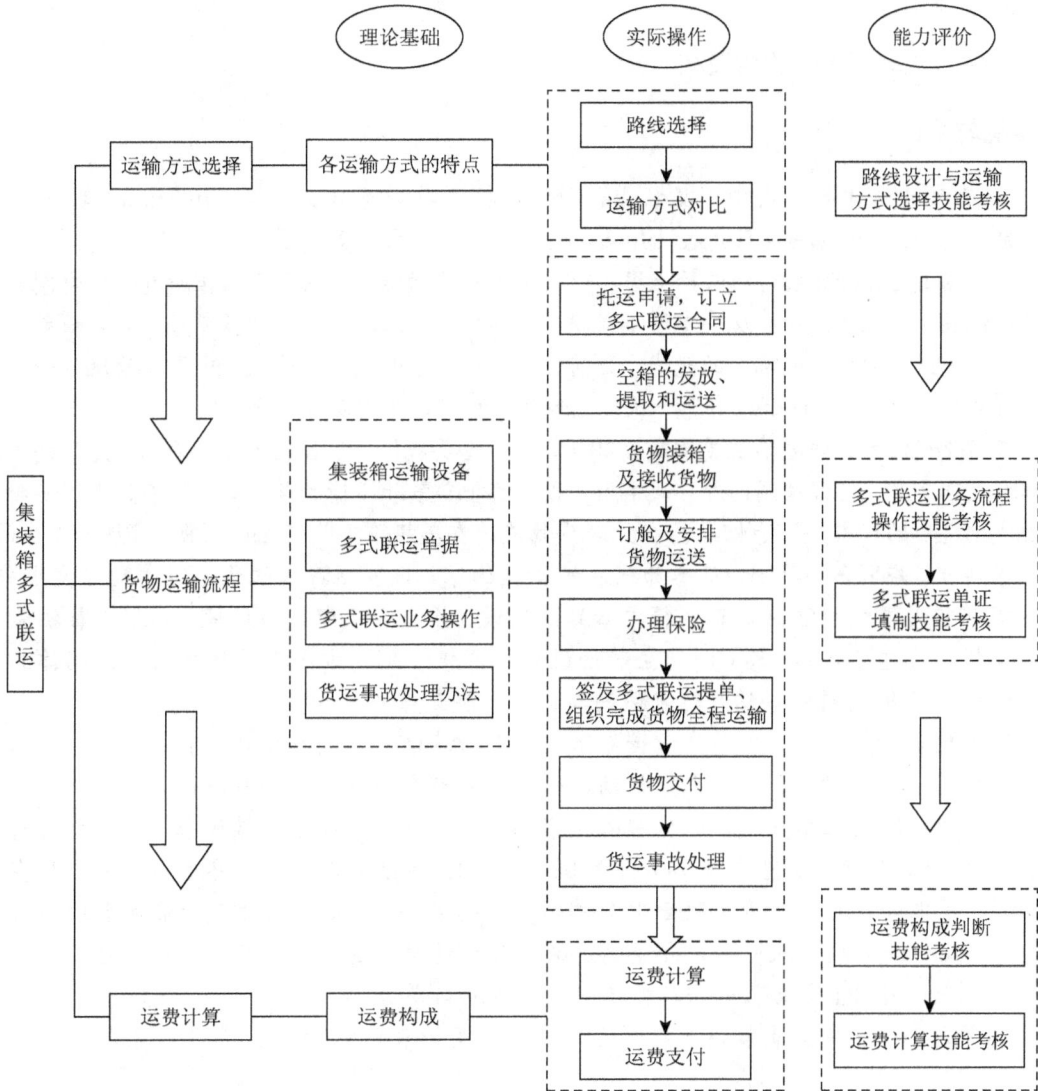

➢学习目标

1. 知识目标

（1）理解集装箱多式联运系统组成及其特点。

（2）理解多式联运种类。

2. 能力目标

（1）掌握多式联运业务流程。

（2）掌握多式联运单证种类及其填写。

3. 素质目标

掌握多式联运运费构成及核算。

➤案例导引

2014 年 4 月 1 日，由中国集装箱行业协会携手英国英富曼公司（Informa）共同举办的首届"集装箱多式联运亚洲展（Intermodal）"在上海拉开帷幕。

就首届 Intermodal 展为何选择上海，中集集团总裁助理、中集集装箱控股有限公司副总经理黄田化表示，上海是最能反映中国多式联运的港口，上海港已经连续多年集装箱吞吐量居世界第一，多式联运向内地辐射的能力，目前上海更能代表亚洲，更能代表中国成为这样一个多式联运的中心。作为 Intermodal 第一次标志性的里程碑，上海是非常合适的。

黄田化说，多式联运的主要货类应以集装箱为重要载体，集装箱运输作为一种先进的运输组织和管理形式，已经被国内外广泛采用。各国都把集装箱运输的普及和发展看作本国货物运输现代化进程的标志。从某种程度上说，现代物流是在集装箱多式联运的基础上发展而产生的。

事实上，在欧洲、美国、日本为代表的发达国家，集装箱海铁联运已经达到较高水平，这些国家非常重视内陆铁路集装箱中心站的建设，并充分预留发展用地，不断完善扩大中心站规模，通过在车站、港口、货主等处设立计算机终端的方式实现集装箱进出站作业的动态管理，为集装箱中心站开行直达列车创造了良好条件。

黄田化表示，中国集装箱产量世界第一，中国港口集装箱吞吐量世界第一，但全球多式联运中心还是在欧洲，我们期望推动这一中心转移到中国，首届 Intermodal 亚洲展在上海举办，开始实践业界多式联运的中心转移到中国的梦想。展会移植过来，是一个标志性的里程碑!中集多年致力于与主办方深入探讨，2013 年谈下来以后，终于启动第一届在中国办，也是中国业界实现多式联运中心转移梦想的第一步。中集集团是行业协会理事长单位，将 Intermodal 展引入中国，应该说是做了长期的努力和工作，参考欧洲展会多年举办的经验，Intermodal 展未来也会考虑在中国其他港口举办。

思考题：分析中国集装箱多式联运的发展以及带来的好处？

第一节　集装箱多式联运概述

一、集装箱概述

1. 集装箱的定义

集装箱（container），也称为"货箱"或"货柜"，是指以海、陆、空不同运输方式进行运输（或联运）时用以搬运货物的一种运输设备。国际标准化组织（ISO）第 104 技术委员会起草的国际标准——《集装箱名词术语》中，将集装箱定义如下。

集装箱是一种运输设备：

（1）具有足够的强度，可长期反复使用。

（2）适用一种或多种运输方式运送，途中转运时，箱内货物不需换装。

（3）具有快速装卸和搬运的装置，特别便于从一种运输方式转移到另一种运输方式。

（4）便于货物装满和卸空。

（5）具有 $1m^3$ 或 $1m^3$ 以上的容积。

集装箱这一术语的含义不包括车辆和一般包装。

世界上许多国家的国家标准及有关的国际公约也对集装箱的定义作了类似的描述，如日本工业标准 JISZ 1613—72《国际大型集装箱术语说明》、法国国家标准 NFH90-001～70《集装箱的术语》中，都全文引用了该定义。我国国家标准 GB/T 1992—2006《集装箱术语》中也全面地引用了国际标准化组织的定义。但无论是在国内还是在国外，目前对集装箱的定义尚未取得一致的意见。

集装箱运输，是指将一定数量的单件货物装入标准规格的集装箱内，以集装箱作为运输货物的单位进行的运输。采用集装箱运输时，无论是托运费的计算，保险索赔、理赔余额的确定，还是货运量的统计，都以"箱"为单位。

2. 集装箱标准

集装箱标准按使用范围划分，有国际标准、国家标准、地区标准和公司标准四种。重点介绍国际标准集装箱。

1）国际标准集装箱

国际标准集装箱是指根据国际标准化组织 ISO/TC104 技术委员会制定的国际标准来建造和使用的国际通用的标准集装箱。

集装箱国际标准的推行并被普遍接受，促进了集装箱国际间的交流。集装箱的标准化经历了一个发展过程。国际标准化组织 ISO/TC104 技术委员会自 1961 年成立以来，对集装箱的国际标准做过多次补充、增减与修改，现行的国际标准为第 1 系列共 13 种，其宽度均一样（2438mm），长度有四种（12192mm、9125mm、6058mm、2991mm），高度有四种（2896mm、2591mm、2438mm、<2438mm）。如表 9-1 所示。

表 9-1　国际标准集装箱尺寸

规格/ft	箱型	长度/mm	宽度/mm	高度/mm	最大总重量/（kg/lb）	
40	1AAA	12192	2438	2896	30480	67200
	1AA			2591		
	1A			2438		
	1AX			<2438		

规格/ft	箱型	长度/mm	宽度/mm	高度/mm	最大总重量/（kg/lb)	
30	1BBB	9125	2438	2896	25400	56000
	1BB			2591		
	1B			2438		
	1BX			<2438		
20	1CC	6058	2438	2591	24000	52900
	1C			2438		
	1CX			<2438		
10	1D	2991	2438	2438	10160	22400
	1DX			<2438		

2）国家标准集装箱

各国政府参照国际标准并考虑本国的具体情况而制定了本国的集装箱标准，根据本国的集装箱标准建造并使用的集装箱称为国家的标准集装箱。

我国现行国家标准 GB/T 1992—2006《集装箱术语》，便是参照国际标准 ISO830—81《集装箱名词术语》而制定的。我国现行的国家标准《系列 1 集装箱 分类、尺寸和额定质量》（GB/T 1413—2008）中列出了集装箱各种型号的外部尺寸、公差及额定重量。

3）地区标准集装箱

地区标准集装箱是由地区组织根据该地区的特殊情况制定的。此类集装箱仅适用于该地区。如根据欧洲国际铁路联盟（VIC）所制定的集装箱标准而建造的集装箱。

4）公司标准集装箱

公司标准集装箱指某些大型集装箱船公司，根据本公司的具体情况与条件而制定的集装箱船公司标准。这类集装箱在该公司运输范围内使用。如美国海陆公司的 35ft 集装箱。

二、多式联运概述

1. 概念及特征

1）概念

多式联运（multimodal transport）是一种以实现货物整体运输的最优化效益为目标的联运组织形式。它通常是以集装箱为运输单元，将不同的运输方式有机地组合在一起，构成连续的、综合性的一体化货物运输。通过一次托运、一次计费、一份单证、一次保险，由各运输区段的承运人共同完成货物的全程运输，即将货物的全程运输作为一个完整的单一运输过程来安排。

多式联运与传统的单一运输方式有很大的不同。根据 1980 年《联合国国际货物多式联运公约》（简称《多式联运公约》）以及 1997 年我国交通部门和铁道部门共同颁布的《国际集装箱多式联运管理规则》的定义，国际多式联运是指按照多式联运合同，以至少两种不同的运输方式,由多式联运经营人将货物从一国境内接管货物的地点运至另一国境内指定地点交付的货物运输。

2)特征

根据该定义,结合国际上的实际做法可以得出,构成国际多式联运必须具备以下特征(或称基本条件)。

(1)必须具有一份多式联运合同。该运输合同是多式联运经营人与托运人之间权利、义务、责任与豁免的合同关系和运输性质的确定,也是区别多式联运与一般货物运输方式的主要依据。

(2)必须使用一份全程多式联运单证。该单证应满足不同运输方式的需要,并按单一运费率计收全程运费。

(3)必须是至少两种不同运输方式的连续运输。

(4)必须是国际间的货物运输。这不仅是区别于国内货物运输,主要是涉及国际运输法规的适用问题。

(5)必须由一个多式联运经营人对货物运输的全程负责。该多式联运经营人不仅是订立多式联运合同的当事人,也是多式联运单证的签发人。当然,在多式联运经营人履行多式联运合同所规定的运输责任的同时,可将全部或部分运输委托他人(分承运人)完成,并订立分运合同。但分运合同的承运人与托运人之间不存在任何合同关系。

2. 国际多式联运的优点

国际多式联运运输方式除具有实现门对门运输的优越性还具有以下优点。

(1)手续简便。不论运输多远,运输环节多少,货主只需办理一次委托,支付一笔运输费,取得一份联运提单即可把货物从起点运到终点,一旦发生运输问题,也只需找一个总承运人便可处理问题,对货主而言非常方便。

(2)提早结汇。货物在起运地装上第一程运输工具后就可取得多式联运提单进行结汇。例如,内地省市的一些出口商品采用多式联运方式,货物在起运地装车后,即由外运公司签发联运提单。

(3)简化包装。国际多式联运使用集装箱运输,集装箱犹如外包装。只需简易包装,可节省包装费用。此外,由于货物简化了包装,又可缩小货物的重量与体积,还可减少运费支出。

(4)加快运送。使用国际多式联运,由于集装箱的处理机械化程度高,运送装卸较快。同时货物从起运地至终点的各段运输、都由联运经营人同各段分承运人事先做好联系安排,加之经营人与分承运人之间一般采取包干费率,各分承运人都以最快速度处理以降低成本增加利润,所以,货物可以迅速地从一个运输环节转换到另一个运输环节,运输速度要比货主一段段分别办理快得多。

(5)安全可靠。国际多式联运以集装箱运输为主体,货物需经长途运输,多次装卸,但不需要将货物逐件翻动搬移,可以减少货损货差。同时,货物密封在集装箱内,可以防止污染,也不易被盗,能比较安全可靠地完成全程运输。

在当前国际贸易竞争激烈的情况下，运输商品要求速度快、破损少、费用低，而国际多式联运正以安全可靠、迅速及时以及手续简便等优点，在国际上越来越广泛地采用，有着良好的发展前途。

3. 国际多式联运的基本形式

（1）海陆联运。海运与其他运输方式，尤其是与铁路、公路的联运在多式联运中占绝对的主导地位。其中的大陆桥运输、小陆桥运输及微桥运输等所谓的陆桥运输即是最典型的海陆联运。

（2）海空联运。海空联运不同于海陆联运，空运在运力、运输上有其特点，而且，绝大多数飞机无法实现海空货箱互换，海空货物的目的地是机场，货物运抵后是以航空货物处理的。如何在中转时快速、安全地处理货物以及如何直接空运并按时抵达目的地已成为海空联运的关键。正因为如此，海空联运是以航空运输为核心的多式联运，通常由航空公司或航空运输转运人，或者专门从事海空联运的代理人来制订计划，以便满足许多货主对于海空联运货物的抵达时间要求与直接空运一样精确。

（3）陆空联运。这种联运包括陆空联运和陆空陆联运。

➢ 知识拓展

中国或将成为北亚与欧洲的重要物流枢纽
DHL 发布多式联运服务新业务

中国消费者或将很快吃上波兰物美价廉的苹果，而波兰果蔬分销商协会也因此将长久获益，这完全得益于"第三个选项"——中欧铁路运输架构的整体实现。

身为 DHL 全球货运、运输首席执行官的罗康旭上周飞临中国并在上海对外宣布：一条从中国苏州至波兰华沙的 DHL 铁路定班货运服务正式开启。

据了解，此次新增的定期班列服务沿泛西伯利亚北部走廊，经中国满洲里和俄罗斯贝加尔斯克，连接 DHL 在欧洲的货运网络及 DHL 位于马瓦谢维切的多式联运枢纽。从苏州到华沙的专用货运只要 14 天，这令波兰果蔬分销商协会喜出望外。而与这一协会同样喜出望外的还有中国与欧洲两地的经贸商。

"货物能直接由本地接入国际铁路货运线路而不必千里迢迢经由成都中转，使得在苏州及其周边地区的客户大受裨益。而 DHL 能在华提供多个铁路货运装卸点，则能为客户创造更多的业务机会。"罗康旭说。

此前，DHL 在中国西部走廊架构了一条从成都到波兰罗兹的中欧运输路线，堪称中国与欧洲之间最快的铁路货运线。历经一年多的运营，高科技、工程制造、汽车、服装、化学、葡萄酒等成为主要的配送商品。专业人士分析指出，苏州为起点的北部走廊与成都为起点的西部走廊，使得 DHL 在华的市场布局与覆盖有了新高，无疑将形成强大的竞争优势。更值得关注的是，DHL 正在把朝鲜货运拓展计划纳入中欧多式联运铁路解决方案之中。依据 DHL 的规划，未来以上海为中心将中国与日本多个主要城市连接。货物由上海通过驳船经中国东海运送到日本博多并接入日本覆盖最广的铁路网络日本铁路。

与此同时，DHL 正开拓在中韩两国之间的黄海上的船运服务，并计划将其与中国的铁路网络连接起来，将韩国货物以性价比最高的方式送达欧洲各国。

业界普遍认为，DHL 多式联运服务一旦就位，将为整个北亚地区的客户提供更强有力的物流支持，而中国无疑将形成北亚和欧洲间重要物流枢纽的地位。

资料来源：中华工商时报.

第二节　集装箱运输设施与设备

一、集装箱的分类

1. 按使用材料分类

由于集装箱在运输途中常受各种力的作用和环境的影响，因此，集装箱的制造材料要有足够的刚度与强度，应当尽量采用质量轻、强度高、耐用、维修保养费用低的材料，并且既要材料的价格低廉，又要便于取得。目前，世界上广泛使用的集装箱按其主体材料分为以下几类。不同材质集装箱的优缺点见表9-2。

（1）钢制集装箱。其框架和箱壁皆用钢材制成。

（2）铝制集装箱。铝制集装箱有两种：一种为钢架铝板；另一种仅框架两端用钢材，其余用铝材。

（3）不锈钢制集装箱。一般多用不锈钢制作罐式集装箱。

（4）玻璃钢制集装箱。玻璃钢制集装箱是在钢制框架上装上玻璃钢复合板构成的。

表9-2　不同材质集装箱的优缺点

	优点	缺点
钢制集装箱	强度高、结构牢、焊接性和水密性好、价格低、易修理、不易损坏	自重大、抗腐蚀性差
铝制集装箱	自重轻、不生锈、外表美观、弹性好、不易变形	造价高、受碰后易损坏
不锈钢制集装箱	强度高、不生锈、耐腐性好	投资大
玻璃钢制集装箱	隔热性、防腐性以及耐化学品性均较好，强度大、刚性好，能承受较大压力，易清扫，修理简便，集装箱内容极大	自重较大，造价较高

2. 按用途分类

集装箱运输由于有着极大的优越性，所以它在近 30 年的时间内发展迅速。同时，适合装载于集装箱内运输的货物越来越多，为了适应装载各种不同种类以及不同性质的货物，所以出现了许多不同用途的集装箱。集装箱按用途分类如下。

1）杂货集装箱

杂货集装箱（图 9-1）又称干货集装箱，它是一种通用的集装箱，以装载杂货为主，其使用的范围极广。在各种集装箱中，杂货集装箱数量最多。

2）敞顶集装箱

敞顶集装箱（图 9-2），实际中称开顶箱，是一种箱顶可以拆下来的集装箱，箱顶又分为硬顶与软顶两种。

软顶式集装箱是指用可以拆式扩展弓梁支撑的帆布、塑料布式涂塑布制成顶篷，其他构件与通用集装箱相类似；硬顶集装箱则由一整块钢板制成。还有一种敞顶集装箱的门楣与顶角件用铰链与插销连接，拔出一端插销，门楣可通过另一端的铰链摇出。

敞顶集装箱适于装载重、大件货物。当用吊车将货物从箱顶吊入箱内时，货物不易受损，而且便于固定，所以特别适合装运玻璃板等易碎品。但在使用敞顶集装箱时应当特别注意箱子的水密性问题。一旦水从箱顶进入，则可能造成货物受损。故敞顶集装箱原则上应当装于船舱内。

图 9-1　杂货集装箱　　　　　　　　　　　图 9-2　敞顶集装箱

3）台架式集装箱

台架式集装箱（图 9-3）是 ISO/TC104 在 1984 年集装箱术语标准（ISO 830—1984）修改后出现的名词，其中包括了过去的板架集装箱。

板架集装箱带有完整的固定端壁，但端壁不是壁板，而是栅栏或者可拆卸的插板，也有的一端是栅栏，另一端是插板。由于没有箱顶与侧壁，货物可以用吊车从箱顶装入，也可以用叉式装卸车从箱侧装入箱内。故特别适合装载重大件货物，如重型机械、钢材、钢管、钢锭、木材等货物。

4）平台式集装箱

平台式集装箱（图 9-4）是无上部结构、只有底结构的一种集装箱。平台的长度与宽度与国际标准集装箱的箱底尺寸相同，可以使用与其他集装箱相同的紧固件和起吊装置。

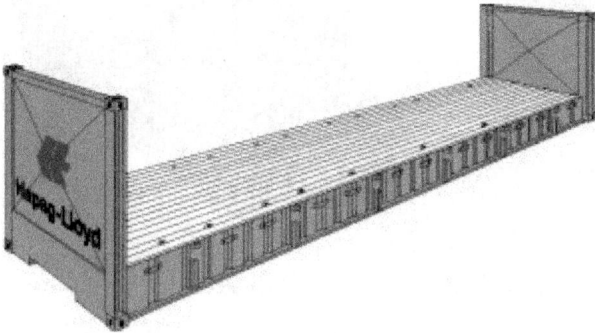

图 9-3　台架式集装箱

图 9-4　平台式集装箱

5）冷藏集装箱

冷藏集装箱（图 9-5）是专门为运输那些要求保持一定温度的冷冻货物或者低温货物而设计的。冷藏集装箱基本可分为两种。

（1）机械式冷藏集装箱，它在箱体上带有冷冻机；机械式冷藏集装箱又称冷冻集装箱，通常所谓的冷藏集装箱一般都是指这一类型的集装箱。

（2）离合式冷藏集装箱，它的箱内没有冷冻机，只有隔热结构，在箱的端壁上设有进气孔以及出气孔，冷气由船舶的冷冻装置提供。

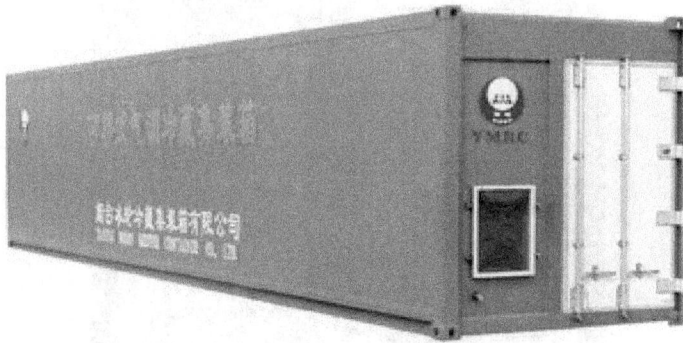

图 9-5　冷藏集装箱

6）散货集装箱

散货集装箱（图 9-6）是一种密闭式集装箱，有玻璃罐制与钢制两种。玻璃罐制的散货集装箱侧壁强度较大，因此一般装载相对密度较大的散货；而钢制散货集装箱原则上用于装载相对密度较小的谷物。

散货集装箱在其端部设有箱门，另外，在箱门下方设有两个长方形卸货口；在箱顶设有三个左右的装货口，装货口有水密性良好的盖，以防止雨水浸入箱内。

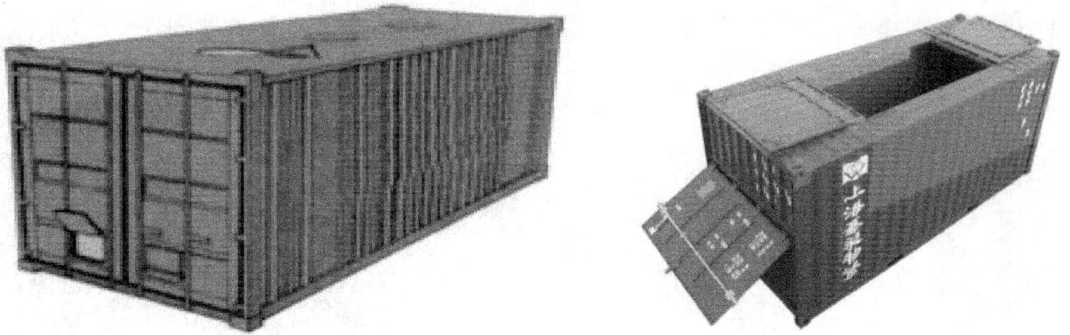

图 9-6　散货集装箱

7）通风集装箱

通风集装箱（图 9-7）是一种带有箱门的密闭式集装箱，一般在侧壁或者端壁和箱门上设有 4～5 个通风口。侧壁通风口一般为圆形，直径为 350mm，端壁或者箱门上的通风口一般为长方形，其尺寸为 80mm×190mm。侧壁上的通风口面积较大，并且设有在箱外可以控制的活门；端壁或者箱门上的通风口面积较小，可以常开，但是必须有盖，以防止雨水浸入。所有的通风口均应当设有铁丝网罩。通风集装箱适于装载球根类食品以及其他需要通风、防止汗湿的货物，并且能有效地防止货物在运输途中发生腐烂变质等货损事故。若将通风口关闭，同样可用作杂货集装箱。

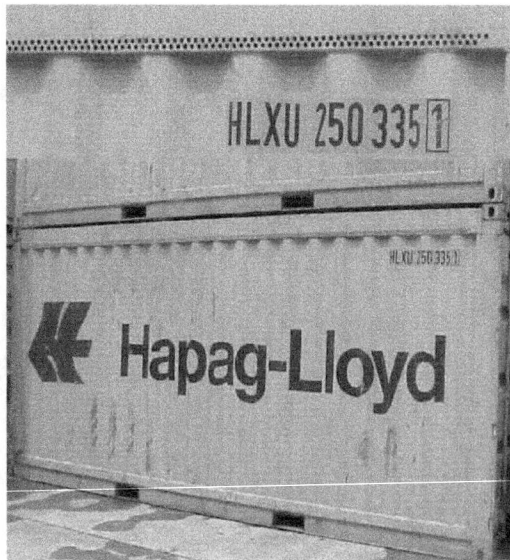

图 9-7　通风集装箱

8）罐式集装箱

罐式集装箱（图 9-8）是为了装运酒类、油类（如动、植物油）、液体食品以及液态化工品等液体货物而专门设计的，它还可以用来装运酒精及其他液体危险货物。

图 9-8　罐式集装箱

9）动物集装箱

动物集装箱（图 9-9）是专门为装运活家禽和活家畜而设计的，其箱顶采用胶合板覆盖，侧壁与端壁都有铅丝网制成的窗口，因此动物集装箱具有良好的遮阳与通风条件。其侧壁下方设有清扫口和排水口，并且配有可上下移动的拉门，以便把垃圾清扫出去。

动物集装箱适于装载牛、马、猪、羊、鸡、鸭、鹅等动物。因为船舶甲板上空气畅通，所以动物集装箱一般应当装于甲板之上，这样也便于清扫和照顾。

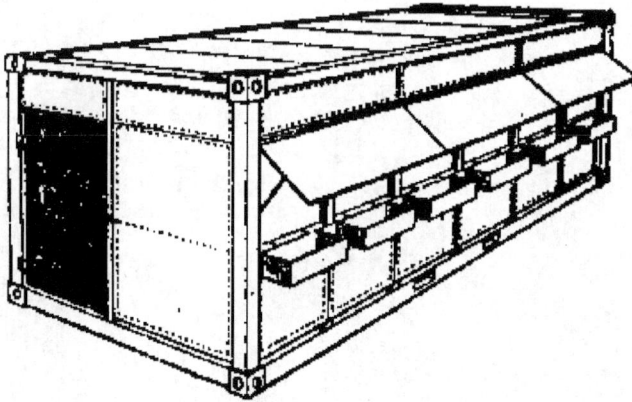

图 9-9　动物集装箱

10）汽车集装箱

汽车集装箱（图 9-10）是在简易箱底上装上一个钢制框架，一般设有侧壁与端壁，汽车在箱内可以装单层也可装双层，因此，相应就有单层汽车集装箱与双层汽车集装箱。汽车集装箱的箱底应用防滑钢板，以防止汽车在箱内滑动，底板上应当有绑扎用的设备，装载后必须用索具把汽车系紧。

图 9-10　汽车集装箱

11）服装集装箱（挂衣集装箱）

这种集装箱（图 9-11）在箱内上侧梁上装有许多根横杆，每根横杆上垂下若干条皮带扣、尼龙带扣或绳索，成衣利用衣架上的钩，直接挂在带扣或绳索上。这种服装装载法属于无包装运输，它不仅节约了包装材料和包装费用，而且减少了人工劳动，提高了服装的运输质量。专门针对一些易皱不宜折叠的高档服装，如西装、衬衫等。保证运输过程中服装的质量。

图 9-11　服装集装箱

12）航空集装箱

由于航空运输平稳、对所运货物的冲击最小，对于航空运输货物，包装可以相对轻薄，从而可减少货物的包装费用。所以航空集装箱（图 9-12）与陆运和海运的集装箱略有不同。国际航空集装箱主要可以分为以下几种。

（1）航空运输专用集装箱。形状为长方形，不能在机舱内直接系固，在箱上不设角件，不能堆装。

（2）陆空联运用集装箱。它可以用空运和陆运系统的装卸工具进行装卸和搬运。有的上部无角件而下部有角件，不能堆装；有的上下部都有角件，既可吊装，也可堆装；还有的除上下都有角件，还有叉槽，可以使用叉车进行装卸。

（3）海陆空联运集装箱。这类集装箱的特点是上下部都有角件，可以堆装。海陆空联运集装箱与一般的集装箱有很大的区别，主要是其结构强度比一般集装箱弱得多。这种集装箱的堆码层数受到严格的限制。在海陆空联运时，在装卸时必须与其他标准集装箱严格区别，在装船时，绝对不能装在舱底。

图 9-12　航空集装箱

➤知识拓展

安全智能集装箱

安全智能集装箱狭义上指具有自动识别、信息存储和通信、智能监控等功能的集装箱，广义上指在箱体上装有安全智能设备，从而具有安全智能功能的集装箱。

（1）自动识别功能。自动识别集装箱，使其与作业系统进行快速的信息交换，减少手工录入及单证流转过程中的差错，同时提高通关速度。

（2）安全监测功能。探测并记录集装箱的非法入侵事件，识别并记录经授权的开关箱门操作，提供报警功能，协助海关及客户进行快速查验，确定安全责任划分。

（3）定位和追溯功能。通过管理信息系统和定位技术手段，记录和查询（或自动报告）集装箱位置，当与预先设定的运输路线不一致时发出警报信号，同时可以追溯集装箱运输过程中的历史状态。

（4）状态监测功能。利用传感器技术和网络通信技术，实现对运输过程中集装箱状态的实时监测。

（5）集装箱堆场自动作业功能。由于安全智能集装箱具有自动识别能力，所以堆场机械能在无人操作的情况下，自动找到对应的集装箱，并根据系统提供的信息，将集装箱放在计划的堆场位置上。

（6）信息服务功能。自动记录集装箱的关键信息，如箱内货物、箱号、提单号等，并通过与后台信息系统的数据关联，实现经授权的信息管理和查询功能。

（7）集装箱设备维护和管理功能。记录集装箱的生产商、生产日期、规格、维护情况、箱主等信息，集装箱管理人（箱主或租箱人）可以据此安排集装箱设备的维护和保养计划。

二、集装箱运输设备

1. 公路集装箱运输车辆

1）集装箱牵引车

（1）集装箱牵引车按驾驶室的形式分为平头式和长头式两种。平头式牵引车发动机直接置于驾驶员座位下面，长头式牵引车的发动机和前轮布置在驾驶室的前面。

（2）集装箱牵引车按其用途又可分公路运输用牵引车和货场运输用牵引车。公路运输用牵引车，用于高速和长距离运输，功率都比较大，具有多挡变速，可以达到比较高的行驶速度。场地用牵引车，主要用于港口或集装箱货场作短距离运输。要求回转半径小、机动性和操纵性好；与底盘车连接或脱挂迅速、准确和方便，要求有特别良好的视野等。

2）集装箱半挂车

集装箱半挂车具有机动性好，适用于"区段运输"、"甩挂运输"和"滚装运输"的特点，是一种理想的集装箱运输车型。

根据使用场合的不同，集装箱半挂车可分为公路用半挂车和场站用半挂车两大类。公路运输用半挂车：其外轮廓尺寸、轮压和轴荷重，均应符合国家标准规定。为了保证运输安全，挂车上安装有固定集装箱用的旋锁装置。货场运输用半挂车的外轮廓尺寸不受国家对于车辆限界规定限制，其固定集装箱用的装置也较公路用的简单。但半挂车的全长和轴负荷要考虑码头货场道路的技术条件。货场上用的半挂车主要有平板式和骨架式两种。各类型半挂车特点及用途见表9-3。

表9-3 各类型半挂车特点及用途

半挂车类型	特点	用途
平台式半挂车	自身的整备质量较大，承载面较高	既能装运国际标准集装箱，又能装运一般货物。主要用于需要兼顾装运集装箱和一般长大件货物
骨架式半挂车	其自身整备质量较轻，结构简单，维修方便	专门用于运输集装箱，在专业集装箱运输企业中普遍采用
鹅颈式集装箱半挂车	车架的鹅颈部分可插入集装箱底部的鹅颈槽内，从而降低了车辆的装载高度	专门运载40ft集装箱的骨架式半挂车
可伸缩式集装箱半挂车	车架长度可变，上下框架之间可以前后移动	适应装运不同吨位集装箱的要求
自装卸集装箱运输车	能够独立完成装卸和运输作业	专用集装箱运输车

2. 铁路集装箱运输车辆（图 9-13）

图 9-13　铁路集装箱运输车辆

其分类见表 9-4。

表 9-4　铁路集装箱运输车辆分类

分类方式	类别
按装卸方式	吊装式、滚装式、侧移式、回转式
按车底板结构	平板式、骨架式
按车底板长度	40ft、60ft、26m（80ft）、29.5m（90ft）、其他长度
按车辆的轴数	转向架式四轴车、转向架式六轴车、铰接式车组
按车辆组织方式	编挂于定期直达列车的专用车辆、随普通货物列车零星挂运的专用车辆

1）按装卸方式分类

（1）吊装式集装箱专用车。集装箱的装卸采用各种起重设备进行吊装的铁路集装箱专用车。目前大部分的集装箱专用车均属于这种吊装式集装箱专用车。

（2）滚装式集装箱专用车。对平板式集装箱专用车，可以采用滚装的办法装卸拖车式集装箱，用于驼背运输的车辆都是滚装式集装箱专用车。由于集装箱连同拖车一起装载在铁路集装箱专用车上，其稳定性较差，载重量利用率低，并且容易超出铁路机车车辆限界。为降低其装载高度，欧美国家和日本均采用了袋鼠式凹平台的驼背运输专用车。

（3）侧移式集装箱专用车。在集装箱专用车上装备引导用的 U 型导轨，通过液压装置和锁链把集装箱移到拖车上。这种装卸方式不需要专用的装卸机械，只需要特殊的车底结构，就能直接完成铁路与公路的转运。在日本和欧美的内陆运输中采用了这种车辆。

（4）回转式集装箱专用车。在集装箱专用车设置可以回转的转台，利用集装箱转台上的回转来完成集装箱的铁路与公路的换装。

2）按车底板结构分类

铁路集装箱专用车按车底板结构分类如下。

（1）平板式集装箱专用车。类似于普通平车，只是在集装箱的底角件的位置增设固定集装箱的紧固装置，通常为翻板式的锥形定位销。这种车辆通用性较强，既可以装载集装箱，也可以当成普通平车使用。

（2）骨架式集装箱专用车。其车底架呈骨架式结构，专门用于装载各型集装箱。它的重量是在普通平车上减轻了 10%～15%，造价降低约 15%，是装载集装箱经济安全的车型。

3）按车底板长度分类

铁路集装箱专用车按车底板长度分类如下。

（1）40ft 集装箱专用车。它具有 2 个 TEU 箱位，可装载 1 个 13m（40ft）的集装箱或 2 个 6.6m（20ft）的集装箱，也可装载 3.3m（10ft）和国内中小型集装箱，适应面较广，能灵活运用。

（2）60ft 集装箱专用车。它具有 3 个 TEU 箱位，可装载 1 个 13m（40ft）集装箱和 1 个 6.6m（20ft）集装箱或 3 个 6.6m（20ft）集装箱。这种长度的车辆也比较多。

（3）26m（80ft）集装箱专用车。它具有 4 个 TEU 箱位，适合装载 2 个 13m（40ft）集装箱。1961 年在美国最先使用。

（4）29.5m（90ft）集装箱专用车。适合装载 2 个 14.8m（45ft）集装箱。1968 年在美国最先使用。

（5）其他长度的集装箱专用车。为了适应各种非国际标准集装箱的装载，世界各国还制造了各种非标准长度的集装箱专用车。如欧洲国家 15.7m（48ft）的集装箱专用车、德国的 20.6m（63ft）集装箱专用车、芬兰的 21.7m（66ft）集装箱专用车等。

4）按车辆的轴数分类

铁路集装箱专用车按车辆的轴数分类如下。

（1）转向架式四轴车。13m（40ft）和 19.7m（60ft）集装箱专用车，通常使用两台两轴转向架，共四个轴。

（2）转向架式六轴车。当集装箱专用车车体较长、载重量较大时（如装载 4TEU 的 26.2m（80ft）集装箱专用车），如果使用两台两轴转向架超过了最大允许轴重，则应使用两台三轴转向架，共六个轴。

（3）铰接式车组。1984 年美国设计制造的双层集装箱专用车采用了铰接式结构，即将五辆双层集装箱专用车铰接在一起，形成一个固定的车组。

5）按车辆组织方式分类

铁路集装箱专用车按车辆组织方式分类如下。

（1）编挂于定期直达列车的专用车辆。这类集装箱专用车结构比较简单，大部分车采用骨架式，底架有旋锁加固装置，用以固定集装箱。由于这类车辆都以固定形式编组，定期往返于两个办理站之间，无需经过调车作业，所以车辆不必有缓冲装置，各种用于脱挂钩、编组的设施都可简化。

（2）随普通货物列车零星挂运的专用车辆。这类专用车辆需要编挂到普通货物列车中运行。由于要进行调车作业，所以必须像普通铁路车皮一样装有缓冲装置，结构比前一种专用车复杂。

3. 水路集装箱运输船舶

集装箱运输船（图9-14）是一种新型的船，它没有内部甲板，机舱设在船尾，船体其实就是一座庞大的仓库，可长达 300m，再用垂直导轨分为小舱。当集装箱下舱时，这些集装箱装置起着定位作用；船在海上遇到恶劣天气时，它们又可以牢牢地固定住集装箱。

图 9-14　集装箱运输船

1）按船型分

可将集装箱船舶分为部分集装箱船、全集装箱船和可变换集装箱船三种。

（1）部分集装箱船，以船的中央部位作为集装箱的专用舱位，其他舱位仍装普通杂货。

（2）全集装箱船（图 9-15），指专门用于装运集装箱的船舶。它与一般杂货船不同，其货舱内有格栅式货架，装有垂直导轨，便于集装箱沿导轨放下，四角有格栅制约，可防倾倒。集装箱船的舱内可堆放 3～9 层集装箱，甲板上还可堆放 3～4 层。

图 9-15　全集装箱船

（3）可变换集装箱船，其货舱内装载集装箱的结构为可拆装式的。因此，它既可装运集装箱，必要时也可装运普通杂货。这种集装箱船航速较快，大多数船舶本身没有起吊设备，需要依靠码头上的起吊设备进行装卸，所以也称为吊上吊下船。

2）按装卸方式分

可将集装箱船舶分为吊装集装箱船、滚装式集装箱船、滚—吊船、载驳船。

（1）吊装集装箱船（图 9-16）是指利用船上或码头岸边上的起重设备将集装箱进行垂直装卸的船舶。

图 9-16　吊装集装箱船

（2）滚装式集装箱船（图 9-17）是利用船侧、船首或船尾的开口，通过自身配备的跳板将集装箱与牵引车一起，沿水平方向进行滚动装卸的船舶。滚装船是一种多用途的运输船舶，除了可装载集装箱，还可以装载长大重件、成组货物及各种车辆等。它对装卸货物品种、类型要求的灵活性很大，这有利于提高船舶的载货量。但是，由此而对船型带来许多与普通船型、集装箱船型不同的要求和特点。

图 9-17　滚装式集装箱船

（3）滚—吊船是舱内利用跳板进行滚动装卸集装箱，而甲板上用岸边集装箱起重机进行垂直装卸的一种特殊船型。由于两种方式同时进行，可加速集装箱的装卸。为了更好地配合这种船的装卸作业，国外还设有滚装—吊装两用船专用码头。

4. 航空集装箱运输工具

航空集装箱的运输工具主要是货机（图 9-18）。货机中能装载航空成组器的机型，主要为波音、道格拉斯和洛克希德三类。由于各飞机制造公司采用相同的基本尺寸，所以成组器在各种机型中的互换性较好。这种互换性使航空公司可以减少"互换器"的备用量，节约投资，也在转机运输时，使货物不必捣载，缩短了转机时间。

图 9-18　航空货机

三、集装箱装卸设备

1. 岸壁集装箱装卸桥

岸壁集装箱装卸桥（图 9-19）简称岸桥，是目前常用的集装箱装卸专用设备，也是

图 9-19　岸壁集装箱装卸桥（岸桥）

集装箱码头前沿集装箱船舶装卸作业的主要机型。它是码头前沿机械，是码头集装箱作业的起点和终点，承担集装箱装、卸船作业，其对集装箱的处理速度和效率往往决定整个集装箱码头的吞吐量水平。临海（水）侧有外伸的悬臂，用以装卸船；在陆侧则有后伸壁，上面设有平衡装置，以保持装卸桥的平衡与稳定，外伸臂是活动式的，平时吊起，放下后即可进行作业。为了便于船舶靠离码头，桥架外伸部分通过俯仰机构，可以上下俯仰。通过大车走行机构整机可沿轨道行走，以便换位、换舱及换泊位作业。通过小车走行机构，配有集装箱专用吊具的走行小车可沿桥架轨道前后运动吊运集装箱，和起升机构一起，进行装船或卸船作业。岸桥分类、特点及用途见表 9-5。

表 9-5　岸桥分类、特点及用途

分类方式	类别	特点及用途
按门架结构	A 型	架造型美观，避让船舶容易，整机重量轻
	H 型	焊接工艺性好，制造拼装容易，整机高度低
	组合型门架	兼顾 A、H 两型门架特点，主要用于大型岸桥
按前大梁让船方式	仰式	前大梁可以向上仰，结构简单，但仰起后高度较高，是目前采用最多的方式
	折叠式	前大梁分为两段，仰起时中间折叠，结构较复杂，适用于距离机场较近高度有限制的码头
	滑梁式	前大梁可伸出或缩进，结构复杂，只在高度受到限制的码头使用
	固定式	整个桥架为一体，固定不变，结构最简单，主要用于船舶高度不需避让的驳船码头

2. 跨运车

跨运车（图 9-20）是集装箱码头和中转站堆场搬运、堆码集装箱的专用机械。它以门形车架跨在集装箱上，由装有集装箱吊具的液压升降系统吊起集装箱，进行搬运和堆码。此外，还可用跨运车在堆场上装卸集装箱牵引挂车。它与集装箱场桥比较，具有更大的机动性，既可采用跨运车在码头前沿与堆场之间单独进行搬运作业，也可与集装箱场桥和集装箱牵引挂车配合使用。

集装箱跨运车的车体结构通常分为三种：一是无平台及跨运和装卸共享结构；二是有平台及跨运和装卸共享结构；三是有平台及跨运和装卸专用结构。

3. 集装箱叉车

集装箱叉车（图 9-21）是港口最常见的专门机械，可用于装卸、搬运及堆码作业，也可用于拆箱，根据货叉位置分为正面集装箱叉车和侧向集装箱叉车两种。适用于空箱作业和一般吞吐量较少的多用途泊位。

优点：机动灵活，既可水平运输，也可进行堆码、搬运及底盘车作业；造价低，使用方便，性能可靠。缺点：轮压大，要求场地承载能力高。

图 9-20 跨运车   图 9-21 集装箱叉车

4. 集装箱正面吊运机

集装箱正面吊运机（图 9-22）简称正面吊，是目前码头堆场上使用最频繁的集装箱专用机械。优点：机动性强，可吊装作业，又可短距离搬运；一般可吊装 4 层箱高，稳性好，轮压不大，是比较理想的堆场装卸搬运机械，适用于集装箱吞吐量不大的码头，也适用于空箱作业。

图 9-22 集装箱正面吊运机

5. 龙门起重机

龙门起重机简称龙门吊，是在集装箱堆场上进行集装箱堆垛和车辆装卸的机械。龙门起重机有轮胎式和轨道式两种。

6. 空箱堆高机

空箱堆高机（图 9-23）可用于空箱堆场进行空箱堆码和搬运作业，操作方式类似叉车，但起吊集装箱采用抓夹方式，一般可抓取 8t 空箱，可堆高 8 层空箱。

图 9-23　空箱堆高机

7. 集装箱吊具

集装箱吊具是集装箱岸桥、场桥、正面吊等集装箱专用机械的重要取物装置。依照集装箱吊具、吊架的结构通常可将吊具分为固定吊具、旋转吊具、伸缩式吊具和组合式吊具。除此之外，目前也有如双箱吊具得到了应用。

8. 拆箱机械

一般为 1.5～3.0t 低门架叉车、手推搬运车等。

第三节　集装箱堆场管理

集装箱堆场（Container Yard，CY）：指办理集装箱重箱或空箱装卸、转运、保管、交接的场所。它是集装箱运输关系方的重要组成，在集装箱运输中起到重要作用（图9-24）。

图 9-24　集装箱堆场

一、集装箱区划分及箱位编码方式

1. 堆场箱区的划分（表9-6）

表 9-6　堆场箱区划分

分类方式	种类
按进出口业务	进口箱区
	出口箱区
按集装箱货种	普通箱区
	冷藏箱区
	特种箱区
	中转箱区
集装箱装载状态	空箱区
	重箱区

危险品箱区、冷藏箱区有特殊设备，如冷藏箱区有电源插座，危险品箱区有喷淋装置及隔离栏，因此箱区是相对固定的。中转箱区虽无特殊设备，但因海关部门有特殊要求，也是相对固定的。

码头箱管人员在安排箱区时，原则上各箱区堆放哪一类箱是相对固定的，但也可以根据码头进出口箱的情况、实际堆存情况、船舶到港情况和船公司用箱情况等，适当调整各箱区的比例。

2. 堆场箱区的箱位编码方式

集装箱堆放在码头堆场，一般在场地上都要按照集装箱的箱型、尺寸预先划出标准区域，并用一组代码来表示在堆场内的位置，这个位置称为"场箱位"。

在场箱位端线标出标号，称为"场箱位号"，一定区域或范围的箱位，再编上号码，称为"场位号"。场箱位由箱区、位、排、层组成。

（1）箱区：表示方法有两种，一种由一个英文字母表示，另一种由一个英文字母和一位阿拉伯数字组成。英文字母表示码头的泊位号，阿拉伯数字表示堆场从海侧到陆侧后方堆场的顺序号。

（2）位（行）：一个箱区若由若干个位组成，位（行）的编码一般可用两位阿拉伯数字表示，与集装箱船舶箱位（行）号表示类同，奇数 01、03…表示 20ft 箱位，偶数 02、04…表示 40ft 箱位。

（3）排：用一位阿拉伯数字表示。

（4）层：用一位阿拉伯数字表示。

因此，集装箱的场箱位一般用 5 位或 6 位表示，例如，"A0111"表示该箱在 A 箱区 01 位第 1 排第 1 层；"A10111"表示相同含义。

一些港口也采用自己的编码规则，但大同小异。

➤知识拓展

深圳盐田国际集装箱码头，集装箱在盐田国际堆场的具体的位置用段、间、行、高四个参数来表示。例如，38160503 表示集装箱所在位置是在堆场中 38 段位，第 16 间、第 5 行、第 3 层高。

二、集装箱堆场收箱、提箱管理

1. 堆场收箱管理

收箱业务一般是指进出口重箱集港堆场收箱交接，或码头货运站装箱后重箱返回堆场交接以及受船公司委托空箱的交接。前两种重箱，在堆场出口区域内进行交接，而返空箱的交接则在堆场专门设置的空箱堆存区域内进行。出口重箱收箱作业流程如图 9-25。

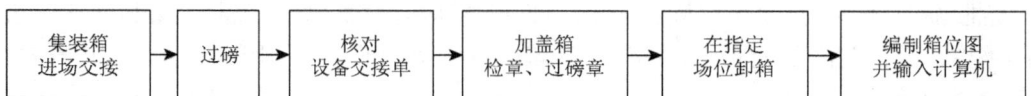

图 9-25　出口重箱收箱作业流程

（1）公路承运人凭进场设备交接单和其他相应业务单证，在码头检查进场通道与堆场理货员办理集装箱进场交接。

（2）公路承运人将拖车开到闸口地磅上称重，过磅理货员用计算机输入箱号、箱型、车号，打印过磅计量单。

（3）闸口理货员核对设备交接单，检查箱体、箱号、铅封、船名、航次、车队、车号后双方签字。

（4）闸口理货员在出口箱入场单上加盖箱检章、过磅章。

（5）运箱人将拖车开到堆场指定场位卸箱。

（6）堆场箱控部门根据堆场积载计划安排，指挥场地机械将重箱卸到指定场位、箱位。

（7）堆场理货员编制箱位图并输入计算机，供调度部门编制出口装船计划。

空箱返回进场业务，是码头堆场受船公司委托进行的，进场交接程序与出口重箱交接相同。码头堆场对进场空箱按不同船公司分别堆码。

2. 码头堆场提箱管理

码头堆场提箱作业涉及几方面业务。

（1）进口重箱出场交接。

（2）货运站交货重箱出场交接。

（3）进口超期箱转栈出场交接。

（4）调运空箱出场交接。

提箱作业在码头堆场进口区域内进行。流程如图 9-26。

图 9-26　出口重箱提箱作业流程

（1）公路承运人凭出场设备交接单、交货记录、集装箱提箱凭证，在闸口与出场通道与堆场理货员办理出场交接。

（2）堆场理货员核对运箱人所持设备交接单、交货记录、集装箱提箱凭证、费用结算单证、有效放行单证，并经双方检查箱体、铅封后在设备交接单上签字交接。

（3）运箱人凭闸口理货员开具的出门证，从闸口出场通道运箱出场。

（4）堆场理货员将提箱信息及时输入计算机，及时变更堆场箱位图。

三、集装箱堆存管理

1. 集装箱堆垛的基本要求

堆场堆垛的基本原则就是保证集装箱堆放安全，减少翻箱率，充分利用堆场面积。箱型不同、工艺不同、货种不同，堆垛方式也不相同。

（1）根据集装箱的不同箱型分开堆垛。

（2）根据箱内装载货种不同分开堆垛。

（3）满足堆场作业机械的工艺要求。

（4）堆码层高视码头具体条件及荷载而定。

（5）合理安排出口箱进场堆放。

2. 集装箱堆场堆存管理

（1）堆场配载室业务：根据船公司或代理人提供的出口集装箱装货清单及预配清单、集装箱预配图，结合码头进箱堆存实际情况，编制出口集装箱实配图。

（2）堆场调度（策划）室业务：根据船舶靠离计划和堆场实际堆存能力，规划重箱、空箱进出口箱区；根据闸口人员整理的门票，为接收的集装箱指定堆场箱位，编制堆场箱位图和堆场作业计划图；根据靠泊船舶的积载图，编制装卸顺序单（装卸船计划）。

（3）堆场箱控室业务：执行装卸作业计划和堆场作业计划，包括进出场作业、验关移箱作业和装卸船作业。

四、集装箱堆场清场作业

为保证核心班轮进出口作业正常进行，保证核心班轮班期，根据船期预报，提前做好场地安排，是堆场管理中不可缺少的工作。清场作业是堆场计划中的主要内容之一。程序如下。

（1）堆场箱控部门根据调度策划室下达的清场单中明确的箱位、箱量，对需要清理的进出口场地，通知陆运调度员组织作业。

（2）调度员视清场作业的倒箱量（捣箱量），配备场地及水平搬运机械，按照清场单进行倒箱作业。

（3）清场作业后，堆场理货员将发生移动的集装箱箱号、场位号重新输入计算机并通知相关部门可以卸箱的场位。

五、堆场中转箱管理

国内中转箱：在境外装货港装船后，经国内中转卸船后转运到境内其他港口的集装箱，以及在国内装货港已办理结关手续，船公司出具全程提单，经国内中转港转运至国外目的港的集装箱。

国际中转箱：由境外起运，经中转港换装国际航线船舶后，继续运往第三国或地区指定口岸的集装箱。

1. 一程船卸船

一程船：对某一中转箱而言将该箱从起运港至中转港的船舶。

港口配载计划员在收到船公司资料后，将其中的中转资料交中转业务员处理。中转业务员将中转资料输入计算机，在船舶卸船后，将中转资料与实卸情况核对，发现问题通知有关方面协调解决。对于一程船卸船后超过一定时间（14 天）还没出运的中转箱，码头中转业务员主动与代理联系，及时安排二程船转运。

2. 二程船装船

二程船：对某一中转箱而言将该箱从中转港载运至目的港的船舶。

中转业务员收到中转通知书后，将通知书（需有海关放行章）连同外区拖进本码头的中转箱的动态表交配载员处理。装船结束后，中转业务员将经由配载员注明中转箱实际装箱情况和卸船时间的中转通知书与已装船的动态表等单证一起交收费部门。

3. 中转箱跨区拖运

如中转箱一程船与二程船装船不在同一码头，卸船后必须跨区拖运。拖出地码头的中转业务员在安排出场计划的同时开具中转动态表（一式二联），附在作业申请单上交出场检查口。驾驶员拖箱时与检查口人员办理设备交接，检查口人员自留动态表一联，附在出场报表上交收费部门，其余交驾驶员。拖进地码头检查口业务员和驾驶员办理设备交接，同时收下两联动态表，一联交中转业务员，另一联附在进场报表上交收费部门。

4. 危险品中转箱转存

凡不宜在码头堆存的危险品中转箱，码头中转业务员及时通知代理安排转运，出场时，中转业务员填写作业申请单和动态表（一式三联）交检查口。检查口自留一联，附在出场报表上交收费部门，其余交驾驶员。驾驶员进场将动态表交堆场业务员，堆场业务员保留以备日后进场之用。

5. 中转箱倒箱

国际中转箱如因箱体损坏、用错箱等原因需要倒箱的，船舶代理应出具联系单给码头和海关。如在码头外倒箱，码头应根据海关许可证，安排出场计划和进场计划；如在码头内倒箱，则要有海关、船舶代理、理货员在场，倒箱后海关加铅封。

➤知识拓展

推进工业 4.0 时代自动化集装箱码头发展

近年来，为奠定德国在重要关键技术上的国际顶尖地位，继续加强德国作为技术经济强国的核心竞争力，德国推出以智能工厂和智能生产为核心的"工业 4.0"概念。"工业 4.0"也称为继机械化、电气化和信息化三大工业革命之后的第四次工业革命。

从智能工厂到智能港口，从智能生产到自主装卸，"智能化"在港口领域不仅是概念上的发展，而且是当前发展实践之路。18000 TEU、19100 TEU 甚至将来 22000 TEU 等超大型集装箱船舶的不断推出对集装箱码头装卸能力提出新的要求。在此背景下，随着码头整体装备设计、制造水平的不断提升以及新工艺、新技术的不断完善，世界自动化集装箱码头在经历一段技术发展期后，掀起新一波建设热潮。据统计，目前世界建成和在建的自动化集装箱码头项目共计 32 个。近期，我国天津港、青岛港、上海港等港口已经将自动化集装箱码头建设提上议事日程，特别是天津港正在进行堆场局部自动化的尝试。此外，厦门远海码头已于 2014 年建成首个全自动化泊位并投入试运营。

集智能管理、智能识别及自主装卸等高新科技于一体的自动化集装箱码头正是"工业 4.0"概念的典型案例。在当前我国经济转型发展的背景下，自动化集装箱码头相关领域的研究对推动我国港口建设事业进一步发展具有重要意义。

案例来源：集装箱化. 2014.

第四节　集装箱多式联运业务流程

一、国际多式联运主要业务操作

多式联运经营人从事多式联运业务时，大致需要经过接受托运申请，订立多式联运合同；空箱发放、提取及运送；出口报关；货物装箱及接收货物；向实际承运人订舱及安排货物运送；办理货物保险；签发多式联运提单，组织完成货物的全程运输；办理运输过程中的海关业务；货物交付；货物事故处理等环节。

1. 托运申请，订立多式联运合同

多式联运经营人根据货主提出的托运申请和自己的运输线路等情况，判断是否接受该托运申请。如果能够接受，则双方协定有关事项后，在交给发货人或其代理人的场站收据（空白）副本上签章（必须是海关能接受的），证明接受委托申请，多式联运合同已经订立并开始执行。

发货人或其代理人根据双方就货物交接方式、时间、地点、付费方式等达成协议，填写场站收据（货物情况可暂空），并把其送至联运经营人处编号，多式联运经营人编号后留下货物托运联，将其他联交还给发货人或其代理人。

2. 空箱的发放、提取及运送

多式联运中使用的集装箱一般应由经营人提供，这些集装箱来源可能有三个。

（1）经营人自己购置使用的集装箱。

（2）向租箱公司租用的集装箱，这类箱一般在货物的起运地附近提箱而在交付货物地点附近还箱。

（3）由全程运输中的某一分运人提供，这类箱一般需要在多式联运经营人为完成合同运输与该分运人（一般是海上区段承运人）订立分运合同获得使用权。

3. 出口报关

若联运从港口开始，则在港口报关；若从内陆地区开始，应在附近的内陆地海关办理报关。出口报关事宜一般由发货人或其代理人办理，也可委托多式联运经营人代为办理（这种情况需加报关手续费，并由发货人负责海关派员所产生的全部费用）。报关时，应提供场站收据、装箱单、出口许可证等有关单据。

4. 货物装箱及接收货物

若是发货人自行装箱，发货人或其代理人提取空箱后在自己的工厂和仓库组织装箱，装箱工作一般要报关后进行，并请海关派员到装箱地点监装和办理加封事宜。如需理货，还应请理货人员现场理货并与之共同制作装箱单。

如是拼箱货物，发货人应负责将货物运至指定的集装箱货运站，由货运站按多式联运经营人的指示装箱。

无论装箱工作由谁负责，装箱人均需制作装箱单，并办理海关监装与加封事宜。

对于由货主自装箱的装箱货物运至双方协议规定的地点，多式联运经营人或其代表（包括委托的场站业务员）在指定地点接收货物。如是拼箱货，经营人在指定的货运站接收货物。验收货物后，代表联运经营人接收货物的人应在堆场收据正本上签章并将其交给发货人或代理人。

5. 订舱及安排货物运送

经营人在合同订立之后，即应制定该合同涉及的集装箱货物的运输计划。该计划应包括货物的运输线路、区段的划分、各区段实际承运人的选择确定及各区段间衔接地点的到达、起运时间等内容。这里所说的订舱泛指多式联运经营人要按照运输计划安排洽定各区段的运输工具，与选定的各实际承运人订立各区段的分运合同。这些合同的订立由经营人本人（派出机构或代表）或委托的代理人（在各转接地）办理，也可请前一区段的实际承运人作为代表向后一区段的实际承运人订舱。

货物运输计划的安排必须科学并留有余地。工作中应相互联系，根据实际情况调整计划，避免彼此脱节。

6. 办理保险

在发货人方面，应投保货物运输险。该保险由发货人自行办理，或由发货人承担费用由经营人作为代理。货物运输保险可以是全程，也可分段投保。在多式联运经营人方面，应投保货物责任险和集装箱保险，由经营人或其代理人负责办理保险。

7. 签发多式联运提单，组织完成货物的全程运输

多式联运经营人的代表收取货物后，经营人应向发货人签发多式联运提单。在把提单交给发货人前，应注意按双方协定的付费方式及内容、数量向发货人收取全部应付费用。

多式联运经营人有完成和组织完成全程运输的责任与义务。在接收货物后，要组织各区段实际承运人、各派出机构及代表共同协调工作，完成全程中各区段的运输、各区段之间的衔接工作，运输过程中所涉及的各种服务性工作和运输单据、文件及有关信息等组织与协调工作。

8. 运输过程中的海关业务

按照国际多式联运的全程运输（包括进口国内陆段运输）均应视为国际货物运输。因此该环节工作主要包括货物及集装箱进口目的地通关手续，进口国内陆段保税（海关监管）运输手续及结关等内容。如果陆上运输要通过其他国家海关和内陆运输线路时还应包括这些海关的通关及保税运输手续。

这些涉及海关的手续一般由多式联运经营人的派出机构或代理人办理，也可由各区段的实际承运人作为多式联运经营人的代表代为办理。由此产生的全部费用，应由发货人或收货人负担。

如果货物在目的港交付，则结关应在港口所在地海关进行。如在内陆地交货，则应在口岸办理保税（海关监管）运输手续，海关加封后方可运往内陆目的地，然后在内陆海关办理结关手续。

9. 货物交付

当货物运至目的地后，由目的地代理通知收货人提货。收货人需凭多式联运提单提货，经营人或其代理人需按合同规定，收取收货人应付的全部费用，收回提单签发提货单（交货记录），提货人凭提货单到指定堆场和地点提取货物。

如是整箱提货，则收货人要负责至拆箱地点的运输，并在货物取出后将集装箱运回指定的堆场，运输合同终止。

10. 货运事故处理

如果全程运输中发生了货物灭失、损害和运输延误，无论是否能确定损害发生的区段，发（收）货人均可向多式联运经营人提出索赔。多式联运经营人根据提单条款及双方协议

确定责任并做出赔偿。如果确知事故发生的区段和实际责任者，可向其进一步进行索赔。如不能确定事故发生的区段，一般按在海运段发生处理。如果已对货物及责任投保，则存在要求保险公司赔偿和向保险公司进一步追索问题。如果受损人和责任人之间不能取得一致意见，则需通过在诉讼时效内提起诉讼和仲裁来解决。

二、国际集装箱海铁多式联运出口业务程序

国际集装箱海铁多式联运出口，是指货方采取海铁联运方式，在内地口岸将出口集装箱装上铁路集装箱班列，由铁路集装箱班列运至集装箱码头后，换装海运船舶，由海运船舶继续将集装箱运至目的港，并交付收货人。以下即为到岸价格（CIF）条件下，国际集装箱整箱货海铁多式联运出口业务的基本程序。

（1）接受托运申请，订立多式联运合同。内地托运人向多式联运经营人或其内地口岸代理申请订舱，多式联运经营人或其内地口岸代理根据货方提出的订舱申请并结合自己的运输路线等情况，判断是否接受该托运申请，如果接受则订立多式联运合同。

（2）编制月计划、日计划，向铁路部门、船公司订车、订舱。多式联运经营人或其代理在合同订立后，应根据运输任务，编制月计划和日计划，按时向铁路部门申报订车计划，同时还应向船公司订舱，并通知托运人安排货物运送事宜。

（3）提取空箱。除货主自备箱，实际业务中大多使用多式联运经营人的集装箱或船公司的集装箱。多式联运经营人应根据实际装箱地点和空箱存放情况，确定提取空箱的方式。

①在装箱点装箱且装箱点备有空箱，则通知仓库备箱即可。

②在装箱点装箱，但装箱点无空箱，则需要安排汽车或火车运空箱至装箱点。

③在货主产地装箱，则需要办理申请调箱、提箱并安排汽车或火车送至货主产地等事宜，以便货主装箱。

（4）货主安排货物进库场。在收到进货信息后，对于装箱点装箱的货物，货主自行或委托代理安排汽车等运输工具将货物送至装箱点，以便在装箱点装箱。

（5）申请火车车皮，办理货物装车。多式联运经营人或其代理根据日计划，填写铁路运单，向铁路申请车皮，办理集装箱装车事宜。

（6）报关报验。多式联运经营人根据托运人交付的委托书、买卖合同、发票等报关单证，在内地口岸海关办理转关运输，取得海关批准后，将海关关封交付铁路部门。

（7）签发全程多式联运提单。内地口岸托运人根据多式联运经营人的指示将货物交付铁路部门并装上铁路集装箱专列后，多式联运经营人或其代理签发全程多式联运提单交付托运人。

（8）传递货运信息和寄送相关单证。多式联运经营人内地代理应将铁路运单正本等相关单证寄送多式联运经营人中转港代理，将多式联运提单副本寄送多式联运经营人或其目的港代理，与此同时，还应向有关方传递有关集装箱班列动态等信息。

（9）办理货物在中转港的海关手续及制作货运单据。多式联运经营人中转港代理根据

内地代理提供的信息和收到的运单等单证制作出口单证，如场站收据、提单，并办理海关手续，将海关放行单证送交码头，以便接货及装船。

（10）货交船公司，船公司签发提单。多式联运经营人海运出口地代理将海关放行的集装箱装上指定船舶后，船公司签发海运提单，以便多式联运经营人能在目的港凭此提取货物。

（11）传递货运信息及寄送相关单证。多式联运经营人中转港代理应将船舶的动态通知给多式联运经营人、多式联运经营人下一港代理、内地托运人，以便有关方了解船舶的动态，同时将提单等相关单证寄送下一港代理，以便其凭此提取货物。

（12）提取货物与交付货物。多式联运经营人目的港代理凭正本提单从承运人或其代理处提取货物，并根据收货人交付的正本多式联运提单将集装箱交付收货人。

三、国际集装箱海铁多式联运进口业务程序

国际集装箱海铁多式联运进口，是指货方采取海铁联运方式，在国外装货港将进口集装箱装上船舶，由该船舶运至国内中转港后，换装铁路集装箱班列，由铁路集装箱班列继续将集装箱运至内地口岸，并交付收货人。下面即为离岸价格（FOB）条件下，国际集装箱整箱货海铁多式联运进口业务基本程序。

（1）接受托运申请，订立多式联运合同。收货人向多式联运经营人或其内地口岸代理申请订舱，多式联运经营人或其内地口岸代理根据货方提出的订舱申请并结合自己的运输路线等情况，判断是否接受该托运申请，如果接受则订立多式联运合同。

（2）向船公司订舱和向铁路部门申请车皮。多式联运经营人或其代理在合同订立后，应分别向船公司和铁路部门申请订舱、订车皮。

（3）收货人通知托运人准备集装箱装船等事宜。收货人根据从多式联运经营人处所得到的信息，及时通知托运人安排货物交付多式联运经营人在装运港代理或多式联运经营人指定的船公司。

（4）签发全程多式联运提单和收取海运提单。托运人将海关放行的集装箱交付多式联运经营人装港代理，或者根据其指示交付指定船公司后，多式联运经营人或其代理应向其签发全程多式联运提单，托运人取得提单后即可结汇。与此同时，多式联运经营人装港代理应缮制场站收据、提单等，并将集装箱交付船公司或其代理，船公司应向其签发海运提单。

（5）传递货运信息和寄送相关单证。多式联运经营人装港代理应将多式联运提单副本寄交多式联运经营人或其目的地代理，将海运提单寄送多式联运经营人中转港代理，并向有关方传递有关船舶动态等信息。

（6）办理货物在中转港的海关转关手续及制作货运单据。多式联运经营人中转港代理根据上一港代理提供的信息和收到的提单等单证制作铁路运单，并办理海关转关手续，将海关放行单证送交码头，以便接货并将其装上集装箱班列。

（7）货交铁路，铁路部门签发运单。多式联运经营人中转港代理将海关放行的集

装箱装上指定火车后，铁路部门签发铁路运单，以便多式联运经营人能在目的地凭此提取集装箱。

（8）传递货运信息及寄送相关单证。多式联运经营人中转港代理应将铁路集装箱班列的动态向多式联运经营人、多式联运经营人目的地代理、收货人报告，以便有关方了解该班列的动态，同时将运单寄送目的地代理，以便凭此提取货物。

（9）办理海关手续，提取货物与交付货物。多式联运经营人目的地代理凭加盖海关放行章的运单，从承运人或其代理处提取货物，并根据收货人交付的正本多式联运提单将集装箱交付收货人。

➤知识拓展

第三届亚欧交通部长会议 2015 年 4 月 29 日开幕，本届会议以"发展亚欧多式联运"为主题，2015 年 4 月 30 日在里加闭幕，会议通过了旨在发展亚欧多式联运的《里加宣言》。

宣言说，亚欧国家正致力于建设综合、高效、安全、便捷、多式运输系统，包括依托亚欧陆路交通走廊主骨架发展多式联运和其他联运方案。

多式联运是运输业发展的高级形态，也是降低社会物流成本的主要途径。实践证明，各种运输方式通过合理分工和有效衔接建立的综合运输系统是实现多式联运的基础。随着物流体系的不断发展进步，具有快速、安全、运能大、成本低等突出优势的海铁联运，已然成为当今国际上多式联运的重要模式。

第五节　多式联运单据

一、多式联运单据的性质与作用

多式联运单据是指表明或证明多式联运合同和承运人在启运地点接管货物，以及保证在目的地据以交付货物的凭证。

多式联运单据与海上提单的性质和作用基本一致，主要有以下几方面。

（1）表明合同或证明合同功能。多式联运单据是多式联运经营人与托运人之间的多式联运合同的重要组成部分，是与多式联运单据持有人之间的运输合同。

（2）货物收据功能。多式联运单据是多式联运经营人接管货物的证明。多式联运经营人向托运人签发多式联运单据表明其已经接管并临时占有单据货物。因此多式联运单据具有货物收据和证明多式联运经营人开始对货物负责的作用。

（3）货物交付凭证功能。多式联运单据是收货人提取货物和多式联运经营人交付货物的凭证。无论经营人签发哪一类多式联运单据,收货人或多式联运单据的持有人在目的地提货时,必须出具多式联运单据才能换取提货单。同样,多式联运经营人或其代理人也只能把货物交付给多式联运单据持有人。

(4)可转让多式联运单据的物权证据功能。可转让的多式联运单据与传统提单相似,具有初步的物权凭证功能。商人通过转让多式联运单据可以实现货物所有权的转让;银行、承运人可以通过占有多式联运单据取得有条件的货物占有权。

二、多式联运单据的种类

多式联运单据按照是否可以转让分为两大类:可转让的多式联运单据和不可转让的多式联运单据。可转让的多式联运单据又可以分为指示交付和向持票人交付两类。不可转让的多式联运单据一般为记名多式联运单据。

三、多式联运单据的签发

根据《多式联运公约》规定,多式联运经营人在收到货物后,必须向托运人签发多式联运单据,根据托运人的要求,多式联运单据可以是可转让的或不可转让的。多式联运单据签发前托运人还应按照合同规定付清有关费用。现将单据的签发时间、地点以及注意事项分述如下。

1. 多式联运单据签发的时间与地点

因多式联运方式运送的主要是集装箱货物,交货地点有集装箱码头、内陆集装箱堆场(CY)、集装箱货运站(CFS)或者发货人的工厂或仓库(door)等多种地点,多式联运单据的签发时间、地点及多式联运经营人承担的责任及起讫时间也就不同。

(1)在发货人工厂或仓库交付货物。发货人在自己的"门口"(door)交付货物,属FCA、CPT、CIP 术语下"在卖方所在地交货"范畴,场站收据中应当注明该具体交货地点。在这种交货方式下,发货人通常应当负责货物报关、装箱、制作装箱单、联系海关监装并加封,然后将外表状况良好、铅封完整的整箱货物交给多式联运经营人或其代理人。多式联运经营人在接收货物之后,就应当向托运人签发多式联运单据,并承担从发货人工厂或仓库到最终目的地交付地点的全程运输责任。

(2)在集装箱货运站交付货物。在集装箱货运站交付货物属 FCA、CPT、CIP 术语下"在卖方其他地点交货"范畴,多式联运经营人在其自己的或由其委托的集装箱货运站接收货物。该货运站可以在港口附近,也可以在内陆地区,接收的货物一般是拼箱货物(也可以是整箱货物)。集装箱货运站接收货物后,签发场站收据,发货人凭此单据到多式联运经营人或其代理人处换签正本多式联运单据。多式联运经营人接管货物后,负责安排货物装箱，填制装箱单，联系海关加封等业务，并负责将拼装好的集装箱运至最终目的地指定地点。

（3）在码头堆场交付货物。在码头堆场交付货物是"门至门"运输的特殊形式。在这种方式下，发货人需要负责货物装箱、报关、加封等工作，将封好的整箱货物运至多式联运经营人指定的码头堆场，由多式联运经营人委托的堆场代表其接收货物，并向发货人签发正本场站收据，发货人凭此收据到经营人或其代理人处换取多式联运单据。而多式联运经营人应负责完成货物由该堆场至目的地的运输。

在上述各地点签发的多式联运单据，多数属于"待装单据"。为了适应集装箱货物多式联运的这种需要，现行的《跟单信用证统一惯例》规定，银行可以接受注明货物已发运、接受监管或已装载的多式联运单据。

2. 签发多式联运单据的注意事项

根据公约规定精神，多式联运经营人在签发多式联运单据时，应注意以下事项。

（1）如签发可转让多式联运单据，应在收货人栏列明按指示交付或向持票人交付；签发不可转让的多式联运单据时，应列明收货人的名称。

（2）单据上的通知人应当是在最终交货地点由收货人指定的代理人。

（3）正本单据应注明正本份数，每份副本均应注明"不可转让"或"副本"字样。

（4）多式联运单据应由多式联运经营人或经他授权的人签字。如不违背所在国法律，签字可以使用任何形式，包括盖章、手签，或用任何其他机械或电子仪器打出。

（5）在接收货物时，如果对单据中所载明的货物的种类、标志、数量或重量、包件数等有怀疑，又无适当方法进行核对、检查，可以在单据中作出保留声明，注明不符之处和怀疑根据。

（6）经发货人同意，可以签发不可转让电子单据。在这种情况下，应当使用任何方式保存公约规定的多式联运单据应列明的事项。多式联运经营人在接管货物后，应交给发货人一份可以阅读的单据，该单据应载有上述记录的所有事项。根据公约规定，这份单据应视为多式联运单据。多式联运公约中的这项规定，主要是为了适应电子单证的使用而设立的。

四、多式联运单据的内容

在多式联运中，当多式联运经营人收到托运人交付的货物时，应当向托运人签发多式联运单据。多式联运单据应当由多式联运经营人或者经他授权的人签字，这种签字可以是手签、盖章、符号或者用任何其他机械或者电子仪器打出。

多式联运单据一般包括以下 15 项内容。

（1）货物品类、标志、危险特征的声明、包数或者件数、重量。

（2）货物的外表状况。

（3）多式联运经营人的名称与主要营业地。

（4）托运人名称。

（5）收货人名称。

（6）多式联运经营人接管货物的时间、地点。

（7）交货地点。

（8）交货日期或者期间。

（9）多式联运单据可转让或者不可转让的声明。

（10）多式联运单据签发的时间、地点。

（11）多式联运经营人或其授权人的签字。

（12）每种运输方式的运费、用于支付的货币、运费由收货人支付的声明等。

（13）航线、运输方式和转运地点。

（14）关于多式联运遵守《联合国国际货物多式联运公约》的规定的声明。

（15）双方商定的其他事项。

第六节　多式联运运费

国际多式联运采用单一费率，即单位运量（或基本运输单位）的全程费率，是国际多式联运的主要特点之一，与各种单一方式下运输相比较，国际多式联运的程序环节要多很多。与各单一方式承运人比较，国际多式联运经营人在责任期内要承担更多的义务，要实现各区段与全程的运输，又要完成各区段之间的运输衔接，完成其他有关的服务。因此多式联运中运输初步的计算要比各单一方式复杂得多。它随着不同的交货条件，货物的运输形态，交接方式，采用的运输方式，选择的实际承运人和运输线路情况有所变化，因此单一费率的制定是一项较为复杂的工作。

多式联运单一费率的构成，按成本定价原则，是运输成本、经营管理费用和利润的总和。

一、运输成本的主要费用构成

1. 从内陆接货地至枢纽港费用

（1）内陆接管货物大多发生的费用。包括从发货人接管货物后至内陆集装箱中转站等集散点的运输费用，及在中转站发生的集装箱存放费用、站内装卸车费用、站内操作费用等。

（2）中转站至码头堆场运费及其他费用。包括两点之间运输使用的铁路、公路、内河水运或海上支线的运费，在多级集运中产生的各级中转站费用，铁路、公路、水运、支线运输之间的中转全部费用及可能产生的相关的服务费用、代理费等。

（3）干线港（枢纽港）码头服务费。包括卸车费、场内堆存费、移动费、港务费和其他附加费用等。

2. 海上干线运费

此项费用是指多式联运经营人为实现货物海上干线段运输，根据与海上承运人订立的分运合同需要支付的全部费用（运价表提供）。当多式联运经营人在该干线上具有稳定的货源时，可根据在此线路上营运的不同船公司作为自己的长期合作伙伴，订立长期的协议，获得一定数量舱位订舱的优先权与优惠的运价（这种优惠一般是不公开的），每次托运批量越大，优惠越多，可使经营人从运费差价中得到利润。

3. 从海运目的港至最终交货地费用

这部分费用是指从货物干线运输的卸船港至交货地点之间完成货物运输的全部费用，包括以下几类。

（1）码头费用。

（2）码头至内陆中转站费用。

（3）中转站费用及交货地费用。

4. 集装箱租用费和保险费用

（1）集装箱租用费。指由多式联运经营人提供的集装箱（不论是经营人本人的，租用租箱公司的，还是某一实际承运人提供的）的租（使）用费用。此项费用一般按全程预计天数（从提箱至还箱）包干计算。

（2）保险费用。主要包括集装箱保险费和货物运输责任保险费。

二、经营管理费

经营管理费主要包括多式联运经营人与货主、各派出机构、代理人、实际承运人之间信息、单证传递费用、通信费用、单证成本和制单手续费，以及各派出机构的管理费用。这部分费用亦可分别加到不同区段的运输成本中一并计算。

对于全程运输中发生的报关手续费、申请监管运输（保税运输）手续费，全程运输中的理货、检查及由发货人或收货人委托的其他服务引起的费用，一般应单独列出，并根据贸易交易条件规定向应承担的一方或委托方收取，而不包含在单一费率内。

三、利润

利润是指多式联运经营人预期从该线路货物联运中获得的毛利润。一般可通过前面两项费用之和乘以一个适当的百分比确定。

从以上分析可以看出,多式联运单一费率的制定不仅取决于从接收货物地点到交付货物地点之间的运输线路,还取决于线路中区段的划分、方式的选择与实际承运人的选择。不仅与实际发生成本有关,还与竞争的实际情况与需要有关。即使是制定国内段的费率,由于受单一运输方式的长期影响,各段、各方都希望自己多收费,少担风险。而且不同的承运人实际执行的费率也有差别(有时公开的费率差别不大,但实际协议的费率差别较大),因此费率的制定也有相当的难度。至于进口国内陆段费率的确定,则更为困难,一般可向位于当地的代理人、合伙人详细咨询获得。在对国外内陆运费率不了解或了解较少的情况下,目前有的多式联运经营人从国内接收货物地点至到达国口岸采用统一费率(即单一费率中运输成本只包括出口国国内段费用和海上运费),向发货人收取(预付运费),而从到达国口岸至内陆目的地的费用按实际成本确定,另向收货人收取(到付运费)。

采用单一费率是多式联运的基本条件之一,没有单一费率,多式联运是很难成交的。由于各区段的运费可能发生变化(有时变化还可能较大),因此确定单一费率时使用的上述各数据应是较长一段时间内各数据的平均值。同时也要求单一费率具有较好的竞争性,因此在使用时有必要及时根据各类费用的变化对其进行合理的调整,否则将会由于各区段费用的升高引起亏损而造成竞争力的下降。多式联运单一费率是根据经营人开展联运的运输线路决定的。由于货主的工厂和仓库可能位于运输线路上,也可能位于距离线路较远的地区,在"门到门"运输下,各多式联运经营人公开的某线路的单一费率,一般是该线路上处于起运国和目的国的不同的集装箱货物集散点之间的运费率,而不能包括从货主工厂或仓库到达这些集散点之间的运输费用。所以在订立具体运输合同时,应详细向货方说明包括的费用及需另外加付的费用。

第七节 多式联运组织实践

➢任务说明

2013 年 7 月 19 日广西欣荣玩具厂与中国对外贸易运输总公司广西分公司(经营多式联运航线)签订运输合同,欲将 2 个 40ft 集装箱的儿童玩具运往欧洲,9 月交货,目的港汉堡,允许转船;由卖方担保一切险。运输线路:自北海中转香港到欧洲基本港(鹿特丹港、汉堡港、菲利克斯托港、利汉佛港)。运价:40ft 集装箱为 3500 美元,该运价含北海市内、清水江拖柜、报关、码头费、港杂费、理货费、卸车装货费等。完成本次运输任务。

第一步：运输方式选择

由任务分析可知，采用集装箱运输，并且为跨国长途运输，根据安全、高效、便捷、经济等原则，该联运任务应采用海公联运（公路运输与海路运输），运输工具选择平板车及大型船舶。

第二步：货物运输流程（图9-27）

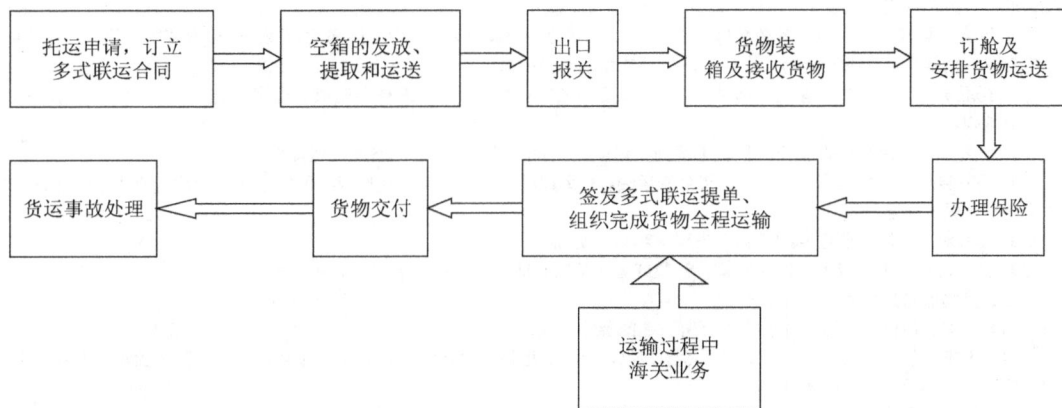

图 9-27　多式联运货物运输流程

1. 托运申请，订立多式联运合同

按照中国对外贸易运输总公司广西分公司多式联运线路的经营状况，接受该托运申请，根据货物状况及运输要求签订多式联运合同（图9-28）。

2. 空箱的发放、提取及运送

在本次运输中，集装箱由中国对外贸易运输总公司广西分公司（多式联运经营人）提供，经双方协议由发货人自行装箱，多式联运经营人应签发提箱单或者租箱公司或分运人签发的提箱单交给发货人或其代理人，由他们在规定日期到指定的堆场提箱并自行将空箱拖运到货物装箱地点，准备装货。如发货人委托亦可由经营人办理从堆场装箱地点的空箱拖运（这种情况需加收空箱拖运费）。在提取空箱过程中需要填写集装箱发放/设备交接单（图9-29）。

3. 出口报关

由欣荣玩具厂在北海海关办理报关手续，填写报关单（图9-30）。

4. 货物装箱及接收货物

由欣荣玩具厂自行装箱，欣荣玩具厂提取空箱后在自己的工厂和仓库组织装箱，装箱工作一般要报关后进行，并请海关派员到装箱地点监装和办理加封事宜，并制作装箱单（图9-31）。

多式联运合同

甲方：＿＿＿＿＿＿＿（托运人）

法定代表人：　　　　法定地址：　　　　邮编：

经办人：　　　　联系电话：　　　　传真：　　　　银行账户：

乙方：＿＿＿＿＿＿＿（承运人）

法定代表人：　　　　法定地址：　　　　邮编：

经办人：　　　　联系电话：　　　　传真：　　　　银行账户：

甲乙双方经过友好协商，就办理甲方货物多式联运事宜达成如下合同。

1. 甲方应保证如实提供货物名称、种类、包装、件数、重量、尺码等货物状况，由于甲方虚报给乙方或者第三方造成损失的，甲方应承担损失。

2. 甲方应按双方商定的费率在交付货物＿＿＿＿＿＿天之内将运费和相关费用付至乙方账户。甲方若未按约定支付费用，乙方有权滞留提单或者留置货物，进而依法处理货物以补偿损失。

3. 托运货物为特种货或者危险货时，甲方有义务向乙方做详细说明。未作说明或者说明不清的，由此造成乙方的损失由甲方承担。

4. 乙方应按约定将甲方委托的货物承运到指定地点，并应甲方的要求，签发联运提单。

5. 乙方自接货开始至交货为止，负责全程运输，对全程运输中乙方及其代理或者区段承运人的故意或者过失行为而给甲方造成的损失负赔偿责任。

6. 乙方对下列原因所造成的货物灭失和损坏不负责任

7. （1）货物由甲方或者代理人装箱、计数或者封箱的，或者装于甲方的自备箱中；

（2）货物的自然特性和固有缺陷；

（3）海关、商检、承运人行使检查权所引起的货物损耗；

（4）天灾，包括自然灾害，例如但不限于雷电、台风、地震、洪水等，以及意外事故，如但不限于火灾、爆炸、由于偶然因素造成的运输工具的碰撞等；

（5）战争或者武装冲突；

（6）抢劫、盗窃等人为因素造成的货物灭失或者损坏；

（7）甲方的过失造成的货物灭失或者损坏；

（8）罢工、停工或者乙方雇佣的工人劳动受到限制；

（9）检疫限制或者司法扣押；

（10）非由于乙方或者乙方的受雇人、代理人的过失造成的其他原因导致的货物灭失或者损坏，对于第（7）项免除责任以外的原因，乙方不负举证责任。

8. 货物的灭失或者损坏发生于多式联运的某一区段，乙方的责任和赔偿限额，应该适用该区段的法律规定。如果不能确定损坏发生区段的，应当使用调整海运区段的法律规定，不论是根据国际公约还是根据国内法。

9. 对于逾期支付的款项，甲方应按每日万分之五的比例向乙方支付违约金。

10. 由于甲方的原因（如未及时付清运费及其他费用而被乙方留置货物或滞留单据或提供单据迟延而造成货物运输延迟）所产生的损失由甲方自行承担。

11. 合同双方可以依据《合同法》的有关规定解除合同。

12. 乙方在运输甲方货物的过程中应尽心尽责，对于因乙方的过失而导致甲方遭受的损失和发生的费用承担责任，以上损失不包括货物因延迟等原因造成的经济损失。在任何情况下，乙方的赔偿责任都不应超出每件＿＿＿＿＿＿元人民币或每公斤＿＿＿＿＿＿元人民币的责任限额，两者以较低的限额为准。

13. 本合同项下发生的任何纠纷或者争议，应提交中国海事仲裁委员会，根据该会的仲裁规则进行仲裁。仲裁裁决是终局的，对双方都有约束力。本合同的订立、效力、解释、履行、争议的解决均适用中华人民共和国法律。

14. 本合同从甲乙双方签字盖章之日起生效，合同有效期为＿＿＿＿＿＿天，合同期满之日前，甲乙双方可以协商将合同延长＿＿＿＿天。合同期满前，如果双方中任何一方欲终止合同，应提前＿＿＿＿天，以书面的形式通知另一方。

15. 本合同经双方协商一致可以进行修改和补充，修改及补充的内容经双方签字盖章后，视为本合同的一部分。本合同正本一式＿＿份。

甲方（盖章）：＿＿＿＿＿＿　　　　乙方（盖章）：＿＿＿＿＿＿

法定代表人（签字）：＿＿＿＿＿＿　　　　法定代表人（签字）：＿＿＿＿＿＿

＿＿＿＿年＿＿月＿＿日　　　　＿＿＿＿年＿＿月＿＿日

签订地点：＿＿＿＿＿＿　　　　签订地点：＿＿＿＿＿＿

图 9-28　多式联运合同

5. 订舱及安排货物运送

由中国对外贸易运输总公司广西分公司向实际承运人订舱，安排货物的运送工作。

集装箱发放/设备交接单 EQUIPMENT INTERCHANGE RECEIPT	出口

NO

用箱人/运箱人（CONTAINER USER/HAULIER)	提箱地点（PLACE OF DELIVERY)
来自地点（WHERE FROM)	返回/收箱地点（PLACE OF RETURN)

航名/航次（VESSEL/VOYAGE NO)	集装箱号（CONTAINER NO.)	尺寸/类型（SIZE/TYPE)	营运人（CNTR.OPTR.)
提单号（B/L NO.） 铅封号（SEAL NO.)	免费期限（FREE TIME PERIOD)	运载工具牌号（TRUCK,WAGON,BARGE NO.)	
出场目的/状态（PPS OF GATE-OUT/STATUS)	进场目的/状态（PPS OF GATE-IN/STATUS)	进场日期（TIME-IN)	

进场检查记录（INSPECTION AT THE TIME OF INTERCHANGE)

普通集装箱（GP CONTAINER)	冷藏集装箱（RF CONTAINER)	特种集装箱（SPECIAL CONTAINER)	发动机（GEN SET)

损坏记录及代号（DAMAGE&CODE)
BR破损（BROKEN) D凹损（DENT) M丢失（MISSING) DR污箱（DIRTY) DL危标（DG LABEL)

左侧（LEFT SIDE) 右侧（RIGHT SIDE) 前部（FRONT) 集装箱内部 （CONTAINER INSIDE) 顶部（TOP) 底部（FLOOR BASE) 箱门 （REAR)	如有异状，请注明程度及尺寸（REMARK)

除列明者外，集装箱及集装箱设备交接时完好无损，铅封完整无误。
THE CONTAINER/ASSOCIATED EQUIPMENT INTERCHANGED IN SOUND CONDITION AND SEAL INTACT UNLESS OTHERWISE STATED.

用箱人/运箱人签署 （CONTAINER USER/HAULIER'S SIGNATURE)	码头/堆场值班员签署 （TERMINAL/DEPOT CLERK'S SIGNATURE)

第一联：船公司（船代）；第二联：码头、堆场；第三联：用箱人、运箱人。

图 9-29　集装箱发放/设备交接单

6. 办理保险

由欣荣玩具厂投保货物运输险。货物运输保险可以是全程，也可分段投保。中国对外贸易运输总公司广西分公司（多式联运经营人）投保货物责任险和集装箱保险，由经营人或其代理人负责办理保险。

中华人民共和国海关出口货物报关单

预录入编号：　　　　　　　　海关编号：

出口口岸		备案号		出口日期		申报日期	
经营单位		运输方式		运输工具名称		提运单号	
发货单位		贸易方式		征免性质		结汇方式	
许可证号		运抵国（地区）		指运港		境内货源地	
批准文号		成交方式	运费		保费		杂费
合同协议书		件数		包装种类	毛重（公斤）		净重（公斤）
集装箱号		随附单据			生产厂家		
标记唛码及备注							

项号	商品编码	商品名称、规格型号	数量及单位	最终目的国（地区）	单价	总价	币制	征免

税费征收情况

录入员　录入单位　兹声明以上申报无讹并承担法律责任	海关审单批注及放行日期（签章）	
报关员 　　　　申报单位（签章）	审单	审价
单位地址	征税	统计
邮编　　　电话　　　填制日期	查验	放行

图 9-30　出口货物报关单

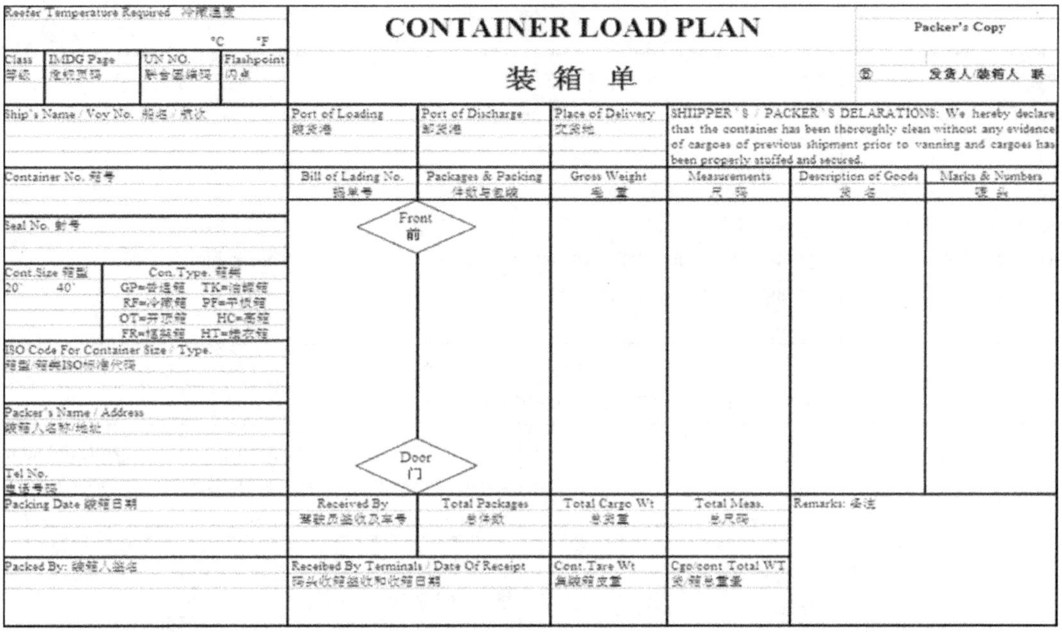
CONTAINER LOAD PLAN

装 箱 单

Packer's Copy

⑤ 发货人/装箱人 联

Reefer Temperature Required 冷藏温度 °C °F

Class 等级 | IMDG Page 危规页码 | UN NO. 联合国编码 | Flashpoint 闪点

Ship's Name / Voy No. 船名/航次

Port of Loading 装货港 | Port of Discharge 卸货港 | Place of Delivery 交货地

SHIIPPER'S / PACKER'S DELARATIONS: We hereby declare that the container has been thoroughly clean without any evidence of cargoes of previous shipment prior to vanning and cargoes has been properly stuffed and secured.

Container No. 箱号

Bill of Lading No. 提单号 | Packages & Packing 件数与包装 | Gross Weight 毛重 | Measurements 尺码 | Description of Goods 货名 | Marks & Numbers 唛头

Front 前

Seal No. 封号

Cont.Size 箱型 20' 40'

Con.Type. 箱类 GP=普通箱 TK=油罐箱 RF=冷藏箱 PF=平板箱 OT=开顶箱 HC=高箱 FR=框架箱 HT=挂衣箱

ISO Code For Container Size / Type. 箱型/箱类ISO标准代码

Packer's Name / Address 装箱人名称/地址

Tel No. 电话号码

Door 门

Packing Date 装箱日期

Received By 驾驶员签收及车号 | Total Packages 总件数 | Total Cargo Wt 总货重 | Total Meas. 总尺码 | Remarks: 备注

Packed By: 装箱人签名

Received By Terminals / Date Of Receipt 码头收箱签收和收箱日期 | Cont.Tare Wt 集装箱皮重 | Cgo/cont Total WT 货/箱总重量

图 9-31　装箱单

7. 签发多式联运提单、组织完成货物的全程运输

多式联运经营人（中国对外贸易运输总公司广西分公司）的代表收取货物后，经营人应向发货人（欣荣玩具厂）签发多式联运提单（表 9-7）。在把提单交给发货人前，应注意按双方协定的付费方式及内容、数量向发货人收取全部应付费用。

多式联运经营人有完成和组织完成全程运输的责任和义务。在接收货物后，要组织各区段实际承运人、各派出机构及代表共同协调工作，完成全程中各区段的运输、各区段之间的衔接工作，运输过程中所涉及的各种服务性工作和运输单据、文件及有关信息等组织和协调工作。

表 9-7　联运提单

<table>
<tr><td colspan="2">托运人
Shipper</td><td rowspan="5">B/L No.

中国对外贸易运输总公司
CHINA NATIONAL POREIGN TRADE TRANSPORTATION
GA
联运提单
COMBINED TRANSPORT BILL OF LADING
RECEIVED the goods in apparent good order and condition as specified below unless otherwise stated herein.
1）undertakes to perform or to procure the performance of the entire transport from the place at which the goods are taken in charge to the place designated for deliberation in this document，and
2）assumes liability as prescribed in this document for such transport. One of the Bills of Lading must be surrendered duly indorsed in exchange for the goods or delivery order.</td></tr>
<tr><td colspan="2">收货人或指示
Consignee or Order</td></tr>
<tr><td colspan="2">通知地址
Notify Address</td></tr>
<tr><td>前段运输
Pre-carriage</td><td>收货地点
Place of Receipt</td></tr>
<tr><td>海运船只
Ocean Vessel</td><td>装货港
Port of Loading</td></tr>
</table>

续表

卸货港 Port of Discharge	交货地点 Place of Delivery	运费支付地 Freight payable at		正本提单份数 Number of Original B/L
标志和号码 Marks and Nos.	件数和包装种类 Number and Kind of Packages	货名 Description of Goods	毛重（公斤） Gross Weigh（kgs.）	尺码（立方米） Measurement（m³）
以上各细目由托运人提供 ABOVE PARTICCLARS FURNSHED BY SHIPER				
运费和费用 Freight and Charges		IN WTTNESS where of the number of original Bills of Lading stated above have been signed，one of which being accomplished，the other（s）to be void.		
		签单地点和日期 Place and Date of Issue		
		代表承运人签字 Signed for or on Behalf of the Carrier 代理 As Agents		

8. 货物交付

当货物运至目的地后，由中国对外贸易运输总公司目的地代理通知收货人提货。收货人需凭多式联运提单提货，经营人或其代理人需按合同规定，收取收货人应付的全部费用，收回提单签发提货单（交货记录），提货人凭提货单到指定堆场和地点提取货物。

第三步：运费计算

（1）国际多式联运采用单一费率，即单位运量（或基本运输单位）的全程费率，是国际多式联运的主要特点之一。故应由欣荣玩具厂支付的该票货物的运费为

$$运费 = 3500 \times 2 = 7000（美元）$$

（2）单一费率的制定要由多式联运经营人根据不同的交货条件、货物的运输形态、交接方式、采用的运输方式、选择的实际承运人和运输线路情况进行制定。

在全程运输的过程中由多式联运经营人组织衔接各区段的运输工作，并与实际承运人结算运输费用及其他费用。各区段承运人运费计收参见各具体运输方式集装箱运输运费计收方式。

第八节　多式联运教学实践

➤项目简介

针对集装箱多式联运各相关知识的特点，特进行相关教学设计。

针对这门课程的要求和教学对象的特点（设定教学对象为师资本科生），确定本模块的教学设计，包括教学目标、教学重难点、教学方法、教学环节的时间分配等。

一、教学目标

本模块的教学目标是使得学生了解集装箱多式联运的相关基础知识，包括集装箱的定义、多式联运的定义以及多式联运的运输组织。

二、教学重难点

1. 教学重点

本模块的教学重点是让学生掌握集装箱多式联运的特点及组织。

（1）集装箱多式联运概述，主要介绍集装箱及多式联运的概念、标准及特点。

（2）集装箱运输设施与设备，主要介绍集装箱运输的运输及装卸设备。

（3）集装箱堆场管理，主要介绍集装箱堆场场区划分及箱位编号、堆场日常管理。

（4）集装箱多式联运业务流程，主要介绍集装箱多式联运的主要业务操作及海铁联运及出口业务流程。

（5）多式联运单据，主要介绍单据的填写。

（6）多式联运运费，主要介绍运费的组成。

（7）多式联运组织实践，主要围绕任务介绍多式联运的组织过程。

2. 教学难点

（1）集装箱运输设施设备应用：集装箱运输及装卸设备都具有什么特点，具体可以应用到哪些实践中。

（2）集装箱多式联运的主要业务流程。

（3）以任务为导引的集装箱多式联运的具体组织过程。

三、教学方法

　　针对本模块集装箱多式联运组织实操性强，需考虑相关因素较多的特点，此模块教学应以了解认知集装箱多式联运知识为基础，以多式联运组织实践问题解决实操为深入。因此本模块的教学包括两部分，一部分是课堂教学（4 学时），在课堂教学过程中，通常是以讲授法为主，同时辅以学生围绕案例思考及分析的方法。另一部分是实践教学（2 学时），通过实际任务的提出与完整解决，进行集装箱多式联运整体流程的学习。

　　本模块教学中会大量使用图表、案例进行辅助教学，帮助学生快速感性认知并掌握集装箱多式联运的相关基础知识，并通过实践任务的解决，加强锻炼学生针对集装箱多式联运问题的整体解决能力。

四、教学环节的时间分配

　　第九章　集装箱多式联运
　　第一节　集装箱多式联运概述（20min）
　　第二节　集装箱运输设施与设备（30min）
　　第三节　集装箱堆场管理（40min）
　　第四节　集装箱多式联运业务流程（30min）
　　第五节　多式联运单据（25min）
　　第六节　多式联运运费（35min）
　　第七节　多式联运组织实践（90min）
　　共 6 学时，课堂讲授 4 学时，实验教学 2 学时。

五、教学评价

章节名称：集装箱多式联运

评价类别	评价项目	评价标准	评价依据	评价方式			权重
				学生自评	同学互评	教师评价	
				0.1	0.1	0.8	
过程评价	学习能力	学习态度，学习兴趣，学习习惯，沟通表达能力，团队合作精神	学生考勤，课后作业完成情况，课堂表现，收集和使用资料情况，合作学习情况				0.2

续表

评价类别	评价项目	评价标准	评价依据	评价方式			权重
				学生自评	同学互评	教师评价	
				0.1	0.1	0.8	
过程评价	专业能力	正确选择多式联运运输方式的组合，准确填写多式联运单据并掌握单据流转内容，准确完成业务组织过程	多式联运运输方式选择情况 多式联运单据填写 多式联运运输组织情况				0.3
	其他方面	探究、创新能力	积极参与研究性学习， 有独到的见解， 能提出多种解决问题的方法				0.1
结果评价	理论考核						0.2
	实操考核						0.2

➤复习思考题

一、单项选择题

1. 根据《国际多式联运公约》，多式联运经营人对延迟交付货物，同时伴随货物的灭失或损坏时的赔偿责任限制为（　　　）。

A. 延迟交付货物应付运费的 2.5 倍

B. 延迟交付货物应付运费的 2 倍

C. 应付运费的 5 倍和责任限额的总和

D. 以公约规定赔偿责任限额为最高限额

2. 在多式联运经营中各区段适用的责任按该区段的法律予以确定的赔偿责任形式称为（　　　）。

A. 过失责任制　　　B. 网状责任制　　　C. 严格责任制　　　D. 统一责任制

3. 在多式联运中占绝对的主导地位的是（　　　）。

A. 陆空联运　　　B. 陆空陆联运　　　C. 海陆联运　　　D. 海空联运

4. 使用两种运输方式将卸至美国西海岸港口的货物通过铁路转运抵美国的内陆公共点地区并享有优惠运价的美国路桥运输业务称为（　　　）。

A. OCP 运输　　　B. MLB 运输　　　C. IPI 运输　　　D. SLB 运输

5. 货物经海/海、海/陆或路/海联运，承运人出具一张包括运输全程的提单是（　　　）。

A. 备运提单　　　B. 已装船提单　　　C. 联运提单　　　D. 指示提单

6. 在集装箱班轮运输中，当收货人提取集装箱货物后未能在规定的时间内还空箱时，承运人向收货人收取的费用称为（　　　）。

A. 滞箱费　　　B. 滞留损失费　　　C. 租金　　　D. 滞纳金

7. 国际多式联运人对货物承担运输责任是（　　　）。

A. 对自己运输区段　　　　　　　　　　B. 根据 B/L 签发

C. 对实际承运人运输区段　　　　　　　D. 对托运人承担全程责任

8. 按照《联合国国际货物多式联运公约》的规定，不是国际多式联运所具有的特点的是（　　　）。

A. 签订一个运输合同，采用一种运输方式

B. 签订一个运输合同，采用两种运输方式

C. 签订一个运输合同，国际多式联运经营人承担全程运输组织工作

D. 签订一个运输合同，国际多式联运经营人对货物运输的全程负责

二、多项选择题

1. 多式联运的全过程就其工作性质的不同，可划分为（　　　）。

A. 实际运输过程　　　　　　　　　　　B. 协作式联运

C. 衔接式联运　　　　　　　　　　　　D. 全程运输组织业务过程

2. 不是多式联运单据签发人的是（　　　）。

A. 船公司　　　　　　B. 货主　　　　　　C. 多式联运经营人　　D. 收货人

3. 单一责任制目前的形式包括（　　　）。

A. 过失责任制　　　　B. 网状责任制　　　C. 严格责任制　　　　D. 统一责任制

4. 多式联运单成本构成包括（　　　）。

A. 运输成本　　　　　B. 海上运输费用　　C. 管理费用　　　　　D. 利润

5. 国际多式联运的优点包括（　　　）。

A. 手续简便　　　　　B. 提早结汇　　　　C. 简化包装　　　　　D. 加快运送

6. 集装箱标准按照使用范围可分为（　　　）。

A. 国际标准　　　　　B. 国家标准　　　　C. 地区标准　　　　　D. 公司标准

7. 国际多式联运的特点有（　　　）。

A. "两种方式"　　　　B. "一票"　　　　　C. "两国"　　　　　　D. "一个费率"

三、简答题

1. 简述集装箱运输的特点。

2. 简述国际多式联运的优点。

3. 简述国际多式联运的主要业务流程。

4. 简述集装箱堆垛的基本要求。

5. 简述集装箱出口重箱提箱作业流程。

6. 简述国际多式联运提单的性质和作用。

7. 试述签发多式联运单据的注意事项。

8. 试述集装箱运输的发展动向。

9. 根据我国的《国际集装箱多式联运管理规则》的规定，试述多式联运提单应载明

哪些事项。

10. 试述开展国际多式联运应具备的条件。

➤ 参考答案

一、单项选择题

1. D　2. B　3. C　4. A　5. C　6. A　7. D　8. A

二、多项选择题

1. AD　2. BD　3. BD　4. ABCD　5. ABCD　6. ABCD　7. ABCD

三、简答题

答案：略

➤ 实践训练

1. 背景材料

随着我国汽车行业关税壁垒的逐渐消除，国内汽车行业开始寻求新的竞争能力，现代物流作为第三利润源成为关注的热点。结合汽车行业的特点，从物流角度来研究汽车零部件运输问题，对于汽车企业有着重要的作用。特别是自我国加入世界贸易组织后，汽车行业遭遇了前所未有的挑战，各生产厂商面临着降低成本的巨大压力而通过对物流过程的优化，物流成本有着较大的降低空间。汽车消费市场对整个行业提出品种多样化、更新周期短、价格低等要求，以及汽车制造厂普遍开展订单式、准时式等生产方式，对汽车零部件的物流提出了更高的要求。

汽车物流是集汽车整车及零部件的运输、仓储、包装、保管、装卸、搬运、改装及物流信息处理于一体的综合性管理过程，是沟通汽车原料供应商、零部件商、整车生产厂商、商品车经销商、物流公司及最终用户的桥梁，是汽车供应链系统的重要组成部分。汽车物流运输系统作为汽车物流系统中的一个重要的、基本的功能环节，占据着物流成本的一大部分，由于传统的物流运输方式已经很难适应现代物流发展要求，物流运输系统的优化将会带来可观的物流成本的节约。

现代汽车物流运输系统已经不是由传统的单一的运输方式构成的了，而是由海、陆、空等不同的运输方式有机组合在一起的连续的、综合的多式联运形式，它能够实现货物整体运输的最优化。相对于传统的运输方式，多式联运具有简化操作、节约时间、降低成本、提高运输管理水平等诸多优点，因此越来越受到生产企业、物流企业的青睐。

海通具有"无船承运人"和"一级国际货代"资质，拥有一支专业化的物流方案策划和运作团队，能集成海关、码头、公路及铁路等方面的强大资源，具有完整的内外贸口岸服务功能，提供国际航运、进出口报关、国内水运、陆运及铁路运输、零部件拆装箱、仓储、外贸转关等服务。对于当前发展所面临的巨大市场，海通开始考虑运输方面所花费的巨大成本。采用传统的单一的汽车、火车或水路运输无法实现运输成本的压缩，给企业带来财务压力。因此，现在的运输形式趋向于多式联运方式。

近期，海通收到了一份 H 公司的汽车零部件运输的招标书。物流部主管将招标书和以前公司做过的类似项目的资料都给了小王，让他编制一份方案。

为了开拓印度等东南亚国家的市场，H 公司在印度收购了一家汽车工厂，准备运输零部件到印度工厂进行加工组装。最近，H 公司确立了一项零部件供应计划，准备在 2013 年 1 月开始，从广西柳州经广州向印度 Halol 公司（位于孟买）供应 SKD 汽车零部件。经过市场分析与预测，预计第一年和第二年年产量将达到 50000 辆和 100000 辆。下面的表单是供应计划的主要内容。

运输物料	SKD 件
台套与箱比例	10 台套/40HC
发货周期	一周/批
发货点	柳州仓库
收货点	印度 Halol
出口运输方式	集装箱
包装	铁框纸壁托盘
包装体积	1m×1.1m×0.9m
平均重量	1200kg/件
柳州装货	1 个装卸平台
工厂工作时间	6 天/周
发货港口岸	广州
目的港口岸	孟买新港
贸易条款	CIF

2. 实验要求

H 公司要求在规定的时间内，承运方能够完成所运货物的装卸、仓储、运输、商检及报关等任务。并且，制订一份详细的海、陆或空多式联运方案，进行比较分析。

第十章

运输管理技术

➤项目实施体系结构图

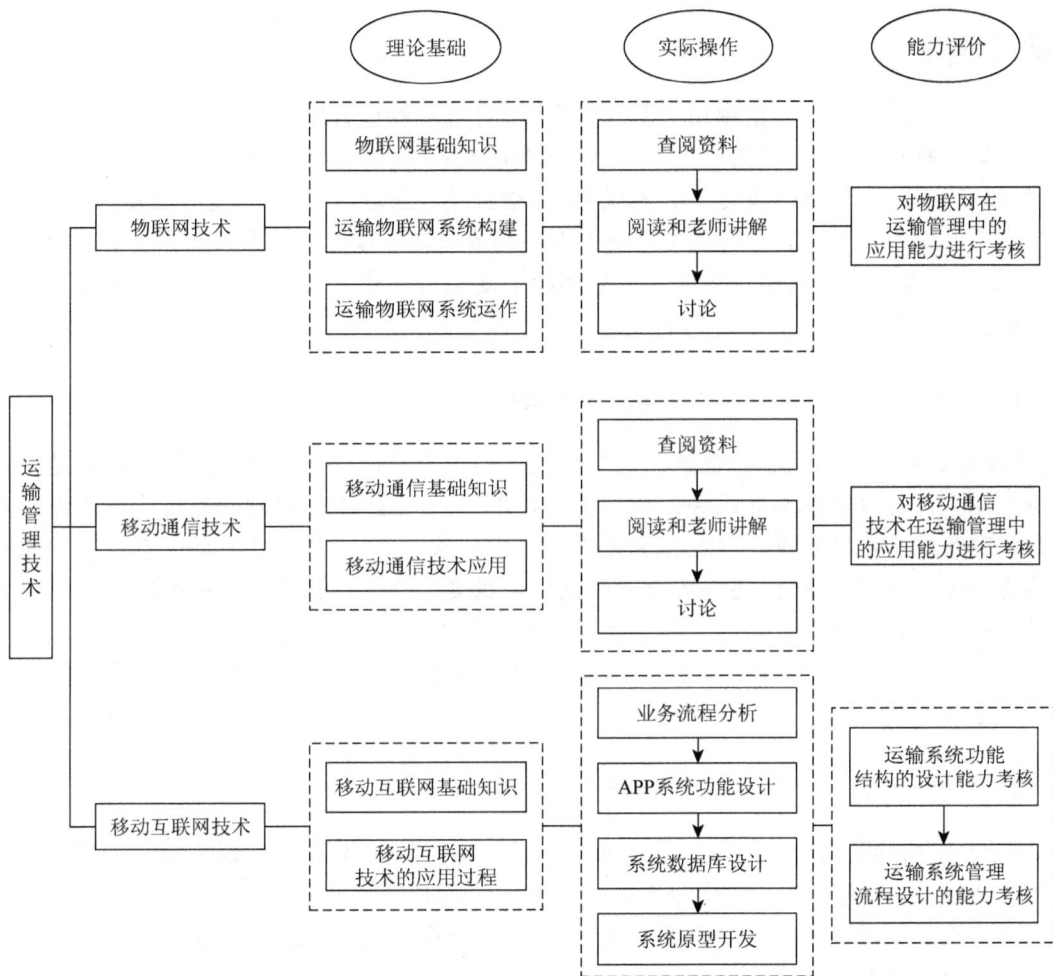

➤学习目标

1. 知识目标

（1）理解物联网系统组成及其特点。
（2）理解信息化技术的特点及应用过程种类。

2. 能力目标

（1）掌握物联网技术的应用过程。
（2）掌握信息化技术的应用过程。

3. 素质目标

掌握编写运输组织信息化的流程。

➤案例导引

巴中市"互联网"+提升运输转型升级

近日,我市出台了《"互联网+"运输行动计划》(以下简称《计划》),明确提出"互联网+便捷交通、互联网+交通云、互联网+安全应急、互联网+阳光交通、互联网+城市客运"等五大重点任务,从而实现交通一平台、一片云、一张图、一张网、一张卡。预计到2018年,我市互联网与运输行业各领域的融合发展进一步深化,并将进一步强化我市运输行业公共服务手段。

1. 互联网+便捷交通: 实现运输"一卡出行"

《计划》提出,"互联网+便捷交通"计划,通过互联网平台为公众提供实时交通运行状态查询、出行线路规划等服务,实现公共信息"一网覆盖"。同时,通过符合条件的客运站联网售票系统的建设,实现旅客运输"一票到家";通过接入多式联运系统,实现货物运输物流"一单到底";还将实现驾校选择、报名、培训、预约等"一键选择"以及实现对汽车维修企业信用查询、远程诊断、费用支付等"一键操作"。

除此之外,"互联网+便捷交通"计划,将开展在公交、出租汽车、长途客运等运输领域的应用,实现运输"一卡出行"。

2. 互联网+交通云: 实现行业数据资源共享

《计划》明确提出,"互联网+交通云"行动,将运用云计算、大数据、物联网等技术,通过对公路、水路、铁路、航空等运输设施运行状态与通行信息的采集,建成涵盖运输公路水路建设、管理、养护、安全及营运车(船)、经营企业、从业人员等数据库,实现行业数据资源共享与交换服务,推动跨地域、跨类型运输信息互联互通。

据悉,"互联网+交通云"将建设面向行业管理的巴中交通云平台、GIS-T巴中交通地理信息系统,面向公众的服务云、GIS-T巴中交通地理信息系统,从而实现用数据驱动运输业务发展和信息资源共享与开发利用,实现交通"一张图"。

3. 互联网+安全应急: 安全应急响应能力

《计划》明确提出,"互联网+安全应急"计划,将建设覆盖交通基础设施、运输装备、重点物资的智能交通感知网络,通过加大视频监控、气象监测、桥梁检测、水位监测等终端设备的布设范围,实现公路水路运输运行状态的可视、可测、可控,提升安全应急响应能力。

"互联网+安全应急"计划还将通过安全应急应用建设,提升运输安全监管和应急处置突发事件水平。同时推行"一网双线"安全责任监管网络模式，形成覆盖三县两区的交通重点业务领域、重点空间区域、重点移动装备的交通运行监测体系，全面提升交通安全应急反应能力。

4. 互联网+阳光交通：实现运输行政行为透明

在"互联网+阳光交通"计划实施中，首先将运用互联网技术，开展数据的分析和利用，形成用数据说话、用数据决策、用数据管理、用数据服务的管理方式，构建"阳光交通"监管体系，使运输行政行为始终处于公众监督"阳光"之下，最大限度减少权力运行的随意性。其次将推进运输执法监管系统建设，实现执法人员数据、视频采集传输、信息发布、行政决策、行政处罚等闭环管理模式，全面形成覆盖所有交通执法机构、执法岗位、执法人员的"阳光执法"体系。

5. 互联网+城市客运：推动公交车免费无线上网

《计划》指出，"互联网+城市客运"计划，将开展城市公交智能管理与服务系统建设。开发使用城市公交基础数据库，推进公交智能电子站牌、公交调度、行驶信息引导系统等建设，构建涵盖公交运营管理、运送速度、发车间隔、运行可靠性、客流量及公交 OD 分布等监测指标的城市公交运行体系。同时推动公交车辆 WiFi 免费上网工程建设，引导社会资源参与，通过市场化运作广泛运用 WiFi 技术，为乘客提供免费上网服务。

案例来源：巴中日报.http:/bz.newssc.org/system/20151105/001779483.html

思考题：分析互联网发展对运输业提供了哪些发展机遇？

第一节　物联网技术在运输管理中的应用

一、运输物联网系统构建

1. 运输物联网系统概述

运输物联网系统主要采用 Super RFID，Super RFID 与收发器之间可实现双向高速数据交换，应用灵活，数据安全得到保证。由安装在车辆内携带的 Super 距离电子标签、传输处理分站（含发射天线、接收天线、目标识别器）、数据传输接口、地面中心站软件组成。当携带标识卡的车辆通过传输处理分站区域时，标识卡立即发射出具有代表身份特征的射频信号，经目标识别器接收并通过传输处理分站发送到中心站。中心站接收来自传输处理分站上的编码信号，实现对车辆跟踪定位信息的采集、分析处理、实时显示历史数据、存储报表查询打印等功能，使管理人员能及时准确地查询各种信息，方便险情的及时提醒和实时处理，提高和优化运输的整体管理水平。路面车辆跟踪定位基站及管理系统涉及计算机软件、数据库、电子电路、数字通信、无线识别技术等方面。

2. 运输物联网系统总体设计

（1）实现车辆的有效识别和监测，前方事故及车辆情况报警。使管理系统充分体现"人性化、信息化和自动化"，实现数字化的目标。

（2）一旦发生安全事故，通过该系统立刻可以知道事故现场车辆情况及位置，保证抢险和安全救护工作的高效运作。

（3）系统设计的安全性、可扩容性、易维护性和易操作性。

3. 运输物联网系统原理及构成

运输各分站设备的车辆信息采集处理板将低频的加密数据载波信号经发射天线向外发送；随身携带的标识卡进入高频的发射天线工作区域后被激活（未进入发射天线工作区域标识卡不工作），同时将加密的载有目标识别码的信息经卡内高频发射模块发射出去；接收天线接收到标识卡发来的载波信号，经分站车辆信息采集处理板接收处理后，提取出目标识别码，并经车辆信息传输处理板送至计算机，完成预设的系统功能，从而实现车辆的自动化监控及管理。用一定数量的监测站点（读卡器）按一定间距（约160m）设立在高速上构成监控带。可以自动记录各站点通过车辆的编码和通过时间，从而确定车辆在任一时刻在路面所处的位置，便于查询。在事故发生时，能够实现事故快速有效处理，系统构成如图10-1所示。

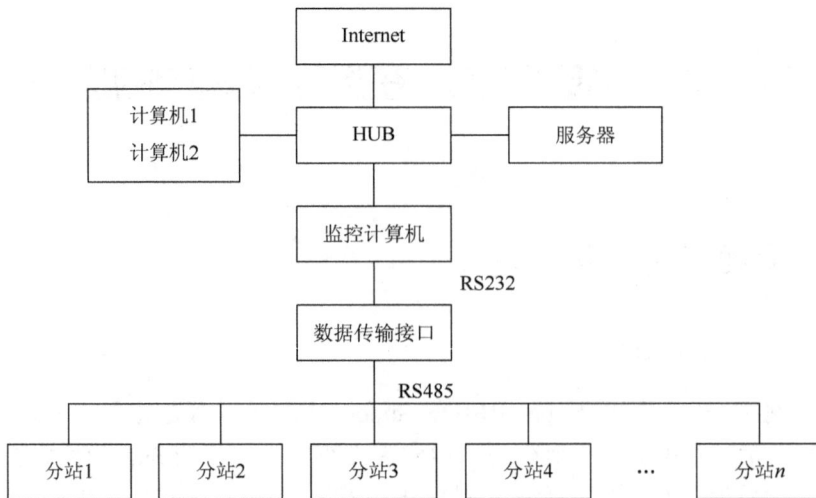

图 10-1　运输物联网系统结构图

监测管理部分由数据通信接口、HUB、监控主机（含监控管理软件）、打印机、网络终端、防雷设备等组成。其中通信接口是将 RS485 接口信号转换为监控计算机 RS232 串口信号；HUB 用于设备网络连接；监控计算机（含监测管理软件）及数据库，实现对信息的自动化管理目标，在计算机屏幕上直观动态显示车辆的分布情况，使路面车辆情况一目了然；打印机主要用来打印车辆监测管理报表；网络终端主要是车辆监测信息的网上共享。

4. 运输物联网系统功能

该系统实现实时定位跟踪查询、车速监测、事故处理、历史数据查询打印、数据统计、系统设置和联网等功能。

（1）跟踪查询。实时查询车辆的动态分布情况及数量；查询高速路上任一车辆当前位置和某一时刻所处的位置，并进行实时跟踪显示。

（2）车速监测。对车辆在各个区域的车速及前后车辆情况进行监测。对前方有突发事故或其他异常情况进行报警提醒。

（3）事故处理。当某路段发生事故时，可迅速确定事故发生地点、车辆数量及身份等信息，为事故处理迅速提供准确的依据，将损失减少到最少。

（4）历史数据查询打印。可查询指定日期指定车辆在任一路段的具体情况；查询和打印相关信息。

（5）数据统计。将各类信息统计汇总，按指定的格式统计事故发生路段分布，各路段的车辆车速情况表等。

（6）系统设置和联网功能。设置系统的数据库连接，并提供基于 Web 的查询系统，能确保相关人员通过网络准确及时地了解高速上各车辆的具体情况。

二、运输物联网运作管理

（一）公路运输物联网运作管理

1. 公路运输物联网运作管理的必要性

随着全国高速公路网络规划的逐步建成和完善，高速公路运输在综合运输体系和国民经济发展中起到越来越重要的作用。但是，高速公路运输体系所追求的快速、高效和安全，在很大程度上受各类事故或自然灾害等因素的影响和制约。例如，恶劣天气或汽车抛锚引起汽车追尾等事故所造成的损失越来越大，成为威胁人们生命及财产安全的重大隐患。因此，对高速公路车辆进行监测，及时发现各路段及关键点的车辆行驶异常情况并采取相应的应急措施，最大限度地减少各类交通事故，是保证高速公路安全、舒适、快速运营的必要手段。

高速公路监控系统主要通过外场设备对现场交通状态实时采集，针对高速公路范围内各种交通状态、交通事件和气象状况利用建立的数学模型进行相关计算，生成相应的控制策略和控制方案，通过控制人员的确认采用不同的控制方案，通过可变情报板等可视信息等途径反馈给驾驶人员，诱导交通流运行在管理者期望的状态，达到安全、高效的目的。该系统由基于地理信息系统的交通综合监控系统和外场设备控制及其数据采集系统组成。其中地理信息系统的交通综合监控系统主要由地理信息系统地图控制和实时反馈从外场设备控制及其数据采集系统传输过来的信息、数据的统计与分析、设备管理、信息管理、用户管理等组成。外场设备控制及其数据采集系统主要负责对外场设备的数据采集和控制设置。

随着高速公路的迅速发展和车流量的不断增加，现代化的监控系统将越来越多地显示其在公路管理中不可取代的地位。目前，市场上也已经出现了高速公路管理系统，但是，纵观这些系统，只是对高速公路管理系统中加入了现代化的设备，并没有充分利用这些设施对高速公路进行整体上的管理和监控。高速公路本身是一种地理对象，可以把地理信息系统的知识引入到高速公路的管理中，从而实现对高速公路整体上的管理，同时辅以办公自动化技术、计算机网络技术等以实现高速公路真正意义上的现代化的管理及监控。

2. 公路运输物联网运作管理的内容

（1）车辆跟踪、定位。利用全球定位系统和电子地图能够实时显示出车辆的实际位置，并放大、缩小、还原、换图；能够随目标移动，使目标始终保持在屏幕上；能够多窗口、多车辆、多屏幕同时跟踪，利用该功能可对重要车辆和货物进行跟踪运输。

（2）资料信息查询。提供主要物标，如旅游景点、宾馆、医院等数据库，能够在电子地图上根据需要进行查询。查询的资料可以以文字、语言及图像的形式显示，并在电子地图上显示其位置。同时，监测中心可以利用监测控制台对区域内任意目标的所在位置进行查询，车辆相关信息将以数字形式在控制中心的电子地图上显示出来。

（3）出行线路规划。规划出行路线是汽车导航系统的一项重要辅助功能，包括：①自动线路规划。由驾驶员确定起点和终点，由计算机软件按照要求自动设计最佳行驶路线，包括最快的路线、最简单的路线、通过高速路段次数最少的路线等。②人工线路设计：由驾驶员根据自己的目的地设计起点、终点和途经点等，自动建立线路库。线路规划完毕后，显示器能够在电子地图上显示设计线路，并同时显示汽车运行路径和运行方法。

（4）监控运输车辆。指挥中心可以监测区域内车辆的运行状况，对被监控车辆进行合理调度。指挥中心也可随时与被跟踪目标通话，实行管理。

（5）紧急援助。通过全球定位系统定位和监控管理系统可以对遇有险情或发生事故的车辆进行紧急援助。监控台的电子地图可显示求助信息和报警目标，规划出最优援助方案，并以报警声、光等提醒值班人员进行应急处理。

（二）铁路运输物联网运作管理

1. 铁路运输物联网运作管理的必要性

我国铁路货运管理信息化建设起步较晚，20世纪80年代以前主要靠手工和电话通信手段来完成。90年代以后，我国铁路货运在铁道部门的统一部署下，通过实施宏观调节战略，在很短的时间里实现了铁路货运发展的历史性跨越，铁路货运硬件和管理、服务水平取得了长足的进步和巨大的成绩。铁路货运手续大大简化，安全性和效率显著提高，但同时客户对铁路货运需求也有提高，要求铁路货运不能再简单地满足运送需求，而必须逐步转向提供优质服务。此外，随着我国市场经济的发展，我国铁路货运行业实现了从"事业型"到"产业型"的转变，要面对激烈的市场竞争，这就要求铁路货运必须提高管理水平，才能在目前各种运输方式激烈竞争的环境中立于不败之地。

铁路货运管理系统的主要目的是从货运计划、进站、装车、运输、到达、卸车甚至保管等各个环节对铁路货运进行方便快捷的管理。铁路货运管理系统的开发完成，将会使得货物从发送、托运、收货的过程都可以被清楚地了解和把握，从而使存放、运送过程变得更加高效便捷。从而增强铁路货运企业的竞争力，实现铁路货运现代化。

随着我国铁路的提速、重载和高密度的发展，在列车间隙时间，使用小型机车进行线路维修已属小可能，大型养路机械维修必将是工务维修的发展方向。只有加快机械化施工进程，才能提高劳动生产率、降低作业人员的劳动强度。增加维护设备的能力是提高施工效率的保证。为了提高车辆的维修质量、提高车辆检修的效率，必须推行经济高效、先进合理的状态维修。状态维修，即预知维修制，它科学地分析并测试设备初始状态的好坏和运行条件的差别，通过采用新的检测设备与高新诊断技术来监督设备状态，以充分发挥设备的优势。它集机械、电子及计算机信息处理等新技术为一体，已显示出广阔的应用前景，并给传统的铁路维修制度带来了一场新的变革。铁路大型养路车在线监控系统的实质是将目前的定期、定型和分解型的维修方式改变为实时、在线式的状态监测。通过对车辆的技术诊断，随时掌握设备出现的故障及运转工况，有效地确立以功能为中心和非分解型的设备维修方式，确定需要维修的设备则立即施修，无需修理的则免维修，去掉了维修中的盲目性。大型养路车在线监控系统的设计融合了卫星导航全球定位技术、地理信息技术以及移动通信技术，将该监控系统运用于我国的铁路运输行业，可以大大提高铁路运输的安全性、可靠性，同时也可以改善服务质量和提高运输管理水平，因此具有重要的现实意义。

同时，随着"数字地球"概念的深入与普及，许多行业与地域开始大规模的空间信息基础设施建设，同时也提出了"数字铁路"的概念。数字铁路在铁路基础信息结构上把铁路车、机、工、电、检、基建、行政指挥决策、运行管理等各个部门的大量的动态和静态的、多分辨率的、三维的数据按统一的地理坐标集成起来，使系统的各级决策层及管理、技术人员无论何时何地都可以按优先级别得到铁路任一地区、任一部门的信息。

2. 铁路运输物联网运作管理的内容

1）射频识别技术在铁路集装箱运输上的应用

集装箱运输货物最先开始的操作发生在集装箱堆场，在这里首先由货主提出运货申请，并到计划室填写运单，之后等待铁路通知，按规定时间将货物运送到货场进行验货、装箱等一系列操作，之后进行运单登账，最后打印货票，至此货主任务完成，集装箱留在堆场按铁路计划等待装车。

采用射频识别技术来实现堆场内部集装箱的跟踪管理。首先在集装箱堆场的出入门安装射频识别电子标签阅读器，从而使集装箱一进入堆场便开始对其实行跟踪管理，在堆场内部对集装箱的所有操作，包括：验货、装箱、移箱、装车等操作进行实时监控；其次，在堆场的集装箱堆高设备上安装车载计算机终端，在计算机终端中安装有集装箱堆放图形化管理系统，该系统提供了堆场视图，定义了三维堆放空间，通过触摸屏触摸的方式，操作工人可以非常简便地挑拣或者输入集装箱箱号，拣定或者选择集装箱放置的位置并且可以通过箱号准确快速地找到集装箱；再次，在闸口、堆高车、控制室等节点上布置无线数据传输终端，集装箱堆放作业完成后，通过该堆高设备上的无线数据传输终端将数据实时远程传输到控制室和后台管理系统，从而完全避免了多次重复的数据手工抄写和录入，并避免了数据记录的不及时和录入的延误。

2）全球定位系统技术在铁路运输管理中的应用

（1）车辆监控。利用全球定位系统可以对每台机车（每台机车以不同的图标和颜色进行区分，并配以机车号）的运行状态、所处位置进行全过程跟踪，而且可重点锁定一台机车或多台机车。

（2）数据统计。按机车号和给定的一段时间可进行机车运行数据统计（如运行时间、运行距离），并生成报表，以便储存或打印。

（3）历史数据查询。所有的行车数据都可以存放在数据库中，根据实际需要确定的天数，指定机车代号及起止时间。利用已保存的历史数据，即可以进行动态回放，从屏幕上获得机车的历史运行轨迹。

（4）网络功能。设立专业全球定位系统服务器，采用客户机/服务器模式。客户端具有机车运行实时显示实时运行数据查询、历史运行情况查询和历史情况回放等功能。

（5）目标显示。系统提供了机车图标和机车信息列表显示。机车图标显示是在电子地图上将厂区内运行的所有机车以图标的形式显示出来，因此可以查看任一区域运行的机车。机车信息列表是将全部机车的代号、经纬度、方向、标志等信息以表格的形式显示在屏幕的下方，供调度人员随意查看。

（6）电子地图数据库。借助配备的电子地图数据库，将路段、道口、重要地物的名称及其所属性纳入其中。在使用时，可以通过点击进行查询。

（7）其他应用。系统还提供了遇有特殊情况的报警功能、机车图标修改功能、鹰眼显示功能、刷新速率选择等功能。

3）地理信息系统技术在铁路运输管理中的应用

建立一个站场行车设备地理信息系统，结合其他铁路地理信息系统软件和铁路行车指挥管理软件对全路列车行车设备数据进行有效的管理，利用地理信息系统可视化的特点，建设高质量、高效率、可视化、全路统一的开放性综合软件平台。通过地图与铁路信息相结合的方式，全面、直观、正确地反映运输对象和运输设备以及其他信息的状态、分布和技术特征，最大限度实现铁路站场信息资源共享，管理全国铁路的海量数据，为各级领导指挥运输生产提供大量直观的参考依据和辅助决策支持，为铁路车站行车指挥提供一个模拟平台。一方面能准确处理铁路线路规划、设计、维护等铁路基础设施的数据；另一方面保证用户能实时在线获取数据信息，并为行车指挥和数据分析提供决策支持。为提高铁路数据信息利用率，缩短铁路行车组织和设备管理工作周期提供一个非常有效的途径，使之成为各级领导获取信息、实施计划、组织管理和指挥调度的重要工具，提高铁路信息化水平，推进铁路的改革与发展。

（三）航空运输物联网运作管理

1. 航空运输物联网运作管理的必要性

在经济全球化、航空自由化的背景下，民用航空运输业取得了前所未有的发展。民用机场的功能在不断扩大，机场的概念也拓宽了，不再只是飞机起降的场所，而成为客货的集散地，甚至是一个经济实体。在这种情况下，机场管理的内容也更为复杂，安全管理、净空管理、运行管理、机坪管理、地面勤务管理、飞行区管理、客运管理、货运管理、服务质量管理、土地与规划管理、环境管理、经营管理、物业管理等。尤其是在机场的安全管理上，社会媒体给予了更多的关注。然而自 1970 年以来，世界航空运输量的迅猛增长导致了航班的增加，给空中及地面交通都造成了压力，表现为飞机与飞机之间、飞机与服务车辆之间的冲突，在这种情况下机场的运行效率降低了、安全性也下降了。面对这样的情形，一些人提出了相关的解决办法，例如，扩大机场的规模，但是这样做势必会导致资金投入过大、周期长，而且见效也比较慢；在原有基础上充分发挥或增加机场的容量成了被大多数人看好的解决方法。然而，在增加机场容量的同时，对机场地面飞机和机动车的移动管理也变得更复杂了，这不仅是飞机、机动车数量和移动频繁的问题，而且还有建筑物的阻挡、地面的复杂程度、地面飞机和机动车距塔台的距离和场面管制员的视角等因素的影响。因此，采取增加机场容量这一方案的前提必须对以上可能造成安全隐患的因素加以监测和控制，使其对机场安全的威胁最小。机场作为航空运输的重要环节之一，其安全管理涉及飞行安全、空防安全、地面安全、消防安全等多个部门。

据有关方面的统计，飞行事故中有 70%～80% 是发生在机场或机场附近区域。因此，加强机场安全的防范是机场正常运行首要考虑的问题。在计算机、通信和数字技术等高科技迅猛发展的今天，在民用航空领域实施富含高科技的雷达监测系统是很有必要的。

2. 射频识别技术在空路运输中的应用

1）在空路运输中应用射频识别技术的必要性

随着经济全球化的迅速发展，物流业越来越受到世界各国的重视。物流跟踪在物流业中占据越来越重的地位，它在提高物流质量方面起到了举足轻重的作用。射频识别技术作为物流跟踪的前沿技术，越来越受到大家的关注。20 世纪 90 年代以来，射频识别技术得到了快速的发展。射频识别技术，是一种利用射频通信实现的非接触式自动识别技术。它已经迅速渗入经济发达国家和地区的很多领域，并得到了相关技术与应用标准的国际化的积极推动。目前，射频识别技术在经济发达国家的物流业中得到了迅速发展，预计在不远的将来，射频识别将为中国物流界带来一场技术与成本的革命。

2）射频识别技术在空路运输管理上的应用领域

近年来，中国的物流领域正处在高速发展期，而射频识别技术可以显著降低供应链管理和物流管理的成本，有助于降低各种意外造成的损失，有助于减小一些体积较小的商品被盗的可能性等，在客户管理和物流供应链管理方面带来了一场革命。中国作为人口大国，经济规模不断扩大，正成为全球制造的中心，射频识别技术有着广阔的应用市场。针对物流这一快速发展的行业，中国已初步开展了射频识别相关技术的研发及产业化工作，并在部分领域开始了应用，但由于基础薄弱，缺乏核心技术，应用分散，不具备规模优势。射频识别技术的发展与应用是一项复杂的系统工程，涉及众多行业和政府部门，影响社会、经济、生活的诸多方面，在广泛开展国际交流与合作的基础上实现自主创新，需要政府、企业、研发机构间的统筹规划、大力协同，最大限度地实现资源合理配置和优势互补。为此科学技术部会同国家发展和改革委员会、工业和信息化部、交通运输部、海关总署、国家质量监督检验检疫总局、国家标准化管理委员会以及中国标准化协会、中国物流与采购联合会等共同组织各部门的专家编写了射频识别技术的推广政策，从射频识别技术发展现状与趋势、中国发展射频识别技术战略、中国射频识别技术发展及优先应用领域、推进产业化战略和宏观环境建设等五大方面为中国射频识别技术与产业未来几年的发展提供系统性指南。国航公司、山航公司、大韩航空、全日空航空等航空公司均在此设立了办事处。美国康捷空、UPS 等世界 500 强企业货运营业部也落户其中。随着中国改革开放的进一步深化，特别是加入世界贸易组织之后，各家航空公司对航空物流更加重视，战略上从"轻货重客"转变为"客货并举"。

近年来，随着航空货运业务在全球的快速发展和自动分拣技术的普遍应用，在航空货物物流中对提高货运的效率、降低分拣差错率都提出了更高的要求。而射频识别技术的独特之处获得了在航空物流领域内的青睐。具体来说，射频识别应用的主要优势包括可以增加行李/货物的可见性、降低运营成本、提高客户服务水平及客户满意度。射频识别技术在航空货运管理上的应用可以为用户带来从货物代理收货到机场货站、安检、打板以及地服交接等环节效率的提高和差错率的降低，并可监控货物的实施位置。这为航空货运行业进一步提高运能、合理利用运力资源、改善服务质量提供了可靠的技术手段。

3）基于物联网的航空物流查询平台

随着经济全球化和电商产业的快速发展，航空物流运输需求也迅猛增长。尽管我国航空物流发展迅速，但信息化建设程度还不够，主要表现是缺少一体化的航空物流信息平台和先进的物流信息技术。为了适应航空物流业的快速增长，提高信息化程度，需要努力的主要方向为包括建设统一的航空物流信息平台，实现信息共享和航空物流标准化，确保高效率低成本。

基于物联网平台设计的射频识别读写器读写射频识别标签信息并传输到 ZigBee 终端节点，是物联网的感知层；信息经过 ZigBee、ZigBee 网关、3G/4G/GPRS/WiFi，是物联网的网络层；客户应用界面是物联网的应用层。贴有射频识别标签的货箱或旅客行李，经过装有射频识别读写器的机场柜台、行李传送带、安检处、货仓处等地方时，射频识别读写器便获取了射频识别标签上的信息，并通过 RS232 传输到 ZigBee 终端节点。利用 ZigBee 无线通信的自定义传输协议进行传输数据到 ZigBee 路由节点，然后利用 ZigBee 无线网络进行短距离数据传输，最后通过 ZigBee 网关转换后由其他网络形式将信息传输出去，从而实现了对航空货物实时、准确的定位跟踪。客户利用移动终端进入航空物流查询平台获取物流信息，了解货物的状态、位置及配送地方。

3. 全球定位系统技术在空路运输中的应用

1）全球定位系统技术在空路运输中应用的必要性

在国内民航的大型机场，飞机的指挥调度系统是通过二次雷达来实现的，即飞机上装有应答机，机场安装二次雷达，二次雷达将接收到的应答机信号进行解算，解算出飞机的位置和高度，在二次雷达的显示屏上显示飞机的位置、高度以及飞机的编号，管制员通过每一架飞机在屏幕的位置和高度进行指挥调度。但二次雷达的价格昂贵，安装一部二次雷达需要花费几千万元人民币，并且飞机上必须配备二次应答机。这些对中小型机场和通用飞机更是不可能的。

目前在一些通用机场的做法是通过"摆棋子"来指挥调度。即每一个棋子写有飞机的编号，管制员与飞行员不断地通话，由飞行员来回答飞机的位置，管制员将写有该飞机编号的棋子放在图纸的相应位置上，管制员通过"棋子"在图纸的不同位置来进行指挥调度。这种做法使管制员与飞行员工作量大大增大，而且易于出错。

精密时间是现代高科技发展的必要条件，精密时间的应用涉及从基础研究领域（天文学、地球动力学、物理学等）到工程技术领域（信息传递、电力输配、深空跟踪、空间旅行、导航定位）。近 20 年来，我国国民经济的飞速发展，国防建设步伐的不断加快，特别是在航天和战略武器试验、电信技术和运输业的加速发展，都对它们所依赖的高精度时间同步提出了更高的要求。授时系统就是使仪器或计算机与国际标准时间达到精确同步。通常，可以用原子钟来保证仪器的时间与国标时间达到精确同步，但是原子钟价格昂贵。所以在民用航空系统中，全球定位系统授时系统出现前，都是采用传统的计算机时钟作为时统，计算机时钟由晶体振荡器和软件计数器组成，晶体振荡器产生稳定的周期的振荡，这样 1 秒钟就可以通过振荡的次数来表示：软件计数器则记录时间码，即总的秒数。晶体振荡器以一定间隔使计算机产生一次中断，然后使软件计数器增加一定量来改变时间码。由于计算机本身的晶体振荡器的频率稳定度有限，所以计算机时钟精确度不高。

2）全球定位系统技术在空路运输管理中的应用领域

随着民用航空运输业的迅猛发展，对空中交通管制现代化水平提出了更高的要求。航管部门，作为空中交通指挥部门，主要负责对航空器和航班的调动与管制，保障飞行安全。由于航空器具有高速运动的特性，航管部门为了能够精确、快速地对航空器进行指挥和控制，必须在地/空、心地之间的航管通信中拥有准确的时间基准。目前，许多航空器上已经安装了飞机通信寻址与报告系统设备。通过此设备，航空器能获取准确的全球定位系统时间。对应的航管信息系统采用分布式结构，传统上以计算机作为时统。由于它精确度差，受外界影响大，已不宜在航管信息系统中作为时统使用。探索一种简便、可靠、准确的航管信息时统新方法是一个迫切需要解决的问题。随着全球定位系统技术的发展，由于全球定位系统卫星装载了高精度的铯原子钟，全球定位系统可在全球范围内提供精确的 UTC 时间码和秒定时脉冲，利用全球定位系统接收机接收卫星的 UTC 时间码和秒脉冲，通过软件从串口将 UTC 时间码和秒脉冲读到计算机，用以校准计算机时钟的频率和时间，就可以得到比计算机时钟精确的时间系统，所以，利用全球定位系统作为时统在很多领域得到了广泛的应用。由此，利用全球定位系统授时作为时统可以避免使用价格昂贵的原子钟，节省很多的成本，又可以得到比计算机时钟精确的且能很好地满足民航系统对时统需要的时间系统。

4. 地理信息系统技术在空路运输中的应用

1）在空路运输中应用地理信息系统技术的必要性

对于一个现代化大型国际机场的安全管理和运行管理来看，设计和安装一个完善、先进的安全防范系统尤其重要。但是目前被广泛运用的雷达监测系统存在一些问题，机场雷达探测范围多是通过二维的图形或图表来反映的，不能准确反映在三维地形环境中雷达发射的电磁信息的分布态势。

由于输电线路及其杆塔位置不仅与地理空间条件密切相关，而且线路工程图庞大、数据类型多而复杂，而地理信息系统具有反映地理空间关系、统计各种空间及属性信息的能力。

对人类的很多活动而言，导航及定位都是至关重要的。美国国防部在 20 世纪 70 年代初开始设计地理信息系统，起初的设计目的只是协调飞机、导弹、轮船以及军队的调动与配置，认为军方在这些活动中必须在全球性定位或导航方面具有超高级精确度，整个地理信息系统研究第一节直至 1993 年才最后完成。在 1991 年的海湾战争中，地理信息系统就已崭露头角，取得预期效果，它为空中轰炸和地面炮火提供准确目标，甚至能让当时美军指挥官手持地理信息系统地面接收机极其正确地引导部队成功穿越了渺无人烟的沙漠。

2）地理信息系统技术在空路运输管理上的应用领域

由于微电子技术的迅速发展，现在的地理信息系统接收机可缩小到几个集成电路的体积，使得系统结构变得十分经济、实用和简便。结合全球定位系统的使用，地理信息系统这种新技术正在应用到各类部门中，它不仅为运输工具在定位和导航等实用领域得到重要应用，而且还在跟踪、计时和绘制地图等方面都具有广阔的应用前景。对于美国国防部原先的地理信息系统设计人员而言，地理信息系统的发展之快和用途之广，是始料未及的。

所以站坪指挥中心急需建立适应恶劣天气情况下的管制体制，目前国际上通常的做法是使用机场站坪的车辆监控系统，可以很好地解决站坪管理落后的情况，提高站坪指挥的效率，国内的机场就有北京、上海、广州等地在使用，目前智能车辆导航系统发展迅速，有很多成型的产品问世并投入使用，但是，对于民航系统的特殊要求，很多地方都不能满足，经多方考察论证，沈阳空管局决定自主开发，这样在节约大量成本的同时可以根据自身的特点开发出更加适合自身情况的软件。

（四）水路运输物联网运作管理

1. 水路运输物联网运作管理的必要性

我国是一个水资源较为丰富的国家，江河湖泊纵横交错，海岸线蜿蜒绵长，江、河、湖、海相连成网，适航河流多，里程长，具有开展内河运输得天独厚的自然地理条件。经过新中国的建设和发展，我国内河水运基础设施有了很大改善，内河运输能力得到了迅速增长，为国民经济的发展做出了巨大贡献。

但是由于经济结构调整，公路和铁路等运输方式的竞争以及水路运力宏观调控不到位等因素的影响，而造成当前船舶运力过剩，航运企业普遍效益低下、甚至严重亏损。所以，必须进行运力运量供求平衡的研究，使运力结构得到调整，才能让水运资源更好地发挥作用，提高航运企业的活力，使航运业持续稳定协调发展，这是当前水运管理部门急需解决的重大问题。内河运量是指在一定时期内通过内河运输这一特定的运输方式所运送的货物或旅客数量，内河运力是指运输船舶的生产能力，即船舶在一定时期和一定的技术水平条件下，所能运输货物的最大能力。两者之间的平衡问题涉及许多因素：河床、河岸的地形地貌，水道的水文特征；港口、航道通过能力、船舶大小、通航密度、临跨河建筑、锚地、港口吞吐量等航运相关要素；港口交通、水电、通信网等社会经济要素，描述这些要素必然涉及大量属性数据和空间数据的存储与处理，而多年来港航管理部门一直遵循着传统的管理模式：挂图、表格、统计数据等，提供给决策者的往往是一些表征水路特征、运力运量的统计数据，而作为决策者是根本无法在短时间内从多张表格之间发现联系，从而影响了决策的时机，造成这种局面很大程度上在于表格数据的抽象性、片面性以及忽略了许多有价值的信息，从而给最终用户呈现出不全面的分析结果。因此，必须为运力运量供求平衡规划和港航资源管理寻求一种新的现代化的方法与技术，而地理信息系统作为一门新兴技术，因为其有着多种录入地理数据的方式，高效的空间数据和属性的维护能力及强大的检索查询功能，与传统管理信息系统为在管理过程中实时获取信息和分析决策提供了有效的工作平台及技术。

2. 水路运输物联网运作管理的内容

1）射频识别技术在水路运输中的应用

在很多港口开始设立射频识别通行卡，通过此卡可读取该船舶及所载货物的信息、航行路线、证照信息、违章信息等，再通过航船舶综合监管系统，对这些信息进行自动比对，既提高了执法人员工作效率，也有效避免河道拥堵现象，省时省力，还避免了重复检查。通过系统自动识别，船舶如有缺陷时会自动提醒，港航管理人员会上船检查。这样既方便了船户，使无缺陷船舶一路畅通无阻，又减少了港航管理人员的工作量。除此之外，通过在水面上部署传感器网，可实现对水面环境变化的实时监测；通过在堤岸、坝体上部署传感器网，可实时测量水面变化时堤岸、坝体的应力改变，以预测可能发生的崩塌灾害。再如，通过在运载体上部署各种传感器及射频识别读写装置，可实现对水上物流实体（运载体和货物）包括位置、关键设备运转工况、周边环境等各种信息的实时监控和安全预警，当船舶发生应急事件时，船载设备可自动向海事管理部门发出故障详细信息，应急人员可以在指挥中心内，通过分析来自其他传感网传送的大量数据，迅速得出可视化模型并作出科学决策。

2）地理信息系统技术在水路运输中的应用

（1）许多航道航运港口部门已经或正在利用地理信息系统技术建立网络型基础信息管理系统，实现港口、航道、水域的信息共享。

（2）利用地理信息系统进行航道规划和综合治理：对航道规划各个侧面进行综合分析，可以模拟航道演变的自然过程的发生、发展，对未来做出定量的趋势预测；利用地理信息系统空间分析手段从航道地理数据库中提取地形、地貌、水文特征、航运状况等数据进行处理变换和综合分析，获取隐含于航道空间数据中的关系，利用地理信息系统空间分析算子建立航道管理和治理相关的分析模型。

（3）由于物流管理中的货物产地、运输路线、中转仓库、客户分布等信息都与空间位置有关，所以利用地理信息系统进行港航物流管理，实现对运输线路、方式的优化，对粮棉等季节货物航运的优化，资源调度、仓库和无堆场运输等，零担配整、资源配货，这是电子物流的新兴技术，也是目前地理信息系统在港口应用的一个趋势。

（4）将地理信息系统与全球卫星定位系统、移动通信网有机地结合在一起，实现船舶动态监控，实时了解货物的位置；船舶入港自动引航，利用地理信息系统数据采集手段建立矢量电子地图和水下地形图，系统处理和分析通过全球定位系统接收的卫星信号，计算船舶偏离航道中心的方向、位置和水深，为船舶入港的正确行驶提供必要信息。

➤知识拓展

为推动多式联运与物联网的融合发展，我国于 2012 年实施了集装箱海铁联运物联网应用示范工程等项目，以连云港—阿拉山口沿线地区、大连—东北地区、青岛—郑州及陇海沿线地区、天津—华北西北地区、深圳—华南西南地区、宁波—华东地区等 6 条海铁联运示范通道为试点，利用自主物联网技术，探索建立铁路、水运业务衔接联动机制，实现港口、铁路集装箱联运全过程物流信息的无缝衔接。该项目对于完善多式联运运输新模式，加快建设畅通、高效、安全、绿色运输体系具有重要的示范带动意义。

日照港集团有限公司董事长杜传志认为，当前，我国多式联运的需求主要来自三大经济发达地区——长三角、珠三角以及环渤海地区，其中公路运输和水路运输已基本实现市场化，铁路运输正在实施市场化改革，运输载体主要是集装箱。

（五）集装箱运输物联网运作管理

1. 集装箱运输物联网运作管理的必要性

集装箱运输是大宗货物运输最理想的方式，也是目前标准化程度最高的一种运输方式。因其运输私密性好、包装不破损、运输成本低、环境适应性强、装载密度高、码垛规范、节省包装及检验手续等特点而备受客户和商家青睐，已成为运输现代化的重要形式。伴随着现代社会物流业的迅猛发展，集装箱运输作为现代综合运输的一个重要形式，在物流组织中显示出越来越重要的作用。虽然集装箱运输有着一系列优点，且在现代物流业中发挥着越来越重要的作用，但其存在的问题也不能不引起重视。

（1）货物失窃损失大。随着集装箱运输的快速发展和集装箱运量的不断增加，世界上许多国家和地区集装箱货物被偷盗问题变得越来越严重。据统计，全球因集装箱失窃事件造成的损失达 300 亿～500 亿美元，包括间接损失在内，全球每年损失 2000 亿美元，2004

年美国达拉斯市所发生的一起价值 500 万美元的集装箱被盗事件，更使发货公司损失惨重，其业务几乎处于停顿状态。集装箱货物失窃所带来的损失由此可见一斑。

（2）传统识别精度低。在整个集装箱运输的过程中，集装箱的识别就是通过它的唯一标识——箱号来鉴别的，集装箱的交接也同样是以箱号为准。传统集装箱识别方式精度不高，人工数据采集不仅易出差错，而且花费时间也相对较长。目前，传统识别方式获取的信息有 35%是不准确的或不实时的，根本无法准确及时追踪到集装箱的 4W（whose，what，where，when）信息。而采用 OCR 方式进行监管，则需要用十几台摄像头同时拍摄，成本非常高，但识别率仅达 80%～90%，还要受天气条件的影响，雨雾中的识别率还要低许多。集装箱识别精度不高直接影响整个供应链的效率。

（3）安全高效有冲突。据统计，全世界约有 2000 万只集装箱，每年进行约 2 亿箱次的跨国运输。以国际第三大集装箱航运中心上海港为例，2005 年集装箱吞吐量达到 1800万 TEU，也就是平均每天有近 5 万 TEU 的货物经过上海港。港口运输模拟实验表明，当对集装箱的随机抽检率达到 10%时，整个港口就会陷入瘫痪状态。

如果减少抽查的随机性，又无法有效地防止犯罪分子用集装箱走私或者运输毁灭性武器发动恐怖袭击。（根据美国联邦调查局预计：在美国境内运输的每 4 只集装箱中，至少有1 只被动过手脚。）大型的集装箱 X 射线机，虽然能透视箱内所装的货物，但透检一只集装箱就需要 6 分钟，满负荷工作每天充其量也只能透检 240 只，而且 X 射线机只负责"看"，辨别违禁仍要靠人的肉眼，这又降低了可靠性。一台 X 射线机需要人民币 3000 万元，昂贵的价格使港口与边境关口不可能大量购置这类设备。集装箱安全和运输高效率之间冲突严重。这些问题对集装箱运输产生了不良影响，也使一些集装箱运输的主要关系方遭受了巨大损失，严重削弱了整个供应链的效率。为了防止货物失窃，避免恐怖分子利用集装箱装运毁灭性武器进行恐怖袭击，进而为了提高运输效率、安全性和服务质量，以及整个供应链的可视性与透明性，降低恐怖活动对全球物流供应链的威胁，集装箱运输迫切需要一种能够实时更新数据的技术来及时、精确地采集和处理信息，射频识别技术无疑成为最佳选择。

2. 集装箱运输物联网的运作管理的内容

1）射频识别在集装箱运输管理上的应用领域

（1）集装箱的自动识别。在集装箱上使用的射频识别标签按照其获取电能方式的不同可以分为两种类型。

①被动式标签。被动式标签内部不带电池，要靠外界提供能量才能正常工作。被动式标签具有永久的使用期，常用在标签信息需要每天读写或频繁读写多次的地方，而且被动式标签支持长时间的数据传输和永久性的数据存储。它的缺点主要是：数据传输的距离要比主动式标签短。因为被动式标签依靠外部的电磁感应而供电，它的电能就比较弱，数据传输的距离和信号强度就受到限制，需要敏感性比较高的信号接收器（读写器）才能可靠识读。

②主动式标签：主动式标签内部自带电池进行供电，它的电能充足，工作可靠性高，信号传送的距离远。另外，主动式标签可以通过设计电池的不同寿命对标签的使用时间

或使用次数进行限制，它可以用在需要限制数据传输量或者使用数据有限制的地方，例如，一年内，标签只允许读写有限次。主动式标签的缺点主要是：标签的使用寿命受到限制，而且随着标签内电池电力的消耗，数据传输的距离会越来越短，影响系统的正常工作。

将记录有集装箱号、箱型、装载的货物种类、数量等数据的标签安装在集装箱上，再经过安装有识别设备的公路、铁路的出入口、码头的检查门时，读写器发出无线电波，射频识别标签自动感应后将相应的数据返回到读写器，从而将射频识别标签上保存的信息传输到电子数据交换系统，实现了集装箱的动态跟踪与管理，提高了集装箱运输的效率和信息的共享。这种系统一般使用的是被动式的射频识别技术，在集装箱码头的应用较多。通过这种系统的使用不仅加快了车辆进港提箱的速度，而且对车辆提箱进行了严密的管理，并有效降低了值班人员的劳动强度，减少了人为因素造成的差错。

（2）电子封条与货运追踪。以往的集装箱封条都是人工式的封条，它对集装箱内的货物安全可以起到一定的保护作用。人工式封条分为指示性的封条和障碍性的封条，两者的区别主要在于用于铅封的材质牢固程度不同，障碍性的封条更难被破坏，打开它常需要专用的工具，而不像指示性封条只用普通的工具即可去除。在集装箱放行或交接时需要检查封条的状态，封条状态的任何变化都会在交接的文书上进行记录，从而确定责任的划分。虽然这种人工式的封条能够起到一定的保护作用和简单的状态记录，但它并不能实时地提供有关具体状态改变（遭到破坏）的时间、地点和破坏者的信息，而电子封条却可以提供更多的类似信息。电子封条一般采取的是物理封条与射频识别组件的混合形式。如前所述，大多数电子封条也同样用到被动式的和主动式射频识别技术。

被动式的电子封条的主要特点是：使用距离短，成本低，一次性的。它们本身没有电力。由于被动式封条不能提供持续的电力来检测封条的状态，所以它们也不能检测和记录损害行为发生的时间，而仅只能在通过装有阅读装备的供应链节点时提供它们完整与否的信息，主动式的电子封条更复杂一些，需要更高的初始成本，只有当价格明显下降的时候才可能反复使用。主动式封条带有电池，它所具备的功率能够允许其更大范围地使用和发挥更大的功能。主动式封条能实时检测损害的行为，并将其加入到事件日志当中。它在结合全球定位系统技术后，能在集装箱状态发生变化时实时将状态变化发生的时间、地点以及周围的环境信息传输到货主或相应的管理人员的机器上。更有一些封条能够在损害行为发生时提供即时的求救信号，它主要用在安装特别装备的码头。

2）全球定位系统技术在集装箱运输中的应用

（1）全球定位系统技术在场地集装箱轮胎吊上的应用。许多起重机制造厂商通过研究开发，将全球定位系统技术应用到集装箱轮胎吊场地集装箱轮胎吊的定位上，已在很多港口的码头上使用，并在逐步推广。

①箱位自动管理功能：较早的码头，其箱位管理是由中控通过对讲机通知驾驶员作业的位置和箱号，驾驶员作业完成后再报知中控，由中控通过人工将箱号和箱位等信息输入计算机。目前，很多码头已经采用了无线传输技术，中控计划员只需要将计划作业的集装箱的位置输入计算机，驾驶员通过驾驶室的触摸屏得知要作业的集装箱

的位置和箱号，作业完成后只要在触摸屏上确认即可将信息传输到中控，集装箱轮胎吊场地和中控室之间的通信是通过无线传输的。如采用了全球定位系统的技术，即可利用集装箱轮胎吊场地的三维位置，随时发布集装箱轮胎吊场地的操作信息，如作业箱量、作业位置集装箱轮胎吊场地状态等，信息通过无线系统发送到中控室，由中控室主机自动记录统计，实时获得集装箱轮胎吊场地的各种操作数据，及时更新堆场集装箱的分布情况，从而节省大量的人工登记工作，并消除各种误差，实现了自动信息化管理，有利于信息保存归档。

②大车自动纠偏功能：利用全球定位系统的位置信号，通过软件编程，为集装箱轮胎吊场地建立一条虚拟的轨道，可实现大车直线行走。既免除了传统集装箱轮胎吊场地驾驶员需要长时间低头进行手动纠偏的疲劳作业，又消除了集装箱轮胎吊场地行大车时同集装箱或其他车辆相撞的隐患。

③大车自动行走功能：利用集装箱轮胎吊场地当前的位置和要求作业集装箱的目标位置，结合大车自动纠偏和位置监控功能，可以实现集装箱轮胎吊场地在同一跑道上的大车自动行走，驾驶员只需要轻触大车自动运行按钮，集装箱轮胎吊场地即可以自动行走到需要作业的指定位置，这个功能只限于集装箱轮胎吊场地在同一跑道上的自动行走，对于需要转场作业的集装箱轮胎吊场地来说不易实现。

④防误操作功能：利用集装箱轮胎吊场地的精确位置，并结合小车和起升机构的位置，组成集装箱轮胎吊场地吊具的三维信息，根据码头堆场的实际布置。可转换成具体的集装箱大车箱位、小车堆位和层高等信息。此信息同需要作业的集装箱信息比较。只有信息一致才允许集装箱轮胎吊场地作业，如信息不符，则禁止吊具动作，这样就可以避免集装箱轮胎吊场地吊错集装箱。

（2）全球定位系统在集装箱自动引导车定位导航方面的应用。集装箱水平自动引导车定位导航系统主要由全球定位系统、惯性导航系统、激光精确定位装置组成。全球定位系统提供车辆的自主导航所需的实时高精度位置数据，系统工作时，基准站的全球定位系统天线架设在位置坐标已知的点位上，接收所在点位全球定位系统信号，基准站全球定位系统接收机结合已知本地精确坐标值，处理差分改正信息，并利用时分方式通过数传链路广播发送到用户站；各用户站根据接收到的基准站数据进行实时差分定位数据解算，并将解算后的定位信息输出给 AGV20 的自主决策系统。惯性导航装置依据陀螺仪检测的方位角弥补由于全球定位系统遮挡时的车辆位置测算及辅助导航。全球定位系统与惯性导航装置组合定位方法有效解决了实时性的定位要求。

激光精确定位系统提供车辆在行进路线中关键点处的准确定位和校核。集装箱自动导引车行驶到行进路线的关键点处，如集装箱堆场的起重机附近时，由于起重机和堆场存放的集装箱的遮挡，全球定位系统定位导航系统的信号受到影响，同时由于集装箱自动导引车的停放位置需要精确定位，而全球定位系统和惯性导航装置的共同作用的精度又不能满足要求时，激光精确定位装置对集装箱自动导引车进行定位，从而实现运动中的准确导航。车辆导航终端根据车辆当前位置和路径信息进行分析处理，向车辆控制终端发送行驶控制指令，车辆控制终端根据指令控制车辆行驶。

第二节　移动通信技术在运输管理中的应用

一、移动通信技术

1. 移动通信技术应用分类

无线数据是指运营商通过无线网络提供的高速数据处理业务，如 GPRS、EGDE、CDMA 等。

短信业务是指运营商面向企业提供的，主要用于实现营销信息、业务信息的批量发送的业务。作为一种信息通道，短信业务具有高效率、低成本、快速简便和安全性等特征。

手机客户端技术业务是指在手机、PDA、专用无线终端上安装应用软件，进行无线通信业务处理的技术。如 STK/OTA、WAP、智能客户端等。

其他业务。如应用于运输行业的彩信、LBS 基站定位、手机邮件等。

2. 数据库技术

在运输管理信息系统中，要对大量的数据进行处理。物流的分析、决策过程无不用到大量的数据。数据库技术是物流业飞速发展的现代信息技术的中心。数据库技术主要解决如何收集、存储、加工物流数据，如何快速、开放地使用物流数据。在可靠、快捷的数据库支持下，利用现代物流技术和模型进行决策，才能使管理真正有效。

数据库技术是一个统称，它是数据库、数据库管理系统、数据库系统的总称。

运输系统数据库是建立物流信息系统的基础，而运输信息系统是物流大系统的关键组成部分。物流系统数据库是存储物流系统有关数据的场所，同时能够为客户提供最优化的数据咨询服务。

物流系统数据库的目标是对大量数据进行快速访问，灵活性和高效性是物流系统数据库的必备特性之一。物流系统数据库的性能取决于许多因素，如建立各种索引等，但最重要的是强大的逻辑数据库设计、强大的物理数据库设计、稳固的数据库结构和健全的硬件配置。

3. 电子数据交换技术

电子数据交换技术是指按照同一规定的一套标准格式，将标准的信息，通过通信网络的传输，在业务伙伴之间通过电子计算机系统进行数据交换和自动处理。

基于 Internet 的电子数据交换系统是 Internet 和电子数据交换的集合。这种基于 Internet 的电子数据交换的发展迎合了物流运输信息化的要求，可实现世界范围内的连接，费用低，并且对数据交换提供了简单易于实现的方法，用户可以通过 Web 完成多种信息数据交易，满足中小型物流运输企业发展网络电子数据交换的需要，下面是基于 Internet 的运输电子数据交换系统模型。

其中涉及的电子数据交换包括：收货方通过 Internet 向发货方发送订货要求；发货方向承运方和收货方发送运送计划（包括运送货物清单以及时间安排等信息）；承运方向收货方发送发货信息和向发货方发送完成运送业务信息以及运费信息；发货方、承运方和收货方三方通过 Internet 核对运输数据，确认运输信息等。

二、移动通信技术在运输管理中的应用

1. 移动通信技术与全球定位系统在车辆货物定位方面的应用

基于移动通信基站的位置服务定位和全球定位系统，再通过移动技术发短信传输到控制中心，控制中心通过短信接收装置，将数据采集接收，通过计算机进行处理分析，最后以图形等方式，及时显示货车位置，通过这种方式，不用建立自己的通信网络，就可以随时掌握运输车辆和货物的具体位置。

2. 移动通信技术在车辆运输调度方面的应用

当运输控制中心需要调整某个车辆运输时，运输系统通过移动通信技术或者短信平台下达指令，系统自动将其翻译成语音，同时也将其变成短信通过移动网络发出，驾驶员通过车载终端收到语音与短信通知后可调整自己路线。当遇到特别情况驾驶员可与运输控制中心通过无线移动网络直接通话，运输控制中心根据具体情况下达指令。

3. 移动通信技术在运输客户管理方面的应用

通过移动通信短信平台，运输企业可以为客户提供多种服务，主要有：客户短信查单，短信服务应用于网上下单、货物查询系统，通过短信为客户提供货物状态查询、到货通知等服务；在线短信服务利用短信服务平台发放系统通知、在线客服等信息；业务咨询服务通过短信交互功能，让客户查询企业的业务范围、资费等信息；投诉受理客户可以发送投诉短信，企业处理投诉后，自动短信回复处理结果。

4. 4G 在运输移动办公方面的应用

由于 4G 通信网络的发展，4G 技术使商业中的移动办公成为可能。在运输行业，目前主要依靠电话、传真等传统方式获得相关信息，但运输行业各实体由于业务性质的要求，存在着移动办公的普遍需求。通过使用安装有 4G 网络移动通信服务软件的专用手机或 SIM 卡，运输相关用户可以通过手机终端进行信息的查询、信息发布和信息订阅。在信息查询方面，用户可以通过手机终端进行菜单化操作，通过 4G 网络实时查询用户所需的物流运输信息；在信息发布方面，用户可以通过手机将货物运输信息、车辆信息以及物流运输价格等发布到物流运输业务平台，实现移动办公；在信息订阅方面，用户可以订阅相关的业务信息、行业资讯、政策法规等信息。这种基于 3G 网络进行物流运输业务办理的应用，为物流运输相关人员提供了随时随地的移动办公应用服务。

5. 4G 在运输实时视频监控方面的应用

在肖征荣编写的《移动视频监控及其应用》中，交通信息实现的是：在智能型交通系统中，即时交通信息发布系统是很重要的一环。即时交通信息包括路况、公共交通运输工具的到站时间等，服务对象则包括行人和驾驶员。对道路交通最重要的就是即时路况，可由道路的流量统计和路况摄像得知。所以通过在运输车辆终端安装 4G 无线视频监控系统，物流运输监控中心和相关人员可以对运输车辆进行实时的无线视频监控。

6. 4G 在运输定位方面的应用

在 2.5G 或 3G 的网络里虽然可以采用定位精度较高的定位技术（如 AGPS），但由于受到网络传输速度限制，移动定位在业务提供方式上具有很大的局限性，如对车辆的定位信息只能通过文本信息或语音信息进行传输。而在 4G 网络高速数据传输下，可以提供以实时的语音信息与彩色电子点图相结合的方式进行移动定位相关信息的传输，4G 网络下采用的移动定位技术有 CELL-ID、TOA/TDOA、A-GPS、GPSONE。在物流运输中应用这些定位技术，相比 2.5G 和 3G 通信网络，可以为运输人员提供更为详细、实时更新的数字地图等具体位置服务，并且可以引导运输人员查询相关运输路线以及场所。

第三节　移动互联网技术在运输管理中的应用

一、移动互联网技术概述

1. 移动互联网的定义

移动互联网是互联网与移动通信各自独立发展后互相融合的新兴市场，目前呈现出互联网产品移动化强于移动产品互联网化的趋势。从技术层面的定义，以宽带 IP 为技术核心，可以同时提供语音、数据和多媒体业务的开放式基础电信网络；从终端的定义，用户使用手机、上网本、笔记本电脑、平板电脑、智能本等移动终端，通过移动网络获取移动通信网络服务和互联网服务。

移动互联网的核心是互联网，因此一般认为移动互联网是桌面互联网的补充和延伸，应用和内容仍是移动互联网的根本。

2. 移动互联网的特点

虽然移动互联网与桌面互联网共享着互联网的核心理念和价值观，但移动互联网有实时性、隐私性、便携性、准确性、可定位的特点，日益丰富智能的移动装置是移动互联网的重要特征之一。

从客户需求来看，移动互联网以运动场景为主，碎片时间、随时随地，业务应用相对短小精悍。

移动互联网的特点可以概括为以下几点。

（1）终端移动性：移动互联网业务使得用户可以在移动状态下接入和使用互联网服务，移动的终端便于用户随身携带和随时使用。

（2）业务使用的私密性：在使用移动互联网业务时，所使用的内容和服务更私密，如手机支付业务等。

（3）终端和网络的局限性：移动互联网业务在便携的同时，也受到了来自网络能力和终端能力的限制：在网络能力方面，受到无线网络传输环境、技术能力等因素限制；在终端能力方面，受到终端大小、处理能力、电池容量等的限制。无线资源的稀缺性决定了移动互联网必须遵循按流量计费的商业模式。

（4）业务与终端、网络的强关联性：由于移动互联网业务受到了网络及终端能力的限制，因此，其业务内容和形式也需要适合特定的网络技术规格与终端类型。

3. 手机 APP 技术

APP 是 application 的缩写，通常专指手机上的应用软件，或称手机客户端。手机 APP 就是手机的应用程序。2008 年 3 月 6 日，苹果对外发布了针对 iPhone 的应用开发包（SDK），供免费下载，以便第三方应用开发人员开发针对 iPhone 及 Touch 的应用软件。这使得 APP 开发者从此有了直接面对用户的机会，同时也催生了国内众多 APP 开发商的出现。2010 年，Android 平台在国内手机上呈井喷态势发展，虽说 Android 平台的应用开发还不那么友好，但许多人仍然坚信 APP 开发的广阔前景。

苹果公司的 APP Store 开创了手机软件业发展的新篇章，使得第三方软件的提供者参与其中的积极性空前高涨。随着智能手机的普及，用户越来越依赖手机软件商店，APP 开发的市场需求与发展前景也逐渐蓬勃。

主流的四大 APP 系统。

（1）苹果 iOS 系统版本，开发语言是 Objective-C。

（2）微软 Windows phone7 系统版本，开发语言是 C#。

（3）Android 系统版本，开发语言是 Java。

（4）Symbian 系统 APP 开发实际汽车应用版本，开发语言是 C++。

APP 开发工具如下。

（1）MOTODEV Studio for Android，这是基于 Android 的开发环境，为开发者提供新的 MOTODEV APP Accelerator Program 使他们可以开发出更适合摩托罗拉 Android 手机的应用程序。

（2）J2ME 开发插件 Mobile Tools for Java。Mobile Tools for Java（MTJ）是 NOKIA 公司开发的一款 Eclipse 插件，用于支持 Java 手机应用程序开发。其前身就是大名鼎鼎的 EclipseME。

（3）NOKIA 手机开发包 gnokii。gnokii 是一个 NOKIA 手机开发包，可支持大多数 NOKIA 手机的型号。功能无比强大可以修改 Logo，收发短信，拨打/接听电话，编辑铃声。甚至还可以取到对方手机的蜂窝号（Cell ID），从而起到定位的作用。

（4）apk 文件修改工具 Root Tools。RootTools 是一个新的开发工具，Android 开发者可以在这一工具软件的支持下，对.apk 格式的文件进行再次修改，让程序表现更加出色，满足用户的需求。Root Tools 里面自带有很多工具，如 BusyBox，它里面集成压缩了很多 Linux 的工具和命令。

（5）IDEA 的 Android 开发插件 idea-android。idea-android 是在 IDEA 集成开发环境中开发 Android 应用程序的插件。

（6）Android 开发工具 MOTODEV Studio。MOTODEV Studio 是摩托罗拉公司开发的 Android 应用开发工具。这是一个 Eclipse 的插件。该插件同时也提供了 JavaME 应用的开发和 WebUI 的开发功能。

二、移动互联网在运输管理中的典型应用

1. 掌上配货

掌上配货实现了移动终端（手机）和物流信息平台的联结，为配货站、车主和货运驾驶员提供基于移动终端（手机）的找货和车辆管理应用功能，满足车找货、货找车的物流配货需求以及车主对驾驶员、车辆的监管需求，主要功能包括以下两种。

（1）找货，解决车主的配货问题，用户可通过多功能地址选项查询最适合的货源信息，系统实现选择拨号功能，可在系统内直接选择用户拨打电话或发送短信。

（2）空车发布，根据货运驾驶员需要，手机在线发布实时空车信息，操作简单。

2. 车辆和货物跟踪监控

移动定位技术分为全球定位系统定位和手机定位技术，移动定位技术结合地理信息系统、移动通信网络和物联网技术，实现对物流车辆、货物和人员的定位和跟踪监控，主要用于物流监管部门、货主、物流公司或车队对物流车辆的定位和跟踪监控，主要包括单点定位、连续跟踪、历史轨迹回放、超速报警、区域报警、行驶线路报警等功能。车辆和货物跟踪监控服务既可应用于对普通货物运输的定位跟踪，又能进一步满足危险品等特种运输中对行驶路线、区域以及速度的全程管控需求。进一步结合这些功能，可以为物流企业提供车辆管理的整体解决方案，包括对行驶轨迹的设计、监控、报警，对行驶里程、行车时间、停车时间、行车油耗等信息进行统计分析。此外还可以根据位置信息向客户提供综合信息服务，如为驾驶员提供所在地的物流配货信息、餐饮住宿信息、汽修汽配信息以及紧急情况下的在途救援等。

3. 呼叫中心调度

电信运营商能够为不同种类的物流企业提供多样化的呼叫中心调度服务，一方面提供对物流企业员工和车辆的集中运营调度，另一方面为用户提供电话发布和查询配货信息、交通导航信息等功能。

手机对讲为运输企业客户提供基于集群通信的对讲业务，实现单呼、组呼、广播呼叫、紧急呼叫等功能，提供便捷、高效和低成本的集中调度。

短信调度比如为运输企业提供基于语音或文本短信的调度,可以实现单条发送和群发等,也可以预定发送的时间或只针对部分特定的接收者。

呼叫中心租用为物流企业客户提供呼叫中心租用服务,一方面可以为客户快速提供高效的呼叫中心功能;另一方面可以降低物流企业客户的运营成本。

4. 视频监控

视频监控是物流行业典型的通信应用,不限于仓库、堆场、码头、停车场等固定场所,随着移动通信的发展,高速率的移动传输得到实现和应用,视频监控也应用于移动状态下的运输环节,如危险品运输、贵重物品运输等。电信运营商目前已开展的移动视频监控支持多路视频并发,可同时监控驾驶员、货物、车辆周边状况等,并能够实现云台控制、镜头缩放、报警识别、本地存储、实时传输、多路分发等功能。对普通货物运输可起到监督驾驶员行为、保障货物安全等作用,对危险品和特种物品的运输,还可以和应急联动系统对接,做到全程监控、统一指挥。

第四节 运输管理技术组织实践

➤ 任务说明

随着信息化时代的到来,行业门户类应用正在从传统 PC 端互联网向移动互联网延伸,物流业经营平台也开始转向移动互联网。近期,包括顺丰、圆通、如风达等快递物流企业纷纷推出物流 APP 软件,这标志着物流行业正在加快线下实体产业与移动互联网的融合,一种新的商业模式正在崛起。据数据统计,物流企业选择管理信息化建设方向最迫切的需求是客户管理,占到整个行业企业的 47%以上。由此发现,物流企业信息化建设仍将在未来两年停留在基本建设阶段,物流企业信息化仍然处于较低水平,已不能适应当前竞争环境的需要。其中客户关系管理需求最为迫切。

某物流有限公司作为黑龙江省知名的物流企业,在整个黑龙江省物流领域扮演着非常重要的角色,在此方面也要跟上物流发展的步伐。为了更好地为客户提供优质服务,拓展好同城配送及相关的车货匹配业务,提高信息化水平,实现产业升级,迫切需要含有 APP 客户端和 PC 客户端的信息系统支持。基于上述原因,开始了神州物流系统的建设工作。

第一步:业务流程分析

1. 收、发货业务流程

(1)收、发货业务流程描述:发货方对神州门店发送发货请求,确定取货方式,并填写货物发货信息。神州门店将货物信息录入平台,依据发货方需求将其划分为同城运输业务或非同城运输业务。如图 10-2 所示。

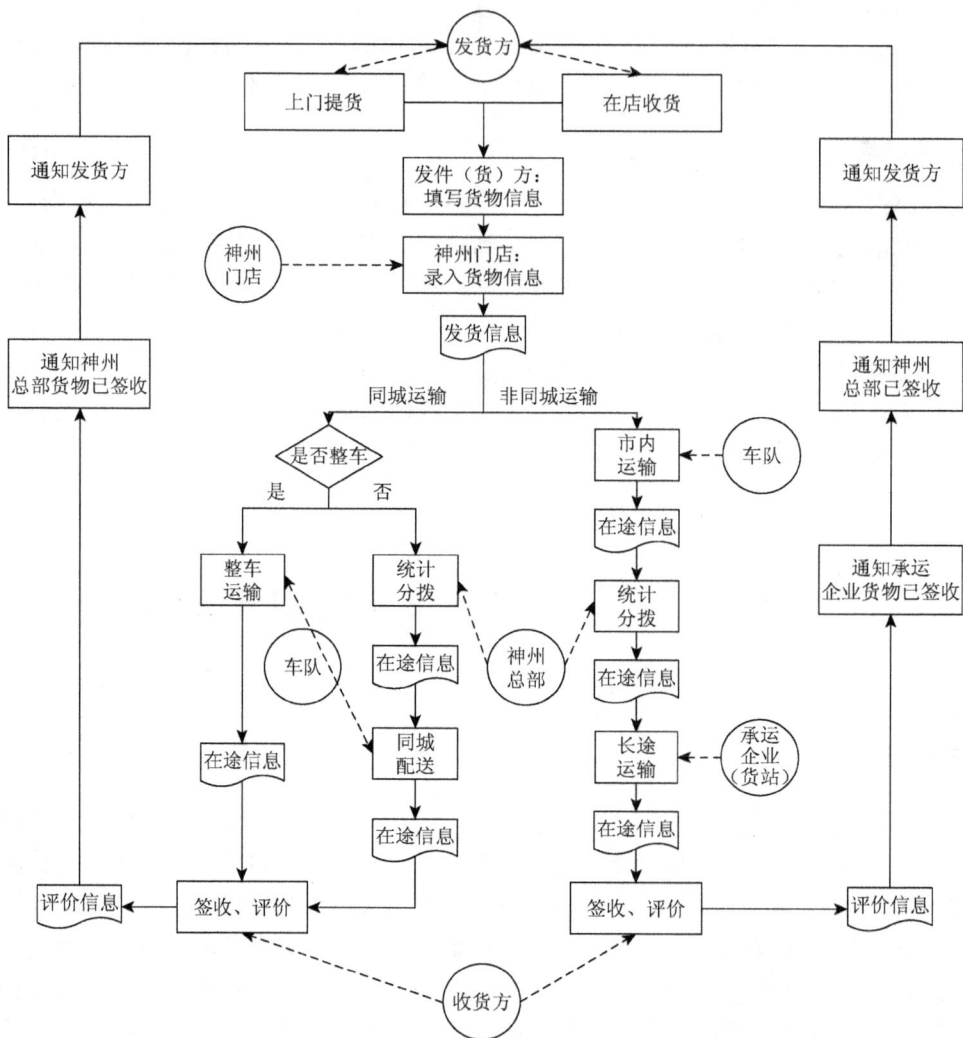

图 10-2　收、发货业务流程

（2）同城运输业务：根据货物能否进行整车运输采取不同运输策略。对于整车货物，由总部调拨就近车队前往指定地点取货，取货作业完成后由车队直接将货物运往目的地。对于散件货物，车队将散件货物运往神州总部，神州总部对当日所到散件货物进行统计，将货物分拨给各车辆，由车队完成同城配送任务。货物送达目的地，收货人签收货物，并对此次业务进行评价，相关信息反馈神州总部，神州总部通知发货方：货物已送达。

（3）非同城运输业务：由神州总部调拨车队前往指定地点取货，取货作业完成后，车队将货物统一运往神州总部，总部对当日所到货物进行统计，并将货物分拨给各承运企业，由承运企业调拨车辆将货物运往目的地。货物送达目的地，收货人签收货物，并对此次业务进行评价，相关信息反馈承运企业、神州总部，由神州总部通知发货方：货物已送达。

在途信息均可实时查看并实时更新。

2. 车找货、货找车流程（图 10-3）

车主： 存在两种找货方式。①车主在平台上发布车辆信息，神州客服根据车主发布的车辆信息推送潜在的合作信息。②车主自行查询找车信息，选择合适的货源。货源确定后，

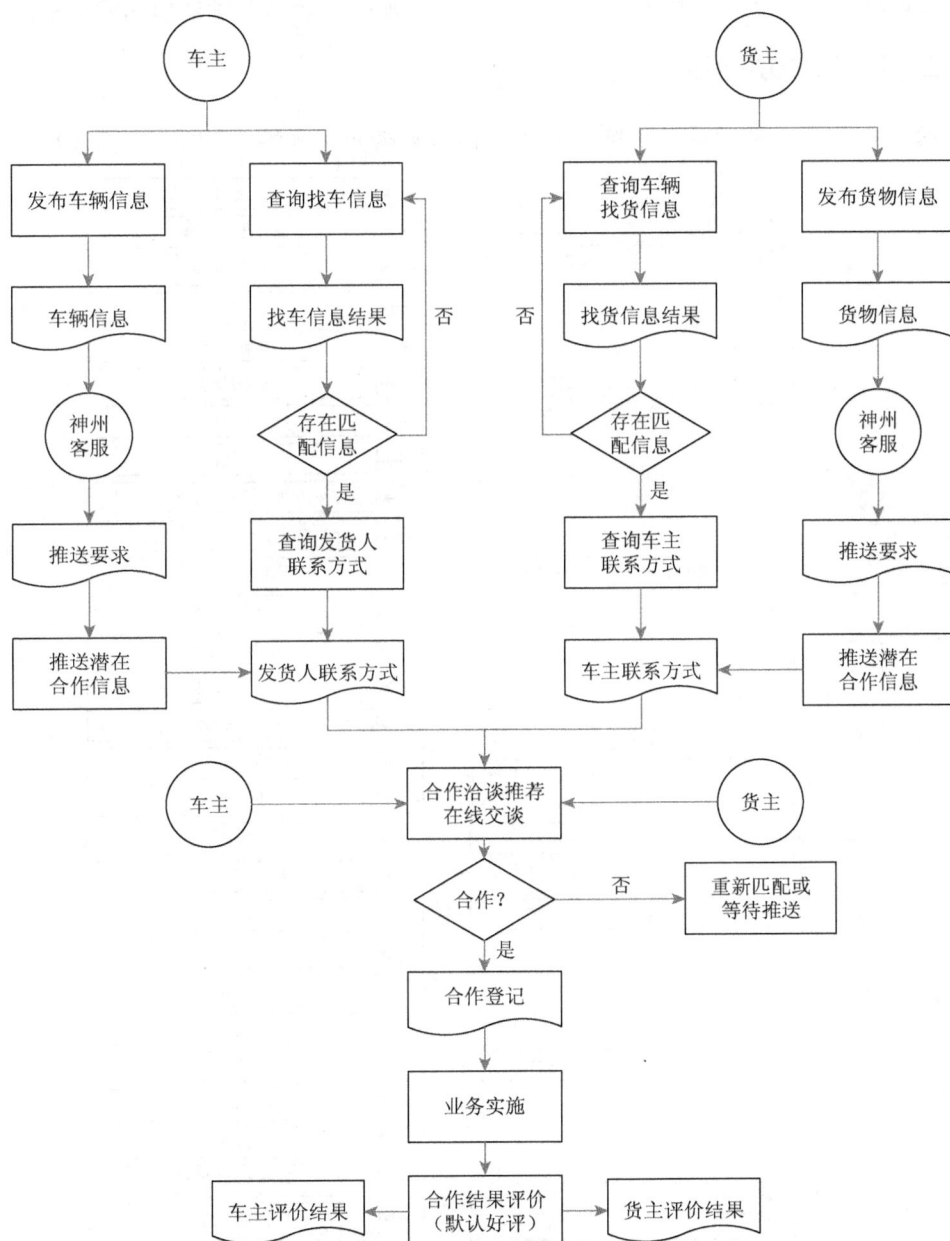

图 10-3 车找货、货找车流程

车主获取货主联系方式，双方可进行在线交谈，如达成合作，进行业务登记，登记完成后进行业务实施，最后双方进行相互评价。

货主： 存在两种找车方式。①货主自行查询找货信息，选择合适的车源。车源确定后，货主获取车主联系方式。②货主在平台上发布货物信息，神州客服根据货主发布的货物信息推送潜在的合作信息。车源确定后，货主获取车主联系方式，双方可进行在线交谈，如达成合作，进行业务登记，登记完成后进行业务实施，最后双方进行相互评价。

第二步：系统功能设计

1. 公司内部各成员使用的系统功能（包括网页版和相应的 APP 版）（图 10-4）

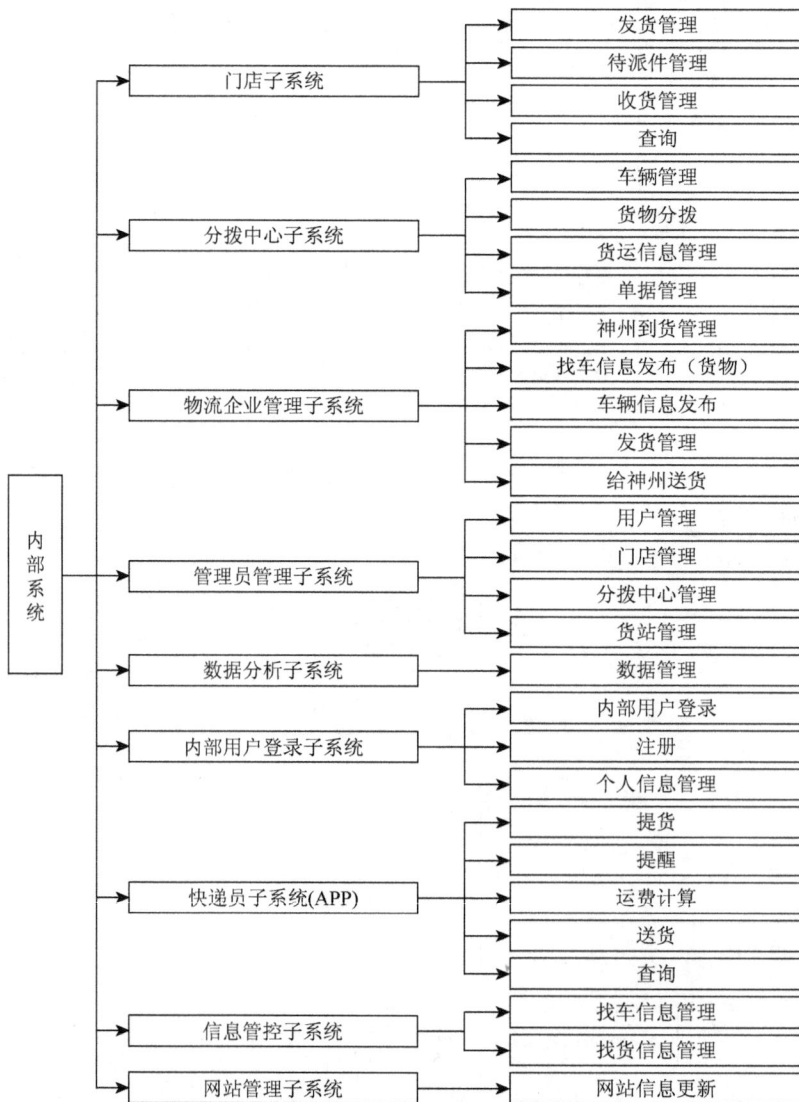

图 10-4　内部系统及其功能

2. 公司外部人员使用的系统功能（以 APP 形式展示）（图 10-5）

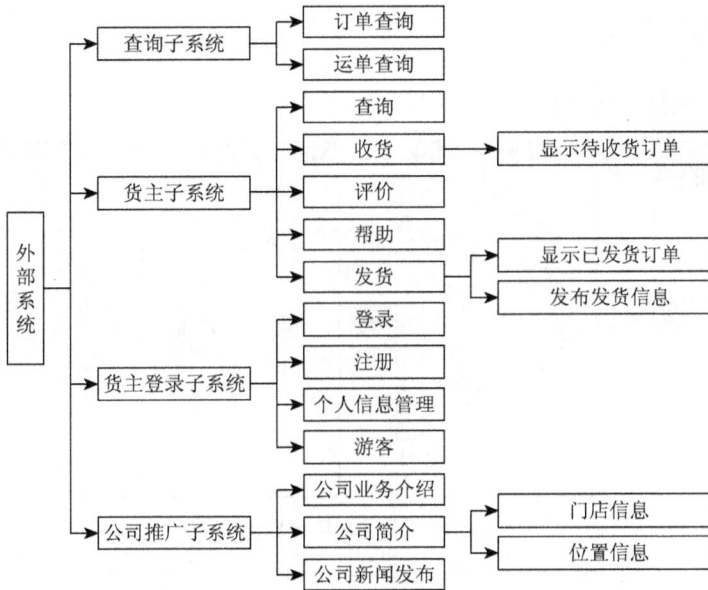

图 10-5 外部系统及其功能

第三步：系统数据库设计

如图 10-6 所示。

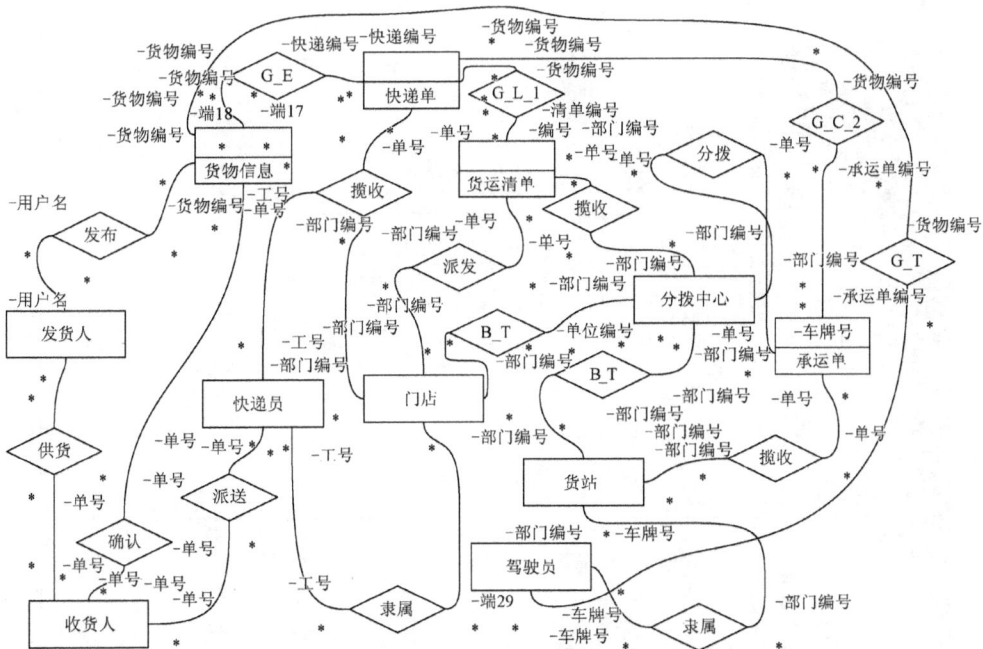

图 10-6 系统数据库设计

➢实体关系图

第四步：系统原型开发

1. APP 系统原型（图 10-7）

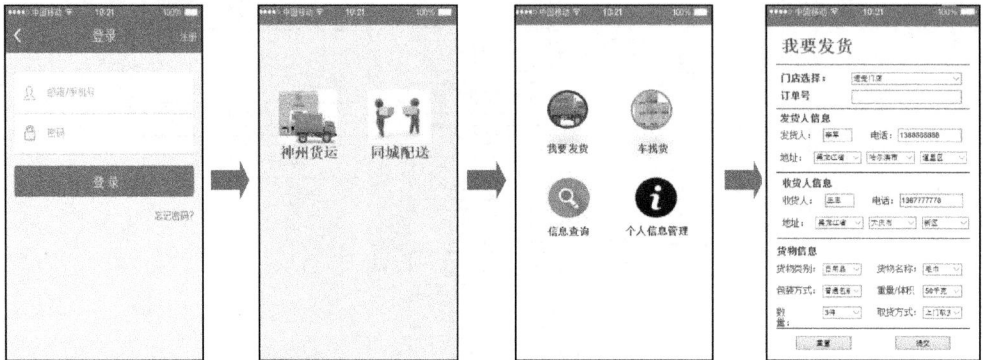

图 10-7　APP 系统原型

2. Web 系统原型

1）门店管理子系统

图 10-8 为收货管理。

图 10-8　收货管理

2）分拨中心管理子系统

图 10-9 为车辆管理—车辆调度。图 10-10 为分拨单管理—门店到分拨中心。

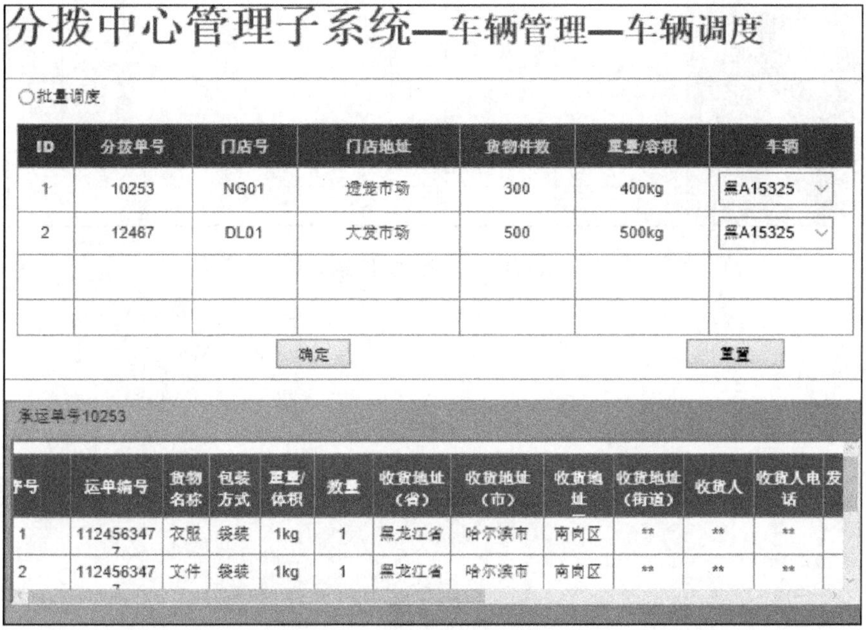

图 10-9　车辆调度

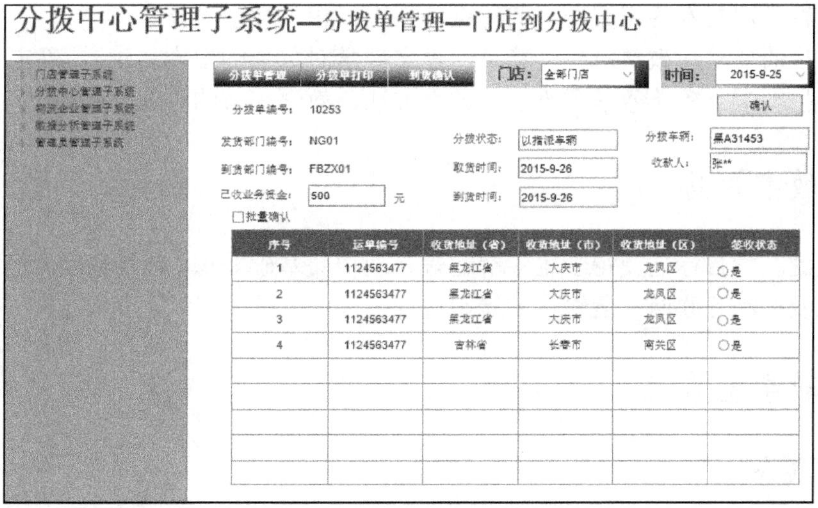

图 10-10　门店到分拨中心

3）专线管理子系统

图 10-11 为神州到货管理—神州到货信息确认。

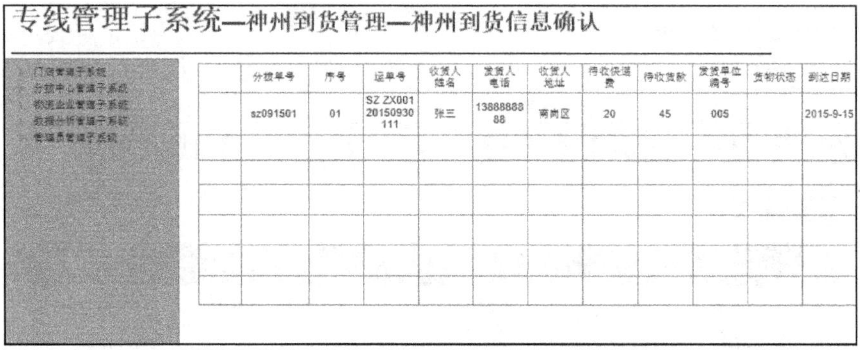

图 10-11　神州到货信息确认

第五节　运输管理技术教学实践

➤项目简介

针对运输管理技术各相关知识的特点，特进行相关教学设计。

这门课程的要求和教学对象的特点（设定教学对象为师资本科生），确定本模块的教学设计，包括教学目标、教学重难点、教学方法、教学环节的时间分配等。

一、教学目标

本模块的教学目标是使得学生了解运输管理相关基础知识，包括物联网的定义、移动通信技术以及移动互联网在运输中的组织过程。

二、教学重难点

1. 教学重点

本模块的教学重点是让学生掌握各种运输管理技术的特点及应用过程。

（1）物联网技术在运输管理中的应用，主要介绍运输物联网系统的构建及在不同运输方式中的运作管理过程。

（2）移动通信技术在运输管理中的应用，主要介绍移动通信技术的原理、分类及具体应用过程。

（3）移动互联网技术在运输管理中的应用过程，主要介绍移动互联网的基本内涵及典型应用。

（4）多式联运组织实践，主要围绕任务介绍移动互联网与运输结合的组织过程。

2. 教学难点

（1）移动互联网的组织应用。

（2）物联网应用的具体过程。

三、教学方法

针对本模块运输管理技术组织实操性强、需考虑相关因素较多的特点，此模块教学应以了解认知运输管理技术知识为基础，以移动互联网组织实践问题解决实操为深入。因此本模块的教学包括两部分，一部分是课堂教学（2 学时），在课堂教学过程中，通常是以讲授法为主，同时辅以学生围绕案例思考及分析的方法。另一部分是实践教学（2 学时），通过实际任务的提出与完整解决，进行移动互联网与运输整体流程的学习。

本模块教学中会大量使用图表、案例进行辅助教学，帮助学生快速感性认知并掌握集装箱多式联运的相关基础知识，并通过实践任务的解决，加强锻炼学生针对集装箱多式联运问题的整体解决能力。

四、教学环节的时间分配

第十章　运输管理技术

第一节　物联网技术在运输管理中的应用（20min）

第二节　移动通信技术在运输管理中的应用（30min）

第三节　移动互联网技术在运输管理中的应用（40min）

第四节　运输管理技术组织实践（90min）

共 4 学时，课堂讲授 2 学时，实验教学 2 学时。

五、教学评价

章节名称：运输管理技术

评价类别	评价项目	评价标准	评价依据	评价方式			权重
				学生自评	同学互评	教师评价	
				0.1	0.1	0.8	
过程评价	学习能力	学习态度，学习兴趣，学习习惯，沟通表达能力，团队合作精神	学生考勤，课后作业完成情况，课堂表现，收集和使用资料情况，合作学习情况				0.2

续表

评价 类别	评价项目	评价标准	评价依据	评价方式			权重
				学生自评	同学互评	教师评价	
				0.1	0.1	0.8	
过程 评价	专业能力	正确理解不同的运输管理技术的特征及对于运输组织过程的影响。能够利用相关技术解决运输管理的相关问题	相关技术选择情况 相关技术应用组织过程				0.3
	其他方面	探究、创新能力	积极参与研究性学习, 有独到的见解, 能提出多种解决问题的方法				0.1
结果 评价	理论考核						0.2
	实操考核						0.2

➤复习思考题

一、单项选择题

1. RFID 的中文含义为（　　　）。

A. 无线射频识别技术　　　　　　　　B. 全球定位系统

C. 电子数据交换技术　　　　　　　　D. 电子编码技术

2. GPS 的中文含义为（　　　）。

A. 无线射频识别技术　　　　　　　　B. 全球定位系统

C. 电子数据交换技术　　　　　　　　D. 电子编码技术

3. GIS 的中文含义为（　　　）。

A. 无线射频识别技术　　　　　　　　B. 地理信息系统

C. 电子数据交换技术　　　　　　　　D. 电子编码技术

4. APP 的中文含义为（　　　）。

A. 无线射频识别技术　　　　　　　　B. 地理信息系统

C. 电子数据交换技术　　　　　　　　D. 应用程序

5. 在船舶动态监控的过程中，下列选项中未涉及的技术是（　　　）。

A. GIS　　　　　　　B. RFID　　　　　　　C. GPS　　　　　　　D. GSM

6. 集装箱自动导引车在行进过程中，进行关键点准确定位和校核的系统是（　　　）。

A. 全球定位系统　　　　　　　　　　B. 惯性导航装置

C. 无线定位系统　　　　　　　　　　D. 激光精确定位系统

二、多项选择题

1. 在危险品供应链的运输管理过程中，可以利用射频识别技术实现的功能有（　　　）。

A. 订单合并　　　　　　　　　　　　B. 最优化装货

C. 货物运输监控　　　　　　　　　　D. 货物跟踪　　　　　E. 可视化管理

2. 公路运输物联网运作管理的内容包括（　　　）。

A. 车辆跟踪、定位
B. 资料信息查询
C. 出行线路规划
D. 监控运输车辆
E. 紧急援助

3. 主流的四大 APP 系统（　　　）。

A. 苹果 iOS 系统版本
B. 微软 Windows Phone7 系统版本
C. Android 系统版本
D. Symbian 系统版本

三、简答题

1. 简述物联网在交通运输中的作用。
2. 简述交通运输物联网系统设计的要求、原理与构成。
3. 简述交通运输物联网系统的功能。
4. 简述公路运输物联网运作管理的内容。
5. 简述铁路运输物联网运作管理的内容。
6. 简述航空运输物联网运作管理的内容。
7. 简述水路运输物联网运作管理的内容。
8. 简述集装箱运输物联网运作管理的内容。
9. 简述移动互联网在运输管理过程中的主要应用。

➢参考答案

一、单项选择题

1. A　2. B　3. B　4. D　5. B　6. D

二、多项选择题

1. ABCDE　2. ABCDE　3. ABCD

三、简答题

答案：略

参 考 资 料

陈小君，1999. 合同法学. 北京：中国政法大学出版社.

陈贻龙，2002. 运输经济学. 北京：人民交通出版社.

董千里，2010. 物流运作管理. 北京：北京大学出版社.

付丽茹，2011. 运输管理实务. 北京：中国水利水电出版社.

高明波，2010. 物流运输管理实训. 北京：中国劳动社会保障出版社.

季永清，2015. 物流运输管理. 大连：东北财经大学出版社.

鲁广斌，2010. 国际货运代理实务与集装箱运输实务. 北京：清华大学出版社.

苗长川，2012. 运输管理. 北京：北京交通大学出版社.

彭秀兰，2010. 道路运输管理实务. 北京：机械工业出版社.

任英，2010. 国际货物运输与保险实务. 北京：清华大学出版社.

孙鸿，2011. 运输管理实务. 大连：大连理工大学出版社.

王金妍，2014. 物流运输管理实务. 北京：清华大学出版社.

武德春，2007. 国际多式联运实务. 北京：机械工业出版社.

薛贵明，2009. 物流运输实务. 重庆：重庆大学出版社.

闫子刚，2006. 物流运输管理实务. 北京：高等教育出版社.

严萧惠，2010. 运输与配送管理. 大连：大连理工大学出版社.

杨国荣，2010. 运输管理实务. 北京：北京理工大学出版社.

杨鹏强，2010. 航空货运代理实务. 北京：中国海关出版社.

叶伟媛，2014. 运输与配送管理实务. 北京：中国农业大学出版社.

张理，2012. 物流运输管理. 北京：北京交通大学出版社.

张晓莺，2007. 运输管理实务. 武汉：武汉理工大学出版社.

朱强，2014. 运输管理实务. 北京：中国人民大学出版社.